精品课程配套教材
21世纪应用型人才培养“十三五”规划教材
“双创”型人才培养优秀教材

金融学

JINRONGXUE

主　编　潘长云　张晓武　侯俊华
副主编　张　娟　袁　雪　许学梅
马淳正　张美丽　彭轶妮
罗　吉

山东大学出版社

图书在版编目（CIP）数据

金融学/潘长云，张晓武，侯俊华主编．—济南：
山东大学出版社，2018.8（2021.6 重印）
ISBN 978-7-5607-6127-5

Ⅰ．①金… Ⅱ．①潘… ②张… ③侯… Ⅲ．①金融学
Ⅳ．①F830

中国版本图书馆 CIP 数据核字（2018）第 190588 号

责任编辑　李艳玲
封面设计　尤　岛

出版发行　山东大学出版社
社　　址　山东省济南市山大南路 20 号
邮　　编　250100
电　　话　市场部（0531）88363008
经　　销　新华书店
印　　刷　北京俊林印刷有限公司
规　　格　787 毫米×1092 毫米　1/16
　　　　　17.5 印张　　400 千字
印　　次　2021 年 6 月第 2 次印刷
定　　价　42.00 元

前　言

金融学是经济学科的专业基础理论课。其主要研究对象是货币、信用、利率、金融市场、商业银行、中央银行、货币政策和通货膨胀等方面的基础理论、基本知识及其运行规律，是从事经济工作的人员和经济类、管理类专业的学生应该学习和掌握的一门必修课程。近年来世界金融危机多次发生，促使我们更加深刻地认识到掌握金融理论及金融知识的现实意义，也充分显示了金融学这门课程的重要性。

随着我国社会主义市场经济的不断发展、金融体制改革的不断深入、金融理论的不断发展，金融学这门课程需要增加新的内容，需要紧密联系我国当前金融领域的实际。本教材吸收了金融领域新的科研成果，研究了在市场经济发展中我国金融领域遇到的新问题，反映了金融体制改革的现状，做到了理论联系实际。

在编写过程中，我们参考了大量的文献资料，在此向这些文献资料的作者表示深深的谢意。同时，感谢山东大学出版社的编辑老师为本书的出版付出的大量辛苦劳动！由于水平有限，书中错误之处在所难免，希望得到广大读者和同行们的批评指正。

编　者

目 录
Contents

第一章

金融学概述

学习目标

1. 理解金融的定义及功能。
2. 掌握金融的构成要素和主要分类。
3. 了解金融学的概念、研究对象。
4. 掌握金融学课程的内容结构和学科体系。
5. 了解金融产生、发展的历史及发展趋势。
6. 理解金融在现代经济中的核心地位，掌握金融在经济中的功能和作用。

课前导读

金融是“资金融通”的简称，社会资金融通方式无外乎直接融资和间接融资两种。金融是货币流通和信用活动以及与之相联系的经济活动的总称。广义的金融泛指一切与信用货币的发行、保管、兑换、结算、融通有关的经济活动，甚至包括金银的买卖；狭义的金融专指信用货币的融通。

金融的内容可概括为货币的发行与回笼，存款的吸收与付出，贷款的发放与回收，金银、外汇的买卖，有价证券的发行与转让，保险、信托、国内国际的货币结算等。从事金融活动的机构主要有银行、信托投资公司、保险公司、证券公司、投资基金，还有信用合作社、财务公司、金融资产管理公司、邮政储蓄机构、金融租赁公司以及证券、金银、外汇交易所等。

金融是现代经济中最具魅力和变幻无穷的热门行业，种类繁多的金融资产为人们提供了众多的投资与融资工具。发达的金融市场既为资金需求者提供了“取之不尽，用之不竭”的金融资源，也为金融投机者提供了无数发财致富的机遇，而金融泡沫、金融风险和金融危机也使无数人美梦破灭，甚至倾家荡产。

人们的生活一刻也离不开金融，金融影响着人们生活的方方面面。人们的衣食住行、学习、工作和社会交际离不开金融，社会生产、商品流通、经济发展和经济稳定离不开金融，人们就业、企业经营、政府管理和社会稳定离不开金融……同时，金融已成为现代经济的核心。可见，学习金融具有十分重要的意义。

本章作为金融学的开篇，就是要勾勒出一幅清晰的金融框架，让读者能够理解金融的内涵和基本范畴，明确金融学的研究对象和学科体系，了解金融产生和发展的历史及其在现代经济中的作用，为深入掌握金融知识打好基础。

一、金融简介

1. 金融的含义

金融是“资金融通”的简称。社会资金融通方式无外乎直接融资和间接融资两种。直接融资主要体现为各类证券的发行和流通，间接融资主要体现为通过各类金融中介（主要是商业银行）实现资金的融通。

从历史发展过程来看，在现代资本主义市场经济产生之前，货币范畴同信用范畴保持着相互独立的发展状态。货币不是信用的创造，也不依存于信用；信用一直是以实物借贷和货币借贷两种形式存在。随着现代银行业的出现，有了银行券和存款货币之后，货币与信用逐渐相互渗透。19 世纪末 20 世纪初是银行券和存款货币完全占领流通市场的转折点，当时任何一种货币的运动都是在信用的基础上实现的，任何一种信用活动也都是货币的运动，货币流通与信用活动变成了同一过程。

由此就出现了由货币范畴与信用范畴长期相互渗透而形成的新范畴——金融。20 世纪 70 年代以来，随着经济和金融业的发展，金融范畴逐渐向投资、保险、信托和租赁等领域扩展，资本流动开始跨越国界，金融活动实现了国际化。

可见，金融范畴不仅包含货币资金的融通，而且还扩展成一个由多种要素组合而又相互作用的庞大系统，包括货币资金的筹集、分配、融通、运用以及管理。金融范畴的扩展使金融业从单纯为生产和流通服务的传统金融产业，转化为向社会提供各种金融产品和金融服务的独立的现代金融产业。

综上所述，金融，即资金融通，是与货币、信用、银行和非银行金融机构直接相关的经济活动的总称。资金融通的主要对象是货币和货币资金，融通的主要方式是有借有还的信用方式，融通的主要渠道是银行和非银行金融机构。融通的主要活动包括：货币的发行、流通与回笼，货币资金的借贷、汇兑与结算，票据的承兑与贴现，有价证券的发行与流通，保险基金的筹集与运用，信托与租赁，外汇及黄金的买卖，国际的货币支付与结算等。

2. 金融的产生与发展

金融是商品货币关系发展的必然产物。在一个经济社会中，收入和支出不会完全平衡，一部分人因收入大于支出而成为资金盈余者，另一部分人因支出大于收入而成为资金短缺者。最初的资金融通方式是资金盈余者把钱直接借给资金短缺者，这就是原始的直接金融方式——高利贷。高利贷产生于原始社会末期，当时社会上已经有一些产品转化为商品。随着商品交换的发展，货币的各种职能，特别是支付手段职能得到快速发展，高利贷信用就产生了。高利贷最初是以实物形式借贷的，货币产生后逐渐转变为以货币借贷为主要形式。

随着社会经济的不断发展，资金盈余者和资金短缺者越来越多，他们互不了解，资金供求双方在交易的时间、地点和货币数量等方面难以同时获得满足。这样，一些以资金融通为主业的金融机构就应运而生，它们赢得了资金供求双方的信任，并在他们之间充当中介角色，发挥媒介作用。资金盈余者把钱存入金融机构，然后再由金融机构放贷给资金短缺者。这种以金融机构为媒介的资金融通方式就是间接金融方式。这种融资方式的出现，大大便利了社会资金的流动，使金融业向前迈进了一大步。随着商品生产、交换和信用的发展，金融活动的范围也随之扩大，货币兑换、保管和汇兑业务相继出现，这样，作为银行前身的货币经营业就出现了。

随着社会经济的进一步发展，这种间接融资方式已不能满足经济发展的需要，促使资金短缺者开始发行各种有价证券（即债券、股票等金融产品），直接在金融市场上筹资。这样，资金短缺者可以不通过金融机构来筹资；而资金盈余者也不一定要将其资金全部存入金融机构，而是可以在金融市场上购买各种金融工具。这种资金供求双方通过金融市场直接融资的形式就是现代的直接金融形式，它以健全、发达的金融市场为前提。

为了促进金融业的健康发展，维护投资者和筹资者双方的利益，有必要建立一个独立的机构对金融活动进行协调和管理，各国中央银行和其他金融监管机构就是顺应这一客观需要而逐步建立和发展起来的。

20 世纪 80 年代以来，世界金融业发生了巨大而深刻的变化，出现了金融产品多样化、金融服务扩大化、金融体系多元化、金融信息化、金融全球化、金融自由化等新的发展趋势。特别是伴随互联网的发展，电子货币和网络金融开始出现，使世界金融业呈现良好的发展趋势。金融的高度发展和自由化使金融风险越来越大，不时引发金融动荡和金融危机，如 1997 年的东南亚金融危机、2007 年的美国次贷危机等，给国际经济的发展造成很大的影响。因此，各国在经济发展中都对金融活动实施了必要的调控和监管，以防范和化解金融风险，同时协调国际金融关系，促进经济社会的健康发展。

3. 金融的构成要素

在金融业的发展过程中，最早出现的是货币和货币收付活动。随着商品货币经济的进一步发展，各种形式的信用活动相继产生，并出现了各种形式的金融机构，金融市场不断发展完善，金融工具日益丰富。这样一来，金融机构、金融市场、金融工具等诸因素相互依存，相互渗透，形成了完整的金融统一体。现代金融体系的构成要素有如下几方面：

（1）由货币制度所规范的货币流通：货币是金融体系的血液，货币流通是金融活动的基本形式，贯穿于整个金融体系之中。货币流通是商品流通的实现形式和表现形式。在经济社会中，如果没有现实货币作为交易媒介和支付手段，没有规范货币流通的制度保证，金融活动就难以进行，金融体系就无从存在，社会经济也就不能有序运行。货币流通形式包括五个方面，即以个人或家庭为中心的货币收支，以公司、企业等经营单位为中心的货币收支，以财政及机关、团体为中心的货币收支，以银行和非银行金融机构为中心的货币收支以及一国对外货币收支。货币流通有现金流通和非现金流通两种方式。现金流通是以收付现钞的方式形成的货币收支。非现金流通是指存款货币的流通，主要是金融机构的转账结算。在现代经济交易中，非现金流通所占份额一般都超过 90%，是货币流通的主要形式。

（2）金融机构：金融机构是金融活动的中介。它是经营货币或货币资本的企业，在金融活动中充当信用中介和媒介，并提供多种金融服务。金融机构是一个种类繁多的群体，通常可分为银行和非银行金融机构两大类。其中，银行包括中央银行和银行企业两类，非银行金融机构包括保险公司、证券公司、信托投资公司等。

（3）金融市场：金融市场是开展金融活动的场所，是按特定规则形成的金融市场要素相互联系所构成的整体，是金融工具发行和交易的场所。金融市场也是一个庞大的系统，通常可分为货币市场、资本市场、保险市场、外汇市场、衍生性金融工具市场等。这些市场最重要的参与者是金融机构，而利率、汇率、股指等则构成金融市场价格。

（4）金融工具：金融工具是金融市场上交易的对象，又被称为“金融产品”或“金融商品”。金融工具种类很多，通常有商业票据、银行票据、债券、股票、银行券、存款单、保险单，以及期权、期货等金融衍生工具。

（5）金融制度和调控机制：金融业在现代经济中处于核心地位，同时又是一个高风险行业。它在国民经济中的地位和自身的特殊性，决定了国家必须对其运行进行管理和政策性调节。国家对金融业的管理由一系列制度构成，包括货币制度、汇率制度、信用制度、利率制度、金融机构制度、金融市场制度、支付清算制度和金融监管制度等。这个制度系统涉及金融活动的各个方面和各个环节，体现在国家法律、法规、政府规章、条例以及行业公约和惯例中。同时，国家通过中央银行来制定和实施货币金融政策，对经济进行宏观调控，以实现社会经济稳定发展的目标。

4. 金融的分类

金融是随着商品货币经济的发展而产生和发展起来的，从简单的货币经营业到银行、证券、保险等，金融已发展成一个极其庞大而复杂的系统，并在现代社会经济中发挥着极为重要的作用。具体来说，金融可以按不同标准进行以下分类：

（1）按金融活动的方式划分，金融可分为直接金融和间接金融。金融活动既可以直接在融资双方当事人之间进行，也可以是融资双方通过中介机构间接进行。如果金融活动是以银行等金融机构为媒介，通过银行券、存款单、银行票据和保险单等金融工具进行，就称为间接金融（indirect finance）。如果金融活动不通过银行等金融机构，而是以筹资者（企业、政府或个人）所直接签发的商业票据、债券、股票以及抵押契约等作为信用工具的交易方式进行，就称为直接金融（direct finance）。

（2）按金融活动的目的划分，金融可分为政策性金融、商业性金融和合作性金融。①政策性金融（Policy Finance）是政府为实施一定的社会经济政策或意图，设立专门金融机构，在特定的领域内直接或间接从事的政策性融资活动，它不以营利为目的。②商业性金融（Commercial Finance）是金融企业按照市场经济原则，以商业利益为经营目标的金融活动，它以利润最大化为目的。商业银行、保险公司、证券公司、信托投资公司等的融资活动都是商业性金融。③合作性金融（Cooperative Finance）是互助合作组织在成员之间进行的金融活动，它不以营利为目的，主要目的是解决成员的融资需求。

（3）按金融活动的性质和功能划分，金融可分为银行、证券、保险、信托和租赁等。银行业是最早从事金融业务活动的行业，是现代金融体系的主体。商业银行和其他专业银行通过吸收存款、发放贷款、办理结算等业务来提供金融专业服务。证券业是通过债券或股票的发行和流通来实现资金在不同社会经济部门之间重新配置的行业。证券业务机构专门为证券交易提供金融专业服务。在现代市场经济高度发达的条件下，金融活动呈现证券化的趋势。保险业是保险业务机构用集中起来的保险费建立保险基金，对被保险人因自然灾害或意外事故所造成的经济损失或人身伤亡提供补偿的金融服务行业。在现代经济中，保险已渗透到社会经济的各个领域，成为社会的“稳定器”。信托业是信托业务机构接受委托，代为管理、经营和处理经济事务的金融服务行业。信托是一项古老的业务，而现代信托业还从事投资业务。租赁业是租赁业务机构通过融物对企业进行融资的金融服务行业，是现代企业的重要融资方式之一。

（4）按金融活动是否接受政府监管划分，金融可分为官方金融和民间金融。官方金融又称“正规金融”（Formal Finance），是由政府批准并进行监管的金融活动。民间金融又称“非正式金融”（Informal Finance），是指个体、家庭和企业之间不通过官方正式的金融体系而直接进行金融交易活动的行为，包括民间借贷、民间互助会、地下钱庄、地下投资公司等。因为这些民间金融行为往往是非法的，所以也常被称为“地下金融”。民间金融种类繁多，按其活动性质又可以区分为“灰色金融”和“黑色金融”。“灰色金融”一般是指合理不合法、对社会有益的金融活动，如民间友情借贷、企业互相融资等。而“黑色金融”则既不合理也不合法，是对社会有害的金融活动，如非法集资、洗钱、地下钱庄、资金外逃等。

（5）按金融活动的运行机制划分，金融可分为微观金融和宏观金融。微观金融（Micro-Finance）是指金融市场主体（工商企业、政府、金融中介机构和个人）的投融资行为及决定金融市场价格等微观层次的金融活动。宏观金融（Macro-Finance）是金融系统各构成部分作为整体的行为及其相互影响以及金融与经济的相互作用，包括货币供求、物价变动、货币财政政策、国际收支等。

（6）按金融活动的地理范围划分，金融可分为国内金融和国际金融。国内金融（Inland Finance）是指国内的资金供求双方直接或间接进行的融资活动，其参与者都是本国的政府、金融机构、企业和个人，运作的对象是本国货币。国际金融（International Finance）是跨越国界的货币流通和资金融通活动，其参与者属于不同国家的政府、金融机构、企业、个人和国际金融机构，运作的对象既可以是本国货币，也可以是境外货币。

二、金融学简介

1. 金融学的概念

金融学（Finance）是研究货币金融的基本理论及其运动规律的科学，是一门研究货币、信用、金融机构、金融市场等基本范畴及其运作机制的经济学科。这里使用“宽口径”金融学的概念。它既包括以微观金融主体的经济行为为研究对象的微观金融学的内容，也包括以金融系统整体的运行规律及其各构成部分的相互关系为研究对象的宏观金融学的内容。

2. 金融学的研究对象

金融学的研究对象是社会金融现象，即研究货币、信用、利率、金融机构、金融市场、国际金融、金融宏观调控、金融监管等金融活动规律及其所反映的社会经济关系。金融学研究的基本内容包括以下三个方面：

（1）金融范畴的理论分析。金融范畴的理论分析包括对货币、信用、利息、利率、汇率等金融基本范畴的基本理论及其运动规律的分析。

（2）金融的微观分析。金融的微观分析包括对银行和非银行金融机构实务运作机制和发展趋势的分析、对金融市场实务运作机制的分析、对金融机构与金融市场相互作用的分析、对金融在经济中的地位和功能的分析等。

（3）金融的宏观分析。金融的宏观分析包括分析货币的需求与供给、货币均衡与市场均衡、利率与汇率的形成、通货膨胀与通货紧缩、金融与经济发展、金融体系与金融制度、货币政策与金融宏观调控、国际金融体系与国际宏观政策的协调等。

专栏 1-1

金融学作为一门独立的学科，最早形成于西方；近代中国的金融学是从西方传入的，最早被称作“货币银行学”，包含从古典经济学到现代经济学的各派货币银行学说。

20 世纪 50 年代末期以后，“货币信用学”的名称逐渐被广泛采用。这时，我国的一些金融学专家开始注意对资本主义和社会主义两种社会制度下的金融问题进行综合分析，并结合中国实际提出了一些理论问题加以探讨，如：人民币的性质问题，货币流通规律问题，社会主义银行的作用问题，财政收支、信贷收支和物资供求平衡问题，等等。不过，总的来说，这一时期金融学没有受到重视。

自 20 世纪 70 年代末以来，中国的金融学建设进入了新阶段，一方面结合实际重新研究和阐明了马克思主义的金融学说，另一方面则扭转了完全排斥西方当代金融学的倾向，并展开了对它们的研究和评价；同时，随着经济生活中金融作用的日益增强，金融学科受到了广泛的重视。这就为中国的金融学发展创造了有利条件。

金融学研究的内容极其丰富。它不仅限于金融理论方面的研究，还包括金融史、金融学说史、当代东西方各派金融学说，以及对各国金融体制、金融政策的分别研究和比较研究，信托、保险等理论也在金融学的研究范围内。

金融理论方面的主要研究课题有：货币的本质、职能及其在经济中的地位和作用；信用的形式、银行的职能以及它们在经济中的地位和作用；利息的性质和作用；在现代银行信用基础上发展起来的货币流通的特点和规律；通过货币对经济生活进行宏观控制的理论等。

3. 金融学的学科体系

金融学的研究对象是很广泛的，既包括专业金融活动，又包括政府、企业和个人的金融活动。因此，金融学与许多学科有交叉，比如与政府金融相关的财政学、与企业金融相关的财务管理学、与私人金融相关的个人理财学等。

金融学的学科体系是由从不同角度研究金融系统的各个方面的活动及其规律的各分支学科综合构成的有机体系。这些方面包括金融制度、金融体系、金融市场、金融机构以及金融运行。中国人民大学的黄达教授认为："按通常理解的金融口径，金融学学科体系应大体分为宏观金融分析和微观金融分析；微观金融分析有两大分支：金融市场分析和金融中介分析；在金融市场与金融中介分析之下是技术层面和管理层面的学科。"

（1）微观金融分析

微观金融分析是从金融市场主体个体的角度研究金融运行规律。①金融市场分析：主要研究金融市场主体（投资者、融资者，政府、机构和个人）的投融资决策行为及金融资产的价格决定等内容。这样的金融决策理论是个人理财、公司理财乃至一切有理财要求的部门所共同需要的。该领域的分支学科包括金融市场学、证券投资学、公司财务学、金融工程学、金融风险管理和金融资产定价等。②金融中介分析：主要研究金融中介机构的组织、经营和管理。该领域主要的分支学科包括商业银行学、投资银行学、保险学和微观银行学等。

（2）宏观金融分析

宏观金融分析是从金融体系整体的角度研究金融系统的运行规律。该领域主要的分支学科有中央银行学、货币政策分析、金融监管学和国际金融学等。

三、现代金融业的定位

1. 金融是现代经济的核心

随着社会经济的发展进步，金融在经济中的地位越来越重要。传统的货币经济是以商品市场为运行中心，经济活动以"实物流"为主导，即围绕商品的生产、分配、交换、消费四个环节展开，以商品价格为主要调节机制，引导和组织生产资源。而在现代金融经济中，"资金流"居于主导地位，资源配置越来越金融化。金融是否稳定与安全，直接关系到一国经济能否实现稳定发展乃至社会的安定。在市场经济时代，金融已经渗透到社会经济生活的方方面面，在市场经济中发挥越来越重要的作用。金融是社会资金运动的总枢纽，是国民经济的重要调节器，是发展经济的重要杠杆。

2. 金融在国民经济中的功能和作用

（1）实现资金再配置，筹集融通资金。金融配置资源的功能是在不改变所有权的条件下实现的，即通过改变对资源的实际占有权和使用权，使所有权和使用权相分离，从而改变资源的分配格局，达到充分、合理、高效运用社会资源的目的。金融的资金再配置作用主要体现在两个方面：一是金融能有效地筹集社会闲散资金，促进储蓄向投资的转化。金融机构通过吸收存款、发行证券、发放保险单等多种方式筹集巨额资金，再通过贷款和投资等形式将资金转入生产部门，有力地促进了社会经济的发展。二是金融能实现资金在部门间的转移，促成利润率平均化。通过金融信用交易，金融机构从各行各业聚集巨额资金，再将其投放到国民经济各部门，实现了资金在部门间的自由流动和重新配置，并促成了社会各部门利润率的平均化。

（2）引导资金流向，提高资金使用效率。金融系统以各种金融工具为调节杠杆，引导资金流入质量好、市场广、效益优的经济部门。同时，通过金融价格杠杆和金融机构的信贷管理，促使工商企业努力提高企业经营管理水平，加强产品开发和市场开拓，节约资金，加速资金周转，提高资金的使用效率。

（3）提供金融服务，创造和扩大社会信用。金融系统的一项传统功能是当个人、家庭、企业、政府等购买商品和服务时，为其提供有效的支付清算方面的服务。各类金融机构借助于商业票据、信用卡、网上支付系统等多种金融工具，使各种经济交易中的货币支付得以安全、快捷地完成，这样不仅提高了资金的使用效率，同时也节省了经济发展的社会成本。此外，金融机构通过业务创新为社会提供汇兑、承兑、代理、咨询等服务，大大便利了人们的生活。在提供金融服务的同时，金融机构还发挥着创造货币的功能。商业银行通过存款提现和发放贷款增加了流通中的货币供应量；同时在转账结算中，贷出款项又存入银行，派生出更多的存款，从而引起货币供应总量的扩大。

（4）调节社会总供求，促进国民经济稳定健康地发展。在市场经济条件下，金融已经成为调节国民经济的杠杆。金融活动渗透到社会再生产的全过程，与各行业、各地区、各单位的经济活动息息相关，因此，它可以灵敏、及时、全面地反映社会经济活动的状况，为微观经济活动和宏观经济决策提供重要依据。同时，借助于价格、税收、信贷、利率、汇率等经济杠杆，可以调节社会资金的供求关系，从而调控社会总供给和总需求的关系，进而调整经济结构，促进国民经济持续健康地发展。

（5）防范和降低经济风险，进行金融监管。各经济主体在金融活动中面临各种各样的风险，常会遭受意想不到的损失，甚至危及国家和社会的稳定与安全。金融机构和金融市场提供了风险管理的渠道，金融的创新和发展为风险管理提供了更多、更有效的产品和工具。同时，国家通过对金融政策的制定和实施及货币、信用、银行、证券、保险等各种制度的规定，对金融业和金融市场进行调控和监管，在保证经济和金融的安全与稳定方面发挥了极为重要的作用。

（6）加强国际经济交流与合作。在经济全球化和经济自由化高度发达的今天，金融与经济更加密不可分，金融业也出现了金融全球化、金融自由化的发展趋势。各国、各地区的经济紧密联系在一起，一国的经济发展无法离开他国的经济支持，其政府、企业和个人都可到国际市场上去投资和融资，从而促进了世界各国的经济交流。同时，为了促进国际经济发展和应对国际金融风险，各国必须加强合作，协调彼此的利益关系，共同打击跨国犯罪，促进经济的共同发展。

本章知识点

1. 金融的构成要素和种类

金融即资金融通，是与货币、信用、银行和非银行金融机构直接相关的经济活动的总称。我国和西方对金融的界定有不同的口径。现代金融体系的构成要素有：由货币制度所规范的货币流通、金融机构、金融市场、金融工具、金融制度和调控机制。金融按金融活动的方式可分为直接金融和间接金融，按金融活动的性质和功能可分为银行、证券、保险、信托和租赁等，按金融活动的地理范围可分为国内金融和国际金融。

2. 金融学的研究对象和学科体系

金融学是从经济学分化出来的、研究资金融通的学科。传统的金融学研究领域大致有两个方向：宏观层面的金融市场运行理论和微观层面的公司投资理论。金融学是一门研究货币、信用、金融机构、金融市场等基本范畴及其运作机制的经济学科。金融学的研究对象是货币、信用、利率、金融机构、金融市场、国际金融、金融宏观调控、金融监管等金融活动规律及其所反映的社会经济关系等，研究的基本内容包括金融范畴的理论分析、金融的微观分析、金融的宏观分析三方面。金融学的学科体系大体分为宏观金融分析和微观金融分析两个层面。

3. 金融的产生和发展

金融是商品货币关系发展的必然产物，伴随着商品货币关系的发展而发展。最初的资金融通方式是原始的直接金融方式——高利贷。随着社会经济的发展，金融机构应运而生，出现间接金融方式。随着社会经济的进一步发展，又出现了资金供求双方通过金融市场直接融资的现代直接金融方式。伴随金融市场的不断发展完善，各国中央银行和其他金融监管机构逐步建立和发展起来。20 世纪 80 年代以来，世界金融业出现了新的发展趋势，金融风险增大，使得金融调控和监管显得尤为重要。

4. 金融在国民经济中的功能

金融渗透到社会经济生活的方方面面，在市场经济中发挥着越来越重要的作用，金融成为现代经济的核心。金融在国民经济中的功能和作用有：实现资金再配置，筹集融通资金；引导资金流向，提高资金使用效率；提供金融服务，创造和扩大社会信用；调节社会总供求，促进国民经济稳定健康发展；防范和降低经济风险，进行金融监管；加强国际经济交流与合作。

复习思考题

1. 名词解释

金融　　直接金融　　间接金融　　金融学

2. 简答题

（1）现代金融体系的构成要素有哪些？

（2）简述金融在国民经济中的功能和作用。

3. 论述题

（1）如何正确把握金融的含义？

（2）世界金融业发生了怎样的变革？

4. 分析论述

阅读以下材料，谈谈你对金融和金融学的理解。

对金融学（Finance）的定义不是一个简单的问题，而且用来定义学科的术语对该学科的发展方向会有极其重要的影响。韦伯字典将“To Finance”定义为“筹集或提供资本”（to raise or provide funds or capital for）。《华尔街日报》在其新开的“公司金融”（Corporate Finance）的固定版面中将（公司）金融定义为“为业务提供融资的业务”（business of financing businesses），这一定义基本上代表了金融实业界的看法。学界对金融学较有权威的解释可参照《新帕尔格雷夫货币金融大辞典》（*The New Palgrave Dictionary of*

Money and Finance）的“Finance”相关词条。由斯蒂芬·A. 罗斯（Stephen A. Ross）撰写的“Finance”词条称：“金融以其不同的中心点和方法论而成为经济学的一个分支，其中心点是资本市场的运营、资本资产的供给和定价。其方法论是使用相近的替代物给金融契约和工具定价。”罗斯概括了“Finance”的四大课题：有效率的市场、收益和风险、期权定价理论和公司金融。罗斯的观点集中体现了西方学者在界定“Finance”时偏重微观内涵及资本市场的特质。

在国内学界，对“Finance”一词的翻译及内涵界定存在较大争议。总览50多年来国内出版的各类财经专业辞典，“Finance”一词的汉语对译主要有“金融”“财政”“财务”“融资”四种。相对而言，后三种译法用途相对特定，唯有“金融”颇值商榷。“金融”就其理论内涵来说，在国内具有转轨经济背景下的典型特征。基于货币、信用、银行、货币供求、货币政策、国际收支、汇率等专题的传统式金融研究，对“金融”一词的代表性定义为“货币流通和信用活动以及与之相联系的经济活动的总称”（刘鸿儒，1995），并不突出反映资本市场的地位。一般而言，国内学界理解“金融学”（Finance），主要以“货币银行学”（Money and Banking）和“国际金融”（International Finance）两大代表性科目为主线。其原因大致有二：一是在视资本、证券为异类的历史环境下，由政府主导的银行业间接融资是金融实践的中心内容。与此相适应，针对银行体系的货币金融研究成为金融学的绝对主导。二是发端于20世纪80年代初的改革开放国策使对外贸易量大增，国内高校相应开设了以国际收支和贸易为核心的“国际金融”（International Finance）专业。

令人尴尬的事实是，国内基于以上两大学科界定的“金融学”，今天看来却恰恰不是“Finance”的核心内容。西方学界对“Finance”的理解，集中反映在两门课程上：一是以公司财务、公司融资、公司治理为核心内容的“Corporate Finance”，即“公司金融”。二是以资产定价（Asset Pricing）为核心内容的“Investments”，即“投资学”。值得一提的是，国内很多学者将“Corporate Finance”译作“公司财务”或“公司理财”，很容易使人误解其研究对象为会计事项，今后应予以修正。总体观之，国内所理解的“金融学”，大抵属于西方学界宏观经济学、货币经济学和国际经济学领域的研究内容。而西方学界所指的“Finance”，就其核心研究对象而言更侧重于微观金融领域。

鉴于以上分析，金融学（Finance）可分为三大学科支系：微观金融学、宏观金融学，以及由金融与数学、法学等学科互渗形成的交叉学科。这种界定对于澄清目前国内学术界的金融学定义之争应有所帮助。

（1）微观金融学（Finance）。这是国际学术界通常理解的“Finance”，主要含公司金融、投资学和证券市场微观结构三个大的方向。微观金融学科通常设在商学院的金融系内。微观金融学是目前我国金融学界和国际学界差距最大的领域，亟须改进。

（2）宏观金融学（Macro Finance）。国际学术界通常把与微观金融学相关的宏观问题研究称为宏观金融学（Macro Finance）。它又可以分为两类：一是微观金融学的自然延伸，包括以国际资产定价理论为基础的国际证券投资和公司金融（International Asset Pricing and Corporate Finance）、金融市场和金融中介机构（Financial Market and Intermediations）等等。这类研究通常设在商学院的金融系和经济系内。二是国内学界以前理解的“金融学”，包括“货币银行学”和“国际金融”等专业，涵盖有关货币、银行、国际收支、金融体系稳定性、金融危机的研究。这类专业通常设在经济系内。

（3）金融学和其他学科的交叉学科。伴随社会分工的精细化，学科交叉成为突出现象，金融学也不例外。实践表明，与金融相关性最强的交叉学科有两个：一是由金融和数学、统计、工程学等交叉而形成的“金融工程学”（Financial Engineering）；二是由金融和法学交叉而形成的“法和金融学”（Law and Finance）。“金融工程学”使金融学走向“象牙塔”，而“法和金融学”将金融学带回现实。

第二章

货币与货币制度

学习目标

1. 理解货币的产生以及形态的发展过程。
2. 理解货币的职能。
3. 掌握货币制度的类型及发展演化历程。

课前导读

萨缪尔森在其名著《经济学》有关货币的章节中，引用了金·哈伯特的一句名言："在一万人中只有一人懂得通货问题，而我们每天都碰到它。"由此看来，货币貌似简单，实际上却极其复杂。货币的本质问题是最复杂的问题，直到今天，学者们关于货币的本质问题仍然存在大量的争论。

"只要我能控制一个国家的货币发行，我不在乎谁制定法律。"

——梅耶·罗斯柴尔德

"我坚信银行机构对我们自由的威胁比敌人的军队更严重。"

——托马斯·杰斐逊

"金钱没有祖国，金融家不知道何为爱国和高尚，他们的唯一目的就是获利。"

——拿破仑

"在没有金本位的情况下，将没有任何办法来保护（人民的）储蓄不被通货膨胀所吞噬，将没有安全的财富栖身地。"

——格林斯潘

第一节　货币概述

货币作为商品经济的媒介物，是金融活动和金融关系的基础。没有货币和货币形式的运动，也就没有金融关系和金融活动。因此，要认识金融活动的规律，首先要从货币入手。

一、货币的定义

货币，通常被人们称作“钱”。在现代社会，人们的衣、食、住、行都离不开货币；企业的生产经营离不开货币，需要用货币资金去购买生产资料，而后从产品销售中收回货币资金并获得利润；政府的运转同样离不开货币，无论是财政收入还是财政支出，都要依赖货币形式来获得和供给。从世界范围看，各个国家或地区都有自己的货币：中国内地的货币被称为“人民币”，欧洲有“欧元”，美国有“美元”，日本有“日元”，俄罗斯有“卢布”……要弄清货币的本质，应该从两个方面来理解。

1. 货币是固定地充当一般等价物的特殊商品

从货币的起源可知，货币在长期发展过程中经历了个别等价物到一般等价物的演变过程。作为一般等价物的货币与其他普通商品的区别在于，其价值和使用价值有其特殊性。具体表现如下：

（1）货币是衡量和表现一切商品价值的材料。货币“标价”表明了各个商品含有价值及价值量的大小。货币虽然能表现一切商品的价值，但却不能表现自身价值。货币的价值，即我们通常所说的“币值”，在黄金货币本位制条件下，由黄金本身的价值来体现。在现代信用货币制度（即纸币制度）条件下，由货币的购买力来表现。

（2）货币具有同其他一切商品直接交换的权利，其地位是独特的。货币是价值的直接体现者，是社会财富的代表，是一般购买力的代表。因此，货币成为每个商品生产者所追求的对象，具有了直接同一切商品相交换的权利。

2. 货币是核算社会劳动的工具，并反映一定的经济关系

在商品货币关系中，具体劳动、个别劳动向抽象劳动、社会劳动的转化，或者说凝结于商品价值中的私人劳动能否为社会所承认，取决于能否换回货币（卖出去）和换回多少货币（卖多少钱）。这一切是在市场竞争中进行的。货币像一只“看不见的手”，自发地核算着商品生产者的劳动。商品生产者的投入成本和产出效益是盈是亏，是通过货币显示出来的。货币在核算社会劳动的同时，还具有调节资源配置的功能。

因此，货币作为社会公认的一般等价物，集中体现了社会生产关系，即人们之间的经济（利益）关系。

二、货币的职能

1. 价值尺度职能

价值尺度是用来衡量和表现商品价值的一种职能，是货币的最基本、最重要的职能。正如衡量长度的尺子本身有长度，称东西的砝码本身有重量一样，衡量商品价值的货币本身也是商品，具有价值，没有价值的东西不能充当价值尺度。

货币作为价值尺度，就是把各种商品的价值都表现为一定的货币量，以表示各种商品的价值在质的方面相同，在量的方面可以比较。各种商品的价值并不是由于有了货币才可以互相比较，恰恰相反，只是因为各种商品的价值都是人类劳动的凝结，它们本身才具有相同的质，从而在量上才可以比较。商品的价值量由物化在该商品内的社会必要劳动量决定。但是商品价值是看不见、摸不到的，自己不能直接表现自己，它必须通过另一种商品来表现。在商品交换过程中，货币成为一般等价物，可以表现任何商品的价值，衡量一切商品的价值量，货币就充当商品的外在价值尺度。而货币之所以能够执行价值尺度的职能，是因为货币本身也是商品，也是人类劳动的凝结。可见，货币作为价值尺度，是商品内在的价值尺度即劳动时间的表现形式。

货币在执行价值尺度的职能时，并不需要现实的货币，只需要观念上的货币。例如，1 辆自行车值 1 克黄金，只要贴上个标签就可以了。当人们在作这种价值估量的时候，只要在他的头脑中有黄金的观念就行了。用来衡量商品价值的货币虽然只是观念上的货币，但是这种观念上的货币仍然要以实在的金属为基础。人们不能任意给商品定价，因为，黄金的价值同其他商品之间存在着客观的比例，这一比例的现实基础就是生产两者所耗费的社会必要劳动量的多少。在商品价值量和供求关系一定的条件下，商品价值的高低取决于黄金的价值的大小。

2. 流通手段

在商品交换过程中，商品出卖者把商品转化为货币，然后再用货币去购买商品。在这里，货币发挥交换媒介的作用，执行流通手段的职能。货币充当价值尺度的职能是它执行流通手段职能的前提，而货币的流通手段职能是价值尺度职能的进一步发展。

在货币出现以前，商品交换是直接的物物交换。货币出现以后，它在商品交换关系中则起媒介作用。以货币为媒介的商品交换就是商品流通，它由商品变为货币（W-G）和货币变为商品（G-W）两个过程组成。W-G 即卖的阶段，是商品的第一形态变化。这一阶段很重要，要实现也比较困难。如果商品卖不出去，不能使原来的商品形态转化为货币形态，则商品的使用价值和价值都不能实现。G-W 即买的阶段，是商品的第二形态变化。货币是一切商品的一般等价物，只要商品充足，有货币就可以买到商品，因此这一阶段是比较容易实现的。货币在商品流通中作为交换的媒介执行流通手段的职能，打破了直接物物交换和时空的限制，扩大了商品交换的品种、数量和地域范围，从而促进了商品交换和商品生产的发展。

充当流通手段的货币，最初是以金或银的条块形状出现的。由于金属条块的成色和重量各不相同，每次买卖都要验成色、称重量，很不方便。随着商品交换的发展，金属条块就为具有一定成色、重量和形状的铸币所代替。铸币的产生使货币能够更好地发挥它作为流通手段的职能。铸币在流通中会不断地被磨损，成为不足值的铸币。货币作为价值尺度，可以是观念上的货币，但必须是足值的；货币作为流通手段则必须是现实的货币，但它可以是不足值的。这是因为货币发挥流通手段的职能，只是一个媒介物，不足值的铸币甚至是完全没有价值的货币符号，也可以用来代替金属货币流通。因此，发展到后来，国家开始发行并强制流通纯粹是价值符号的纸币。纸币没有价值，只是代替金属货币执行流通手段的职能。无论发行多少纸币，它只能代表商品流通中所需要的金属货币量。纸币发行如果超过了商品流通中所需要的金属货币量，那么，每单位纸币代表的金属货币量就减少了，商品价格就要相应地上涨。

货币执行流通手段的职能后，商品的买和卖打破了时间上的限制，一个商品所有者在出卖商品之后，不一定马上就买另一件商品；也打破了买和卖空间上的限制，一个商品所有者在出卖商品以后，可以就地购买其他商品，也可以在别的地方购买任何其他商品。这样，就势必造成买和卖的脱节，因此，货币作为流通手段已经孕育着引起经济危机的可能性。

3. 贮藏手段

贮藏手段即货币退出流通领域、充当独立的价值形式和社会财富的一般代表而被储存起来的一种职能。货币能够执行贮藏手段的职能，是因为它是一般等价物，可以用来购买一切商品，因而贮藏货币就有必要了。

货币作为贮藏手段，是随着商品生产和商品流通的发展而不断发展的。在商品流通的初期，有些人就把多余的产品换成货币保存起来，贮藏金银被看成是富裕的表现，这是一种朴素的货币贮藏形式。随着商品生产的连续进行，商品生产者要不断地买进生产资料和生活资料，因此，他必须把前次出卖商品所得的货币贮藏起来，这是商品生产者的货币贮藏。随着商品流通的扩展，货币的效能日益增大，一切东西都可以用货币来进行交易，货币交换扩展到一切领域。谁占有更多的货币，谁的权力就更大，贮藏货币的欲望也就变得更加强烈，这是一种社会权力的货币贮藏。

作为流通手段的货币可以用货币符号来代替。但是作为贮藏手段的货币，则必须是实在的货币，且是足值的金属货币。因此，只有金银铸币或金银条块才符合这个条件。货币在质的方面，是物质财富的一般代表，能直接转化为任何商品；但在量的方面，每一个具体的货币所代表的货币额又是有限的，只充当有限的购买手段。货币的这种质的无限性和量的有限性之间的矛盾，迫使货币贮藏者贪婪地积累货币。货币贮藏一般是直接采取金银条块的形式，也可以采取其他的贮藏形式，如把金银制成首饰等装饰品贮藏起来。

货币作为贮藏手段，可以自发地调节货币流通量，起着“蓄水池”的作用。当市场上商品流通缩小，流通中的货币过多时，一部分货币就会退出流通领域而被贮藏起来；当市场上商品流通扩大、对货币的需要量增加时，一部分处于贮藏状态的货币又会重新进入流通领域。

关于纸币能否执行贮藏手段职能的问题，存在着不同的看法。传统的观点是：只有实在的、足值的金属货币，人们才愿意保存它，才能充当贮藏手段。但也有人认为：如果纸币的发行数量不超过商品流通中所需要的金属货币量，纸币就能代表相应的金属货币量，保持稳定的社会购买力。在这种条件下，纸币也能执行贮藏手段的职能。当然，纸币如果发行量过多，就无法保持它原有的购买力，人们就不愿意保存它。可见，即使纸币能执行贮藏手段的职能，也是有条件的，并且是不稳定的。

4. 支付手段

支付手段是指货币作为独立的价值形式进行单方面运动（如清偿债务、缴纳税款、支付工资和租金等）时所执行的职能。

货币执行支付手段的职能是适应商品生产和商品交换的发展需要而产生的。商品交易最初是用现金支付的。但是，各种商品的生产时间是不同的，有的长些，有的短些，有的还带有季节性。同时，各种商品销售时间也是不同的，有些商品就地销售，销售时间短，有些商品需要运销到外地，销售时间长。生产和销售时间上的差别，使某些商品生产者在自己的商品没有生产出来或尚未销售之前，就需要向其他商品生产者赊购一部分商品。商品的让渡同价格的实现在时间上分离开来，即出现赊购的现象。到约定的日期清偿债务时，货币便执行支付手段的职能。货币作为支付手段，开始是由商品的赊购、预付引起的，后来才慢慢扩展到商品流通领域之外，在商品交换和信用业发达的资本主义社会里，成为普遍的交易方式。

在货币执行支付手段职能的条件下，买者和卖者的关系已经不是简单的买卖关系，而是一种债权债务关系。这时，货币首先是作为价值尺度，用来计量所卖商品的价格。其次，货币是作为观念上的购买手段，使商品从卖者手中转移到买者手中，但没有货币同时从买者手中转移到卖者手中。当货币作为支付手段发挥职能作用时，商品转化为货币的目的就起了变化。一般商品所有者出卖商品，是为了把商品换成货币，再把货币换回自己所需要的商品；货币贮藏者把商品换为货币，是为了保存价值；债务者把商品换为货币，则是为了还债。货币作为支付手段时，商品形态变化的过程也起了变化。从卖者方面来看，商品变换了位置，可是他并未取得货币，延迟了自己的第一形态变化。从买者方面来看，在自己的商品转化为货币之前，完成了第二形态变化。在货币执行流通手段的职能时，出卖自己的商品先于购买别人的商品。当货币执行支付手段的职能时，购买别人的商品先于出卖自己的商品。作为流通手段的货币是商品交换中转瞬即逝的媒介，而作为支付手段的货币则是交换过程的最终结果。货币在执行价值尺度的职能时是观念上的货币，在执行流通手段的职能时可以是不足值的货币或价值符号，在执行支付手段的职能时必须是现实的货币。

货币作为支付手段，一方面可以减少流通中所需要的货币量，促进商品流通的发展；另一方面，货币作为支付手段，进一步扩大了商品经济的矛盾。在赊买赊卖的情况下，许多商品生产者之间都发生了债权债务关系，如果其中有人到期不能支付欠款，就会引起一系列的连锁反应，“牵一发而动全身”，使整个信用关系遭到破坏。可见，货币执行支付手段职能以后，经济危机的可能性也进一步增大了。

货币执行支付手段的职能后，产生了信用货币，如银行券、期票、汇票、支票等。随着信用经济的不断发展，货币执行支付手段职能的领域也就越来越大，以至于信用货币占据了绝大部分交易领域，而铸币却被赶到小额买卖的领域中。在商品生产和货币经济发展到一定程度以后，不仅商品流通领域，而且非商品流通领域也用货币作为支付手段，如地租、赋税、工资等。

货币充当支付手段后，为了到期能偿还债务，就必须积累货币。因此，随着资本主义的发展，作为独立的致富形式的货币贮藏逐渐减少，而作为支付手段准备金形式的货币贮藏量却增长了。

5. 世界货币

世界货币是指货币在世界市场上执行一般等价物的职能。由于国际贸易的发生和发展，货币流通逐渐超出一国的范围，在世界市场上发挥作用，于是货币便有了世界货币的职能。要执行世界货币的职能，就要求货币必须是足值的金和银，而且必须脱去铸币的地域性外衣，以金块、银块的形状出现。原来在各国国内发挥作用的铸币以及纸币等在世界市场上都失去作用。

在国内流通领域，一般只能由一种货币商品充当价值尺度。在国际上，由于有的国家用金作为价值尺度，有的国家用银作为价值尺度，所以在世界市场上金和银可以同时执行价值尺度的职能。发展到后来，主要由金执行价值尺度的职能。

世界货币除了具有价值尺度的职能以外，还有以下职能：①作为一般购买手段：一个国家直接用金、银向另一个国家购买商品。②作为一般支付手段，用以平衡国际贸易的差额，如偿付国际债务，支付利息和其他非生产性支付等。③充当国际间财富转移的手段。货币作为社会财富的代表，可由一国转移到另一国，例如，支付战争赔款、输出货币资本或由于其他原因把金银转移到外国去。在当代，世界货币的主要职能是作为国际支付手段，用以平衡国际收支的差额。

作为世界货币的金银流动是二重的：一方面，金银从它的产地散布到世界市场，为各个国家的流通领域所吸收，补偿磨损了的金、银铸币，充作装饰品、奢侈品的材料，成为贮藏货币。这个流动体现了商品生产国和金银生产国之间劳动产品的直接交换。另一方面，金和银又随着国际贸易和外汇行情的变动，在各国之间不断流动。

为了适应世界市场的变化，每个国家必须贮藏一定量的金、银作为准备金。这笔世界货币准备金随着世界市场商品流通的扩大或缩小而增减。在资本主义国家，银行中的黄金储备量往往要被限制在它的特殊职能所必要的最低限度内。过多的货币贮藏在一定程度上也表示商品流通的停滞。

三、货币形式的演变

货币从原始社会末期产生至今已有 5000 多年的历史，在这期间，不同的国家和地区出现过各种不同形态的货币。虽然货币的本质不会发生变化，但货币的形式却随着商品生产和商品交换的发展而不断地演变，这种演变主要集中在货币材料的变化上。货币形式的演变由低级到高级可以划分为四个阶段，即实物货币、金属货币、纸币、信用货币。

1. 实物货币

实物货币是人类最早的货币形式，是以自然界中现成的物品或人们生产的某种物品充当货币，在人类经济发展史上，许多商品如米、布、牲畜、贝壳、家具等，都曾扮演过货币的角色。中国最早的货币之一是贝壳，印度现在的货币名称“卢比”（rupee）来源于牲畜的古文“RUPYE”。这些实物货币虽然对当时的商品交换起到了一定的促进作用，但都有其缺点，如体积笨重，容易变质，不易分割和计量，也不便携带、运输和储存，因此，随着商品交换的发展，实物货币便逐渐被金属货币所取代。

2. 金属货币

金属货币是指以金属作为货币材料的货币，在历史上，铜、铁、锡、银、金等都曾经充当过金属货币的材料，由于贵金属具有质地均匀、便于分割、便于携带、体积小而价值大等优点，货币最终便固定在金银上。正如马克思所言：“金银天然不是货币，但货币天然是金银。”

最初的金属货币大多做成条块的形状流通，每次交易时都要称其重量、验其成色，这样很不方便。于是有些大商人在金属条块上打上印记，凭借其信誉保证货币的重量和成色。后来，由国家统一铸造金属货币，并烙上国家的印记，这就是铸币。早期的铸币面值与铸币的实际价值基本上一致。当流通中出现不足值的劣质铸币时，人们会把足值的货币贮藏起来，而留在流通领域的则只能是劣币了，这种现象叫“劣币驱逐良币”。

与实物货币相比，金属货币无疑是一种理想的货币，但随着商品流通的进一步扩大，金属货币日益暴露出许多缺点：

（1）金属货币可以自由铸造，政府难以控制其数量。

（2）金属货币容易磨损，使其名义价值与实际价值不相符。

（3）贵金属的数量有限，开采困难，不能满足商品流通对货币量的需要。

3. 代用货币

代用货币是实物货币的替代物，一般形态是纸制的凭证，故称“纸币”。这种纸制的代用货币之所以能在市面流通，被人们所普遍接受，是因为它们都有十足的金银等贵金属作保证，公众可以自由地用纸币向发行机构兑换成金、银等。可兑换的银行券是它的典型代表。

银行券首先出现于欧洲，发行银行券的银行向公众保证，随时按面额兑付金币。代用货币较金属货币有明显的优点：

（1）印制纸币的成本较铸造金属币为低。

（2）避免了金属币在流通中磨损和有意削割。

（3）易于携带和保管，克服了运送的成本和风险，记价和支付简便准确。

当然，代用货币也有缺陷，如易伪造和损坏等，但较之实物货币有明显的优越之处，所以它在近代货币史上持续了很长时间。这种货币被历史所遗弃，主要是因为它是以黄金作为保证金和准备金，不能满足日益扩大的商品生产和商品交换发展的需要。而在这一过程中部分国家也对代用货币进行改良变革，由原来的全额准备金方式变为部分准备金方式，但仍因满足不了商品生产和交换的发展需要，最后纸币和黄金脱钩。纸币的发行彻底从制度上、名义上摆脱黄金的束缚，是从 1973 年国际货币基金组织正式宣布黄金非货币化开始。

4. 信用货币

信用货币是由银行提供的信用流通工具。其本身价值远远低于其货币价值，而且与代用货币不同，它不再直接代表任何贵金属。信用货币是货币形式进一步发展的产物，是金属货币制度崩溃的直接后果。20 世纪 30 年代，发生了世界性的经济危机，迫使主要资本主义国家先后脱离金本位和银本位，国家所发行的纸币不能再兑换金属货币。因此，信用货币便应运而生。当今世界各国几乎都采用这一货币形态。

信用货币包括以下几种主要形态：

（1）辅币：辅币多用贱金属制造，一般由政府独占发行，由专门的铸币厂铸造。其主要功能是充当小额或零星交易中的媒介手段。

（2）现金或纸币：多数由一国中央银行发行。其主要功能是充当人们日常生活用品的购买手段。

(3) 银行存款（存款货币）：存款是存款人对银行的债权；对银行来说，这种货币又是债务货币。除在银行账户的转移支付外，还要借助于支票等支付。目前在整个交易中，用银行存款作支付手段的比重几乎占绝大部分。随着信用的发展，一些小额交易，如顾客对零售商的支付、职工的工资等，也广泛使用这种类型的货币。其优点是：方便支付，减少丢失与损害的风险支付；使用成本低，不易伪造；可按实际支付额支付，免去丢失和找零的麻烦。

(4) 电子货币。由于科技飞速发展和电子计算机技术的运用，货币的交易和支付方式进入了一个崭新的阶段——电子货币。电子货币通常是利用电脑或储值卡来进行金融交易和支付活动，例如各种各样的信用卡、储值卡、电子钱包等。顾客还可借助于电脑、自动柜员机等对货币存储卡进行充值。这种货币使用起来非常方便，还在不断完善中。

专栏 2-1

电子货币不能作为一种独立的货币形式存在，它与支票和信用卡一样，只是一种结算工具，它背后的活期存款才是一种货币。

从货币形式演进的历程可以看出以下特点：

1. 货币形式演变的动因，是节约商品交换的费用，使交易行为更加方便和快捷。

2. 货币形式虽然不断演变，但是货币的职能并没有发生什么改变。

3. 充当货币的材料应具备一些条件：第一，要易于携带；第二，要质地均匀，易于标准化，容易确认其价值；第三，要便于分割，方便找零；第四，要不易变质，容易储存。

第二节　货币制度

货币制度又称“币制”，是一个国家以法律形式规定的该国货币流通的结构、体系与组织形式。

一、货币制度的构成

货币制度的构成应包括以下要素：

1. 货币材料

货币材料，即用何种材料充当货币。确定的货币材料不同，就有不同的货币制度。例如，以白银作为货币材料就是银本位制，以黄金作为货币材料就是金本位制，以纸质作为货币材料即为纸币本位制等。“本位”是货币制度的一个术语，即国家规定以何种币材作为法偿货币。

2. 货币单位（价格标准）

确定货币材料后，就要进一步确立货币单位，包括规定货币单位的名称和单位货币价值量。在金属本位制下，就要确定单位货币所包含的货币金属的重量。如英国的货币单位被命名为“英镑”（Pound Sterling）。1816 年 5 月的《金本位制法令》规定，1 英镑含成色11/12的黄金 123.7447 格令，合 7.97 克。美国的货币单位是“美元”（U.S. Dollar）。1934 年 1 月的法令规定，1 美元含金量为 0.8888671 克。我国 1914 年北洋政府颁布的《国币条例》规定货币单位为“圆”，1 圆含纯银 0.648 两，合 23.977 克。

3. 本位币和辅币的铸造、发行和流通程序

（1）本位币是国家法律规定的标准货币。在金属货币制度条件下，本位币亦称“主币”，是一国计价、结算唯一合法的货币单位。金属本位币是用一定的货币金属按照国家规定的货币单位铸造的铸币。起初可在民间铸造，但其信誉和流通范围受到一定限制，后来逐步改由国家铸造。因为拥有政治权力的国家最具权威，由国家铸造的有一定形状、一定重量和成色并打上印记的货币，能够起到稳定价值尺度、统一流通手段的作用。

金属本位币在流通方面具有三大特征：

其一，自由铸造。每个公民都有权把货币金属送到造币厂铸成本位币。

其二，无限法偿。国家规定本位币拥有无限制的支付能力。不论每次支付的数量多么巨大，只要用本位币支付偿债，商品出卖者和债权人都不能拒绝接受或要求改用其他货币。

其三，规定磨损公差。由于技术原因，有时会出现铸币的实际重量与法定标准不符，或在流通中因逐渐磨损而使重量减轻的铸币。为了避免由此导致的本位币贬值，货币制度规定了每枚铸币实际重量达不到法定重量的限度，称为“磨损公差”，超过磨损公差的铸币不能流通使用。

（2）辅币是本位币以下的小额通货，供日常交易与找零之用。其流通特点恰与本位币相反：

其一，限制铸造。由于辅币通常是用贱金属铸造，其名义价值往往高于实际价值，故辅币仅限于国家垄断铸造。

其二，有限法偿。法律规定辅币在一次支付中具有最高限额，超过限额时，受款人和债权人有权拒收。

随着经济的发展，金属货币远不能适应生产和流通扩大的需要，于是出现了信用货币。在当代信用货币制度下，国家授权中央银行集中货币（纸币）发行，并授予这类价值符号无限法偿的能力。

4. 黄金准备制度

黄金准备制度是一国货币发行的物质基础，是指国家集中储备黄金作为稳定货币和汇率的平准基金以及发行货币的准备金。

黄金准备的用途如下：

（1）作为国际支付的准备金。

（2）作为调节国内金属货币流通的准备金。

（3）支付存款和兑换银行券。

在目前贵金属货币停止流通的条件下，黄金准备的后两个用途已经消失，只有第一个用途依然存在，黄金仍是国际支付和清算的最后手段。

目前，世界各国建立了以特定的外汇，如美元、欧元、日元以及这些货币的债权等作为准备金的制度，以便用于国际支付结算。需要指出的是，在现代信用货币制度下，保障货币发行和正常流通的准备制度的主要内容，已不再是黄金和外汇，而是国内的商品保有量和未来的产出量。商品的价值总量是发行和流通信用货币的最重要和最主要的依据之一。外汇和黄金只是用于国际支付，发挥着保持本国货币对外兑换比率稳定的平准基金的作用。

（4）规定货币的对外关系。

规定货币的对外关系即规定本国法定货币同外国货币是否存在自由兑换的关系，即管制货币。货币的对外关系，是由一国的政治、经济、文化和历史传统等诸多因素决定的。

二、货币制度的历史演进

货币制度是一种社会经济制度，经历了一个不断发展和演进的历史过程。综观世界各国货币制度的历史发展，大体上经历了银本位制、金银复本位制、金本位制、信用货币制度等阶段。

1. 银本位制

银本位制是最早的货币制度之一，是指以白银作为币材的一种货币制度。银本位制从16世纪以后开始盛行，但作为一种独立的货币制度存在于一些国家的时间并不长，实行的范围也不广。实行过银本位制的国家是当时经济较为落后的墨西哥、印度、日本和中国等国家。从世界范围看，银本位制之所以推行时间较短，主要是因为白银产量激增，价格不稳定。19世纪以后，黄金需求大幅增加但供应不足，而白银的需求减少但产量激增，使金银比价越来越大，货币制度开始过渡到金银复本位制度。

2. 金银复本位制

金银复本位制是指以金、银两种金属同时作为本位币币材的货币制度。实行金银复本位制需要确定金币和银币的比价。按比价的确定方式不同，金银复本位制又有以下三种：

（1）平行本位制：金币和银币间的比价由金银本身的市场价值决定。两种通货按金银的市场实际价值比价进行流通。

（2）双本位制：金币和银币间的比价由国家及货币管理当局规定。例如，美国在1792年规定，金币与银币的法定比价是1∶15。

（3）跛行本位制：这是从复本位制向金本位制过渡时出现的一种特殊货币制度。法定使用货币由银币向金币过渡的过程中，先是银币多、金币少，后是金币多、银币少，类似跛行者一腿短、一腿长的现象，因此被称为“跛行本位制”。

金银复本位制度是在理论上和实践上都存在重大缺陷的一种货币制度。从理论上看，货币是衡量商品价值的准绳，具有排他性和独占性，一个市场只能有一个价值尺度。复本位制的双重标准，必然会引起商品流通的混乱：当金银铸币都按其本身所含的价值流通时，商品就出现两种价格，而这两种价格又会随金银本身的市场价格的变化而变化。如果由官方强制规定金与银的法定比价（即双本位制），则随着金银本身的比价变化就会出现

"劣币驱逐良币"现象，即"格雷欣法则"：两种实际价值不同而法定价值固定的通货同时流通时，实际价值较高的通货（良币）会被人们收藏，退出流通；而实际价值较低的通货（劣币）则会充斥市场，最终将良币完全逐出市场。

任何社会形态的产生和发展，都要求有一个相对稳定的货币制度。英国率先从复本位制过渡到金本位制，其后，欧洲其他诸国相继仿效。到 19 世纪末，世界主要工业化国家都实行了金本位制。

3. 金本位制

金本位制是指以黄金作为本位币币材的货币制度。其具体形式先后经历了金币本位制、金块本位制和金汇兑本位制。

（1）金币本位制。金币本位制是典型的金本位制，具有以下特点：金币可以自由铸造和熔毁，是唯一法偿货币；辅币和银行券可自由兑换金币；黄金可以自由输出和输入。

上述特征决定了金币本位制具有较强的稳定性。这种稳定性突出地表现在其自发调节货币流通量、通货的币值对黄金不贬值、外汇行市相对稳定等方面。

英国是最早实行金币本位制的国家，于 1816 年宣布，从 1819 年开始实施。19 世纪 70 年代，先后有德国、丹麦、瑞典、挪威、法国等欧洲工业化国家相继由金银复本位制过渡到金本位制。19 世纪末，美国和其他资本主义国家开始实行金本位制，至 20 世纪初，世界各国都已广泛实行金币本位制。

金币本位制这一稳定的货币制度，极大地推动了资本主义经济的发展。人们把金币本位制下的金币流通称为"货币的黄金时代"。第一次世界大战以后，由于经济发展不平衡与黄金存量不平衡的加剧，各国要恢复战前的金本位制已不可能，于是就建立了变相的金本位制，即金块本位制和金汇兑本位制。

（2）金块本位制。金块本位制也称"生金本位制"，是指没有金币的铸造和流通，而由中央银行发行以金块为准备金的纸币。其特点是：纸币单位规定含金量，但不铸造、流通金币；黄金由政府集中储存；人们可按本位币的含金量（纸币的官方定价）在一定数额以上、一定用途以内兑换黄金。例如，英国在 1925 年规定，银行券在 1700 英镑（合 400 盎司纯金）以上才能兑换黄金；法国在 1928 年规定，兑换黄金的最低限额为 21500 法郎。其间实行金块本位制的国家还有荷兰、比利时等国。

（3）金汇兑本位制。金汇兑本位制又称"虚金本位制"，是流通银行券，只准以外汇间接兑换黄金的货币制度。其特点是：货币单位规定有含金量，但不能直接兑换黄金，只可换取外汇，以外汇间接兑换黄金；中央银行将黄金外汇存于另一个实行金本位制的国家，规定本国货币与该国货币的法定比率；以固定价买卖外汇，稳定币值和汇率。

实行金汇兑制的国家，实际上是使本国货币依附于经济实力雄厚的外国的货币，如英镑、美元等，从而在经济和货币政策上也受到这些国家的左右和控制。

4. 信用货币制度

资本主义周期性经济危机，特别是 1929~1933 年的世界经济危机，使资本主义经济遭受重创。严重的经济危机冲击了货币制度，各国纷纷放弃金本位制，转而实行不兑现的信用货币制度。

不兑现的信用货币制度也称“管理通货制度”，是一种不能兑现黄金、取消黄金保证、凭借国家信用、通过信用渠道发行和流通的纸币制度。这种制度的基本特征是：货币的发行不受黄金准备的限制，其发行数量由货币管理当局根据货币政策的需要确定；不规定货币的含金量，其币值通过购买力的大小来体现；货币的发行依赖于发行者的信用，政府可用法律手段强制社会公众接受并保证其流通。

不兑现的信用货币制度虽然有许多不完善之处，但是却发挥了货币对经济调节的“弹性”作用，适应了商品生产与交换的发展，显示出了较为优越的特性，从而具有强大的生命力。

三、中国的人民币制度

人民币是1948年12月1日开始发行的，1955年3月1日起发行新人民币，规定以新币1元兑换旧币1万元，提高了人民币单位“元”所代表的价值量。

人民币制度包括以下基本内容：

(1) 人民币是我国的法定货币。以人民币支付我国境内的一切公共的和私人的债务，任何单位和个人不得拒收。人民币没有法定含金量，也不能自由兑换黄金。

(2) 人民币的单位是“元”。元是主币，辅币的名称是“角”和“分”，1元等于10角，1角等于10分。

人民币的符号为“￥”，是取“元”的汉语拼音“Yuan”的首字母加两横而得。

(3) 人民币由中国人民银行统一印制、发行。国务院每年在国民经济计划综合平衡的基础上，核准货币发行指标，并授权中国人民银行发行。

(4) 禁止伪造、变造人民币。禁止出售、购买伪造、变造的人民币。禁止故意毁损人民币。禁止宣传品、出版物或其他商品非法使用人民币图样。

(5) 任何单位和个人不得印制、发售代币票券以代替人民币在市场上流通。

(6) 残缺、污损的人民币，按照中国人民银行的规定兑换，并由中国人民银行负责收回、销毁。

(7) 中国人民银行设立人民币发行库，在其分支机构设立分库。分库调拨人民币发行基金，应当按照上级库的调拨命令办理。任何单位和个人不得违反规定，动用发行基金。

(8) 对人民币的出入境实行限额管理。

以上内容都以法律法规的形式予以公布，并加以规范实施。

专栏 2-2

战俘营里的“货币”

第二次世界大战期间，在纳粹的战俘集中营里流通着一种特殊的商品货币——香烟。当时的红十字会设法向战俘营提供了各种人道主义物品，如食物、衣服、香烟等。由于数量有限，这些物品只能在战俘之间进行平均分配，而无法顾及每个战俘的特定偏好。但是人与人之间的偏好显然是不同的，有人喜欢巧克力，有人喜欢奶酪，还有人则可能更想得到一包香烟。因此战俘们有进行交换的需要。

但是，即便在战俘营这样一个狭小的范围内，物物交换也显得非常不方便，因为它要求交易双方恰巧都想要对方的东西，也就是所谓的需求的“双重巧合”。为了使交换能够更加顺利地进行，需要有一种充当交易媒介的商品，即货币。那么，在战俘营中，究竟哪一种物品适合作交易媒介呢？许多战俘营都不约而同地选择香烟来扮演这一角色。战俘们用香烟来进行计价和交易，如一根香肠值10根香烟，一件衬衣值80根香烟，替别人洗一件衣服则可以换得两根香烟。有了这样一种记账单位和交易媒介之后，战俘之间的交换就方便多了。

问题：

1. 战俘们为什么选用香烟作为“货币”？
2. 货币的出现克服了物物交换的哪些缺陷？

本章知识点

1. 货币是商品生产和交换发展到一定阶段的必然产物，同时也是商品经济内在矛盾进一步发展的必然结果。它是从商品世界中分离出来的固定地充当一般等价物的特殊商品，并体现一定的社会生产关系。

2. 货币形态的变化经历了一个由低级向高级不断演变的过程，主要有实物货币、金属货币、代用货币、信用货币、电子货币等。

3. 货币有价值尺度、流通手段、贮藏手段、支付手段和世界货币五种职能。其中，价值尺度和流通手段是货币的两个基本职能，其他职能是在这两个职能的基础上产生的。

4. 货币制度简称“币制”，是指一个国家以法律形式规定的货币流通的组织形式。它的基本内容包括：货币金属与货币单位、货币的发行与流通、货币的支付能力、黄金准备等。货币制度的发展和演变经历了银本位制、金银复本位制、金本位制和不兑现的信用货币本位制四个阶段。我国目前采用的是人民币制度。

复习思考题

1. 名词解释

货币　　实物货币　　金属货币　　信用货币　　电子货币

货币制度　　金本位制　　银本位制　　金银复本位制

不兑现的信用货币本位制　　人民币制度

2. 讨论题：下列现象体现了货币的哪种职能？

（1）这块宝石值2万元人民币。

（2）他花800元钱买了一件衣服。

（3）我买了7000元的国债。

（4）他借我的12000元钱已经还了。

（5）我上月刚在银行存了5000元钱。

（6）截至 2010 年，我国的外汇储备已达到了 56000 多亿美元。

（7）会计小张说，上月赊销的那部分原材料，这个月就能收到回款。

（8）小明已经向银行申请到了住房贷款。

（9）刘某以分期付款的方式买了一台新电脑。

3. 货币制度是如何演变的？若金币和银币的法定比价是 1∶4，而市场实际比价是 1∶8，会出现什么现象？

4. 有人说“货币是商品的选票”，你怎样认识这个问题？

5. 假如你的一位非常要好的朋友刘某是一个体育彩票迷，他手气很好，过去一段时间里基本上是“收支平衡且颇有盈余”。有一天他向你借 3 万元人民币，说要开办一家打字复印室，并承诺两年后附带利息一并还你。你非常看好打字复印室的市场前景，但担心他用你的钱去购买体育彩票。若中大奖，他肯定有还款能力；若没能中奖，你可能连本金也不能收回。试问：

（1）你是否愿意将钱借给你的这位朋友？若借给他，你将如何规避风险？

（2）金融机构存在的意义是什么？

第三章

信用与信用工具

学习目标

从某种角度说，现代经济是信用经济。本章主要介绍了信用的基本含义、信用工具的种类、利率体系以及利率在社会经济生活中的功能等。掌握这些基本知识是研究金融的基础。

1. 准确掌握信用的含义。
2. 掌握信用的形式。
3. 理解信用工具的特点。
4. 理解利率的作用。

课前导读

巧用信用卡理财，"月光"变"小康"

时下，信用卡作为一个便捷的支付工具已经越来越普及。然而，其消费信贷功能的便利性却往往容易使人在不知不觉中超支，卡越多负债越重，让越来越多的持卡族变成了"卡奴"。殊不知，若了解了信用卡的理财功能，"卡奴"也会从"负翁"变成"富翁"。你会巧用信用卡吗？提示：第一步，巧用信用卡记账；第二步，玩转分期购物；第三步，巧用免息期；第四步，巧用信用卡积分获得实惠。

第一节　信用与信用形式

一、信用及其构成要素

1. 信用的含义

"信用"一词用在不同的地方有不同的含义。经济学中的信用是一种借贷行为。借贷是价值运动的特殊形式。价值以借贷方式运动的特点有二：一是要偿还，二是要付息，即贷者将货币借给借者，约期归还；借款到期后，借者除归还本金外，通常还需支付一定的利息。所以，经济学中的"信用"是指以偿还和付息为条件的价值运动的特殊形式。

信用是货币金融学中一个十分重要的范畴，从根本上说，信用是和商品生产、货币经济相联系的范畴，是在商品货币经济的基础上产生的，并随着商品货币经济的发展而发展。

信用在社会再生产过程中处于分配环节。现代信用的直接标的物虽是货币，但货币借贷的背后却是资源的借贷。分配闲置的资源是信用在社会再生产过程中的重要职能之一。

2. 信用与金融

在现代经济中，“信用”一词与“金融”一词常常交替使用，但严格来说，信用与金融是有区别的。金融是信用货币出现之后形成的一个经济范畴。广义的金融泛指一切与信用货币的发行、保管、兑换、结算、融通有关的经济活动，甚至包括金银的买卖。狭义的金融专指信用货币的融通。信用与金融的区别可以简单概括为两个方面（见图 3-1）：一是两者的范围不同。金融不包括实物借贷而专指货币资金融通，但人们除了通过借贷货币融通资金外，还可以通过股票的发行来融资。二是两者标的物的性质不同。信用指一切货币的借贷，金融则专指信用货币的融通。

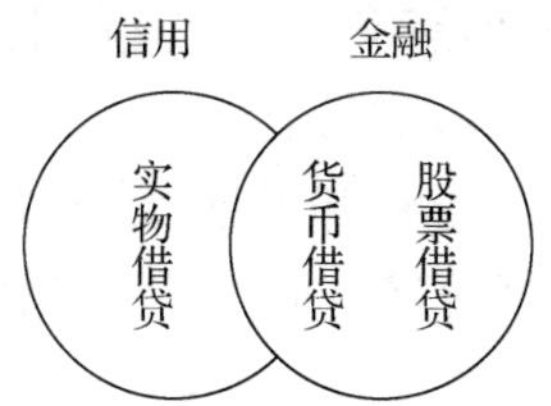

图 3-1 信用与金融的区别

信用与金融虽有以上区别，但是由于现代经济中实物借贷已微不足道，同时，股票同债券一样，是一种提供信用的工具，因此，也可以粗略地把金融理解为现代信用货币的融通。

3. 直接信用与间接信用

现代信用专指货币资金的借贷。货币资金借贷的方式主要有两种，即直接融资方式与间接融资方式，亦即直接信用与间接信用。

直接信用是借者与贷者之间直接进行的借贷活动。其主要特征是借款者直接发行债务凭证给贷款者，从而获得自己所需的资金。借者和贷者之间形成直接的债权债务关系，金融机构等中介机构的作用仅是牵线搭桥，并收取一定的手续费或佣金。

间接信用是指借者与贷者通过金融中介机构进行的借贷活动。金融中介机构（如商业银行、储蓄银行、投资银行等）发行各种信用凭证给贷者，获得货币后，再以贷款或投资等方式购入借者所发行的信用凭证，以此调剂贷者和借者之间的资金余缺。间接信用的主要特征是金融中介机构通过发行间接信用凭证，将贷者的货币导向借者；借者和贷者之间不存在直接的债权债务关系，他们只与金融中介机构发生关系，金融中介机构既是债务人又是债权人。

4. 信用的构成要素

信用关系的建立必须具备一定的要素，概括起来通常有以下几个方面：

（1）债权债务。债权债务与信用是同一事情的两个侧面，它们都代表着将来承担的一定的经济义务。在信用确立之时，从债权人角度看，这种义务是要求债务人归还借款的权利；从债务人角度看，这种义务则是到期必须向对方清偿的一笔债务。因此，凡是信用必须有两个当事人存在，一个是借入的债务人，另一个是贷出的债权人。债权是将来收回价值的权利，债务是将来偿还价值的义务。债权债务是构成信用的第一要素，没有债权债务关系的存在，就无所谓“信用”。

（2）信用工具。信用工具是信用的第二个要素。信用工具是证明债权或所有权的合法凭证，是贷者与借者之间进行资金融通的工具。信用关系的确立，必须有凭据作证。早期信用多用口头约定，但因口说无凭，容易引起争端，后来发展为账簿信用。这虽比口头约定可靠，但仅限于债权债务双方，不能转让。现代信用均以合法书面凭证作为确定信用关系的依据，它既避免了口头信用易引起争端的麻烦，又克服了账簿信用中债权债务不能转让的缺点，从而使融资范围和规模进一步扩大了。

（3）时间间隔。在同一信用中，从信用关系的发生到信用关系的终止，必然有着或长或短的时间间隔，否则，就无所谓“信用”。信用实际上是价值在不同时间段的相向运动。所以，时间间隔是信用关系得以建立的第三个要素。

（4）利率。信用关系是建立在以偿还和付息为条件的借贷行为基础上的。因此，任何一种信用通常都会涉及利息这一经济范畴。而计算支付利息则必须要有一定的标准，这个标准便是利率。所以，利率成为信用的第四个要素。

二、信用形式

信用形式是信用的具体表现形式。由于借贷的当事人不同、借贷的目的不同以及用途不同，信用的具体形式也不同。

按不同的标准分类有不同的信用形式。在现代信用形式中，最基本的形式主要有四种，即商业信用、银行信用、国家信用以及消费信用。除此之外，现代信用形式中还有国际信用、合作信用、民间信用等。在此，主要介绍最基本的信用形式。

1. 商业信用

（1）商业信用的概念。典型的商业信用是指在商品交易中以延期付款或预收货款的方式进行购销活动所形成的借贷关系。比如，一个工厂需要通过商业网销售自产的产品，当其代销商缺乏货币资金时，就可以采取赊销方式，即双方约定一定期限后由该代销商归还赊销的货款。这种方式对双方都有好处：缺乏资金的商店利用这种信用形式购入货物、进行推销并取得利润；对于生产商品的工厂来说，产品顺利销售出去，只不过要到约定期限才能收回货款。

以上所说的是典型的商业信用，此外还有非典型的商业信用，如某工商企业为了获得某种需要的商品，按预定的商品价款的一定比例预先付给出售者，并在商品实际成交时支付剩余部分。

商业信用从形式上看是直接以商品形态提供的信用，但实质上仍然是价值的借贷，即商业信用并非实物形态的信用，仍然是货币形态的信用。当商业信用发生时，商品所有者把一部分价值（商品价款）单方向贷给商品购买者，到期时商品购买者把商品价款单方面转移给原商品出售者。

（2）商业信用的特点。商业信用的特点主要表现为：第一，商业信用直接以商品的形态提供信用，但这种商品不同于普通的商品，而是处于产业资本循环最后一个阶段上的商品资本，它还有待于转化为货币资本。第二，商业信用的债权人和债务人都是工商企业，商业信用是工商企业之间相互提供信用。第三，商业信用属于直接信用，能及时解决企业的资金困难，是工商企业优先采用的信用形式。第四，在产业周期各阶段，商业信用的动态与产业资本的动态是一致的。在繁荣时期，生产扩大，产品量增加，对商业信用的需求也增加了；反之，在经济危机或经济严重不景气时期，生产规模缩小，对商业信用的需求也会减小。所以，商业信用的规模会随生产规模的变化同方向变动。

（3）商业信用的局限性。商业信用的局限性主要表现为：第一，商业信用的范围有限，仅限于相互了解、相互信任的企业之间，若得不到对方的信任，则商业信用不能成立。第二，商业信用的规模有限，商业信用以商品形态提供信用，且该商品是处于社会再生产过程中的商品资本，因而，商业信用的规模受工商企业所拥有的商品资本量的限制。第三，商业信用的方向有限。商业信用的标的物是各种各样的商品，各种商品都具有其特殊的使用价值，只能满足人们某一方面的需要，这样就会面临直接物物交换过程中需求的“双重巧合”的困难，使商业信用难以顺利进行下去。所以，商业信用只能沿着某一方向进行，反方向进行则不成立。第四，商业信用的期限有限。从事商品生产、流通的工商企业不可能将大量资金长时间置于闲置状态。因此，在一般情况下，以商品形态提供的信用的期限都不可能太长，都属于短期信用。

正是由于商业信用存在以上种种局限性，在一个高度发达的金融体系中，商业信用不可能成为现代信用的主体。

2. 银行信用

（1）银行信用的概念。银行信用是银行等金融机构通过吸收存款、发放贷款的方式，以货币形态向企业提供的信用。银行信用是在商业信用基础上产生发展起来的。随着商品经济的发展，某些行业或企业会有暂时闲置的货币资本，另外一些行业或企业会出现资金严重不足的情况。这样，职能资本家就会通过有借有还的信用方式进行资金余缺的调剂。而由于自身的局限性，商业信用无法满足资本主义再生产对借贷资本的需要，于是，银行信用便应运而生。如今，银行信用已成为最重要的信用形式之一。

（2）银行信用的特点。银行信用与商业信用相比较，具有以下特点：第一，银行信用是以货币形态提供的信用。货币是一般等价物，具有其社会职能所产生的使用价值，因而银行信用突破了商业信用方向的局限性。第二，银行信用的债权人与债务人分别是银行等金融机构和从事商品生产、流通的企业。银行等金融机构可以为企业提供长期或短期的贷款业务，突破了商业信用期限的局限性。第三，银行信用是以银行等金融机构为中介的信用，它属于间接信用。由于银行等金融机构信誉较高，可通过吸收存款将社会再生产过程中大量的闲置货币及其货币资本聚积起来，再通过发放贷款加以运用，这就大大突破了商业信用规模的局限性。第四，在产业发展的各阶段，银行信用的动态与产业资本的动态是相一致的。

3. 国家信用

（1）国家信用的概念。国家信用又称“政府信用”或“财政信用”，泛指以国家（或政府）为主体的借贷行为。它既包括政府对企业、银行、团体或个人的负债，也包括政府对国内企业、居民或外国银行（团）的贷款。在现代社会中，国家信用主要指国家的负债，即国家以债务人身份，通过发行国债向社会举债的行为。

（2）国家信用的作用。第一，国家信用是弥补财政赤字的重要工具。财政收不抵支、出现赤字可以通过三条途径解决，即增税、发行纸币和举债。增税不仅立法程序繁杂，而且还易引起大众的不满；滥发纸币又会导致通货膨胀。相比之下，发行国债更能为社会大众所接受，且对货币流通的破坏性影响要小得多，因而是弥补财政赤字的有效工具。

第二，国家信用是筹措中长期建设资金的重要手段。国家要履行管理和发展经济的职能，就需要进行重点经济建设，为经济发展创造良好的社会条件，如修筑道路和水利工程，发展科教事业，为社会提供邮电和气象服务等，而这些基础设施投资通常不可能由各企业完成，需要由国家来提供。在资金短缺的情况下，国家便可通过发行债券来筹措中长期建设资金。

第三，国家信用是调节货币流通、调节经济的重要杠杆。国家信用对货币流通以及经济的调节可以从多方面理解。在一定条件下，当投资需求严重不足、生产规模不断缩小、失业人口大量增加、经济呈现萧条态势时，国家便可有意识地采取赤字财政政策，增加财政支出，扩大投资规模，提高社会购买力，刺激经济增长。而国家增加财政支出的资金来源主要是依靠国家信用，通过发行国债加以解决。

（3）国家信用的规模。国家信用虽然具有以上积极作用，但如果规模不适度，特别是规模过大，则会给经济生活带来消极影响。决定国家信用规模时应考虑以下因素。

第一，国家举债额度。这是指政府全部收入与全部支出的差额。

第二，国债的应债能力，亦称“社会承受能力”。这是指社会上的居民、企业等国债投资者能动用多少闲散资金来认购国债。国债发行额只能反映发行者对资金的主观需求状况，但国债发行客观上还要受认购者认购能力的制约，这就不能不考虑国债的应债能力问题。

第三，国债的偿还能力。国债的偿债负担是指特定年度必须偿还的债款本息额与负债总额的关系。由于负债终究是靠财政予以偿还，因此，亦可用特定年度必须偿还的债款本息额同当年财政收入作比较来判断国债的偿还能力。一般而言，财政收入来源于国民收入或国民生产总值，因此，许多国家是借助于国债余额占国民生产总值的比例来判断国债的偿还能力。

总之，确定国家信用的规模，既要考虑国债发行量的需要，又要考虑社会承受能力和国家的偿还能力。否则，就可能造成通货膨胀或难以发挥国家信用的积极作用。

4. 消费信用

（1）消费信用的概念和形式。消费信用是指企业或金融机构以商品、货币或劳务向消费者个人提供的信用。

提供消费信用的方式主要有：第一，赊销。该方式是指凭信用先购物或享受服务，即时记账，以后付款，其价格一般高于现款交易，一般多见于零售商业提供的短期消费信用。第二，分期付款。该方式是指在购物时，先付一部分价款，其余部分则按合同约定期限加息分次偿还，多用于购买高档耐用消费品如房屋、汽车等。第三，消费贷款。该方式是指由银行直接对消费者发放贷款，并规定期限，到期偿还本息。这种放款因纯属消费性质，期限长，风险较大，银行一般要经过严格审核才予以放款。

（2）消费信用的作用。消费信用之所以在现代经济生活中被广泛运用，是因为它对社会再生产有一定的积极作用。首先，利用消费信用可以刺激生产，促进消费。随着社会生产力的不断发展，商品生产规模日益扩大，新产品不断涌现，需要更多的市场来消化；在生产发展的基础上，社会消费水平也在不断提高，这就要求有更多、更高级的物质消费。但是，现有物质资料的提供，往往与现有的购买能力存在时间、空间、数量上的矛盾。为了缓和这一矛盾，通常采用消费信用的方式增大社会公众的购买力，将未来的社会购买力提前实现，借以扩大消费市场，打开各种产品的销路，由此还可以进一步带动与其相关的一个甚至几个系列的行业和产品的发展。显然，这对社会经济的不断发展是有利的。其次，利用消费信用可以引导生产，加速资金周转。合理运用消费信用，扩大消费规模并通过这种消费需求的变化来引导生产的投向和规模，进而引发新产品的不断出现，可以为扩大再生产和新兴产业提供动力。此外，由于企业生产的产品能立即实现销售，可以减少资金占用，加速资金周转，提高经济效益。

但是，消费信用也会给社会经济生活带来一定的副作用。首先，消费信用易引起市场的虚假繁荣。消费信用是购买力的提前实现，会造成一时的虚假需求，使企业盲目扩大生产，同时又会造成未来购买力的相对缩减，使企业生产与社会需求更加脱节，从而加剧生产和消费的矛盾。其次，过量运用消费信用，不仅使家庭负担过重，而且还会出现信用膨胀。

5. 国际信用

国际信用是指国与国之间的企业、经济组织、金融机构及国际经济组织相互提供的与国际贸易密切联系的信用形式。国际贸易与国际经济交往的日益频繁，使国际信用成为国际结算、扩大进出口贸易的主要手段之一。

（1）出口信贷。出口信贷是国际贸易中的一种中长期贷款形式，是一国政府为了促进本国出口、增强国际竞争能力而对本国出口企业给予利息补贴和提供信用担保的信用形式。根据补贴和贷款的对象不同，又可分为卖方信贷和买方信贷两种。卖方信贷是出口方的银行或金融机构对出口商提供的信贷。从出口方银行和金融机构提供贷款的角度来看，这种贷款方式属于银行信用的范畴；从出口商赊销商品给进口商的角度来看，它又属于商业信用。综合起来考察，它实际上是一种以银行信用为支持的国际商业信用。买方信贷是由出口方的银行或金融机构直接向进口商或进口方银行或金融机构提供贷款的方式。从进口方银行向出口方银行取得贷款的角度看，它是国际间银行信用；从进口商通过进口方银行取得贷款用于支付出口商货款的角度看，它是一种国际国内相结合的银行信用。

（2）国际银行信贷。国际间的银行信贷是进口企业或进口银行直接从外国金融机构借入资金的一种信用形式。这种信用形式一般采用货币贷款方式，并事先确定了贷款货币的用途。它不享受出口信贷优惠，所以贷款利率要比出口信贷高。

（3）国际市场信贷。国际市场信贷是由国外的一家银行或几家银行组成的银团帮助进口国企业或银行在国际金融市场上通过发行中长期债券或大额定期存单来筹措资金的信用方式。

（4）国际租赁。国际租赁是国际间以实物租赁方式提供信用的新型融资形式。根据租赁的目的和融资方式的不同，可将其分为金融租赁和经营租赁两种形式。金融租赁是出租人应承租人的要求，出资购买其所需要的设备，并一次性出租给承租人，租约期满后回收全部投资的租赁方式。这里的出租人一般是银行或金融机构，主要为承租人融通资金。经营租赁是出租人将自己的设备和用品向承租人反复多次出租的租赁方式。这里的出租人多为工商企业，出租设备多为自己的闲置或利用率不高的设备。这种租赁方式一般要多次出租才能收回全部设备投资。

（5）补偿贸易。补偿贸易是指外国企业向进口企业提供机器设备、专利技术、员工培训服务等，待项目投产后进口企业以该项目的产品或按合同规定的收入分配比例清偿债务的信用方式。实质上，它是一种国际间的商业信用，在发展中国家得到广泛使用。具体可将其分为三种主要类型：①回购方式，即进口企业用引进机器设备生产的产品分期偿付贷款本息或设备价款的方式。②互购方式，即授信方不需要受信人引进设备生产的产品，但可以由受信人分期供应其他产品作为补偿的方式。③劳务补偿，即进口企业通过向授信方提供劳务的方式分期偿还进口设备款项的方式。它是与加工装配相联系的一种补偿贸易。

（6）国际金融机构贷款。这是指包括国际货币基金组织、世界银行在内的国际性金融机构向其成员国提供的贷款。基金组织的贷款主要有：①普通贷款：这是基金组织一种最基本的贷款，用于解决会员国国际收支逆差的短期资金需要。②中期贷款：用于解决会员国国际收支困难的中、长期资金需要。③出口波动补偿贷款：主要解决发展中国家的初级产品因市场价格下降而面临国际收支逆差不断扩大的困难。④信托基金贷款：这是为支持经济落后的发展中国家的经济发展而设立的一项贷款。主要是通过提供和组织长期贷款和投资，解决会员国恢复和发展经济的资金难题。

专栏 3-1

有这样一则幽默故事：一个中国老太太和一个美国老太太死后在天堂不期而遇。美国老太太说："总算还完了几十年的住房贷款。"中国老太太则叹息："总算攒够了买房的钱。"这则幽默将中西方消费观念的差异体现得淋漓尽致。同样是购买住房，中国老太太先攒钱，虽然是无债一身轻，但临死也没住上新房；而美国老太太则先借钱买房，后还债，结果提前几十年住进了新居。

在西方国家，消费信用相当流行。在最早实行消费信贷的美国，约有 2/3 的小汽车和一半以上的电视机、家具等耐用消费品都是通过消费信用的方式购买的。消费信用，通俗地讲，就是花明天的钱圆今日的梦。它是商品经济发展到一定阶段的必然产物，也是人们走向现代经济社会的必然选择。

消费信用在我国起步较晚，直到1998年3月，中国建设银行首先推出个人住房消费信贷，同年10月又推出汽车消费信贷，信用消费才逐渐走进了百姓生活。当前，住房、汽车等耐用消费品贷款、教育助学贷款、旅游贷款等消费信贷业务正成为我国商业银行的重要竞争领域，但目前的规模和比重还不够大。为了吸引消费者，银行和商家在服务等方面做了不少文章，国家也在政策上给予了大力扶持。作为消费者，我们是否也该丢掉陈旧的消费观念，跟上现代消费理念呢？

第二节 信用工具

一、信用工具的概念与特性

1. 信用工具的概念

信用工具的产生是以信用活动为基础的。所谓信用工具（金融工具），是指在信用活动中产生的证明债权债务关系的书面凭证。它是信用关系的载体，可以充当现实的或潜在的流通手段和支付手段。与反映信用关系的其他形式如口头信用、账簿信用相比，信用工具的使用使得信用活动更顺畅、更规范。在现代经济中，金融市场成为资金融通的重要场所，人们往往借助于信用工具来实现资金的融通。因此，在金融市场上，作为交易对象的信用工具又被称为“金融工具”。

2. 信用工具的特性

人们通常把信用工具的特性概括为四个方面，即偿还性、流动性、收益性和风险性。

（1）偿还性（期限性）。金融工具一般都具有偿还期限。这里的期限是指债务人偿清全部债务之前所经历的时间。以金融工具发行日开始计算的偿还期限为名义期限，这是发行时就已规定好的。如一张2001年7月1日发行、2004年6月30日到期的国债券，其名义期限为3年。但对投资者而言，更具现实意义的是实际期限，即从持有金融工具之日起到该金融工具到期日止所经历的时间。如一张1990年年底发行的国债券，标明2000年年底到期，而如果某投资者于1995年年底买入这张国债券，对该投资者来说，偿还期是5年而不是10年，该投资者将按照5年的实际期限而不是10年的名义期限来衡量其收益率。

金融工具在期限方面也存在着例外，即有的金融工具是不规定期限的。比如，银行支票就没有特定的期限，支票持有者无论何时想提现，银行作为债务方必须履行见票即付的义务。

（2）流动性。金融工具的流动性是指其迅速变现而不使持有者遭受损失的能力。影响金融工具流动性的主要因素如下：

①债务人的资信情况。一般而言，金融工具的流动性与债务人的信用成正比，债务人信用好，该金融工具的流动性就强；反之，则流动性弱。信誉好的金融工具更容易被投资者所接受。如，国家发行的债券的流动性总是比企业债券强一些。

②金融工具的期限。金融工具的流动性与期限成反比，期限越短，流动性越强；反

之，则流动性越弱。这是因为，期限越长，受市场利率变动影响的可能性就越大，从而金融工具交易价格的不确定性就越大，这会影响金融工具变现的价格条件。比如，从长期看市场利率呈上升趋势，那么长期债券的价格趋势则会走低，长期债券持有者在变现交易时遭受价格损失的可能性就大。

③金融工具市场交易的便利性。如果金融工具的市场交易量大，交易成本相对较低，其变现性就强；反之，则变现性差。

（3）收益性。收益性是指金融工具定期或不定期给持有者带来的收益。此外，在交易活动中金融工具还可产生差价收益。获取收益是金融工具交易的最主要目的。收益的大小是通过收益率来衡量的。收益率是持有金融工具所取得的净收益与本金的比率。收益率可以从不同角度来分析，最主要的有名义收益率、即期收益率和实际收益率。

①名义收益率，即金融工具的票面收益与票面额的比率。如某一债券面值 1000 元，5 年偿还期，注明年利息 30 元，或注明年利率 3%，则该债券的名义收益率就是 3%。

②即期收益率，即年收益额与该金融工具当期市场价格的比率。如上述债券能在金融市场上转让交易，而此时该债券的市场价格为 960 元，其即期收益率应为 3. 125%（$30/960\times100\%=3.125\%$）。

③实际收益率，即证券的票面收益加本金损益与当时的市场价格的比率。在这种计算方法下，收益部分不仅指该债券每年带来的利息收入，还包括买卖该债券所获得的差价收入分摊到持有期限内各年的部分。仍以上例说明，当投资者以 960 元的价格购入面值 1000 元的债券时，就形成 40 元的资本盈余。如果该投资者是在债券发行 1 年后买入，那么需 4 年后才能获得这 40 元资本盈余，也就是说，平摊到每年的资本盈余是 10 元。该债券的年利息收入为 30 元。考虑年资本收益额和年利息收入，可得出该债券实际年收益率为：

$$[30+(1000-960)\div4]\div960\times100\%\approx4.2\%$$

（4）风险性。风险性是指购买金融工具的本金有遭受损失的风险。风险主要来自于三个方面：一是违约风险，指债务人不能按时履约、支付利息和偿还本金的风险；二是市场风险，指由于利率变动或其他因素造成金融工具价格的波动所带来的风险；三是购买力风险，指由于通货膨胀，使证券到期时的投资回报率因货币贬值而受到影响。

二、信用工具的类型

1. 信用工具的分类

信用工具种类繁多，按不同的标准划分有不同的类型。以下简要介绍几种常见的划分信用工具种类的标准：

（1）以信用关系存续时间为标准，信用工具可分为短期信用工具和长期信用工具。短期信用工具是指偿还期在 1 年以下（包括 1 年）的信用工具，长期信用工具是指偿还期在 1 年以上的信用工具。

（2）以发行者的性质为标准，信用工具可分为直接信用工具和间接信用工具。直接信用工具是指由非金融机构发行的信用凭证，如企业债券、国库券等；间接信用工具是指由银行等金融机构发行的信用凭证，如银行存款凭证、保险单等。

（3）以流动性为标准，信用工具可分为完全流动性信用工具和有限流动性信用工具。具有完全流动性的信用工具是指已经被公众普遍接受的、在流通转让过程中不必附有任何条件的信用工具，如现代信用货币（即纸币和银行活期存款）。具有有限流动性的信用工具是指在流通转让过程中须附有一定条件才能被人们接受的信用工具，如存款凭证、股票、债券等，它们被接受的程度取决于这些信用工具的性质，包括信用工具的偿还性、流动性、安全性和收益性等。

（4）以融资范围为标准，信用工具可分为国内信用工具和国际信用工具。国内信用工具是指用本国货币标明面值、面向境内投资者发行的融资工具。国际信用工具是指用外国货币标明面值、面向境外投资者发行的融资工具。

从以上信用工具的分类可知，信用工具的种类繁多，而且随着金融业的不断发展，新的信用工具还会层出不穷。下面以信用工具的偿还期为标准介绍一下各种各样的、较为常见的信用工具。

2. 短期信用工具

（1）商业票据。商业票据是起源于商业信用的一种传统信用工具，也是工商业者之间形成信用关系的短期无担保债务凭证的总称。典型的商业票据是产生于商品交易中的延期支付。传统的商业票据有期票和汇票两种。

①商业期票。期票是一种承诺式信用凭证，即发票人承诺在一定时间、地点，支付一定款项给持票人的合法凭证。商业期票是商业信用的工具之一，经持票人背书后，未到期的商业期票可以转让给他人或向银行贴现。背书的意义在于对票据的清偿义务负责。

②商业汇票。汇票是一种命令式或委托式信用凭证，即由发票人命令或委托其付款人在一定时间、地点，支付一定款项给持票人的合法凭证。商业汇票大多须经付款人办理承兑，承兑的意义在于付款人愿意接受发票人的命令或委托的意思表示。汇票未经付款人承兑，便被认为是无效汇票。

现在流行的票据形式多是单名票据，即票据上只列出票人的姓名，不列收款人的姓名。早期的双名票据如果要转让，须履行背书手续，以保证出票人无力付款时背书人履行还款义务。后来，为了方便票据转让，特别是方便银行贴现业务的发展，双名票据逐步为单名票据所替代。

（2）银行票据。银行票据是由银行承担付款义务的票据。

①银行本票。银行本票是由银行发行，用以代替现金流通的一种票据。当银行需要付现时，可以不直接支付现金，而是开出一张票据代替。票据持有者可以按票据的票面价值去流通、购买和支付。

②银行汇票。银行汇票是一种汇款的凭证，由银行发出，收款人凭此向指定的银行兑取汇款。由于银行汇票的发票人和付款人皆为银行，彼此相互了解、相互信任，因此，银行汇票不需要承兑。

③信用证。信用证是由银行（开证行）根据付款方（申请人）的要求向收款方（受益人）开立的一定金额、一定期限、根据一定条件进行付款的一种凭证（保证书）。信用证可以分为商业信用证与旅行信用证两种。

• 商业信用证。商业信用证是商品交易过程中进行货款结算的一种凭证，广泛用于国内贸易与国际贸易中。

• 旅行信用证。旅行信用证是银行为方便旅行者在国外旅行时取款发给旅行者的一种信用凭证。

④信用卡。信用卡是银行或信用卡发卡机构面向具有一定信用资历的顾客（消费者）发行的赋予信用的证书。由于使用便利，并能扩大银行信贷及商业购销业务，信用卡为广大消费者、银行和商号所采用。

对于在银行开有存款账户的人来说，使用信用卡免去了支票的麻烦；对特约商业经营单位来说，开展信用卡支付业务可以增加营业额，并可以解除收受空头支票或假支票的顾虑；对于发卡银行来说，通过信用卡可以多吸收存款或垫付客户欠款，扩大利息收入来源。

⑤大额可转让定期存单。这是指银行发行的用于筹集资金的书面证书。其特点是金额起点高，利息收入多且可转让流通。持有者可以通过转让取得现金，但不得提前支取，这就保证了银行对这部分资金的稳定利用。

⑥国库券。国库券是财政部为平衡财政收支、筹集预算急需资金而发行的借款凭证，主要用于调节国库预算收支差额。一般公开发行，其期限短，最长不超过 1 年，其还本付息的来源是当年的预算收入。西方国家一般采取折价发行的方式，即低于票面金额出售国库券，到期按票面金额偿付，差额视同持有人的利息收入。我国国库券是按面值发行的，期限也较长，因而是一种变相的公债券。国库券可以向银行抵押、贴现。

3. 长期信用工具

长期信用工具通常包括债券与股票两类。

（1）债券。债券是由债务人发行的、证明持券人有权到期收回本金和获得利息的合法凭证。按照债券的发行主体不同，债券又可分为长期政府债券、公司债券和金融债券。

①长期政府债券。它是政府为筹措生产建设资金而发行的借款凭证。按政府的等级划分，有中央政府债券和地方政府债券。

②公司债券。它是公司（或企业）向社会发行的、用以筹集中长期资金的借款凭证。公司债券一般期限较长，并以公司财产作为清偿保证。按不同的标准，可分为记名债券和不记名债券、抵押债券和信用债券、国内债券和国际债券等。

③金融债券。它是商业银行或其他金融机构为筹集中长期信贷资金而向社会发行的借款凭证。多数国家对发行金融债券作了严格的规定。我国的金融债券属于特种债券。

（2）股票。股票是由股份公司发行的，证明其股东（持股人）投资入股并有权取得股息红利、享有相应权益的合法凭证。

股票持有者乃股份公司的股东。股东是股份公司的主人，在法律上有权参与公司的决策与经营管理。但股东一经投资入股后，在股份公司存续阶段不允许退股。投资者急需资金时，可以转让其股份。

股票按不同的标准可分为普通股与优先股、记名股与不记名股、有面值股与无面值股、有权股与无权股等。

债券和股票虽然都是筹集资金的重要工具，但二者又有严格的区别，主要表现如下：

第一，两者的性质不同。债券体现的是债权关系，持券人有权到期收回本金并获得利息，但无权参与公司的决策与经营管理。股票体现的是所有权关系，公司财产属全体股东所有，股东凭持有的股份有权参与股份公司的决策与经营管理。

第二，两者的期限不同。债券通常都有期限，债务人到期必须向债权人偿还本金。股票则没有偿还期，属于无期证书。因而，股份公司通过发行股票筹集起来的资金可以永久使用，不需要考虑偿还问题。

第三，两者的价格变动不同。债券的价格受市场供求关系影响较小，因而其价格波动的幅度不大。股票则受市场供求等因素影响较大，有时是剧烈的波动。

第四，两者的风险大小不同。债券的价格波动不大，利息收入固定，且有一定的发行保证，因此，对于投资者而言，债券的风险较小。而股票的价格波动幅度大，股息红利也不固定，特别是处于经济危机时期，股份公司一旦倒闭破产，股票便一文不值，成为一张废纸。因而，对于投资者而言，股票的风险较大。

第五，两者的收益与国家的税收关系不同。公司债券的收益——利息来源于税前利润，亦即公司债券的利息负担，可摊入公司成本。股票的收益——股息红利来源于股份公司的税后利润，即来源于股份公司的纯利润。

4. 金融衍生工具

金融衍生工具是在货币、债券、股票等传统金融工具的基础上衍化和派生出来的、以杠杆或信用交易为特征的金融工具。金融衍生工具有两层含义：一方面，它指的是一种特定的交易方式；另一方面，它又指由这种交易方式所形成的一系列合约。经济活动日趋复杂是金融衍生工具发展的最根本动力，而金融创新则是金融衍生工具种类不断增加和复杂程度逐渐加深的直接推动力。引发金融创新的原因主要有两个，即转嫁风险和规避监管。

国际上金融衍生工具种类繁多，不断有新的衍生产品出现。金融衍生产品主要有以下三种分类方法。

（1）根据产品形态，可以分为期货、远期、掉期和期权四大类。期货合约和远期合约都是交易双方约定在未来某一特定时间以某一特定价格买卖某一特定数量和质量资产的交易形式。

期货合约是期货交易所制定的标准化合约，对合约到期日及其买卖的资产的种类、数量、质量作出统一规定。远期合约是买卖双方依据各自的特殊需求自行签订的合约。因此，期货合约流动性较高，远期合约流动性较低。

掉期合约是一种由交易双方签订的在未来某一时期相互交换某种资产的合约，较为常见的是利率掉期合约和货币掉期合约。掉期合约中规定的交换货币如果是同种货币，为利率掉期；若为异种货币，则为货币掉期。

期权交易是买卖权利的交易。期权合约规定了在某一特定时间以某一特定价格买卖某一特定种类、数量、质量的原生资产的权利。期权合约有在交易所上市的标准化合同，也有在柜台交易的非标准化合同。

（2）根据原生资产的不同，大致可以分为四类，即股票、利率、汇率和商品。如果再加以细分，股票类中又包括具体的股票和由股票组合形成的股票指数。利率类中可分为以短期存款利率为代表的短期利率和以长期债券利率为代表的长期利率。汇率类中包括各种不同币种之间的比值。商品类中包括各类大宗实物商品。

（3）根据交易方法，可分为场内交易和场外交易。

场内交易又称“交易所交易”，指供求方集中在交易所进行竞价交易的交易方式。交易所向交易参与者收取保证金，同时负责进行清算和承担履约担保责任。此外，由于每个投资者都有不同的需求，交易所会事先设计出标准化的金融合同，由投资者选择与自身需求最接近的合同和数量进行交易。所有的交易者都集中在一个场所进行交易，这就增加了交易的密度，易形成流动性较高的市场。期货交易和部分标准化期权合同交易都属于这种交易方式。

场外交易又称“柜台交易”，指交易双方直接成为交易对手的交易方式。这种交易方式有许多形态，可以根据每个使用者的不同需求设计出不同内容的产品。同时，为了满足客户的具体要求，出售衍生产品的金融机构需要有高超的金融技术和风险管理能力。由于每项交易的清算是由交易双方共同负责的，交易参与者仅限于信用级别高的客户。掉期交易和远期交易是具有代表性的柜台交易的衍生产品。

第三节　利息与利率

一、利息与利率的概念

1. 利息

利息是与信用相联系的一个经济范畴。从信用关系的债权人角度说，利息是货币资金所有者贷出一定数量货币所获得的报酬；从债务人角度说，利息是货币资金需求者借入一定数量的货币所付出的代价。

利息作为借款者为取得货币资金的使用权而付出的代价，或者说是货币所有者因暂时让渡货币资金使用权而从借款者手中获得的一定报酬，也被看作资金的价格。借贷双方必须按照借贷资金这种商品的“市场价格”进行信用交易。

从表面看，利息是货币资金衍生的收益，但其真正的来源是生产经营活动中产生的利润。

利息通常被看作资金的价格，但利息本身不是一个反映价格水平的概念，能够反映货币资金价格水平的指标是利息率。

2. 利率

利息水平的高低是由利息率表示的。利息率，简称“利率”，指一定时期内的利息额与借贷货币额之间的比例。

计算利息率有两种方法：单利法和复利法。

（1）单利法。单利法是指不论时间长短，仅按本金计算利息，且计算出来的利息不再加入本金重复计算利息的一种方法。单利法通常用于短期贷款。

在单利法下，利息的计算公式是：

$$R = Prn$$

本金与利息之和的计算公式为：

$$A = P + Prn = P(1 + rn)$$

式中：A 表示本利和，P 表示本金，R 表示利息，r 表示利率，n 表示期数。

(2) 复利法。复利法俗称“利上滚利”。它是指经过一定时间将所得利息并入本金再计算利息的一种计息方法。按复利法计息，不仅本金要计算利息，而且应计利息也要作为继续计算利息的依据。长期投资一般采用复利法计算利息。在复利法下，本利和的计算公式为：

$$A = P(1 + r)^n$$

二、利率体系

所谓利率体系，是指互相联系、互相制约的各种利率所形成的有机整体，包括了一系列相互对应的利率组合。其中比较重要的有：

1. 市场利率与基准利率

市场利率是指由资金供求双方通过竞争而形成的利率。它随借贷资金供求状况的变化而变化，能及时、准确地反映出资金供求关系。

基准利率是指在整个利率体系中居于支配地位，能带动和影响其他利率的基础性利率。在市场经济发达的国家，基准利率通常是中央银行的再贴现利率。

2. 名义利率与实际利率

名义利率是指以名义货币表示的公告利率。在现代信用货币流通的条件下，由于通货膨胀因素的存在，有货币的名义价值与实际价值之分，进而也就有了名义利率与实际利率的差别。

实际利率是指名义利率减去通货膨胀率后的真实利率。可见，名义利率与实际利率的差别在于，名义利率没有考虑通货膨胀因素，而实际利率则考虑了这一因素。

3. 固定利率与浮动利率

固定利率是指不随资金借贷市场供求状况的变化而变化，在整个借贷期内固定不变的利率。使用这种利率易于计算借款成本，适用于借款期限短或市场利率变化不大的情况。

浮动利率是指在借贷期限内随市场利率变动而定期调整的利率。实行浮动利率，手续较为繁杂，且计算依据多样，易增加费用开支，但可以降低借贷双方的利率风险，所以一般中长期借贷大多采用浮动利率。

4. 存款利率与贷款利率

存款利率是指存款的利息与存款本金之比。存款利率的高低直接决定了存款者的利息收益和银行的融资成本。存款利率高低因存款种类及存款期限的不同而不同，同时也与借贷资金充裕程度有关。

贷款利率是指贷款利息与贷款本金之比。贷款利率的高低直接决定着利润在借款企业和银行之间的分配比例，因而影响着借贷双方的经济利益。贷款利率因贷款种类和期限的不同而不同，同时也与借贷资金的稀缺程度相联系。

三、影响利率高低的因素

1. 社会平均利润率

利率与社会平均利润率成正比例的变动关系。社会平均利润率是利率的最高界限。若超过这个界限，企业借入资金无利可图，便不会再借此途径从事生产经营。而在一般情况下，利率也不可能等于或低于零，否则资金所有者就不会将资金放贷出去。因此，利率只能在社会平均利润率和零之间波动。

2. 资金供求关系

利率是货币资金的价格，受货币资金供求关系的制约。当货币资金供过于求时，利率下降；当货币资金供不应求时，利率上升。利率水平的高低受货币资金供求关系的影响，同时也反过来影响货币资金的供求关系。因而，利率是国家调节资金流向的重要杠杆。

3. 物价水平

利率与物价水平成正比例变动关系。物价水平上涨，人们持有的货币就会贬值；为了避免物价上涨率高于名义利率而使实际利率变为负数，就必须提高利率水平。物价水平下降，人们持有的货币就会升值；为了避免实际利率过高而抑制人们消费，从而对经济产生不利影响，就要降低利率水平。

4. 国家经济政策

利率体现政府的意图。当国家要刺激经济发展时，会调低利率水平；当国家要抑制经济过热发展时，会调高利率水平。

5. 国际利率水平

当前，全球范围内已经形成了一个开放的国际金融市场。在资本自由流动的条件下，若国际利率水平和国内利率水平差别太大，就会引起资本的跨国流动，进而影响一国的国际收支平衡。因此，在制定一国的利率水平时，必须考虑国际利率水平。

四、利率的经济功能

利率作为一个政策变量，既影响货币的流量，又影响货币的存量；既影响储蓄与投资，又影响物价和经济发展。具体表现为以下几个方面：

1. 传递经济信息，优化资源配置

利率具有非常灵敏的信息反馈功能。利率水平的变化不仅能及时反映市场资金的供求变化，而且在某种程度上还体现了国家宏观经济政策的意图；利率结构的调整，不仅反映了市场资金供求结构的变化，而且还反映了国家产业政策的方向，从而引导商品生产者根据市场需要从事经济活动。不仅如此，由于资金总是向利润率高的部门流动，从而保证了社会有限的资源被经济效益较好的部门使用，因而提高了资源的利用率，避免了资源浪费，实现了资源的合理配置。

2. 节约资金使用，加速资金周转

如果说优化资源配置是利率的宏观经济功能，那么，促进企业节约使用资金就是利率的微观经济功能。我们知道，利息来源于利润。在企业毛利润不变的情况下，增加纯利润的途径之一便是想方设法减少利息支出；而决定利息额的因素主要是利率水平、借款数额以及借贷期限。在利率水平一定的条件下，要做到减少利息支出，企业就必须引进先进的生产设备，改进落后的生产技术，降低生产成本，减少资金占用，同时缩短生产周期，加速资金的周转，以提高企业的经济效益。

3. 影响储蓄，引导消费

储蓄有广义和狭义之分。广义的储蓄可理解为收入减去消费，狭义的储蓄则是指银行储蓄存款。

就广义储蓄而言，利率的作用不是影响储蓄的总量，而是影响储蓄的构成，即影响储蓄者是选择金融资产储蓄还是实物资产储蓄，是选择货币储蓄还是股票、债券储蓄。就狭义储蓄而言，利率最明显的作用是影响储蓄的总量，即较高的利率有利于扩大储蓄，较低的利率则会使储蓄减少。当然，影响储蓄量变化的因素有很多，但无论如何，利率有增加储蓄总量的功能。

储蓄与消费之间存在着密切的关系，两者都是收入的函数。在一般情况下，储蓄是收入的增函数，消费是收入的减函数。即在生活水平既定时，随着收入的增加，用于消费的比例将会降低，而用于储蓄的比例将会提高。因此，从宏观上看，在收入既定条件下，利率的高低对广义储蓄和消费的影响不大；广义储蓄的增减和消费水平的高低主要随收入的增减作相应的变化。但从微观上看，从利率的高低能够影响人们的收入水平的角度考察，则利率水平越高，同期人们的货币收入将会增加，进而增加消费和储蓄需求。利率高低对狭义储蓄量的影响是十分明显的。在收入既定条件下，提高利率有利于增加储蓄存款，抑制本期消费；降低利率有利于减少储蓄存款，刺激本期消费。

总的来说，利率高低变动不仅能影响消费与储蓄的比例，而且能影响消费的总量。

4. 调节投资需求，控制投资规模

投资有实质性投资与证券投资之分。此处所说的投资是对生产流通领域进行的投资，即实质性投资。这种投资与利率的高低有着密切的关系。

一般理论认为，就投资愿望或投资需求而言，低利率对其有刺激作用，高利率则对其有抑制作用。因为在其他条件不变情况下，低利率减少了投资者的利息支出，降低了成本，增加了利润，因而能刺激投资需求的扩大；高利率则会增加投资者的利息支出，减少利润，因而能抑制投资需求的扩大。

就实际投资而言，利率特别是低利率会对投资起什么样的作用，不能一概而论。除了看利率是否受到管制外，还要看一个国家的资金供求状况。在发达国家，经常存在着过剩的资本，而这些过剩的资本总是在寻找投资的机会，因而低利率可以促进实质性投资的增长。在发展中国家，投资机会很多，投资需求旺盛，但实际资本不足，亦即“瓶颈制约”现象严重。在这种情况下，实行低利率非但不会使实际投资增加，反而会造成种种恶果。第一，低利率政策一方面使储蓄总量减少，另一方面使资金流入黑市，降低融资效率。第二，低利率难以发挥利率的筛选功能，降低资源的利用率，造成资源的浪费。第三，利息负担小，不利于促使投资者加速资金周转，节约资金占用。第四，低利率造成投资需求旺盛，迫使金融管理当局采取“选择性信贷控制”，而决策者在选择投资项目时难免失误，从而造成资源配置失当。在20世纪70年代，许多发展中国家实行低利率政策的目的之一是刺激投资，结果却适得其反，这方面的教训值得深思。

5. 引导货币流通，调节宏观经济

利率与价格、税收、信贷、汇率一起构成国家宏观调控的经济杠杆。中央银行运用利率政策调节宏观经济是通过调节货币流通来实现的。

利率对货币流通的调节包括对货币供给总量的调节和货币供给结构的调节，即对货币流量和货币流向的调节。当提高利率、紧缩银根时，存款利率提高，促使一部分流通中的货币转化为储蓄存款，而贷款利率提高则使放款规模缩小，从而减少流通中的货币供给总量。反之，当降低利率、放松银根时，存款利率降低，促使一部分储蓄存款转化为流通中的货币，而贷款利率降低使放款规模扩大，从而增加流通中的货币供给总量。利率高低不仅影响货币供给总量，而且还影响货币供给结构。当银行以高低不同的利率对不同的行业、产业、部门发放贷款时，便可促使资金更多地流向国家经济政策、产业政策扶持的领域。马克思认为，货币是生产发展的第一推动力和持续的推动力。货币供给总量大小关系到经济发展的速度与规模；货币供给结构如何，关系到资源配置是否得当，经济结构、产业结构是否合理。

总之，利率对宏观经济的调节是多层次、多方面的。它通过对货币供给总量、货币供给结构的调节，影响社会总需求与总供给的对比关系，以实现对经济进行宏观调控的目的。

本章知识点

本章要求了解信用的职能与作用，了解利息的一般分类和决定利率高低的一般因素；掌握信用的各种形式，并能根据信用的基本原理分析经济生活中的信用机制；通过学习利率调节经济的机制，掌握利率在我国市场经济发展中的作用。

复习思考题

一、名词解释

信用　信用工具　商业信用　银行信用　消费信用　利率　实际利率

二、思考与讨论

1. 你了解信用卡的功能吗？

2. 分析负债消费的利弊。

3. 分析银行信用与国家信用的主要区别。

4. 政府弥补财政赤字的方法有很多，如增加税收、向中央银行借款、举借债务等。你认为哪种方法最好？为什么？

5. 目前许多人拥有多张信用卡，一定程度上存在信用卡泛滥的现象。讨论：这种现象存在哪些隐患？

6. 李老汉今年65岁，手头就3万元闲钱。根据“不把鸡蛋放在一个篮子里”的投资原则，他应该怎么理财？

第四章

金融市场

学习目标

1. 了解金融市场的特征、分类和机构。
2. 掌握货币市场与资本市场的金融工具。
3. 理解金融市场及各子市场的运作与发展。
4. 了解我国金融市场的发展现状与前景。

课前导读

市场经济是一个由诸多分市场所构成的庞大的市场统一体。每项生产要素在交换过程中都构成了自己的市场体系。这些市场主要是：商品市场（生产资料市场、消费资料市场、产权市场等）、劳务市场（劳动力市场、技术市场、文化市场等）和金融市场（货币市场、资本市场）等。金融市场的形态有两种：一种是有形市场，即交易者集中在有固定地点和交易设施的场所内进行交易的市场，证券交易所就是典型的有形市场；另一种是无形市场，即交易者分散在不同地点（机构）或采用电信手段进行交易的市场，如场外交易市场和全球外汇市场就属于无形市场。

第一节 金融市场概述

一、金融市场的概念与特性

1. 金融市场的概念

金融市场是指资金供应者和资金需求者双方通过信用工具融通资金的市场。从广义上讲，它是实现货币借贷和资金融通、办理各种票据和有价证券交易活动的市场。

金融市场是资金融通的市场。所谓资金融通，是指在经济运行过程中，资金供求双方运用各种金融工具调节资金盈亏的活动，是所有金融交易活动的总称。在金融市场上交易的是各种金融工具，如股票、债券、储蓄存单等。资金融通简称为“融资”，一般分为直接融资和间接融资两种。直接融资是资金供求双方直接进行资金融通的活动，也就是资金需求者直接通过金融市场向社会上有资金盈余的机构和个人筹资；与此对应，间接融资则是通过银行所进行的资金融通活动，也就是资金需求者采取向银行等金融中介机构申请贷款的方式筹资。直接融资和间接融资两种方式各有利弊，两者既相互独立又互相补充，共同满足不同经济主体对资金的多样化需求。

金融市场是由许多不同的市场组成的一个庞大体系。根据金融市场上交易工具期限的不同，可将金融市场分为货币市场和资本市场两大类。货币市场是融通短期资金的市场，资本市场是融通长期资金的市场。货币市场和资本市场又可以进一步分为若干不同的子市场。货币市场包括金融同业拆借市场、回购协议市场、商业票据市场、银行承兑汇票市场、短期政府债券市场、大面额可转让存单市场等。资本市场包括中长期信贷市场和证券市场。中长期信贷市场是金融机构与工商企业之间的贷款市场；证券市场是通过证券的发行与交易进行融资的市场，包括债券市场、股票市场、基金市场、保险市场、融资租赁市场等。

2. 金融市场的特性

金融市场是货币资金或金融商品交易的场所，是进行货币借贷以及各种票据、有价证券、黄金和外汇买卖的场所。金融市场同其他各种商品市场既有联系又有区别。

（1）金融市场同一般商品市场之间的联系

第一，金融市场为商品市场提供交易的媒介，使商品交换得以顺利进行；第二，金融市场可以有力地推动商品市场的发展，在广度上促进商品市场的发展；第三，通过金融市场的带动，促使商品市场的流动和重组，从而实现对资源的重新配置。

（2）金融市场同一般商品市场的区别

一是交易场所的区别。一般商品交易有其固定的场所，以有形市场为主；金融市场既有有形市场，在更大的范围内也有通过电话、电报、电脑等通信工具进行交易的无形市场。这种更广泛的市场体系可以将供求双方最大限度地结合起来。二是交易对象的特殊性。一般市场交易的是普通商品或劳务，其本身含有一定的价值和使用价值，一经交易就进入消费环节；金融市场的交易对象是金融商品，其价值和使用价值有着不同的决定方式。三是交易方式的特殊性。一般商品的交易遵循等价交换的原则，通过议价、成交付款、交货而结束交易，双方不再发生任何关系；金融市场的交易是信用、投资关系的建立和转移过程，交易完成之后，信用双方、投融资双方的关系并未结束，还存在本息的偿付和收益分配等行为。四是交易动机不同。一般商品交易的卖者是为实现价值、取得货币，买者则为取得使用价值、满足消费的需求；金融市场上的买者是为取得筹资运用的权利，卖者则为取得投融资利息、控股等权利。此外，金融市场还派生出保值、投机等种种动机。

二、金融市场分类

从不同的角度考察，金融市场可作如下分类：

1. 按融资交易期限划分

按融资交易期限划分，金融市场可分为长期金融市场和短期金融市场。长期金融市场也称“资本市场”，一般指1年以上期限的资金借贷及有价证券的交易市场，如股票与长期债券的发行与流通。短期金融市场，也称“货币市场”，一般指1年以下期限的资金借贷及有价证券的交易市场，如同业拆借、票据市场、短期债券及可转让存单的买卖。

2. 按中介特征划分

根据资金融通中的中介机构的特征来划分，金融市场可分为直接金融市场和间接金融市场。直接金融市场指的是资金需求者直接从资金所有者那里融通资金的市场，一般是指通过发行债券和股票方式在金融市场上筹集资金的融资市场。间接金融市场则是通过银行等中介机构来进行资金融通的市场。

3. 按交易程序划分

按交易程序划分，金融市场可分为发行市场和流通市场。发行市场，也称“一级市场”，指资金需求者将金融资产首次出售给社会公众的市场。流通市场，也称“二级市场”，是对已经发行的金融资产进行转手交易的市场。

4. 按交易场所划分

按交易场所来划分，金融市场可分为有形市场和无形市场。有形市场指有固定场所和操作设施的金融市场，一般指的是证券交易所等固定的交易场地。无形市场指没有固定交易场所的市场，它的交易一般通过现代化的电子通信工具在各金融机构、证券商和投资者之间进行。

5. 按交易对象划分

按交易对象划分，金融市场可分为资金市场、外汇市场、黄金市场、证券市场和保险市场。资金市场是指以本国货币表示的资金作为买卖对象的市场。外汇市场是指以外国货币、外币有价证券、外币支付凭证等作为交易对象的市场。黄金市场是指以黄金作为交易对象的市场。证券市场是指以股票、债券等有价证券作为交易对象的市场。保险市场是进行保险和再保险业务的市场。

6. 按交割期限划分

按交割期限划分，金融市场可分为现货市场和期货市场。现货市场指市场上的买卖双方成交后立即付款交割的市场。期货市场指融资活动成交后，按合约规定在指定日期付款交割的市场。

7. 按地理范围划分

按地理范围划分，金融市场可分为国际金融市场和国内金融市场。国际金融市场由经营国际间货币业务的金融机构组成，其经营内容包括资金借贷、外汇买卖、证券买卖、资金交易等。国内金融市场由国内金融机构组成，主要开展各种货币、证券买卖等业务。它又分为城市金融市场和农村金融市场，或者分为全国性、区域性、地方性的金融市场。

三、金融市场的构成要素

同其他市场一样，金融市场也需要有一些必备的市场要素，主要包括：

1. 金融市场主体

金融市场主体，就是金融市场的参与者，它可以分为资金的供应者、需求者、中介者和管理者。具体又可以分为金融机构、企业、政府、家庭和个人及海外投资者。

(1) 各交易主体的运行机制

推动各交易主体积极参与金融市场并发挥作用的力量，从根本上说，是利益的驱动：资金的供给者是为了获得利息、股息等投资回报；资金的需求者是为了筹集资金并加以运用，从而取得更大的收益；交易的中介者是为了获得中介费用；至于管理者，除收取一定的管理费之外，还体现国家或行业的监管职能。交易主体之间的双向竞争推动着资金在交易主体间的流动，也促进各主体运行效率的提高。交易活动引导着资金的流向、流速和流量。

(2) 各交易主体的作用

①金融机构是金融市场的主导力量。它既是资金的供应者，也是资金的需求者。作为资金的供应者，它通过发放贷款、拆借、贴现、抵押、买进债券等方式向市场输出资金；作为资金的需求者，它通过吸收存款、再贴现、拆借等方法，将资金最大限度地集中到自己手里。此外，金融机构还提供信用工具，如支票、汇票、存单、保单等，为金融市场提供资金交易的工具。金融机构还充当资金交易的媒介，办理金融批发业务，既有对信贷资金的批发，也有对股票和债券的承销。

②企业单位是金融市场运行的基础。金融市场为企业单位提供了筹集和运用资金的场所，使其可以保持适度的资金量。因而，它和银行之间总保持着存、贷款关系，也与其他企业或金融机构保持着筹资或投资关系。

③家庭和个人是金融市场上资金的供应者，以储蓄的方式参与金融市场的活动。此外，个人还通过购买证券向金融市场输送资金。家庭和个人也是资金的需求者，除以消费信贷的形式借贷之外，也会从金融市场抽回资金。

④政府部门作为金融市场上资金的需求者，通过在国内外市场上发行国家债券来筹集资金，以弥补赤字或者扩大建设规模；作为资金的供给者，政府将自己所拥有的财政性存款和外汇储备汇集到金融市场上，成为金融机构的重要资金来源。

⑤随着金融市场对外开放程度的加深，越来越多的海外投资者来国内进行存贷款活动、投资活动；当在岸和离岸金融市场和资本市场进一步开放之后，会有更多的海外投资者到国内的金融市场投资。

⑥中央银行除了是金融市场的管理者外，还以资金的供给者、需求者、中介者三位一体的身份活跃在金融市场上。作为资金的供给者，中央银行以再贴现、再贷款、购回证券与票据、收购黄金外汇的方式向商业银行等金融机构投放基础货币。作为资金的需求者，中央银行吸纳商业银行的存款准备金，并通过公开市场业务抛售证券、票据，回收金融市场上过多的资金。作为中介者，中央银行为商业银行之间的资金往来提供清算服务。

2. 交易对象

从本质上说，金融市场的交易对象就是货币资金。由于货币资金之间不能直接进行交易，需要借助金融工具进行，因此金融工具就成为货币资金交易的载体。

金融工具，也被称为“信用工具”，它是证明金融交易金额、期限、价格的书面文件，对债权债务双方的权利和义务具有法律约束意义。

金融工具有以下特征：①偿还性。一般信用工具多为债权债务凭证。它是依法开立的契约凭证，在一定的条件下，债务人具有不可辩驳的偿还责任。如债券、存款证等工具，其偿还性是十分明确的。唯独股票在公司存续期间是不承担偿还责任的；但当公司清算时，也要将可分配的清算收入按持股比例分配给股东。②流动性。这是指信用工具可适时交易变现的能力。信誉愈高的信用工具，其流动性愈强；偿还期愈长，流动性愈差。③风险性。这是指信用工具的持有人具有的收益和损失的不确定性。一般地说，发行者的信誉愈高，发行期限愈短，风险性就愈小；相反，风险就愈大。与收益相对应的是，金融工具的风险愈大，收益也愈大。一般而言，收益同持有期成正相关关系，同时，它也取决于发行者的净收益和收益分配状况。

常见的金融工具包括票据（支票、汇票、本票）、可转让定期存单、债券、国库券、基金、证券及各种衍生金融工具等。

3. 交易价格

没有价格就不可能形成市场，价格反映资金的供求关系。在金融市场上，交易对象的价格就是货币资金的价格。在借贷市场上，借贷资金的价格就是借贷利率。而在证券市场上，资金的价格较为隐蔽，直接表现出的是有价证券的价格，并通过这种价格反映出货币资金的价格。在外汇市场上，汇率反映货币的价格。

4. 交易的组织形式

组织方式是指金融工具交易时采用的方式。受市场本身的发育程度、交易技术以及交易双方交易意愿的影响，金融交易主要有两种组织方式：一是有固定场所的有组织、有制度、集中进行交易的方式；二是没有固定交易场所，交易双方主要借助电子通信或互联网手段完成交易的方式。

四、金融市场的功能

金融市场对于一国的经济发展具有多方面的功能。

1. 融通资金的功能

这是指金融市场能够将社会闲散资金聚集起来并通过重新分配的方式来调节资金余缺，金融市场在其中发挥着融通资金的“媒介器”作用，从而促进经济效益的提高，这也是金融市场最主要、最基本的功能。金融市场的这项功能就是将社会储蓄转化为社会投资。这里所说的储蓄，并非日常生活中的银行储蓄，而是指推迟现时消费的行为，是收入扣除当前消费后的剩余。大多数储蓄是由家庭部门完成的，而投资主要由企业部门进行。金融市场可以提供多种金融工具供资金供应者和资金需求者选择，使其可以在这里自由地调剂资金。

2. 资源配置的功能

这是指金融市场通过定价机制自动引导资金的合理配置，进而引导资源从低效益部门向高效益部门流动，从而实现资源的合理配置和有效利用。在金融市场中，证券价格的波动实际上反映了证券背后所隐含的相关信息。投资者可以通过证券交易中所公开的信息及证券价格波动所反映出的信息来判断整体经济运行情况以及相关企业、行业的发展前景，从而决定自身资金和其他经济资源的投向。这样，金融市场通过资金的流动将资源从低效率部门转移到高效率部门，实现稀缺资源的合理配置和有效利用。

3. 反映经济的功能

金融市场是国民经济的信号系统。首先，金融市场反映了微观经济的运行状况，比如某个股票价格的涨跌，往往反映了该公司经营管理和经济效益的变化。其次，金融市场也反映宏观经济运行状况，如国家的经济政策，尤其是货币供应量的变化等货币政策。最后，在经济全球化背景下，国内金融市场同国际金融市场连为一体，因此金融市场往往也反映了世界经济的发展动向。

4. 调节经济的功能

金融市场为宏观管理当局实施宏观调控提供了场所和重要平台，也为金融间接调控体系的建立提供了基础。例如，金融市场可以反映国家货币供给量的变动趋势，中央银行可以根据金融市场上的信息反馈，通过公开市场业务、调整贴现率等手段来调节资金的供求关系，从而保持社会总需求与总供给的均衡。

专栏 4-1

第二次世界大战后，欧美、日本金融市场呈现出一派蓬勃发展的景象，国家放松金融管制，竞争加剧，金融工具不断创新，金融交易量急剧增长，每年吞吐资金量数以万亿美元计。目前，世界金融市场上出现了以下几种发展趋势：

1. 金融资产证券化

资产证券化是指把流动性较差的资产，如金融机构的一些长期固定利率放款或企业的应收账款等，通过商业银行或投资银行予以集中及重新组合，以这些资产作抵押来发行证券，实现了相关债权的流动化。资产证券化最早起源于美国，最初是储蓄银行、储蓄贷款协会等机构的住宅抵押贷款的证券化，接着商业银行也纷纷仿效，对其债权实行证券化，以增强资产流动性和市场性。从 20 世纪 80 年代后期开始，证券化已成为国际金融市场的一个显著特点，传统的以银行为中心的融资借贷活动发生了新的变化。

随着住宅抵押证券市场的不断扩大，资产证券化又有了一些新的发展，具体表现如下：

（1）将住宅抵押证券的做法应用到其他小额债权上，对这些小额债权进行证券化。这大大拓宽了资产证券化的领域，如汽车贷款、信用卡应收款、住宅资产净值贷款和大型设备的租赁等。

（2）商业不动产融资的流动化。从 1984 年起，市场上出现了公募形式的商业不动产担保证券。它以商业不动产的租金收入作为还债来源，实现了与原所有者的完全分离。

（3）担保抵押债券。这是将住宅抵押凭证、住宅抵押贷款等汇集起来，以此为担保所发行的债券。当前，西方国家资产的证券化趋势正深入到金融活动的各个方面，经济活动中以证券形式持有的资产占全部金融资产的比例越来越大。金融资产化、融资非中介化也都是这种趋势的反映。

2. 金融市场国际化

金融市场的国际化或全球化已成为当今国际金融领域的一种重要趋势。20 世纪 70 年代末期以来，西方国家兴起的金融自由化浪潮，使各国政府纷纷放宽对金融业活动的限制。随着外汇、信贷及利率等方面管制的放松，资本在国际间的流动日渐自由，国际利率开始趋同。同时，伴随现代电子技术和通信技术的突飞猛进，无形金融市场发展迅速。目前，国际金融市场日益成为一个密切联系的整体市场，在全球任何一个主要市场上都可以进行相同品种的金融交易。由于时差的原因，伦敦、纽约、东京和新加坡等国际金融中心可以实现 24 小时不间断的金融交易，世界上任何一个局部市场的波动都可能马上传递到全球的其他市场上，这就是金融市场的国际化或全球化。

（资料来源：http：//bbs. pinggu. org/thread-3596904-1-1. html. 2015 年 3 月 7 日）

第二节　货币市场

货币市场是短期资金市场，是指融资期限在 1 年以下的金融市场，是金融市场的重要组成部分。该市场所容纳的金融工具主要是政府、银行及工商企业发行的短期信用工具，具有期限短、流动性强和风险小的特点，在货币供应量层次划分上被置于现金货币和存款货币之后，有“准货币”之称，所以将该市场称为“货币市场”。

一、短期借贷市场

短期借贷市场是指 1 年之内的资金借贷市场，主要是通过银行进行的借贷，也有银行之外的借贷市场，它们是货币市场的主体。

1. 短期借贷的种类

就银行而言，短期信贷主要是流动资金贷款，它占据银行贷款的大部分，这是同银行资金来源相适应的。我国将流动资金贷款分为 3 类：3 个月以内为临时贷款；3 个月以上至 1 年之内为季节性贷款；1 年以上到 3 年以内为周转贷款。一般货币市场的交易对象为前两类流动资金贷款。我国《贷款通则》规定，票据贴现期限最长为 6 个月，当属货币市场的范围。1999 年以来大力倡导的消费信贷，其中有一部分也属 1 年期内的贷款或短期透支。

2. 短期借款的期限

如果因种种原因突破了短期流动性的特点，货币市场的交易对象就会发生质变，因而确定短期借款期限十分重要。

3. 短期借贷的风险

短期借贷的风险虽然低于长期借贷，但其风险也不可忽视。若借款者逾期不能归还欠款甚至演变为不良贷款，那么贷款者就要承受资金周转不灵甚至资金遭毁损的风险。从 1998 年起，我国银行按照国际惯例，将全部贷款按照风险程度分为正常、关注、次级、怀疑、损失 5 类，以利于区别对待，分类管理，并以此为据，提取相应比例的风险保证金。

二、同业拆借市场

同业拆借市场亦称“同业拆放市场”，是金融机构之间进行短期、临时性头寸调剂的市场。

1. 同业拆借市场的产生与发展

同业拆借市场最早出现于美国，其形成的根本原因在于法定存款准备金制度的实施。按照美国 1913 年通过的《联邦储备法》的规定，加入联邦储备银行的会员银行，必须按存款数额的一定比率向联邦储备银行缴纳法定存款准备金。由于清算业务活动和日常收付数额的变化，总会出现有的银行存款准备金有余、有的银行存款准备金不足的情况。存款准备金有余的银行需要把多余部分加以运用，以获得利息收入，而存款准备金不足的银行又必须设法借入资金以弥补准备金缺口，否则就会因延缴或少缴准备金而受到央行的经济处罚。在这种情况下，存款准备金有余和不足的银行就在客观上需要互相调剂资金。于是，1921 年在美国纽约形成了以调剂联邦储备银行会员银行的准备金头寸为内容的联邦基金市场。

在经历了 20 世纪 30 年代的第一次资本主义经济危机之后，西方各国普遍强化了中央银行的作用，相继引入法定存款准备金制度作为控制商业银行信用规模的手段。与此相适应，同业拆借市场也得到了较快发展。在经历了长时间的运行与发展过程之后，当今西方国家的同业拆借市场较之形成之时，无论在开放程度方面，还是在融资规模等方面，都发生了深刻变化。拆借交易不仅仅发生在银行之间，而且还扩展到银行与其他金融机构之间。从拆借目的看，已不仅仅限于补足存款准备金和轧平票据交换头寸；金融机构如在经营过程中出现暂时的、临时性的资金短缺，也可进行拆借。更重要的是，同业拆借已成为银行实施资产负债管理的有效工具。由于同业拆借的期限较短，风险较小，许多银行都把短期闲置资金投放于该市场，以利于及时调整资产负债结构，保持资产的流动性。特别是那些市场份额有限、承受经营风险能力脆弱的中小银行，更是把同业拆借市场作为实施短期信贷的场所，力图通过这种做法提高资产质量，降低经营风险，增加利息收入。

2. 同业拆借市场的特点

（1）对进入市场的主体有严格限制。交易主体必须是金融机构或指定的某类金融机构；非金融机构，如工商企业、政府部门及个人或非指定的金融机构不能进入拆借市场。

（2）融资期限较短。同业拆借的期限一般较短，以 1~2 天最为常见，最短的为隔夜拆借，最长不超过 1 年。

（3）交易手段较为先进，手续比较简便，成交时间较为迅捷。同业拆借市场往往具有全国统一的电子交易网络系统，各参与主体向资金交易中心提出需求和进行报价，由资金交易中心作媒介，并负责资金交割划账。

（4）交易额较大，一般不需要担保或抵押，完全是一种信用交易。同业拆借金额较大，以英国伦敦同业拆借为例，交易数量最少为 25 万英镑，最高可达几百万英镑。而且同业拆借市场一般不需要担保或抵押，完全是一种信用交易，双方都以自己的信用担保。

（5）利率由供求双方议定，可以随行就市。同业拆借市场上的利率可由双方协商，讨价还价，最后议价成交。

3. 同业拆借市场的结构

同业拆借市场的参与者包括各类商业性金融机构，主要有商业银行以及非银行金融机构，它们根据自身资产负债状况决定对同业拆借的供应或需求。随着市场的发展，同业拆借市场的参与者也开始呈现多样化的格局，交易对象也不仅限于商业银行的准备金了，还包括商业银行间的存款以及证券交易商和政府拥有的活期存款。拆借的目的除满足准备金要求外，还包括轧平票据交换的差额，解决临时性、季节性的资金要求等。

同业拆借市场的交易主要有两种：一是头寸拆借。头寸拆借指金融同业之间为了轧平头寸、补足存款准备金或减少超额准备金而进行的短期资金融通活动，一般为日拆，即今天借明天还。二是同业借贷。这是指金融同业因为临时性或季节性的资金余缺进行的资金融通活动。

同业拆借利率是货币市场的核心利率，其确定和变化要受制于银根松紧、中央银行的货币政策意图、货币市场其他金融工具的收益率水平、拆借期限、拆入方的资信程度等多方面因素。在一般情况下，同业拆借利率低于中央银行的再贴现利率或再贷款利率；否则，资金需求者可选择向中央银行申请贷款。一般同业拆借有两个利率：拆入利率和拆出利率。拆入利率表示银行愿意借款的利率，拆出利率表示银行愿意贷款的利率。同一家银行的拆入利率和拆出利率相比较，拆入利率永远小于拆出利率，其差额就是银行的收益。同业拆借利率每天甚至每时每刻都在变化，其高低灵敏地反映着货币市场的资金供求状况。

在国际货币市场上，比较典型的、有代表性的同业拆借利率有 4 种：伦敦同业拆借利率（LIBOR）、新加坡同业拆借利率（SIBOR）、香港地区同业拆借利率（HIBOR）和美国联邦基金利率。

4. 我国的同业拆借市场

1984 年 1 月，中国人民银行确立了“统一计划，划分资金，实贷实存，相互融通”的信贷资金管理体制，允许各专业银行互相拆借资金。新的信贷资金管理体制实施后不久，各专业银行之间、同一专业银行各分支机构之间即开办了同业拆借业务。不过，由于当时实行严格的紧缩性货币政策，同业拆借并没有真正广泛地开展起来。

1986 年是我国同业拆借真正启动的一年。3 月，国务院颁布了《中华人民共和国银行管理暂行条例》，对专业银行之间的资金拆借作出了具体规定。此后，同业拆借在全国各地迅速开展起来。1986 年 5 月，武汉市率先建立了只有城市信用社参加的同业拆借市场；不久，上海、沈阳、南昌、开封等大中城市都形成了辐射本地区或本经济区的同业拆借市场。到 1987 年 6 月底，除西藏外，全国各省、市、自治区都建立了不同形式的拆借市场，初步形成了一个以大中城市为依托、多层次、纵横交错的同业拆借网络。

1988 年，部分地区金融机构违反资金拆借的有关规定，不顾自己的承受能力大量拆借资金，到期却无法清偿，导致拆借市场的混乱。国务院决定对同业拆借市场进行整顿。

1990 年，中国人民银行颁布了《同业拆借管理试行办法》，第一次以法规形式对同业拆借市场管理作了比较系统的规定。

1992~1993年，受当时经济金融环境的影响，同业拆借市场又出现了严重的违规现象，影响了银行的正常运营，扰乱了金融秩序。1993年7月，中国人民银行根据国务院整顿拆借市场的要求，把规范拆借市场作为整顿金融秩序的一个突破口，出台了一系列措施，规定了同业拆借的最高利率，拆借秩序开始转好。

1996年1月，全国统一的同业拆借网络开始运行，标志着我国同业拆借市场进入一个新的规范发展时期。6月，中国人民银行放开对同业拆借利率的管制，拆借利率由拆借双方根据市场资金供求状况自行决定，由此形成了全国统一的同业拆借市场利率——CHIBOR。

1998年之后，中国人民银行不断增加全国银行间同业拆借市场的交易成员，保险公司、证券公司、财务公司等非银行金融机构陆续进入银行间同业拆借市场进行交易，市场交易量不断扩大。

2007年1月，上海银行间同业拆放利率（SHIBOR）的正式运行，标志着中国货币市场基准利率培育工作的全面启动。经过几年建设，SHIBOR已经确立了货币市场基准利率的地位，在反映市场资金供求状况、为金融产品定价提供基准参考标准、促进金融机构提高自身自主定价能力、完善货币政策传导机制等方面发挥了日益重要的作用。

专栏4-2

SHIBOR简介

上海银行间同业拆放利率（Shanghai Interbank Offered Rate，简称SHIBOR），以位于上海的全国银行间同业拆借中心为技术平台，是由信用等级较高的银行组成报价团自主报出的人民币同业拆放利率计算确定的算术平均利率，是单利、无担保、批发性利率。目前，对社会公布的SHIBOR品种包括隔夜、1周、2周、1个月、3个月、6个月、9个月及1年。

SHIBOR报价银行团现由18家商业银行组成。报价银行是货币市场上人民币交易相对活跃、信息披露比较充分的银行。中国人民银行成立了SHIBOR工作小组，依据《上海银行间同业拆放利率（SHIBOR）实施准则》确定和调整报价银行团成员，监督和管理SHIBOR运行，规范报价行为与指定发布人。

全国银行间同业拆借中心受权SHIBOR的报价计算和信息发布。每个交易日，根据各报价行的报价，剔除最高、最低各4家报价，对其余报价进行算术平均计算后，得出每一期限品种的SHIBOR，并于上午11：00对外发布。

三、票据市场

票据市场作为货币市场的一个子市场，在整个货币体系中是最基础、交易主体最广泛的组成部分。票据市场指的是各类票据发行、流通和转让的市场。在大多数发达国家，票据市场通常分为商业票据市场和银行承兑汇票市场，两个市场有着不同的运行机制。

1. 商业票据市场

中西方对商业票据的界定存在一定的差异。我国的《票据法》将商业票据定义为"在商业信用中被广泛使用的表明买卖双方债权债务关系的凭证"，强调商业票据的签发要以真实的商品交易为基础，将商业票据视为商品交易支付和结算的工具。在以美国为代表的大多数西方国家，商业票据是指由财务状况良好、信用等级高的公司发行的无担保、可流通、期限短的债务性融资本票，也是此处介绍的商业票据市场使用的商业票据的概念。

（1）商业票据的历史

商业票据是一种古老的商业信用工具，最早可追溯到 19 世纪的美国。那时的商业票据都是由美国的纺织品工厂、铁路、烟草公司等非金融企业发行的，主要是通过经纪商进行间接销售，而商业银行是这些商业票据的主要购买者。20 世纪 20 年代，美国汽车制造业开始兴起，许多大型汽车公司为扩大销售提供了消费信贷，其他高档消费品市场也纷纷仿效，大量消费信贷公司应运而生。这些消费信贷公司为防止资金占用成本过高导致资金周转困难，开始通过发行商业票据进行融资。于是，商业票据与商品、劳务相分离，成为一种货币市场上的短期金融工具。

（2）商业票据市场的结构

商业票据的面额一般很大。以美国为例，商业票据的面额大多在 10 万美元以上，只有少数为 2. 5 万美元或 5 万美元。商业票据的期限较短，美国商业票据期限一般不超过 270 天，通常在 20~45 天。

商业票据的发行主体主要包括金融公司和非金融公司两大类。其中金融公司又可分为三种：一是独立的金融公司；二是附属于制造业公司的金融公司，如附属于美国通用汽车的金融公司；三是商业银行和商业银行控股的子公司。商业票据对投资者的限制较少，因此参与者十分广泛，主要有中央银行、商业银行、保险公司、基金组织、投资公司、非金融公司、政府和个人。

商业票据的发行分为直接募集和交易商募集两种方式。前者指不经过交易商或中介机构，商业票据的发行人直接将票据出售给投资人，目的在于节省付给交易商的佣金。交易商募集则是指发行人通过交易商来销售自己的商业票据，市场中的交易商主要是证券机构和商业银行。无论是直接募集还是交易商募集，商业票据大都以贴现方式发行。

商业票据的流通市场并不兴旺，原因是：①商业票据是短期金融工具，投资者往往会持有至到期；②商业票据并未实现标准化，不同发行人发行的商业票据在期限、面额和利率上都会有所不同，交易不方便。尽管如此，依然会有投资者因为迫切的资金需求而将未到期的商业票据通过交易市场进行转让。

2. 银行承兑汇票市场

银行承兑汇票市场，是以银行承兑汇票为金融工具，通过汇票的发行、承兑、转让及贴现而实现资金融通的市场。

（1）银行承兑汇票的概念和原理

银行承兑汇票是由出票人签发的，由银行承兑的，委托付款人在指定日期无条件支付确定的金额给收款人或者持票人的票据。

银行承兑汇票是为方便商业交易活动而创造的一种工具，在对外贸易中使用较多。在国际贸易中，出口商担心对方不付款或不能按时付款，进口商担心对方不发货或不能按时发货，交易就很难进行。这时便需要银行信用从中作保证。一般地，进口商首先要求本国银行开立信用证，作为对国外出口商的保证。信用证授权国外出口商开出以开证行为付款人的汇票，可以是即期的也可以是远期的。若是即期的，付款银行（开证行）见票付款；若是远期汇票，付款银行（开证行）在汇票正面签上“承兑”字样，填上到期日，并盖章为凭。这样，银行承兑汇票就产生了。

（2）银行承兑汇票的一级市场

①出票。出票是指出票人签发汇票并交付给收款人的行为。它包括两个行为过程：一是写成汇票，并在汇票正面签名；二是将汇票交付给收款人，使汇票从出票人那里转移到收款人那里。没有出票，就没有其他票据行为，因而出票是基本的票据行为，也是票据的第一行为。

②承兑。承兑指汇票付款人承诺在票据到期日支付汇票金额的票据行为。银行对汇票的承兑，是指银行对远期汇票的付款人明确表示同意按出票人的指示，于到期日付款给持票人的行为。承兑虽是一种附属票据行为，却对汇票的流通起着关键作用。一般来说，未经承兑的汇票是不能办理贴现的。因此，承兑行为赋予汇票流通的条件。

（3）银行承兑汇票的二级市场

①背书。背书是持票人将票据权利转让给他人的票据行为。背书时，背书人在汇票背面或粘附于汇票背面的粘单上签章，以承担对后手所持汇票承兑和付款的责任，并证明前手签章的真实性和背书的连续性，以及票据权利的正当性。

②贴现。票据贴现行为包括贴现、转贴现和再贴现行为。

贴现指汇票持有人以未到期的票据向银行换取现金，并贴付自贴现日至汇票到期日的利息的一种票据行为。贴现的条件主要有：①汇票的信用要好；②必须提供在途货物或一笔信用证交易的证明，以保证汇票的自行偿还性。对银行而言，贴现实质是一种票据买卖行为。

转贴现指办理贴现的银行将其贴现的未到期票据，再向其他银行或贴现机构进行贴现的票据转让行为，是金融机构之间相互融通资金的一种形式。在西方发达国家的票据市场，转贴现行为非常普遍。银行和市场上其他投资者往往利用银行承兑汇票进行多次转贴现，以保证资金运作的灵活性和良好的收益性。

再贴现指商业银行和其他金融机构，以其持有的未到期汇票，向中央银行所作的票据转让行为。它是中央银行向商业银行及其他金融机构融通资金的一种形式，是中央银行的授信业务。在西方国家，这项业务又作为中央银行调节市场银根松紧及货币供应量的重要手段。西方各国中央银行根据不同时期的不同情况，制定不同的再贴现率，调节融资成本，抑制或刺激货币需求，从而紧缩或扩张银行信用，达到收紧或放松市场银根的目的。我国中央银行也已开展这项业务，只不过作用还十分有限。

在贴现过程中，贴现申请人获得的金额按照下列公式计算：

$$实付贴现金额=汇票票面金额-贴现利息$$

其中：

贴现利息＝汇票票面金额×贴现天数×（月贴现率÷30）

3. 我国的票据市场

我国的票据市场在明清时期曾有相当大的规模。中华人民共和国成立初期，在商品交易过程中仍然广泛使用票据。20 世纪 50 年代初，以银行结算划拨取代商业票据。从此，票据融资和票据市场的概念从社会经济生活中消失。1986 年，中国人民银行开始从发展市场经济的需要出发，重新推行“三票一卡”，试图把银行结算转移到以商业票据融资为基础的轨道上来，但实施中阻力很大，一度不得不重新恢复“托收承付结算”。

1996 年，中国人民银行再度倡导发展票据市场，在北京、上海、天津、广州、重庆、武汉、沈阳、哈尔滨、南京、常州 10 个城市的工商银行系统之间推广商业汇票承兑和贴现业务。经过几年的努力，票据融资业务逐步升温，各商业银行也争相开办票据贴现业务，不少大中型企业从中体验到了票据融资的特点和优点，票据业务受到普遍欢迎，市场交易量有了明显的进展。

我国目前还不允许各类企业发行没有交易背景、纯粹以融资为目的的典型商业票据。但在 2005 年，中国人民银行为了进一步发展货币市场、拓宽企业融资渠道，颁布了《短期融资券管理办法》以及《短期融资券承销规程》《短期融资券信息披露规程》，允许符合条件的企业在银行间债券市场向合格机构投资者发行类似于西方融资性商业票据的短期融资券。短期融资券采用信用发行，企业可自主确定每期融资券的期限，但最长不超过 365 天；发行人主要是大型优质企业；发行利率或发行价格由企业和承销机构协商确定；投资者为银行间债券市场的所有机构投资者。2012 年，企业短期融资券发行额达到 8370 亿元。

四、短期债券市场

1. 国库券市场

（1）国库券市场的概念和特点

国库券市场是指发行和交易由国家财政部发行、政府提供信用担保、期限在 1 年以内的短期债券的市场。世界上最早的国库券市场在 1877 年诞生于英国，美国国库券市场诞生于 1929 年，而我国真正意义上的国库券市场直到 1995 年才诞生。国库券市场是国债市场中一个不可或缺的组成部分。在美国，国库券的发行量占整个国债发行量的 35%。

国库券市场之所以能赢得世人的青睐，是因为：第一，与其他货币市场工具比较，国库券具有以下特点：一是安全性高。国库券是由财政部发行的，一般不存在违约风险。因而，国库券利率往往被称为“无风险利率”，并成为确定其他利率的依据。二是流动性强。极高的安全性以及组织完善、运行高效的市场赋予国库券极强的流动性，使持有者可随时在市场上转让变现。三是税收优惠。政府为增强国库券的吸引力，通常给予购买者税收方面的优惠，如豁免州和地方所得税、交易税等。第二，国库券市场具有其他货币市场不可替代的作用。一是它有助于协调商业银行经营盈利性、流动性和安全性之间的矛盾。二是它有助于弥补财政临时性、季节性收支短缺。三是它有助于中央银行宏观调控基础的建立。

（2）国库券的发行市场

①发行动机。政府财政部门发行国库券的主要目的有两个：一是融通短期资金，调节财政年度收支的暂时不平衡，弥补年度财政赤字。二是调节经济。

②发行方式。国库券的发行一般采用招投标方式进行。国库券的投标分为竞争性和非竞争性两种。竞争性投标者应在标书中列明购买的价格和数量，投标人可能因出价太低失去购买机会，或者因投标价格太高造成损失，因而风险较高；非竞争投标者应在投标书中标明参加非竞争性投标，他们不提出投标价格，而以竞争性投标者的平均价格作为买入价格，但购买数量受到限制。

（3）国库券的流通市场

国库券流通市场的参与者主体十分广泛，既有中央银行、商业银行等金融机构，也有非银行金融机构、企业、个人及国外投资者。

各国法律大多规定，中央银行不能直接在发行市场上购买国库券。因此，中央银行只能在流通市场上参与国库券的买卖。中央银行买卖国库券的市场被专业化地称为“公开市场”。在这个市场上，中央银行仅与市场的一级交易商进行国库券的现券买卖和回购交易，用以影响金融机构的可用资金数量。

商业银行等金融机构投资国库券的主要目的在于实现安全性、收益性和流动性相统一的投资组合管理。

非金融企业和居民个人大多通过金融中介在流通市场上购买国库券。一是通过银行购买国库券，这是最方便的方法。某些大银行往往既是国库券的投资者，也是国库券的承销商。二是通过证券交易商购买国库券，但不同交易商的收费有所不同。大交易商收费较少，小交易商因需要向银行或大交易商购买国库券，收费较高。银行和交易商主要是从买进和卖出的价差中获利。

2. 企业短期融资券市场

（1）企业短期融资券的概念和特点

企业短期融资券发源于商品交易，是买方由于资金一时短缺而开给卖方的付款凭证。但是，现代企业短期融资券大多已和商品交易脱离关系，而成为出票人（债务人）融资、筹资的手段。

企业短期融资券的特点是：一是获取资金的成本较低。利用企业短期融资券融资的成本通常低于银行的短期借款成本。一些信誉良好的大企业发行企业短期融资券的利率，有时甚至可以低至同等银行同业拆借利率。二是筹集资金的灵活性较强。发行者可在约定的某段时期内，不限次数、不定期地发行企业短期融资券。三是对利率变动反应灵敏。在西方金融市场上，企业短期融资券利率可随资金供需情况的变动而变动。四是有利于提高发行公司的信誉。企业短期融资券在货币市场上是一种信誉标志的工具，公司发行短期融资券实际上达到了免费宣传和提高公司信用的效果。五是一级市场发行量大，而二级市场交易量很小。这主要是因为大多数短期融资券的偿还期都很短，一旦买入一般不会再卖出。

（2）企业短期融资券市场的主体

名义上，各类金融公司、非金融公司（如大企业、公用事业单位等）及银行控股公司等，都是企业短期融资券的发行者；但实际上，只有资力雄厚、信誉卓著，经过评级被称作“主要公司”的企业才能享有经常大量发行短期融资券的条件。在近十几年的发展中，商业银行已成为企业短期融资券发行市场上的重要角色。它们通过提供信贷额度支持、代理发行短期融资券等形式，促进了企业短期融资券市场的发展。企业短期融资券的主要投资者是大商业银行、非金融公司、保险公司、养老金、互助基金会、地方政府和投资公司等，通常个人投资者很少。这主要是因为企业短期融资券面值较大或购买单位较大，个人一般无力购买。不过近年来企业短期融资券的最小面值已经降低，个人投资已开始活跃。

（3）发行企业短期融资券需要考虑的因素

一是发行成本。发行者往往要对各种借款方式进行成本比较，以确定是否通过发行短期融资券筹资。二是发行量。一般来讲，其发行数量主要取决于市场短期资金的供求。三是发行方式。主要分为直接发行和交易商发行。直接发行一般为资信卓著的大公司，而且其发行数量巨大，发行次数频繁。交易商发行虽然简便，但费用高。四是发行时机。发行短期融资券往往与其资金使用计划相衔接，发行过早，筹到的资金不能立即使用，就会增加利息负担；发行时间过晚，需用资金时无资金可用，从而影响生产周转。五是发行承销机构。直接发行由大公司附设的金融公司发行；如果采用交易商发行方式，通常应选择那些资力雄厚、社会信誉高，又与发行公司有密切合作关系的交易商作为代理发行人。六是发行条件。主要包括利率、发行价格、发行期限、兑付和手续费等。七是评级。未经评级的短期融资券发行较为困难，特别是那些资信不为投资者广泛了解的短期融资券是无人问津的。

专栏 4-3

我国的企业短期融资券市场

我国企业短期融资券市场始于 1987 年，并于 1989 年出台了《企业短期融资债券管理办法》，但发行量十分有限。1987~1998 年年发行量只有 100 亿元左右，1999 年后甚至一度停止了企业短期融资券的发行。

2005 年，随着《短期融资券管理办法》以及《短期融资券承销规程》《短期融资券信息披露规程》两个配套文件的颁布，企业短期融资券市场呈现快速升温的迹象。仅 2005 年 5~11 月，我国企业短期融资券发行总额就达到 1009 亿元，发债企业达 41 家，发行频率达 54 期。

目前，我国短期融资券在市场准入方面，坚持弱化行政干预，强化市场约束；在发行方式上，采用代销、包销、招标等市场化发行方式，发行利率通过市场竞争形成；在市场发展进程方面，坚持市场发展必须遵循客观规律，注意循序渐进；在风险防范方面，坚持强化信息披露、信用评级等市场约束手段，以及投资人自主判断、自行承担风险的基本原则。我国短期融资券分为 3 个月、6 个月、9 个月、1 年共 4 个期限品种，其中 1 年期短期融资券的收益率为 2.92%~2.94%。发行人除大型国有企业及优质上市公司外，也有横店集团这样的民营企业。短期融资券主承销商除有工、农、中、建、交、华夏、民生、浦东发展、国家开发银行等13家商业银行以外，浙江商业银行、创新类试点证券公司等也已获承销商资格。企业短期融资券的承销费率为0.4%~0.5%，所有企业短期融资券均无担保，全部由中介评级机构进行信用评级。

以企业短期融资券为代表的直接融资方式的出现，一是可以打通货币市场和资本市场之间的隔离，支持企业面向信用市场融资。二是可以降低企业融资成本。如目前1年期短期融资券的利率约为2.92%，而银行的1年期贷款利率为5.88%，算上承销费率，企业发行短期融资券比银行贷款的成本低约2个百分点。三是可以为金融机构构建起一个庞大的中间业务市场，推动商业银行加快经营模式的转型。四是可以使货币市场利率更趋于市场化，进而带动长期债券定价的市场化，推动我国利率市场化改革向纵深发展。

五、回购协议市场

回购协议市场又称“证券购回协议市场”，是指通过回购协议进行短期资金融通交易的场所，市场活动由回购与逆回购组成。

1. 回购协议的定义

回购协议是指资金融入方在出售证券的同时和证券购买者签订的、在一定期限内按原定价格或约定价格购回所卖证券的协议。

从表面上看，回购协议是一种证券买卖，但实际上是一种以证券为抵押品进行的短期资金融通。证券的卖方以一定数量的证券进行质押借款，条件是一定时期内再购回证券，且购回价格高于卖出价格，两者的差额即为借款的利息。作为质押品的证券主要是国库券、政府债券和其他担保债券，也可以是商业票据、大额可转让定期存单等其他货币市场工具。

与上述证券交易相反的操作被称为“逆回购协议”，即证券的买入方在获得证券的同时，与证券的卖方签订协议，双方约定在将来某一日期由证券的买方按约定的价格再将其购入的证券如数卖回。实际上，回购协议和逆回购协议是一个事物的两个方面。同一笔交易，从证券提供者角度看是“回购”，从资金提供者角度看是“逆回购”。

2. 回购协议市场的参与者

回购市场的参与者十分广泛，既包括金融机构（中央银行、商业银行、证券交易商），也包括非金融机构（主要是企业）。在美国等一些国家，甚至地方政府也参与这个市场的交易活动。

根据我国目前的规定，回购业务的市场参与者主要包括：在中国境内具有法人资格的商业银行及其授权的分支机构；在中国境内具有法人资格的非银行金融机构、非金融机构企业、经中国人民银行批准经营人民币业务的外国银行分行。

中央银行参与回购协议市场的目的是进行货币政策操作，回购协议是中央银行公开市场操作的主要工具。

商业银行等金融机构参与回购协议市场的目的在于保证良好流动性的基础上获得更高的收益。

非金融企业参与回购协议市场的积极性很高，因为逆回购可以使它们在保证安全的前提下获得高于银行存款利率的收益，而回购协议则可以使它们以持有的证券组合为担保获得急需的资金。

3. 回购协议的期限与利率

回购的期限分隔夜、定期、连续性三种，其中以隔夜为多。隔夜是指卖出和买回证券相隔 1 天，相当于日拆。定期是指卖出和买进的时间间隔为若干天，一般不超过 30 天。连续性合约是指每天按不同利率连续几天交易。由于回购交易的期限很短，且有证券作质押，所以风险小，利率一般低于同业拆借利率。

在回购协议交易中，回购利率是交易双方最关注的因素。约定的回购价格与售出价格之间的差额反映了借出资金者的利息收益，它取决于回购利率的水平。回购利率与证券的流动性、回购的期限有密切关系。

回购价格=售出价格+约定利息

回购利率=（回购价格−售出价格）÷售出价格×（360÷距到期日天数）×100%

4. 我国的回购协议市场

为发展国内国债市场，更好地发挥国债融资功能，上海证券交易所和深圳证券交易所分别于 1993 年 12 月和 1994 年 10 月开办了以国债为主要品种的回购交易。

随着交易所债券市场和银行间债券市场的发展，回购交易的证券品种在原来国债基础上也日渐扩大。1995 年 8 月 8 日，中国人民银行、财政部、中国证监会联合发布了《关于重申进一步规范证券回购业务有关问题的通知》。《通知》强调了证券回购交易的券种只能是国库券和经中国人民银行批准发行的金融债券。1997 年 6 月 6 日，中国人民银行发布《银行间债券回购业务有关问题的通知》，规定自 1997 年 6 月起，全国统一同业拆借中心开办国债、政策性金融债券和中央银行融资券回购业务。2002 年 12 月 30 日和 2003 年 1 月 3 日，为推动我国企业债券市场的发展，上海证券交易所和深圳证券交易所分别推出了企业债券回购交易。

专栏 4-4

1. 美国的回购协议市场

1969 年，美国联邦政府在法律中明确规定：银行运用政府债券回购形成的资金来源，可以不受法定存款准备金的限制。这进一步推动了银行踊跃参与回购协议交易，并将回购协议的内容主要集中到国库券和地方政府债券身上。从 20 世纪 60 年代开始，当通货膨胀的阴云开始笼罩整个西方世界时，回购协议市场却迎来了意想不到的黄金时期。随着市场利率的高涨，大多数西方公司的财务主管们急于为手中掌握的短期资金寻找妥当的投资场所。

除了企业和商业银行以外，美国各级地方政府也成为回购协议市场的受益者和积极倡导者。因为按照美国法律的规定，美国各级地方政府必须将闲置资金投资于政府债券或者以银行存款的形式持有，并且要保证资金的完整性。在以前，这极大地限制了地方政府在财务上的灵活性。回购协议市场正好提供了既投资于政府债券又有还款保障的投资渠道。

因此，政府成为该市场的积极参与者也就不足为奇了。

目前，美国的回购协议市场是世界上规模最大的回购协议市场。早在20世纪90年代初，隔夜回购协议的日交易量就已经远远超过了100亿美元。拥有数千亿美元短期资金的共同基金是这个市场上的最大投资者。一家投资基金的经理每天通过同一个经纪人进行几亿美元的回购协议交易，已是司空见惯。

2. 回购协议市场的交易特点

（1）流动性强。协议多以短期为主。

（2）安全性高。交易场所为规范性的场内交易，交易双方的权利、责任和义务都有法律保护。

（3）收益稳定并较银行存款收益为高。回购利率是市场公开竞价的结果，一般可获得平均高于银行同期存款利率的收益。

（4）融入资金免交存款准备金，因而成为银行扩大筹资规模的重要方式。

3. 我国发展规范的回购协议市场的意义

（1）回购协议交易有助于降低交易者的市场风险。

（2）发展回购协议市场有助于推动银行同业拆借行为规范化。

（3）发展回购协议有助于扩大国债交易规模。

（4）发展回购协议市场有助于帮助中央银行顺利地推出公开市场操作业务。

（5）回购协议有助于降低银行等金融机构的经营成本，拓展经营范围，增强市场竞争能力和经营稳定性。

六、大额可转让定期存单市场

大额可转让定期存单，英文简称CDs，是商业银行发行的有固定面额、可转让流通的大额存款凭证。顾名思义，大额可转让定期存单市场就是发行与流通转让大额可转让定期存单的市场。

1. 大额可转让定期存单的概念与产生

大额可转让定期存单首创于美国，是美国银行业为逃避金融法规约束而创造的金融创新工具。20世纪60年代，美国的金融市场活跃，金融工具种类繁多，同期的市场利率不断上升。美国联邦储备委员实施的Q条例规定商业银行活期存款无利息，定期存款也有一定的利率上限，这样就限制了商业银行存款资金来源。商业银行为了防止银行存款外流并增加资金来源，需要通过金融创新以绕过Q条例的限制。美国花旗银行于1961年2月首先推出大额可转让定期存单，一经推出就受到货币市场投资者的欢迎，其他银行纷纷效仿。后来，英国、日本等国家的银行业先后开办了此项业务。现在，大额存单成为发达国家商业银行的一种重要的负债工具。

2. 大额可转让定期存单的特点

大额可转让定期存单是在原有银行定期存款的基础上所做的金融创新，同传统的定期存款相比，大额可转让定期存单主要有以下特点：

(1) 不记名，不能提前支取，但可以转让流通。普通定期存单是记名的，一旦遗失，可以凭有效身份证到银行办理挂失手续；如要提前支取，储户可持身份证及存折到银行办理相关提取手续。但 CDs 是不记名、不挂失、不提前支取的。CDs 的持有人可于存单到期日之前在市场上将其转让，银行在到期日对最后持有人付款。

(2) 大额存单金额固定且面额大。普通定期存款的金额往往根据存款人意愿决定，数额有大有小，并不固定；可转让定期存单一般面额固定而且都比较大。在美国，大额可转让定期存单最低面额是 10 万美元，在市场上交易的最低单位为 100 万美元。

(3) 期限短且灵活。大部分可转让定期存单期限在 1 年以内，最短的只有 14 天，一般分为 30 天、60 天、90 天、120 天、150 天、180 天、1 年等。

(4) 利率既可固定也可浮动，且一般高于同期银行定期存款利率。传统的定期存款一般为固定利率，利率在整个存款期内是固定不变的。大额可转让定期存单有固定利率也有浮动利率，且其利率一般比同档定期存款利率高。如 1987 年中国银行和中国工商银行发行的大额存单利率比同期存款利率上浮 10%。

3. 大额可转让定期存单市场的结构

大额可转让定期存单的发行者是大型商业银行，一般直接通过营业窗口进行信用发行，发行方式有直接发行和间接发行两种。直接发行即发行人自己发行大额可转让定期存单，并将其直接销售出去。间接发行即发行人委托中介机构负责发行过程中各类事项的策划，并最终实现成功发行。

投资于大额可转让定期存单最多的是大企业。它们会尽可能地将暂时闲置的资金加以运用以取得利息收入，但由于其闲置资金往往期限较短，于是商业银行发行的信誉较高的可转让定期存单就成了其投资首选。此外，金融机构、政府机构、外国政府、外国中央银行及个人也是存单的投资者。

大额可转让定期存单的发行价格有两种：一种是按票面价格出售，到期支付本金及利息；另一种是以低于票面价格出售的贴现发行，到期按票面兑付。

大额可转让定期存单的流动性比不上国库券市场，但实力雄厚的大银行所发行的大额可转让定期存单在流通市场上的交易还是相当活跃的。

4. 我国的大额可转让定期存单市场

我国的大额可转让定期存单市场产生于 1986 年。1986 年下半年，中国银行和交通银行开始发行大额可转让定期存单，之后逐渐扩展到所有的商业银行。由于全国缺乏统一的管理办法，在期限、面额、利率、计息、转让等方面的制度建设曾一度出现混乱，因此中国人民银行于 1989 年 5 月下发了《大额可转让定期存单管理办法》，对大额存单市场进行完善和规范。但是，鉴于当时对高息揽存的担忧，1990 年 5 月中国人民银行下达通知规定：向企事业单位发行的大额存单，其利率与同期存款利率持平；向个人发行的大额存单，其利率比同期存款上浮 5%。如此一来，大额存单的利率优势尽失，大额存单市场开始陷入停滞状态。1996 年，央行重新修改了《大额可转让定期存单管理办法》，对大额存单的审批、发行面额、发行期限、发行利率和发行方式进行了规范。然而，由于没有给大额存单提供一个统一的交易市场，同时伪造银行存单进行诈骗等犯罪活动十分猖獗，中央银行于1997年暂停审批银行的大额存单发行申请，大额存单业务因而实际上被完全暂停。

2015年6月2日，中国人民银行发布《大额存单管理暂行办法》，决定自即日起推出大额存单产品。大额可转让定期存单发行主体为银行业存款类金融机构，投资人包括个人、非金融企业、机关团体等非金融机构投资人及保险公司、社保基金，个人投资人认购的大额存单起点金额不低于30万元。

第三节　资本市场

资本市场，又称“长期金融市场”“长期资金市场”，指期限在1年以上的各种资金借贷和证券交易的场所。资本市场上的交易对象是1年以上的长期证券。因为在长期金融活动中，涉及资金期限长、风险大，具有长期较稳定收入，类似于资本投入，故称之为资本市场。

资本市场有广义和狭义之分，广义的资本市场包括证券市场和银行中长期信贷市场。狭义的资本市场仅指证券市场，本节主要介绍狭义的资本市场。

资本市场的主要特征是：第一，融资期限长，至少在1年以上，股票甚至无偿还期限；第二，这一市场的主要功能是满足长期投资性资金及其盈利增长的需要；第三，交易的金融工具流动性小，风险大，收益高。

一、股票市场

股票是由股份公司发行的、表明投资者投资份额及其权利和义务的所有权凭证。股票市场，是指通过发行股票筹资和转让股票而形成的市场。股票市场按照交易程序可分为一级市场和二级市场。

1. 股票一级市场

一级市场也称“发行市场”“初级市场”，是指股份公司向社会增发新股的交易场所，包括公司初创期发行的股票及公司增资扩股所发行的股票。在这个市场上，是股票从无到有的增创过程，也是股份公司借以筹集资金的过程。一级市场的整个运作过程通常由咨询与准备、认购与销售两个阶段构成。

（1）咨询与准备

这是股票发行的前期准备阶段，发行人（公司）须听取投资银行的咨询意见并对一些主要问题作出决策，这个过程包括：

①发行方式的选择。股票发行的方式一般可分为公募发行和私募发行两类。

公募发行是指面向市场上大量的非特定的投资者公开发行股票。其优点是：可以扩大股票的发行量，筹资潜力大；无须提供特殊优厚的条件，发行者具有较大的经营管理独立性；股票可在二级市场上流通，从而提高发行者的知名度和股票的流动性。其缺点则表现为：工作量大，难度也大，通常需要承销者的协助；发行者必须向证券管理机关办理注册手续，必须在招股说明书中如实公布有关情况以供投资者作出正确决策。

私募发行是指只向少数特定的投资者发行股票，其对象主要有个人投资者和机构投资者两类，前者如使用发行公司产品的用户或本公司的职工，后者如大的金融机构或与发行者有密切业务往来关系的公司。私募具有节省发行费用、通常不必向证券管理机关办理注册手续、有确定的投资者从而不必担心发行失败等优点；但也有需向投资者提供高于市场平均条件的特殊优厚条件、发行者的经营管理易受干预、股票难以转让等缺点。

对于再发行（增资扩股）的股票可以采取优先认股权方式，也称“配股”，它给予现有股东以低于市场价值的价格优先购买一部分新发行的股票，其优点是发行费用低并可维持现有股东在公司的权益比例不变。在认股权发行期间，公司设置一个除权日，在这一天之前，股票带权交易，即购得股票者同时也取得认股权；而除权日之后，股票不再附有认股权。还有一种增发股票的方式是派送红股，这是一种股票股利的形式，它在无偿向股东按比例发送红股的同时，也加大了股票的发行量。

②选定作为承销商的投资银行。公开发行股票一般都通过投资银行来进行，投资银行的这一角色被称为“承销商”。许多公司都与某一特定承销商建立起牢固的关系，承销商为这些公司发行股票而且提供其他必要的金融服务。在具有多家承销商竞争的情况下，公司通过竞争性招标的方式来选择承销商，这种方式有利于降低发行费用，但不利于与承销商建立持久牢固的关系。承销商除了销售股票外，事实上还为股票的信誉作担保，这是公司试图与承销商建立良好关系的基本原因。当股票发行数量很大时，常由多家投资银行组成承销团来处理整个发行，其中一家投资银行作为牵头承销商。在私募的情况下，发行条件通常由发行公司和投资者直接商定，从而绕过了承销环节。在这种情况下，投资银行的中介职能就减弱了。

③准备招股说明书。招股说明书是公司公开发行股票的书面说明，是投资者了解和准备购买的依据。招股说明书必须包括财务信息和公司经营历史的陈述、高级管理人员的状况、筹资目的和使用计划，以及公司内部悬而未决的问题如诉讼等。

④发行定价。发行定价是一级市场的关键环节。如果定价过高，会使股票的发行数量减少，进而使发行公司不能筹到所需资金，股票承销商也会遭受损失；如果定价过低，则股票承销商的工作容易开展，但发行公司却会蒙受损失。对于再发行的股票，价格过低还会使老股东受损。发行价格主要有平价、溢价和折价三种。平价发行是以股票票面所标明的价格发行，溢价就是按超过票面金额的价格发行，折价就是按低于票面金额的价格发行。其中溢价发行又可分为时价发行和中间价发行，前者即按发行时的市场供求状况决定发行价格，后者则介于时价和平价之间。

（2）认购与销售

发行公司完成准备工作之后，即可按照预定的方案发售股票。对于承销商来说，就是执行承销合同批发认购股票，然后售给投资者。具体方式通常有包销和代销两种。

①包销。它是指承销商以低于发行定价的价格把公司发行的股票全部买进，再转卖给投资者。这样，承销商就承担了在销售过程中股票价格下跌的全部风险。承销商所得到的买卖差价是对承销商所提供的咨询服务以及承担包销风险的补偿，也称“承销折扣”。在包销发行时，发行公司与承销商正式签订合同，规定承销的期限和到期承销商应支付的款

项，如到截止期股票销售任务尚未完成，承销商必须按合同规定如数付清合同确定的价款；若财力不足又不能申请延期，就须向银行借款支付。为了尽量扩大投资者的队伍，以便在较短的时间内把股票销售出去，牵头承销商往往会组织销售集团。这个集团包括承销银团成员和不属银团的金融机构，后者的作用相当于零售商。

在销售过程中，如果股票的市场价格跌到发行报价之下时，主承销商可能会根据承销协议在市场上按市价购买股票以支持发行价格。但如果市场价已显著低于发行价从而预定的发行额难以完成，则承销银团只好解散，各个成员尽力去处理自己承诺完成的部分，最终损失也由各自承担。

②代销。这是指承销商许诺尽可能多地销售股票，但不保证能够完成预定销售额，没有售出的股票可退给发行公司。这样，承销商不承担风险，但所收取的手续费也较低。

2. 股票二级市场

二级市场，也称“交易市场”“流通市场”，是投资者之间买卖已发行股票的场所。这一市场为股票创造流动性。在“流动”的过程中，投资者将自己获得的有关信息反映在交易价格中。一旦形成公认的价格，投资者凭此价格就能了解公司的经营概况，公司则知道投资者对其股票价值即经营业绩的判断，通过这样一个“价格发现”过程降低交易成本。同时，流动也意味着控制权的重新配置。当公司经营状况不佳时，股东可以通过卖出股票放弃其控制权，这实质上是一个“用脚投票”的机制，它通过股票价格下跌以“发现”公司的有关信息并改变控制权分布状况，进而促成股东大会的直接干预或外部接管，而后者是在“用手投票”行使控制权。由此可见，二级市场另一个重要作用是优化控制权的配置，从而保证权益合同的有效性。

二级市场通常可分为有组织的证券交易所和场外交易市场，但也出现了具有混合特性的第三市场和第四市场。

（1）证券交易所

证券交易所是由证券管理部门批准的、为证券的集中交易提供固定场所和有关设施并制定各项规则以形成公正合理的价格和有条不紊的秩序的正式组织。具体而言：

①提供买卖证券的交易席位和有关交易设施。交易所的交易大厅设有电脑终端和其他通信工具。在高度网络化的情况下，可以在无形席位下进行交易。此外，交易大厅还提供交易显示系统、清算、保管、信息分析、监管等设施。交易所本身不进行交易，它只为客户提供交易的手段。

②制定有关场内买卖证券的上市、交易、清算、交割、过户等各项规则。上市是赋予某个证券在证券交易所内进行交易的资格。上市股票的发行公司必须向交易所提交申请，经审查符合交易所对股票上市的基本要求后，方能在交易所挂牌上市交易。但获得上市资格并不等于一劳永逸。为了保证上市股票的质量，证券交易所会对其进行定期和不定期的复核，不符规则者可暂停上市或予以摘牌。上市股票的交易一般采取公开竞价法，又称“双边拍卖法”，是买卖双方按价格优先和时间优先的原则进行集中竞价：在不同价位，买方最高申报价格和卖方最低申报价格优先成交；在同一价位，指令先到者优先成交。而在申报竞价时，有口头唱报竞价、计算机终端申报竞价和专柜书面竞价等形式。股票买卖成

交后，就进入交割过户阶段，交割一般可分为证券商之间的交割和证券商与委托客户之间的交割。前者在证交所的结（清）算部进行，通常采用余额交割制；后者则在成交后完成，至于成交后要相隔多少天交割，各证交所有不同的规定，有 T+0（当日），T+1（次日），T+2（第三日），等等；对于记名股票，还须办理过户手续以享受股东的各种权益。目前，大多数股票均已实现无纸化交易，过户和交割同时完成。

③管理交易所的成员，执行场内交易的各项规则，对违纪现象作出相应的处理等。

④编制和公布有关证券交易的资料。

（2）场外交易市场

场外交易是相对于证券交易所交易而言的。凡是在证券交易所之外的股票交易活动都可称作场外交易。由于这种交易起先主要是在各证券商的柜台上进行的，因而也被称为“柜台交易”。

场外交易市场与证交所相比，没有固定的、集中的场所，而是分散于各地，规模有大有小，由自营商来组织交易。自营商与证交所的专营商作用类似，他们自己投入资金买入证券后，随时随地将自己的存货卖给客户，以维持市场流动性和连续性，也被称作“市场组织者”，买卖差价可以看作自营商提供以上服务的报酬。但自营商又不像交易所的特种会员一样有维持价格稳定的义务，在价格大幅波动的情况下，他们将停止交易以避免更大的损失。

场外交易市场无法实行公开竞价，其价格是通过商议达成的，一般是由自营商挂出各种证券的买入和卖出两种价格。如果某种证券的交易不活跃，只需一两个自营商作为市场的组织者；当交易活跃时，更多的市场组织者会加入竞争，从而降低买卖差价。

场外交易比交易所管制少，灵活方便，因而多为中小型及具有潜质的公司所用，如微软、英特尔等公司均曾在此交易。美国于 1939 年建立了全国证券交易商协会这一自我规范组织。1971 年，该组织启动全国证券商协会自动报价系统（NASDAQ），取代了以往的电话、电报报价的方式。该系统发展很快，其成交量已超过纽约证交所，成为第一大市场。

（3）第三市场

第三市场是指原来在证交所上市的股票移到场外进行交易而形成的市场。第三市场交易的是既在证交所上市又在场外市场交易的股票，以区别于一般含义的柜台交易。第三市场最早出现于 20 世纪 60 年代的美国。长期以来，美国的证交所都实行固定佣金制，而且未对大宗交易实施折扣佣金，导致买卖大宗证券的机构投资者（养老基金、保险基金、投资基金）和一些大宗交易的个人投资者通过场外交易上市股票以降低交易费用，后来随着机构投资者的增多而迅速形成一种专门的市场。但 1975 年以后，美国取消了固定佣金制，由交易所会员自行决定佣金，并改善了服务质量，从而大大削弱了第三市场的吸引力。

（4）第四市场

这是指大机构或大的个人投资者绕开经纪人和自营商，彼此之间利用电脑网络进行的大宗证券交易。这种交易可以最大限度地降低交易费用，它的发展对证券交易所和场外交易形成了巨大的压力，促使市场降低佣金，改进服务。

二、长期债券市场

债券是广泛发行的、表明所有者一定权益的债权凭证。债券的种类有国债、金融债券和企业债券。从企业债券看，它的发行与股票类似，不同之处主要有发行合同书和债券评级两个方面。同时，由于债券是有期限的，因而其多了一个偿还环节。

1. 债券发行市场

（1）发行条件

在我国，发行债券必须控制在国家制定的年度发行指标范围之内，发债企业必须经中央或省级人民银行、有关政府部门的批准方可发行。发债企业要符合如下基本条件：一是企业规模和财务制度符合国家要求；二是具有偿债能力；三是经济效益良好，发债前三年连续盈利；四是所筹资金的用途符合国家的产业政策。

发行债券还应制订具体的发行基准和发行条件，一般在发行章程或发行合同书中加以确定。发行基准是指企业的经营状况和财务状况，包括资产负债率、盈利水平及累积利润额、资本比率等项指标；发行条件是指发债的一些具体安排，要使发行者和投资者均能接受。这些条件是：发行对象、时间、期限、方式，以及债券种类、期限、利率、面额、总发行额、还本付息方式等。

（2）债券的评级审批

债券违约风险的大小与投资者的利益密切相关，也直接影响着发行者的筹资能力和成本。为了较客观地估计不同债券的违约风险，通常需要由中介机构进行评级。但评级是否具有权威性则取决于评级机构。目前，国际上最著名的两大评级机构是标准普尔公司和穆迪投资者服务公司，前者的评级标准按信用水平分为AAA、AA、A、BBB、BB、B、CCC、CC、C九级，另外，还设置了CI级（无利息收入的债券）和D级（处于违约状态的债券）。在我国，发行债券须经国家认可的债券评级机构加以评级。

发债企业将发债申请书、发行章程、经审计的财务报告、营业执照、评级报告等项材料上报债券管理机构进行审批，经批准后方可发行。

（3）债券的发行

经批准发行的债券，实物债券即可按照国家对票面样式的要求，印制债券加以发行；记账式债券则无凭证而由电脑记载。债券的发行一般由证券经营机构承销。

2. 债券流通市场

债券流通市场是指针对已发行的债券在到期之前进行买卖、转让或流通所形成的市场。与股票流通市场一样，债券流通市场的主要形式有场内交易市场和柜台交易市场。国债不经申请即可上市流通，而企业债券场外交易量要大于场内交易量。

场内交易市场，即证券交易所，其交易的债券大多是政府债券和取得上市资格的其他债券。参与债券交易的主体包括证券公司、保险公司、基金管理公司、财务公司等金融机构以及企业和个人等。债券在交易所内交易，采用公开竞价的方式进行。

债券的偿还一般可分为定期偿还和任意偿还两种方式。

（1）定期偿还

定期偿还是指经过一定期限后，每过半年或1年偿还一定金额的本金，到期时还清余额。这一般适用于发行数量巨大、偿还期限长的债券。但国债和金融债券一般不使用该方法。

定期偿还具体有两种方法：一是以抽签方式确定并按票面价格偿还；二是从二级市场上以市场价格购回债券。为增加债券信用和吸引力，有的公司还专门建立偿还基金用于债券的定期偿还。

（2）任意偿还

任意偿还是指债券发行一段时间（称为“保护期”）以后，发行人可以任意偿还债券的一部分或全部，具体操作可根据早赎或以新偿旧条款，也可在二级市场上购回并予以注销（买入注销）。

投资银行往往是具体偿还方式的设计者和操作者。在债券偿还的过程中，投资银行有时也为发行者代理本金的偿还。

3. 债券的理论价格

任何一种金融工具的理论价格都等于其未来现金流量的现值。债券的理论价格就是将其未来收益按一定条件折算成的现值。

（1）按年付息债券的理论价格：

$$P=\frac{c}{(1+r)}+\frac{c}{(1+r)^{2}}+\cdots+\frac{c}{(1+r)^{n}}+\frac{A}{(1+r)^{n}}$$

（2）一次还本付息债券的理论价格：

$$P=\frac{A(1+i)^{n}}{(1+r)^{n}}$$

（3）零息债券的价格：

$$P=\frac{A}{(1+r)^{n}}$$

其中，P 为债券现值或理论价格，c 为债券年票面利息，A 为债券面值，r 为到期收益率，n 为债券的年限，i 为债券票面利率。

三、证券交易方式

1. 现货交易

现货交易是指证券交易的买卖双方在达成一笔交易后的 1~3 个营业日内进行交割的证券交易方式。交割，即卖出者交出证券，买入者付款，一手交货，一手交钱。现货交易是证券交易中最古老的交易方式。

2. 信用交易

信用交易，又称“保证金交易”，是指客户按照法律规定在买卖证券时，只向证券公司交付一定比例的保证金，由证券公司提供融资或者融券进行交易。客户在采用这种方式买卖证券时，必须在证券公司开立保证金账户，并存入一定数量的保证金，剩余应付证券或应付价款由券商代垫。我国也称之为“融资融券”业务。在发达国家的证券市场中，信用交易是一个普遍现象。

3. 期货交易

期货交易与现货交易对应，是指买卖双方成交后，按双方契约中规定的价格在约定的时间进行交割的证券买卖活动。期货交易的目的大体有三个：一是投资，即投资者看好当前某个证券，但其资金要在以后某个确定的时间才能到位，于是进行期货交易；二是保值；三是投机获利。

4. 期权交易

期权，也称“选择权”，是一种与专门交易商签订的契约，规定持有者（购买者）有权在一定期限内按照交易双方商议的“协定价格”购买或出售一定数量的证券。期权购买者可以在有效期内行使这个权利，也可以不行使而任其过期作废。对于出卖期权的一方来说，则有义务按契约规定被动地出售或购进证券。

第四节　其他金融市场

一、黄金市场

黄金市场是世界各国集中进行黄金买卖和金币兑换的交易中心，即黄金供求双方交易黄金的场所。

第二次世界大战后一段时期，由于国际货币基金组织限制其成员的黄金业务，规定各国官方机构不得按与黄金官价（每盎司黄金合 35 美元）相背离的价格买卖黄金，因此西方各国官方机构绝大部分是通过美国财政部按黄金官价交易的。1968 年黄金总库解散，美国及其他西方国家不再按官价供应黄金，而听任市场金价自由波动；1971 年 8 月 15 日，美国宣布不再对外国官方持有的美元按官价兑换黄金。一些国家或地区相继开放黄金市场或放松对黄金输出入的管制，黄金市场规模进一步扩大。目前，全世界共有 40 多个可以自由买卖黄金的国际市场，主要分布在发达国家的经济中心城市，其中伦敦、苏黎世、纽约和芝加哥、中国香港是世界四大黄金市场，其他国家或地区的市场也随着世界黄金市场的分散化和国际化而日见活跃。

1. 黄金市场的参与者

黄金市场是国际金融市场的一个重要组成部分，进行黄金交易的有世界各国的公司、银行和私人以及各国官方机构。黄金交易的去向主要是工业用金、私人贮藏、官方储备、投机商牟利等。作为卖方出现的主要机构或个人有：产金国的采金企业，持有黄金待售的集团或私人，为解决外汇短缺和支付困难的各国中央银行以及预测金价格下跌而做“空头”的投机商等。而作为买方出现的主要机构或个人有：为增加官方储备的各国中央银行，为保值作投资的购买者，预测金价格将上涨做“多头”的投机者，以黄金作为工业用途的工商企业等。此外，一些国际金融机构，如国际清算银行也参与黄金的买卖。

2. 黄金市场的类型

（1）国际性黄金市场和区域性黄金市场

按照黄金市场所起的作用和规模，可分为国际性黄金市场和区域性黄金市场。国际性黄金市场是指国际性集中的黄金交易市场，其价格水平和交易量对其他市场都有很大影响。最重要的有伦敦、苏黎世、纽约、芝加哥和中国香港的黄金市场。区域性黄金市场是指交易规模有限且集中在某地区，而且对其他市场影响不大的市场，主要满足本国、本地区或邻近国家的工业企业、首饰行、投资者及一般购买者对黄金交易的需要，其辐射力和影响力都相对有限。如东京、巴黎、法兰克福的黄金市场等。

（2）现货交易市场和期货交易市场

按照交易方式的不同，可分为现货交易市场和期货交易市场。现货交易指在成交后立即交割或者在两天内交割。黄金期货交易是现货交易的补充，成交后不立即交割，而由交易双方先签订合同，交付押金，在约定的日期再进行交割，其主要目的为套期保值。期货合约可于任一营业日变现，具有流动性；也可随时买进和结算，具有较大弹性；还能在运用时选择不同的委托形式，在不同的市场之间又可以进行套货，具有灵活性。

（3）无形黄金市场和有形黄金市场

按有无固定场所，可分为无形黄金市场和有形黄金市场。无形黄金交易市场主要指黄金交易没有专门的交易场所，如主要通过金商之间的联系网络形成的伦敦黄金市场、以银行为主买卖黄金的苏黎世黄金市场以及中国香港本地的伦敦无形市场。有形黄金市场主要指黄金交易是在某个固定的地点进行交易的市场。这其中又可以分为有专门独立的黄金交易场所的黄金市场和设在商品交易所之内的黄金市场，前者如香港金银业贸易场、新加坡黄金交易所等，后者如设在纽约商品交易所（COMEX）内的纽约黄金市场、设在芝加哥商品交易所（IMM）内的芝加哥黄金市场以及加拿大的温尼伯商品交易所内的温尼伯黄金市场。

3. 影响黄金价格的因素

影响黄金价格变动的因素有很多，具体来说，可以分为以下几方面：

（1）黄金供给与需求因素。这是影响黄金价格的最重要的因素。当黄金的供给大于需求时，黄金的价格便会下降；当黄金的需求大于供给时，黄金的价格便会上升。

（2）通货膨胀。通货膨胀直接影响黄金需求。如果世界发生持续性的通货膨胀并且有不断恶化的趋势，人们会为了保值而纷纷抢购黄金，从而使黄金价格上涨。但从长期来看，每年的通货膨胀率若是在正常范围内变化，那么其对金价的波动影响不大。

（3）美元汇率和利率。国际金价用美元计价，如果美元汇率下跌，金价就会上涨；反之亦然。由于投资黄金的收益来源于价格的上涨，因此一般来说，当资金市场的利率上升时，黄金价格会下跌；而当利率下降时，黄金价格则趋于上升。

（4）国际重要股票市场行情。国际黄金市场的发展历史表明，在通常情况下，黄金价格与股市行情是反向变动的。股市下挫，金价上升；股市上扬，金价下跌。

（5）国际重大政治、战争事件。黄金市场也是金融市场，世界上一些重大或突发事件均会不同程度地对金价产生影响。

除了上述影响金价的因素外，国际金融组织的干预活动、各国的货币政策等也对世界黄金价格的变动产生重大的影响。

4. 中国的黄金市场

中华人民共和国成立以来的很长一段时间里对黄金流通实行严格的计划管理体制，由中国人民银行统一收购和配售黄金，统一确定黄金价格，严禁民间黄金流通。从 1982 年 9 月1 日国内恢复出售黄金饰品起，中国迈出了开放金银市场的第一步。1999 年 11 月 25 日，中国放开白银市场，封闭了半个世纪的白银自由交易开禁，为放开黄金交易市场奠定了基础。

2001 年 6 月 11 日，中央银行启动黄金价格周报价制度；8 月 1 日，足金饰品、金精矿、金块矿和金银产品价格放开；9 月 29 日，中国国家黄金集团公司成立；从 11 月 1 日开始，黄金饰品零售管理改革办法正式实行，黄金制品零售业务许可证管理制度被取消，实行核准制；11 月 28 日，黄金交易所模拟试运行，标志着中国黄金市场正式开办。2002 年 10 月 30 日，上海黄金交易所正式开业运行。上海黄金交易所的开业，既标志着 50 多年“统购统配”黄金管理体制的终结，也标志着中国真正意义上的黄金市场的形成。

专栏 4-5

世界七大黄金市场

1. 伦敦黄金市场。1804 年，伦敦取代荷兰阿姆斯特丹成为世界黄金交易的中心。1982 年 4 月，伦敦期货黄金市场开业。目前，伦敦仍是世界上最大的黄金市场。

2. 苏黎世黄金市场。苏黎世黄金市场是在第二次世界大战后趁伦敦黄金市场两次停业发展而起，其金价和伦敦市场的金价一样受到国际市场的重视。苏黎世黄金市场没有正式组织结构，而是由瑞士三大银行——瑞士银行、瑞士信贷银行和瑞士联合银行负责清算结账，三大银行不仅为客户代行交易，而且黄金交易也是这三家银行本身的主要业务。苏黎世黄金总库（Zurich Gold Pool）建立在瑞士三大银行非正式协商的基础上，其不受政府管辖，作为交易商的联合体与清算系统混合体在市场上起中介作用。

3. 美国黄金市场。纽约和芝加哥黄金市场是 20 世纪 70 年代中期发展起来的。1977 年后，美元贬值，为了套期保值和投资增值获利，黄金期货迅速发展起来。目前，纽约商品交易所（COMEX）和芝加哥商品交易所（IMM）不仅是美国黄金期货交易的中心，也是世界最大的黄金期货交易中心。两大交易所对黄金现货市场的金价影响很大。

4. 中国香港黄金市场。香港黄金市场已有 90 多年的历史，其形成以香港金银贸易场的成立为标志。1974 年，香港政府撤销了对黄金进出口的管制，此后香港金市发展极快。香港黄金市场在时差上刚好填补了纽约、芝加哥市场收市和伦敦开市前的空当，可以连贯亚、欧、美时间形成完整的世界黄金市场，其优越的地理条件引起了欧洲金商的注意。伦敦五大金商、瑞士三大银行等纷纷进港设立分公司。他们将在伦敦交收的黄金买卖活动带到香港，逐渐形成了一个无形的当地“伦敦黄金市场”，促使香港成为世界主要的黄金市场之一。

5. 东京黄金市场。东京黄金市场于 1982 年成立，是日本政府正式批准的唯一黄金期货市场。会员绝大多数为日本的公司。黄金市场以每克日元叫价，交收标准金成色为 99.99%，重量为 1 公斤，每宗交易合约为 1000 克。

6. 新加坡黄金所。新加坡黄金所成立于 1978 年 11 月，目前时常经营黄金现货和

2、4、6、8、10个月的5种期货合约，标准金为100盎司的99.99%纯金，设有停板限制。

7. 上海黄金交易所。上海黄金交易所从2002年10月30日起开始正式运行。它是经国务院批准，由中国人民银行组建，履行《黄金交易所管理办法》规定职能，遵循公开、公平、公正和诚实信用的原则组织黄金交易，不以营利为目的，实行自律性管理的法人。

二、外汇市场

1. 外汇和汇率

（1）外汇

外汇是外汇市场的主要交易对象，这一概念有动态和静态两种表述形式，而静态的外汇又有广义和狭义之分。

动态的外汇是指一国货币兑换或折算为另一种货币的运动过程。最初的外汇概念就是指它的动态含义。现在人们提到外汇时，更多的是指它的静态含义。

广义的静态外汇是指一切用外币表示的资产。这种含义的外汇概念通常用于国家的外汇管理法令之中。如我国的《外汇管理条例》中定义：外汇是指下列以外币表示的可以用作国际清偿的支付手段和资产，具体包括：①外国货币，包括钞票、铸币；②外币支付凭证，包括票据、银行存款凭证、邮政储蓄凭证；③外币有价证券，包括政府债券、公司债券、股票、总票等；④特别提款权、欧洲货币单位；⑤其他外汇资产。

狭义的静态外汇是指以外币表示的可用于进行国际间结算的支付手段。按照这一概念，只有存放在国外银行的外币资金，以及将对银行存款的索取权具体化了的外币票据才构成外汇。具体来看，外汇主要包括以外币表示的银行汇票、支票、银行存款等。人们通常所说的外汇就是指这一狭义的概念。

（2）汇率

汇率就是两种不同货币之间的折算比价，也就是以一国货币表示的另一国货币的价格，也称“汇价”“外汇牌价”或“外汇行市”。

2. 外汇市场的概念和功能

外汇市场是指经营外币和以外币计价的票据等有价证券买卖的市场，是金融市场的主要组成部分。

外汇市场的功能主要表现在三个方面：一是实现购买力的国际转移，二是提供资金融通，三是提供外汇保值和投机的市场机制。

（1）实现购买力的国际转移

国际贸易和国际资金融通至少涉及两种货币，而不同的货币对不同的国家形成购买力，这就要求将本国货币兑换成外币来清理债权债务关系，使购买行为得以实现。外汇市场所提供的就是使这种购买力转移交易得以顺利进行的经济机制，它的存在将各种潜在的外汇售出者和外汇购买者的意愿联系起来。当汇率变动使外汇供应量正好等于外汇需求量时，所有潜在的出售和购买愿望都得到了满足，外汇市场处于平衡状态之中。同时，由于发达的通信工具已将外汇市场在世界范围内联成一个整体，使得货币兑换和资金汇付能够在极短时间内完成，购买力的这种转移变得迅速和方便。

（2）提供资金融通

外汇市场为国际交易者提供了资金融通的便利。外汇的存贷款业务集中了各国的社会闲置资金，能够调剂余缺，加快资本周转。外汇市场为国际贸易的顺利开展提供了保证。当进口商没有足够的现款提货时，出口商可以向进口商开出汇票，允许延期付款，同时以贴现票据的方式将汇票出售，拿回货款。外汇市场便利的资金融通功能也促进了国际借贷和国际投资活动的顺利进行。

（3）提供外汇保值和投机的机制

在以外汇计价的国际经济交易中，交易双方都面临着外汇风险。由于市场参与者对外汇风险的判断和偏好的不同，有的参与者宁可花费一定的成本来转移风险，而有的参与者则愿意承担风险以实现预期利润，由此产生了外汇保值和外汇投机两种不同的行为。在金本位和固定汇率制下，外汇汇率基本上是平稳的，因而就不会形成外汇保值和投机的需要及可能。而在浮动汇率下，外汇市场的功能得到了进一步强化，外汇市场的存在既为套期保值者提供了规避外汇风险的场所，又为投机者提供了承担风险、获取利润的机会。

3. 外汇市场的参与者

（1）外汇银行

外汇银行又叫“外汇指定银行”，是指经过本国中央银行批准，可以经营外汇业务的商业银行或其他金融机构。如：专营或兼营外汇业务的本国商业银行；在本国的外国商业银行分行及本国与外国的合资银行；其他经营外汇买卖业务的本国金融机构，如信托投资公司、财务公司等。

（2）外汇经纪人

外汇经纪人是指介于外汇银行之间、外汇银行和其他外汇市场参加者之间，为买卖双方接洽外汇交易而赚取佣金的中间商。如同外汇银行一样，外汇经纪人也必须经过所在国中央银行的核准方可参与市场。外汇经纪人在外汇市场上的作用主要在于提高外汇交易的效率。

（3）顾客

顾客是指与外汇银行进行外汇买卖的客户，主要包括居民个人、跨国公司以及进出口企业等。这类市场的参与者有的是为实施某项经济交易而买卖外汇，如经营进出口业务的国际贸易商、发行国际债券或筹借外币贷款的国内企业等等；有的是为调整资产结构或利用国际金融市场的不均衡状况进行外汇交易，如买卖外国证券的投资者，在不同国家货币市场上赚取利差、汇差收益的套利者和套期保值者等。除此之外，还有其他零星的外汇供求者，如国际旅游者、出国留学生、汇出或收入侨汇者、提供或接受外币捐赠的机构和个人等。

（4）中央银行或其他外汇管理机构

中央银行或其他外汇管理机构是外汇市场的重要参与者。这类机构参与市场的目的是通过买进或卖出外汇的方式，干预外汇市场，稳定本国货币汇率，控制本国货币供应量，促进本国经济健康发展。

4. 外汇市场的分类

（1）有形市场和无形市场

有形市场指有具体交易场所的外汇市场，如同一般商品交易一样，参与者于一定时间集合于一定地点买卖外汇。欧洲大陆的德国、法国、荷兰、意大利等国固定的外汇交易所即属此类。无形市场指参与者利用电报、电话或电传、互联网等电信工具进行交易，没有固定的交易地点。英国、美国、加拿大及瑞士等国采用此种方式。

（2）零售市场和批发市场

零售市场指外汇银行同一般客户之间进行外汇交易所形成的市场。批发市场指外汇银行同业之间的外汇交易市场，包括外汇银行之间、外汇银行与中央银行之间以及各国中央银行之间的外汇交易。

（3）现货市场和期货市场

现货市场指外汇交易达成协议后，必须在数日内交割清算的市场。期货市场指外汇交易达成后，并不立即清算交割，而是按合同约定在未来某一规定日期进行交割的市场。

专栏 4-6

1. 全球主要的外汇市场

世界上交易量大且有国际影响力的外汇市场主要有伦敦外汇市场、纽约外汇市场、苏黎世外汇市场、东京外汇市场、新加坡外汇市场、法兰克福外汇市场、中国香港外汇市场、悉尼外汇市场等，在这些市场买卖的外汇有美元、欧元、英镑、日元、瑞士法郎、澳元、加元等多种货币。

2. 国际重要汇市交易时间

（北京时间）

惠灵顿：04：00~13：00

悉尼：06：00~15：00

东京：08：00~15：30

中国香港：10：00~17：00

法兰克福：14：30~23：00

伦敦：15：30~00：30

纽约：21：00~04：00

三、保险市场

保险市场是指参与保险商品交易的各类要素及其相互作用的方式以及实现交易的机制。保险市场有狭义和广义之分，前者是指固定的保险交易场所，如保险交易所；后者是指所有实现保险商品让渡的交换关系的总和。随着保险业的不断发展，保险商品推销的区域化与全球化趋势日趋明显。

1. 保险市场的参与者

（1）保险人

保险人即经营保险业务、提供保险保障的组织或机构，是保险市场的供给主体。保险人通过与投保人订立保险合同，收取保险费，建立保险基金，实现其对被保险人的损失赔偿或给付保险金的责任。除少数国家允许自然人经营保险外，大多数国家都规定保险人必须是经有关部门批准的、专门经营保险业务的法人。

（2）投保人

投保人即保险单的购买者，是保险市场的需求主体。根据法律规定，投保人可以是法人，也可以是自然人。但是作为投保人必须具备两个基本条件：①必须具备权利能力和行为能力。②对保险标的必须具备可保利益，即法律认可的经济利益。

（3）保险中介人

保险中介人即为保险供求双方牵线搭桥，连接保险需求与供给，协助促成保险交易的专门组织或个人。保险中介人主要有保险代理人和保险经纪人。保险代理人是指接受保险人的委托，在保险人授权范围内代为办理保险业务，并向保险人收取佣金的单位和个人。保险经纪人是受投保人委托，为保险人购买保险，提供中介服务的中间人。

2. 保险市场的分类

（1）财产保险市场和人身保险市场

按照保险交易的对象不同，保险市场可分为财产保险市场和人身保险市场。财产保险市场是以财产保险为交易对象的场所。财产保险有狭义和广义之分，狭义财产保险是指各种有形的物质财产作为保险标的的保险，如火灾保险、货物运输保险、汽车保险等；而广义的财产保险的保险标的除了有形的物质财产外，还包括与有形的物质财产相联系的经济利益和损害赔偿责任，如信用保证保险等。人身保险市场的交易对象则是各种人身保险。

（2）原保险市场和再保险市场

按保险交易的主体不同，保险市场可分为原保险市场和再保险市场。原保险市场是保险人与投保人进行保险交易的市场。再保险市场是保险人之间进行保险交易的市场，即保险人将自己承保的部分风险责任向其他保险人进行再保险，保险交易的双方均为保险人。在再保险交易中，分出保险业务的保险人称为原保险人，而接受分保业务的保险人称为再保险人。

3. 保险市场的功能

（1）提高保险交易效率

保险市场是综合反映保险供给和需求的场所，保险交易主体可以通过保险市场了解保险供求信息，寻求各自的交易对象，满足保险供求的需要。因此，保险市场为保险交易过程的完成提供便利，使保险交易低成本、高效率地进行。

（2）增加保险有效供给

保险市场提供的竞争机制促使保险人不断提高保险经营水平，包括提供保险优质服务，提高承保水平，不断开发满足市场需要的新险种，从而增加了保险的有效供给。

(3) 确定合理的保险交易价格

虽然保险商品价格的形成有内在的规律性，即主要取决于风险损失率，但市场机制所具有的供求规律对保险交易价格仍然发挥作用。保险市场供求双方的相互作用以及保险人之间的相互竞争，都有利于保险交易价格——保费率趋于合理。

(4) 保险市场为保险人提供了进一步分散保险的机制

保险人通过在保险市场上相互转分保，共同承担巨额风险，使风险实现最广泛的分散。

四、证券投资基金市场

证券投资基金，是通过发行基金股份（或收益凭证），将投资者分散的资金集中起来，由专业管理人员分散投资于股票、债券或其他金融资产，并将投资收益分配给基金持有者的一种投资制度。投资基金在不同国家有不同的称谓，美国称“共同基金”或“互助基金”，也称“投资公司”；英国和中国香港称“单位信托基金”；日本、韩国和中国台湾称“证券投资信托基金”。投资基金市场是指各类基金的发行、赎回及转让所形成的市场。

1. 证券投资基金的种类

(1) 根据组织形式可分为公司型基金和契约性基金

公司型基金是指依公司法成立股份有限公司形式的基金，在组织形式上与股份有限公司类似。特点：基金公司通过发行股票筹集社会资金，投资者通过购买股票成为基金公司的股东。

契约型基金是依据一定的信托契约、通过发行受益凭证而组建的投资基金。它由委托人、受益人和受托人三方组成，基金资产为信托财产。其中，作为委托人的基金管理公司通过发行受益凭证筹集资金，并将其交由受托人保管，本身则负责基金的投资营运。投资者是受益人，凭基金受益凭证索取投资收益。

(2) 根据是否可以自由赎回可分为开放型基金和封闭型基金

开放型基金指可以无限地向投资者追加发行基金股份，并且可随时准备赎回发行在外的基金股份，因此其股份总数是不固定的。

封闭型基金是基金股份总额固定，且规定封闭期限，在封闭期限内投资者不得向基金管理公司提出赎回，而只能寻求在二级市场上挂牌转让。

(3) 根据投资目标可分为收入型基金、成长型基金和平衡性基金

收入型基金是以获取最大的当期收入为目标的投资基金，其特点是损失本金的风险小，但长期成长的潜力也相应较小，适合保守的投资者。

成长型基金是以追求资本的长期增值为目标的投资基金，其特点是风险较大，可以获取的收益也较大，适合能承受高风险的投资者。

平衡性基金是以净资产的稳定、可观的收入及适度的成长为目标的投资基金。其特点是具有双重投资目标，谋求收入和成长的平衡，故风险适中，成长潜力也不很大。

(4) 根据投资对象可以分为股票型基金、债券型基金、混合基金和货币市场基金

股票型基金是指以股票为主要投资对象的基金。

债券型基金是指主要以各种债券为投资对象的基金。根据投资债券类型的不同，还可以细分为国债基金、公司基金和可转换债券基金等。

混合基金是指同时投资于股票和债券的基金。根据股票和债券在混合基金中比例的不同，这类基金还可以进一步细分为偏股型基金、偏债型基金和配置型基金。

货币市场基金是指投资于货币市场中高流动性证券的基金。这些证券包括国库券、大额可转让定期存单、商业票据、承兑汇票、银行同业拆借、回购协议等。

2. 证券投资基金市场的参与者

（1）证券投资基金发起人

依据我国现行的《证券投资基金法》规定，证券投资基金的主要发起人为按照国家规定成立的证券公司、信托投资公司、基金管理公司。基金发起人必须具备的条件是：除基金管理公司以外，每个基金发起人的实收资本不少于 3 亿元，主要发起人有 3 年以上从事证券投资的经验、连续盈利的记录；每个基金发起人有健全的组织机构和管理制度，财务状况良好，经营行为规范；有符合要求的营业场所、安全防范设施和与业务有关的其他设施；有明确可行的基金发行计划。如果设立申请开放式基金，除应遵守上述规定以外，还应有明确、合法、合理的投资方向，有明确的基金组织形式和运作方式，基金托管人、管理人近 1 年内无重大违法、违规行为。

（2）证券投资基金管理人

基金管理人是指负责基金的具体投资操作和日常管理的基金管理机构。《证券投资基金法》规定，证券投资基金管理人由依法设立的基金管理公司担任。担任基金管理人的，应当经国务院证券监督管理机构核准。设立基金管理公司应当具备下列条件，并经国务院证券监督管理机构批准：有符合《证券投资基金法》和《公司法》规定的章程；注册资本不低于 1 亿元人民币，且必须为实缴货币资本；主要股东具有从事证券经营、证券投资咨询、信托资产管理或者其他金融资产管理的较好的经营业绩和良好的社会信誉，最近 3 年没有违法记录，注册资本不低于 3 亿元人民币；取得基金从业资格的人员达到法定人数；有符合要求的营业场所、安全防范设施和与基金管理业务有关的其他设施；有完善的内部稽核监控制度和风险控制制度；法律、行政法规规定的和经国务院批准的国务院证券监督管理机构规定的其他条件。

（3）证券投资基金托管人

证券投资基金托管人又称“证券投资基金保管人”，是证券投资基金的名义持有人与保管人。根据我国现行的《证券投资基金法》规定，证券投资基金托管人由依法设立并取得基金托管资格的商业银行担任。申请取得基金托管资格，应当具备下列条件：净资产和资本充足率符合有关规定；设有专门的基金托管部门；取得基金从业资格的专职人员达到法定人数；有安全保管基金财产的条件；有安全高效的清算、交割系统；有符合要求的营业场所、安全防范设施和与基金托管业务有关的其他设施；有完善的内部稽核监控制度和风险控制制度。基金托管人与基金管理人不得为同一人，不得相互出资或者持有股份。

（4）证券投资基金投资人

证券投资基金投资人也就是证券投资基金的实际持有人，是指投资购买并实际持有基金证券的自然人和法人。在权益关系上，基金持有人是基金资产的所有者，对基金资产享有资产所有权、收益分配权和剩余资产分配权等法定权益。证券投资基金的一切投资活动都是为了提高投资人的投资收益率，并降低投资风险，所以，保护投资人的利益并使其获得理想的投资报酬是基金管理人所要追求的目标。

（5）证券投资基金市场的服务机构

证券投资基金市场的服务机构主要分为三类：第一，代销业务机构。根据现行规定，从事开放式基金代销业务的机构必须具备下列条件：有专门管理开放式基金认购、申购和赎回业务的部门；有足够熟悉开放式基金业务的专业人员；有便利、有效的商业网络；有安全有效的技术设施等。第二，代办注册登记业务机构。根据现行规定，代办开放式基金注册登记业务的机构可以接受以下委托业务：建立并管理投资人基金单位账户；负责基金单位注册登记；基金交易确认；代理发放红利；建立并保管基金投资人名册等。第三，其他服务机构。证券投资基金市场除有代销和注册等服务机构以外，还有为基金投资提供咨询服务的基金投资咨询公司，为基金出具会计、审计和验资报告的会计师事务所、审计师事务所和基金验资机构，为基金出具律师意见的律师事务所，为封闭式基金提供交易场所和登记服务的证券交易所、登记公司等。

3. 封闭式基金市场的运作

（1）封闭式基金的发行

①发行方式。发行方式可按两种标准分类：一是按发行对象和发行范围，可以分为公募与私募两种发行方式。前者是指向广大社会公众发行的方式，具体包括包销、代销和自销三种形式。在我国，目前不允许封闭式基金采用自销的方式，而必须委托证券承销机构代销。后者是指基金发起人面向少数特定的投资者发行基金的方式。由于发行对象特定，故其发行费用相对较低。二是按照发行环节，可分为自行发行与代理发行两种方式。自行发行不需要通过承销商，私募基金多采用这种方式。代理发行则需要通过投资银行、证券公司、信托投资公司等承销商来进行。

②发行价格。发行价格是指投资者购买封闭式基金的单价。在我国，封闭式基金的发行主要采用网上定价发行的方式，其发行价格由两部分组成：一是基金面值，一般为人民币 1 元；二是发行费用，一般为人民币 0.01 元。发行时每份基金单位的发行价格一般为 1.01 元。

③发行费用。发行费用是指发行基金份额而向投资者收取的费用。我国目前规定，上网定价发行封闭式基金的手续费由沪深证券交易所按实际认购基金成交金额的 3.5% 提取。其中，中签认购部分的发行费在扣除基金发行中会计事务所审计费、律师见证费、发行公告费、材料制作费、上网发行费等费用后的余额归基金所有，计入基金资产。采取上网定价发行，对投资者只按正常交易收取申购委托费，而不收取佣金、过户费和印花税等费用。

④发行期限。在我国，封闭式基金的募集期限为 3 个月，其计算起始日为基金批准成立日。在规定募集期内，只有当实际募集规模超过规定募集规模 80% 时，基金方可成立；当实际募集规模不足规定募集规模 80% 时，基金不得成立。一旦在规定募集期内实际募集

规模达不到规定募集规模，则被视作基金募集失败，基金发起人必须承担基金募集费用，已募集资金可按活期存款利率计算的活期存款利息一并在30天内退还给基金认购人。

（2）封闭式基金的流通

①上市交易的条件与程序。封闭式基金申请上市交易需提交上市申请书、验资报告书和上市公告书等必要的文件。交易所对基金管理人提交的上市申请文件进行审查，认为满足上市要求的，将申请文件、审查意见及拟定上市时间等一并报中国证监会批准，批准后由交易所出具上市通知书。上市前要与交易所签订上市协议书，并在中国证监会指定的报刊上公布上市公告书。

②交易账户的设立。根据现行规定，每个身份证只允许开设一个基金账户，已开设股票账户的投资者不得再开设基金账户；开设基金账户需本人亲自在本地办理，既不得由他人代办，也不得在异地开办；一个资金账户只能对应一个基金账户或股票账户（证券账户）；基金账户不得用于买卖股票，而股票（证券）账户既可以买卖基金，也可以买卖股票；基金账户的开设费用为每户5元人民币。

③交易的委托和交收。在我国，封闭式基金的委托和交易与股票相类似，也是通过证券营业部委托申报或通过无形报盘、电话委托等方式申报买卖的。所不同的是，价格变化单位不是0.01元，而是0.001元。

④交易的费用。封闭式基金上市交易的费用通常包括委托手续费、佣金、过户费等。根据现行法规规定，在沪深证券交易所上市的封闭式基金，其佣金统一为成交金额的0.25%，起点为5元，不收过户费，免征印花税。

4. 开放式基金市场的运作

（1）营销

开放式基金销售的途径大致有二：一是代理销售。大多数开放式基金都至少有一家销售代理商。销售代理商利用销售权建立广泛的销售渠道和销售网络，负责向全国销售基金。目前世界上开放式基金的销售代理机构主要是由商业银行来充当的。如我国香港有四成的开放式基金是通过商业银行来销售的；德国开放式基金全部是通过商业银行来销售和赎回的。二是直接销售，即投资者通过邮寄、电话、银行电汇、到基金组织开设的办事处购买等途径直接从基金管理人那里购买基金。

国外开放式基金通常采用的服务模式有以下几种：一是专人服务模式。对于投资金额庞大的客户，基金管理公司会指派专人对客户提供一对一的售前与售后服务；除定期提供书面投资报告以外，还要提供上门咨询服务。二是电话中心服务模式。对于许多小额客户，基金管理公司会设置有数人至数十人不等的电话服务中心来提供不定时的服务。三是语音传真自动服务模式。对于关心基金净值变动的投资者，基金公司可设立自动语音与自动回传的服务系统，只要随时按键就可以知道最新的行情信息。四是互联网服务模式。基金公司为方便客户的交易与咨询建立容量庞大的网站，通过它既可以了解基金的基本常识和浏览行情信息，也可以进行网上交易。

（2）开立账户

开立账户时，投资人需要提供姓名、身份证复印件以及印章（或签名）等信息。如果是每月自动扣款或是网络交易，投资人还需要与银行签订自动扣款委托协议或网上交易协议。

由于开放式基金申购价格是以当日原基金净值作为参考，因此，申购基金时只能填写购买多少金额的基金，至于能购买多少单位的基金只有到第二天公布了前一天的基金净值以后才能知晓。

在国外，银行汇款和支票是投资人支付开放式基金款项的主要方式，投资人在支付款项时要加上申购的手续费。世界各国开放式基金的手续费标准不一，一般为 1.5% ~5%。近年来，出于促销的目的，开放基金申购手续费呈现下降的趋势，在美国，甚至兴起了许多无申购手续费的开放式基金。

基金公司在确认投资人的申购款项确已划出后，按照申购日的基金净值将相应的基金单位数记入投资人的账户，并向投资人提交成交确认书；投资人也可以通过语音电话查询最终申购的基金单位数。

（3）赎回

开放式基金赎回是投资者卖出基金份额收回投资的过程。其中，较为关键的事项有：

①赎回指令。基金持有人可以通过直销和代销机构向基金公司发出赎回指令，赎回指令既可采用传真、电话、互联网等现代通信方式发出，也可由持有人亲自到基金公司柜台及代销机构发出。

②赎回价格基准。在国际市场上，基金的赎回价格是赎回当日的基金净值。有些基金公司会加上赎回手续费，从而有买进和赎回两种报价。

③领取赎回款项。基金管理公司在接到客户赎回指令后，要经过一系列步骤才能将赎回款项送达投资人，因此投资人一般要在 3~5 日后才能收到赎回基金的款项。一是要确认赎回指令是否有效。即基金公司要将赎回申请与客户预留资料进行对比，以确认客户身份的真实性和保障客户资金的安全。二是要准备赎回款项。基金公司根据每天基金的申购与赎回情况和变动规律，预留一部分现金以备支付投资人的赎回款项。三是要将赎回款项直接汇入投资人在银行的户头，或寄发支票给投资人。不过，当市场急跌、赎回压力增加到一定程度时，基金公司可启用公开说明书中所规定的暂停赎回条款。

（4）费用

①销售手续费。投资者在买开放式基金的时候，需要向基金的销售机构支付一定的手续费。目前，国内开放式基金的销售手续费一般是基金金额的 1% ~1.5%。在基金发行期的销售手续费叫“认购费”，发行期结束后的日常销售费叫“申购费”。

②赎回费。目前，国内基金在赎回的时候还要收取赎回费，主要是支付在赎回时的操作费用。一般的赎回费率占赎回金额的 0.5% 左右。

③管理费。基金是委托专家理财，应垫付给专家也就是基金公司一定的管理费。目前，基金的年管理费一般是 0.3% ~1.5%，视投资目标和管理的难易程度不同而有所区别。

④托管费。基金的管理原则是“投资与托管分离”。托管机构负责基金资产的保管、交割等工作，同时还有监督基金公司的职能，所以需要付给托管机构托管费。在国内，年托管费占基金资产净值的 0.25% 左右。

五、衍生金融工具市场

1. 金融期货市场

（1）金融期货市场的特征与功能

金融期货市场主要由外汇期货市场、利率期货市场和股票期货市场组成。金融期货市场的特征是：交易场所限于交易所；交易很少以实物交割；交易合约系标准化合约；交易每天进行结算。金融期货市场主要有两大功能：一是转移价格风险的功能。在日常金融市场活动中，市场主体常面临利率、汇率和证券价格波动等风险。有了期货交易后，他们就可以利用期货多头或空头把价格风险转移出去，从而实现避险目的。应该注意的是，对单个主体而言，利用期货交易可以达到消除价格风险的目的；但对整个社会而言，期货交易通常并不能消除价格风险，期货交易发挥的只是价格风险的再分配即价格风险转移的作用。并且，在某些条件下，期货交易还具有增大或减少整个社会价格风险总量的作用。二是价格发现功能。期货价格是所有参与期货交易的人对未来某一特定时间的现货价格的期望或预期。不论期货合约的多头还是空头，都会依其个人所持立场或所掌握的市场资讯，并对过去的价格表现加以研究后，作出买卖委托。而交易所通过电脑撮合公开竞价出来的价格，即为此瞬间市场对未来某一特定时间现货价格的平均看法。这就是期货市场的价格发现功能。

（2）金融期货交易

金融期货交易是由投资人通过期货经纪商以各种委托单指示场内经纪人代为买卖期货合约的行为。

（3）金融期货保证金

金融期货保证金可分为结算保证金和客户保证金两个层次。结算保证金是结算所向结算会员收取的，以确保履约的能力与诚意。客户保证金是结算会员或期货经纪商收取的，以充当履约的保证。结算保证金又分为两种：原始保证金和变动保证金。原始保证金通常是以期货合约价格的一定比例缴纳，变动保证金是指因期货契约结算价格的变动而每天需要相应调整的保证金。保证金的数额主要根据以下因素确定：第一，每份合约的价格。它是确定保证金的基础。第二，不同金融证券期货合约价格变动幅度。价格变动幅度较大的，往往也是收费相对较多的。第三，期货合约的类型。当客户在不同月份就同一商品有买卖仓时，其保证金收费比单买或单卖的客户低。第四，是套期保值还是投机。套期保值者的保证金往往要低于投机者，因为套期保值者大多拥有实物。第五，客户对象。对信誉好、稳定的长期客户收取的保证金一般比较低。

2. 金融期权市场

（1）金融期权合约的定义与种类

金融期权是指赋予其购买者在规定期限内按双方约定的价格购买或出售一定数量金融资产权利的合约。对于期权的买者来说，期权合约所赋予的只有权利，而没有任何义务。他可以在规定期限以内的任何时间（美式期权）或期满日（欧式期权）行使其购买或出售标的资产的权利，也可以不行使这个权利。对期权的出售者来说，他只有履行合约的义务，而没有任何权利。按期权买者的权利，期权可分为看涨期权和看跌期权。凡是赋予期权买者购买标的资产权利的合约，就是看涨期权；而赋予期权买者出售标的资产权利的合约就是看跌期权。按期权买者执行期权的时限，期权可分为欧式期权和美式期权。欧式期权的买者只能在期权到期日才能执行期权，而美式期权允许买者在期权到期前的任何时间执行期权。按照期权合约的标的资产，金融期权合约可分为利率期权、货币期权（或称“外汇期权”）、股价指数期权、股票期权以及金融期货期权等，而期货期权又可分为利率期货期权、外汇期货期权和股价指数期货期权三种。

（2）金融期权的交易

与期货交易不同的是，期权交易不仅有正规的交易所，还有一个规模庞大的场外交易市场。交易所交易的是标准化的期权合约，场外交易的则是非标准化的期权合约。对于场内交易期权来说，其合约有效期一般不超过9个月，以3个月和6个月最为常见。跟期货交易一样，由于有效期（交割月份）不同，同一种标的资产可以有好几个期权品种。此外，同一标的资产还可以规定不同的协议价格而使期权有更多的品种。同一标的资产、相同期限、相同协议价格的期权还分为看涨期权和看跌期权两大类，因此，期权品种远比期货品种多。为了保证期权交易的高效、有序，交易所对期权合约的规模、期权价格的最小变动单位、期权价格的每日最高波动幅度、最后交易日、交割方式、标的资产的品质等作出明确规定。

3. 金融互换市场

（1）互换交易的概念与种类

互换（swap），或称“掉期”，具有双重含义。在外汇市场上它是指“掉期”，即双方同时进行两笔金额相等、期限不同、方向相反的外汇交易。在资金市场上它是指“互换”，即双方按事先预定的条件进行一定时期内的债务交换。互换交易涉及利息支付，这是它与掉期的基本区别。

从交换利息支付的角度分类，它包括同种货币浮动利率对固定利率的互换、同种货币浮动利率对浮动利率的互换、不同货币固定利率对固定利率的互换、不同货币固定利率对浮动利率的互换、不同货币浮动利率对浮动利率的互换五种形式。从是否发生货币交换的角度分类，它包括货币互换和利率互换两种形式。

（2）金融互换市场结构

①利率互换市场。利率互换是指双方同意在未来的一定期限内根据同种货币的同样的名义本金交换现金流，其中一方的现金流根据浮动利率来计算，而另一方的现金流根据固定利率计算。互换的期限通常在2年以上，有时甚至在15年以上。进行利率互换的主要原因是双方在固定利率和浮动利率市场上分别具有比较优势。最基本的利率互换形式也是最常用的利率互换形式是固定利率对浮动利率互换。由于利率互换只交换利息差额，因此信用风险很小。

②货币互换市场。货币互换是将一种货币的本金和固定利息与另一种货币的等价本金和固定利息进行交换。货币互换的主要原因是双方在各自国家的金融市场上具有比较优势。由于货币互换涉及本金互换，因此当汇率变动很大时，双方就将面临一定的信用风

险。当然这种风险仍比单纯的贷款风险小得多。

本章知识点

1. 金融市场是买卖金融工具以融通资金的场所或机制。一个完整的金融市场离不开交易主体、交易对象、交易价格和交易组织方式四大要素。金融市场有融通资金、优化资源配置、反映经济信息和调节经济的功能。

2. 金融市场的分类方法多种多样。按融资期限可将金融市场分为短期金融市场和长期金融市场。按融资方式可将金融市场分为直接金融市场和间接金融市场。按交易对象可将金融市场分为资金市场、证券市场、外汇市场、黄金市场和保险市场。

3. 货币市场是指期限在 1 年以内的金融工具交易的市场，是最基本的金融市场组成部分。它包括短期借贷市场、同业拆借市场、票据市场、短期债券市场、回购协议市场、CDs 市场等。

4. 资本市场是指期限在 1 年以上的金融工具交易的场所，比较典型的是股票市场和长期债券市场。证券市场有发行市场和流通市场，发行方式有公募发行和私募发行两种方式。

5. 除了货币市场与资本市场之外，还有不少难以运用长短期概念划定范围的市场，如黄金市场、外汇市场、保险市场、证券投资基金市场及衍生金融工具市场。

复习思考题

1. 如何理解金融市场的内涵？它有何特点？
2. 简述金融市场的构成要素和主要功能。
3. 简述同业拆借市场的特点和参与者。
4. 简述国库券的特征。国库券市场发展不良会产生怎样的负面影响？
5. 从中国国情出发，你认为中国发展商业票据市场最主要的障碍有哪些？
6. 大额可转让定期存单有哪些特点？
7. 比较证券私募发行与公募发行的优缺点。
8. 简述证券投资基金的概念与分类。

第五章

金融机构体系

学习目标

1. 了解一般性的金融机构体系的构成。
2. 理解商业银行职能及性质。
3. 掌握政策性银行、专业银行的职能及性质。
4. 了解非银行金融机构的主要种类和业务。
5. 掌握我国政策性银行的种类及业务范围。

课前导读

金融机构体系是由银行、保险公司、证券公司、基金公司、财务公司等不同类型的金融机构构成的复杂系统。所有的金融机构都受政府相关部门的严格监管。

为什么金融机构是金融市场运转良好的关键要素？为什么它们只向某些机构和个人提供贷款？通过本章对金融机构体系基本框架的学习，希望你能够从总体上对其有一个全面系统的了解。

第一节　金融机构概述

一、金融机构的概念

金融机构是指从事与金融服务业有关的金融中介机构，是金融体系的一部分。金融服务业包括银行、证券、保险、信托、基金等行业；与此相应，金融中介机构也包括银行、证券公司、保险公司、信托投资公司和基金管理公司等。

金融机构的主要业务有：将从市场上获得的金融资产构建成不同种类的、更易为大众接受的资产，成为金融机构的负债，这是金融机构的基本功能——金融中介；代理客户进行金融资产交易，提供金融交易的结算服务；进行金融资产自营交易；协助客户开发金融资产，并将其销售给金融市场中的其他参与者；为其他市场参与者提供投资建议，并为其进行资产组合管理。

按照是否属于银行系统，可将其划分为银行金融机构和非银行金融机构。银行是依法成立的经营货币信贷业务的金融机构，包括中央银行、商业银行、专业银行、政策性银行、世界银行；非银行金融机构以发行股票和债券、接受信用委托、提供保险等形式筹集资金，并将所筹资金运用于长期性投资的金融机构，包括保险公司、证券公司、信托投资公司、基金公司和财务公司等。

二、金融机构的性质与职能

1. 金融机构的基本性质

（1）为经济部门提供资金融通、金融服务

在现代经济中，经济部门的运行与金融活动已不可分割。强调金融机构作为金融中介为经济部门提供融资服务的基本性质，对金融稳定和经济健康发展极为重要。

（2）特殊的企业和行业

在现代市场经济中，金融机构作为一种特殊的企业，与一般经济单位相比既有共性，又有特殊性。共性主要表现为金融机构也需要具备普通企业的基本要素，如有一定的自有资本，向社会提供特定的商品和服务，必须依法经营、独立核算、自负盈亏、照章纳税等。特殊性主要表现在特殊的经营对象与经营内容（金融机构的经营对象是货币资金这种特殊的商品，经营内容则是货币的收付、借贷及各种与货币资金运动有关或与之相联系的金融业务）、特殊的经营关系（金融机构与客户之间主要是货币资金的借贷或投资关系）与经营原则（金融机构在经营中必须遵循安全性、流动性和盈利性原则）、特殊的经营风险（信用风险、挤兑风险、利率风险、汇率风险）等方面。

2. 金融机构的职能

（1）融资中介

不同时期的经济发展程度决定了当时金融机构的功能特点。20 世纪 70 年代之前，金融机构的功能主要体现为以“融资中介”为核心，作为存款人和贷款人中介，金融机构以吸收存款或发行融资证券的方式汇集各种期限和数量的资金，通过信贷等方式将资金投向需要的社会各部门，使融资双方的融资交易活动得以顺利进行，促进了资金从盈余者向短缺者的流动。这是金融机构的基本功能。

（2）财富管理

金融机构能够在一定程度上降低融资交易中的融资成本，通过规模经营和专业化运作合理控制利率，并节约融资交易的各项费用支出，降低交易成本。随着市场的日趋完善和财富规模的增长、结构的变化，金融市场上的信息不对称和交易成本明显下降，金融机构的功能日益多样化。养老基金、共同基金等非存款类金融机构快速增长。支撑金融机构快速增长的核心功能已经发生了变化，不再是传统的以“融资中介”为核心，而是以“财富管理”为核心。

现代金融机构的“财富管理”功能包括资产定价、流动性提供、风险分散和转移、价值增值。上述四个组成部分相互联系，缺一不可，共同构成了“财富管理”功能。

（3）改善信息不对称

信息不对称所引致的巨大的交易成本限制了信用活动的发展，阻碍了金融市场正常功能的发挥。而以银行为主的间接融资形式可以比直接融资更好地解决信息不对称问题。金融机构所处的位置特殊，既是债务人又是债权人。为了保证债务债权关系以及其他的契约关系的顺利建立和清偿，必须对资金供给者和需求者的信息有充分的了解和必要的监督。因此，金融机构改善信息不对称的功能被作为一个独立的功能而得到特殊的关注。

专栏 5-1

“中小企业融资难”，难在信息不对称

2008 年 8 月 5 日，央行同意调增本年度商业银行信贷规模，全国性商业银行在原有信贷规模基础上调增 5%，地方性商业银行调增 10%。然而，在“大幅度调增”的政策面前，商业银行的回应却出奇平淡。某商业银行信贷部负责人称，哪怕是真的有这个额度下来，银行也未必会把钱放出去，关键问题只有一个，“在市场环境不断恶化的局面下，中小企业尤其是小企业，已经不再是银行的优质客户”。

商业银行缘何认为中小企业为“非优质客户”？这背后，是一种信息不对称。在中小企业融资的资本市场中，中小企业的经营能力、财务状况和投资项目的盈利能力等，都是私人信息，对于银行来说，这些信息是隐藏的。银行与中小企业作为两个不同的实体，都是以实现自己的利润最大化为目标；但很多时候，双方的目标并不一致。银行的目标是要求中小企业还本付息，而中小企业则可能不会按申请贷款时的项目进行投资和及时还贷，甚至会逃废银行贷款。在信息不对称的借贷市场中，银行一旦观察不到中小企业的投资风险，就会提高利率或干脆不受理中小企业业务，转而将贷款放给有保障的大型企业。商业银行的这种逆向选择行为，必将使中小企业退出市场。

要弥补中小企业与商业银行之间信息不对称的问题，进行信号传递与信息甄别的制度设计，无疑是一个重要途径。首先，应该充分发挥审计和信用评级机构的作用，完善中小企业的财务会计制度和健全中小企业的治理结构，并建立中小企业诚信体系，从而改善中小企业良好的信用形象，形成“有借必还，再借不难”的良性循环。其次，正因为传统的信贷管理制度阻碍了中小企业在银行的融资，就必须在金融工具、金融技术上寻找突破口。中小企业信用担保中心、鉴证贷款以及个人委托贷款等，就是近年来颇受欢迎的信贷制度方面的创新。

显然，通过这些微观方面的制度设计，可以在一定程度上解决中小企业融资过程中的信息不对称问题，但要彻底解决中小企业融资难，还应该在体制改革上有所创新。比如，应该大力发展民间金融，利用地方中小金融业的信息成本优势，给予中小企业强有力的金融支持。事实上，民间金融在民营企业发展过程中已经发挥了不可替代的作用，在温州，个人供给企业金额占到了 43.4%。只是，民间金融还一直处于正式的金融体制之外。毫无疑问，一个成熟的社会，一个有效的政府，不应该让任何一项重大的合理需求长期游离在体制之外。

（资料来源：2008 年 8 月 10 日《东方早报》）

第二节　银行金融机构

一、中央银行

中央银行是由政府出面组织或授权、旨在集中管理货币储备并统一铸造和发行货币的银行，是一国金融体系的中心环节，是政府的银行、银行的银行，处于特殊的地位。因此，它们在整个国民经济中发挥着宏观调控作用。有关中央银行，本书将在第七章专门论述。

二、商业银行

商业银行在银行金融机构体系中具有重要地位，是一个以营利为目的，通过多种金融负债筹集资金，多种金融资产为经营对象，具有信用创造功能的金融机构；经营工商业存款、贷款，并为顾客提供多种金融服务，主要业务范围包括吸收公众、企业及机构的存款，发放贷款，票据贴现及中间业务等。其主体功能是引导资金从盈余单位流向赤字单位。有关商业银行，本书将在第六章专门论述。

三、专业银行

专业银行是指有特定经营范围和提供专门性金融服务的银行。专业银行的出现是社会分工发展在金融领域的体现。随着社会经济的发展，要求银行必须具有某一专业领域的知识和服务技能，从而推动了各式各样专业银行的产生。西方国家的专业银行种类非常多，名称也各异，其中主要的专业银行有开发银行、投资银行、农业银行、进出口银行、储蓄银行和抵押银行等。我国的专业银行主要包括国家开发银行、中国进出口银行、中国农业发展银行。

1. 开发银行

开发银行（Development bank）是专门为经济开发提供投资性贷款的专业银行。开发银行是一种重要的专业银行，可分为国际性、区域性和本国性三种。国际性开发银行由若干国家共同设立，其中最著名的是国际复兴开发银行，简称“世界银行”。区域性开发银行主要由所在地区的成员国共同出资设立，如泛美开发银行和亚洲开发银行。本国性开发银行是由国家在国内设立，为国内经济的开发和发展服务，其资金来源主要是在国内发行的债券。

2. 投资银行

投资银行是专门经营长期投资业务的银行。投资银行虽被称为“银行”，但并不能办理商业银行的传统业务，也不同于信托公司或投资公司。投资银行的称法流行于美国和一些欧洲大陆国家，此外它还有许多名称，如英国称为“商人银行”，法国称为“实业银行”，日本称为“证券公司”。

投资银行的资金来源主要靠发行股票和债券。一些国家虽准许投资银行吸收存款，但也主要是吸收定期存款。此外，投资银行也可从其他金融机构或其他融资渠道获取借款，但这并不构成其主要的资金来源。投资银行主要是作为证券发行公司和证券投资者的中介，其具体的业务主要有：

(1) 承销证券的发行。

(2) 经纪业务，即以经纪人身份代理客户进行证券交易。

(3) 自营业务，即以自有资金进行证券交易。

(4) 收费的银行业务 (fee banking)，即从事并购顾问、证券经济研究和其他形式的金融咨询活动。此外，有些投资银行也兼营中长期贷款、黄金、外汇买卖及租赁业务等。

3. 农业银行

农业银行是指专门经营农业信贷的专业银行。农业受自然条件影响大；农户分散，对资金需求数额小，期限长，利息负担能力有限；抵押品集中管理困难，大多数贷款者只凭个人信誉，这些因素导致农业信贷风险大、期限长、收益低。因此，一般商业银行和其他金融机构不愿经营农业信贷。为此，西方许多国家专门设立以支持和促进农业发展为主要职责的农业银行，以满足政策性融资需要。农业银行的资金来源主要有政府拨款、吸收存款、发行各种股票和债券。农业银行的贷款业务范围很广，几乎包括农业生产过程中的一切资金需要。由于农业贷款风险大、期限长、收益低，大多数西方国家对农业银行贷款给予贴息或税收优待。农业银行在不同国家有不同的名称，如美国的联邦土地银行、法国的农业信贷银行、德国的农业抵押银行、日本的农林渔业金融公库等。

4. 进出口银行

进出口银行是专门经营对外贸易信用的专门银行，一般为政府的金融机构，如日本的输出入银行、美国的进出口银行等。有些国家的进出口银行属半官方性质，如法国的对外贸易银行。由于进出口银行在经营原则、贷款利率等方面都带有浓厚的官方色彩，因而本质上是一种政策性银行。

进出口银行的主要业务是提供各种出口信贷。出口信贷通常有两种方式：一种是卖方信贷，即出口商所在地银行对出口商提供的信贷；另一种是买方信贷，即出口商所在地银行给国外进口商或进口商银行提供贷款，以购买本国设备。一个国家国际贸易的发展，常常是与进出口银行的支持分不开的。

5. 储蓄银行

储蓄银行是指专门办理居民储蓄，并以储蓄存款为主要资金来源的专业银行。储蓄银行的名称很多，如互助储蓄银行、储蓄放款协会、国民储蓄银行、信托储蓄银行、信贷协会等。

储蓄存款的金额虽比较零星分散，但存款期限比较长，流动性较小。由于储蓄存款余额较为稳定，因此主要用于长期信贷和长期投资，如发放抵押贷款，投资政府债券、公司债券及股票等。有些国家明文规定储蓄银行须投资于政府债券的比例。在过去，储蓄银行的业务活动受到诸多限制，如不能经营支票存款，不能经营一般工商贷款。但随着金融管制的放松，储蓄银行的业务不断扩大。如 1982 年美国的《加恩·圣吉曼法案》就扩充了储蓄贷款协会（S & L）可投资的资产类型。

6. 抵押银行

抵押银行是“不动产抵押银行”的简称，是指专门以土地、房屋和其他不动产为抵押办理长期贷款业务的银行。不动产银行有不同的名称，如法国的房地产信贷银行、美国的联邦住房放贷银行、德国的私人抵押银行和公营抵押银行。抵押银行有公营、私营和公私合营三种形式。

抵押银行的资金来源，主要是发行不动产抵押证券。其长期贷款业务可分为两类：一类是以土地为抵押品的长期贷款，贷款的对象主要是土地所有者或农场主；另一类是以城市不动产为抵押品的贷款，贷款的对象主要是房屋所有者或经营建筑的资本家。不动产抵押品常因不易出售而造成资金占压，因而专门的抵押银行并不多。因此，商业银行大量涉足不动产抵押贷款业务，而不少抵押银行也开始经营一般信贷业务。这种混业经营业态呈加强趋势。

中国没有设立专门的抵押银行，抵押贷款业务常见于各类银行。我国规定，抵押品必须是具有担保价值并能够转让的，一般指代表财产所有权和债权的各种有价证券，其他动产和不动产，如房屋、建筑物、运输工具、机械设备、电器产品及原材料，以及国有土地及矿藏等自然资源不得作为抵押品。

四、政策性银行

1. 政策性银行的概念

政策性银行指由政府创立、参股或保证的，不以营利为目的，专门为贯彻、配合政府社会经济政策或意图，在特定的业务领域内，直接或间接地从事政策性融资活动，充当政府发展经济、促进社会进步、进行宏观经济管理工具的金融机构。

政策性银行的产生和发展是国家干预、协调经济的产物。政策性银行与商业银行以及其他非银行金融机构相比，有共性的一面，如要对贷款进行严格审查，要求还本付息等。但政策性金融机构也有自身的特征：一是资本金多由政府财政拨付。二是经营时主要考虑国家的整体利益、社会效益，不以营利为目标。但政策性银行的资金并不是财政资金，政策性银行也必须考虑盈亏，坚持银行管理的基本原则，力争保本微利。三是政策性银行有其特定的资金来源，主要依靠发行金融债券或向中央银行举债，一般不面向公众吸收存款。四是政策性银行有特定的业务领域，不与商业银行竞争。当今世界上许多国家都建有政策性银行，其种类较为全面，并构成较为完整的政策性银行体系。如日本著名的“二行九库”体系，包括日本输出入银行、日本开发银行、日本国民金融公库、住宅金融公库、农林渔业金融公库、中小企业金融公库、北海道东北开发公库、公营企业金融公库、环境卫生金融公库、冲绳振兴开发金融公库、中小企业信用保险公库；韩国设有韩国开发银行、韩国进出口银行、韩国中小企业银行、韩国住宅银行等政策性银行；法国设有法国农业信贷银行、法国对外贸易银行、法国土地信贷银行、法国国家信贷银行、中小企业设备信贷银行等政策性银行；美国设有美国进出口银行、联邦住房信贷银行体系等政策性银行。这些政策性银行在各国的社会经济生活中发挥着独特而重要的作用，构成各国金融体系的一部分。

2. 政策性银行的特征

在市场经济国家，政策性银行既不同于“政府的银行”——中央银行，又不同于商业银行，具有以下几个鲜明的特征：

（1）从资本金性质看，政策性银行一般由政府财政拨款或政府参股设立，由政府控股，与政府保持着密切关系。如德国《复兴开发银行法》规定：复兴开发银行为政府所有，其中联邦政府占 80% 的股份，各州政府占 20% 的股份。法国的对外贸易银行是由法国的中央银行持股 24.5%，信托储蓄银行持股 24.5%，以及其他大商业银行投资组成。

（2）从经营宗旨上看，政策性银行不以营利为目标，而以贯彻执行国家的社会经济政策为己任。其主要功能是为国家重点建设和按照国家产业政策重点扶持的行业及区域的发展提供资金融通，一般包括支持农业开发贷款，农副产品收购贷款，交通、能源等基础设施和基础产业贷款，进出口贸易贷款等。但是，不以营利为目标并不意味着政策性银行都不营利，或是都无视效益性，而仅仅是从经营的目标角度来讲，不追求营利或利润最大化。

（3）从业务范围上看，政策性银行不能吸收活期存款和公众存款，主要资金来源是政府提供的资本金、各种借入资金和通过发行政策性金融债券筹措的资金，其资金运用多为长期贷款和资本贷款。政策性银行收入的存款也不作转账使用，贷款一般专款专用，不会直接转化为储蓄存款和定期存款，所以不会像商业银行那样具备存款和信用创造职能。政策性银行有自己特定的服务领域，不与商业银行相竞争。它一般服务于那些对国民经济发展、社会稳定具有重要意义，且投资规模大、周期长、经济效益低、资金回收慢的项目领域，如农业开发、重要基础设施建设、进出口贸易、中小企业、经济技术开发等领域。

（4）从融资原则上看，政策性银行具有特殊性。融资对象必须是在不易得到融通资金的条件下，才有从政策性银行获得资金的资格，且提供的全部是中长期信贷资金，贷款利率明显低于商业银行同期同类贷款利率，有的甚至低于筹资成本，但要求按期还本付息。

（5）从信用创造能力看，政策性银行一般不参与信用的创造过程，资金的派生能力较弱。其原因在于：政策性银行的主要资金来源不是吸收存款，而往往是由政府提供，而且贷款主要是专款专用，正常情况下不会增加货币供给。

专栏 5-2

政策性银行改革势在必行

继国有商业银行股改之后，三大政策性银行的转型问题又成为国内金融改革的一个焦点话题。据媒体报道，2006 年，国家开发银行（简称“国开行”）已明确其中长期的金融业务范围，并按照“自主经营、自负盈亏和自担风险”的原则进行市场化试点。而在 2007 年年初召开的全国金融工作会议上，有关政策性银行转型的定位问题也将有个最终的明确说法。很显然，随着中国金融体制改革的不断深入和国有商业银行综合改革的顺利推进，政策性银行的改革与转型将成为下一步中国金融改革的重点。

1994 年，我国组建了三家政策性银行，即国家开发银行、中国进出口银行和中国农业发展银行。建立政策性银行的初衷，是改变当时工、农、中、建四大国有专业银行既从事商业经营又承担大量政策性任务的状况，因为两种业务混同，严重阻碍了四大银行成为现代商业银行。

政策性银行的成立，区分了政策性目标和商业性目标，为建设现代商业银行创造了条件。12 年来，三家政策性银行通过开展政策性业务，在支持“两基一支”建设、帮助解决长期困扰各级政府和广大农民的“打白条”问题、保护和稳定粮棉市场以及促进机电产品出口等方面成绩斐然，为促进国有专业银行向现代商业银行转变创造了有利条件。

但是，政策性银行在发挥积极作用的同时，目前也面临一些问题。首先是政策性银行的定位。由于定位不明，政策性银行的经营运作模式既不是传统意义上的政策性银行，也有别于真正的商业银行。时任央行行长周小川指出，在当时形势下，政策性银行开展业务，会出现政策性业务与商业性业务混合的情况。政策性银行定位不明会诱发政策性银行与商业银行的不公平竞争。政策性银行没有预算硬约束，依靠国家补贴兜底，而商业银行则必须接受市场约束，没有国家补贴兜底支持。两者同台竞争，不利于商业银行的健康发展和市场化建设，也违背了组建政策性银行的初衷。

从全球范围看，政策性金融转型可谓势在必行。随着市场机制的日益成熟，政策性银行的传统作用，即依靠国家资源提供政策性信贷资金，逐渐受到质疑。从国际经验来看，到 20 世纪 80 年代，各国政策性银行纷纷转型，有的业务收缩，有的机构转型，或商业化，或综合开发。而在我国，关于政策性银行转型的思路上，定位问题始终争议颇多。对于积极准备转型的政策性银行自身来说，国家“断奶”以后，三大银行必然会面临自力更生的经营压力。如何通过内部变革，建立现代银行制度，适应新的经营环境，将是政策性银行最难闯的关。

（资料来源：凤凰网，http：//finance. ifeng. com，2007 年 1 月 16 日）

第三节　非银行金融机构

一、保险公司

1. 保险概述

“保险”是一个在我们的日常生活中出现频率很高的名词，一般是指办事稳妥或有把握的意思。但是在保险学中，“保险”一词有其特定的内容和深刻的含义，是指投保人根据合同约定，向保险人支付保险费，保险人对于合同约定的可能发生的事故因其发生所造成的财产损失承担赔偿保险金责任，或者当被保险人死亡、伤残、疾病，或者达到合同约定的年龄、期限时承担给付保险金责任的商业保险行为。

作为一种社会经济制度，保险是一种社会化的安排。面临风险的人即广大被保险人，通过保险公司组织起来，保险公司将风险损失资料进行集中分析管理，用统计方法来预测风险带来的损失，并用所有风险转移者缴纳的保险费建立起保险基金，用来集中承担被保险人因风险事故发生造成的经济损失。这样，通过保险制度，被保险人个人的风险得以转移和分散。所谓"一人损失，大家分摊，人人为我，我为人人"。

作为一种法律行为，保险活动是通过保险合同来实现的，投保人按照合同规定向保险公司缴纳一定数量的保险费，保险公司则按照合同规定对被保险人提供保险保障。在保险制度中，保险费率的高低、建立保险基金的大小，是根据风险的程度，用概率论和大数法则的原理计算出来的。

作为一种经济补偿制度，保险是由一些基本的要素构成，主要包括可保险风险、多个经济单位集合、保险基金、保险合同、保险机构以及数理依据等。可保风险是构成保险的第一要素。

专栏 5-3

保险的历史

公元前 2500 年前后，古巴比伦王国国王命令僧侣、法官、村长等收取税款，作为救济火灾的资金。古埃及的石匠成立了丧葬互助组织，用交付会费的方式解决收殓安葬的资金。古罗马帝国时代的士兵组织，以集资的形式为阵亡将士的遗属提供生活费，逐渐形成保险制度。随着贸易的发展，大约在公元前 1792 年，正是古巴比伦第六代国王汉谟拉比时代，商业繁荣。为了援助商业及保护商队的骡马和货物损失补偿，在汉谟拉比法典中，规定了共同分摊补偿损失之条款。

公元前 916 年，在地中海的罗德岛上，国王为了保证海上贸易的正常进行，制定了罗地安海商法，规定某位货主遭受损失，由包括船主、所有该船货物的货主在内的受益人共同分担损失，这是海上保险的滥觞。

在公元前 260 年~前 146 年，布匿战争期间，古罗马人为了解决军事运输问题，收取商人 24%~36% 的费用作为后备基金，以补偿船货损失，这就是海上保险的起源。

公元前 133 年，在古罗马成立的各雷基亚（共济组织），向加入该组织的人收取 100 泽司和一瓶敬人的清酒；另外每个月收取 5 泽司，积累起来成为公积金，用于丧葬的补助费，这是人寿保险的萌芽。

保险从萌芽时期的互助形式逐渐发展成为冒险借贷，发展到海上保险合约，再发展到海上保险、火灾保险、人寿保险和其他保险，并逐渐发展为现代保险。

2. 保险公司的概念

保险公司是金融机构的组成部分，是经营保险业务的经济组织。它是以集合多数单位或个人的风险为前提，用其损失概率计算分摊金，以保险费的形式聚集起来，建立保险基金，用于补偿因自然灾害或意外事故所造成的经济损失的具有法人资格的企业。

各国按照保险种类分别建立形式多样的保险公司，如财产保险公司、人寿保险公司、火灾和事故保险公司、信贷保险公司、存款保险公司等等。其中，一般以人寿保险公司的规模最大。

3. 保险的主要类型

（1）人寿保险

人寿保险是以人的生命为保险标的，以生、死为保险事故的一种人身保险。当被保险人的生命发生了保险事故时，由保险人支付保险金。最初的人寿保险是为了保障由于不可预测的死亡所可能造成的经济负担，后来，人寿保险中引进了储蓄的成分，所以对在保险期满时仍然生存的人，保险公司也会给付约定的保险金。人寿保险是一种社会保障制度，是以人的寿命为保险标的的保险业务。

人寿保险可分为：

①定期人寿保险。定期人寿保险是以被保险人在保单规定的期间发生死亡，身故受益人有权领取保险金；如果在保险期间内被保险人未死亡，保险人无须支付保险金也不返还保险费，简称“定期寿险”。该保险大都是为被保险人在短期内从事较危险的工作提供保障。

②终身人寿保险。终身人寿保险是一种不定期的死亡保险，简称“终身寿险”。保险责任从保险合同生效后一直到被保险人死亡之时为止。由于人的死亡是必然的，因而终身保险的保险金最终必然要支付给被保险人。由于终身保险保险期长，故其费率高于定期保险，并有储蓄的功能。

③生存保险。生存保险是指被保险人必须生存到保单规定的保险期满时才能够领取保险金。若被保险人在保险期间死亡，则不能主张收回保险金，亦不能收回已交保险费。

④生死两全保险。这是定期人寿保险与生存保险两类保险的结合。生死两全保险是指被保险人假设在保险合同约定的期间里身故，身故受益人则领取保险合同约定的身故保险金；被保险人假设生存至保险合同约定的保险期期满，则投保人领取保险合同约定的保险期期满的人寿保险。这类保险是目前市场上最常见的商业人寿保险。

⑤养老保险。养老保险是由生存保险和死亡保险结合而成，是生死两全保险的特殊形式。被保险人不论在保险期内死亡或生存到保险期满，均可领取保险金，既可以为家属排除因被保险人死亡带来的经济压力，又可使被保险人在保险期结束时获得一笔资金以养老。

（2）财产保险

财产保险是指投保人根据合同约定，向保险人交付保险费，保险人按保险合同的约定对所承保的财产及其有关利益因自然灾害或意外事故造成的损失承担赔偿责任的保险。

财产保险的最主要的构成是家庭财产保险和企业财产保险。

家庭财产保险是以城乡居民室内的有形财产为保险标的的保险。家庭财产保险为居民或家庭遭受的财产损失提供及时的经济补偿，有利于安定居民生活，保障社会稳定。我国目前开办的家庭财产保险主要有普通家庭财产险和家庭财产两全险。根据保险责任的不同，普通家庭财产险又分为灾害损失险和盗窃险两种。

企业财产保险是指以投保人存放在固定地点的财产和物资作为保险标的的一种保险，保险标的的存放地点相对固定且处于相对静止状态。企业财产保险是我国财产保险业务中的主要险种之一，其适用范围很广，一切工商、建筑、交通、服务企业，国家机关，社会团体等均可投保企业财产保险，即对一切独立核算的法人单位均适用。企业财产按是否可保的标准可以分为三类，即可保财产、特约可保财产和不保财产。

（3）再保险

再保险也叫“分保”，是指保险人将其承担的保险业务，以承保形式部分转移给其他保险人。进行再保险，可以分散保险人的风险，有利于其控制损失，稳定经营。再保险是在原保险合同的基础上建立的。在再保险关系中，直接接受保险业务的保险人称为“原保险人”，也叫“再保险分出人”；接受分出保险责任的保险人称为“再保险接受人”，也叫“再保险人”。再保险的权利义务关系是由再保险分出人与再保险接受人通过订立再保险合同确立的，再保险合同的存在虽然是以原保险合同的存在为前提，但两者在法律上是各自独立存在的合同，所以再保险的权利义务关系与原保险的权利义务关系是相互独立的法律关系，不能混淆。

再保险的具体形式可以分为比例再保险和非比例再保险两类。比例再保险是原保险人与再保险人，即分出人与分入人之间订立再保险合同，按照保险金额约定比例、分担责任。对于约定比例内的保险业务，分出人有义务及时分出，分入人则有义务接受，双方都无选择权。在比例再保险中，又可以分为成数再保险和溢额再保险。成数再保险是原保险人在双方约定的业务范围内，将每一笔保险业务按固定的再保险比例分为自留额和再保险额，其保险金额、保险费、赔付保险金的分摊都按同一比例计算，自动生效，不必逐笔通知、办理手续。溢额再保险是由原保险人先确定自己承保的保险限额，即自留额；当保险业务超出其自留额而产生溢额时，就将这个溢额根据再保险合同分给再保险人，再保险人根据双方约定的比例计算每一笔分入业务的保险金额、保险费以及分摊的赔付保险金数额。在非比例再保险中，原保险人与再保险人协商议定一个由原保险人赔付保险金的额度，在此额度以内的由原保险人自行赔付，超过该额度的就须按协议的约定由再保险人承担其部分或全部赔付责任。非比例再保险的保险费率由双方当事人议定。

专栏 5-4

中国保险发展简史

中国早在夏、商、周时代，就形成了保险的思想。在《礼记》中记载：“故人不独亲其亲，不独子其子，使老有所终，壮有所用，幼有所长，鳏寡孤独废疾者，皆有所养。”这是中国最古老的社会养老保险思想。

在汉宣帝时代，根据大司农中丞耿寿昌的建议，建立“常平仓制”，在边郡筑粮仓，谷贱时提高粮价买入，谷贵时低价出售给百姓。在隋文帝时代，建立“义仓制”，遇到灾年，开仓放粮，救济灾民。这些都是财产保险和社会保险的萌芽，起到了防灾防损的作用。

中国现代保险最早的是广州成立的“广东保险社”，是随着帝国主义入侵中国，由帝国主义国家开办的。中国本土资本的保险业最早是1885年招商局在上海创办的“仁和”“济和”两家保险公司，后合并成为“仁济和”保险公司，主要经营水、火保险。中华人民共和国成立时，上海华商保险公司剩余129家，外商保险公司有64家。

二、证券公司

1. 证券概述

（1）证券的概念

证券是各类财产所有权或债权凭证的通称，是用来证明证券持有人有权依票面所载内容取得相应权益的凭证。所以，证券的本质是一种交易契约或合同，该契约或合同赋予合同持有人根据该合同的规定对合同规定的标的采取相应的行为并获得相应的收益的权利。

（2）证券公司的概念

证券公司是指依照《公司法》和《证券法》的规定设立并经国务院证券监督管理机构审查批准而成立的专门经营证券业务、具有独立法人地位的有限责任公司或者股份有限公司。它又分为证券经营公司和证券登记公司。其中，证券经营公司是指狭义的证券公司，是经主管机关批准并到工商行政管理部门领取营业执照后专门经营证券业务的机构。它具有证券交易所的会员资格，可以承销发行、自营买卖或自营兼代理买卖证券。普通投资人的证券投资都要通过证券商来进行。

在我国，设立证券公司必须经国务院证券监督管理机构审查批准。世界各国对证券公司的划分和称呼不尽相同，美国称“投资银行”或“经纪人—交易商”，英国则称“商人银行”。以德国为代表的一些国家实行银行业与证券业混业经营，通常由银行设立公司从事证券业务经营。日本等一些国家和我国一样，把专营证券业务的金融机构称为“证券公司”。

按照证券经营公司的功能，可分为证券经纪商、证券自营商和证券承销商。

①证券经纪商，即证券经纪公司，代理买卖证券的证券机构，接受投资人委托、代为买卖证券，并收取一定手续费即佣金。

②证券自营商，即综合型证券公司，除了证券经纪公司的权限外，还可以自行买卖证券。它们资金雄厚，可直接进入交易所为自己买卖股票。

③证券承销商：这是以包销或代销形式帮助发行人发售证券的机构。

实际上，许多证券公司是兼营这三种业务的。按照各国现行的做法，证券交易所的会员公司均可在交易市场上进行自营买卖，但专门以自营买卖为主的证券公司为数极少。

2. 证券公司经营业务概述

（1）业务范围

证券中介机构包括证券经营机构和证券服务机构两类。证券经营机构指专营证券业务的金融机构，证券服务机构指为证券市场提供相关服务业务的法人机构。我国2006年实施的新《证券法》取消了综合类和经纪类的分类管理体制，采取按具体业务监管的体制。根据不同业务的经营特点，设定不同的行政许可条件，加强监管的针对性。新《证券法》对证券公司的业务范围有所扩充，即在证券经纪、承销、自营等传统业务之外，允许证券公司开展证券投资咨询，与证券交易、证券投资活动有关的财务顾问，证券资产管理，保荐业务及其他证券业务。同时，证券公司的实际经营范围按照其实缴的注册资本额的大小及其他条件来进行区别，使业务范围与公司资本实力等自身条件相适应。新《证券法》对设立证券公司所应具备的条件作出了更为全面的规定，包括增加了公司章程的要求，对主要股东资格的限制条件，以及明确提出了风险管理和内部控制制度。新《证券法》明确要求证券公司健全内部控制制度，采取有效隔离措施，防范公司与客户之间、不同客户之间的利益冲突，要求将不同业务分开经营，禁止混合操作。

（2）业务风险分析

证券公司经营融资融券业务时，面临的风险主要有以下几个方面：

①客户信用风险。这主要是指由于客户违约，不能偿还到期债务而导致证券公司损失的可能性。

②市场风险。这主要是指因不可预见和控制的因素导致市场波动、交易异常，造成证券交易所融资融券交易无法正常进行，危及市场安全；或造成证券公司客户担保品贬值，维持担保比例不足，且证券公司无法实施强制平仓、收回融出资金（证券）而导致损失的可能性。

③业务规模风险。这主要是指证券公司融资融券规模失控，对单个客户融资融券规模过大、期限过长，造成证券公司资产流动性不足、净资本规模和比例不符合监管规定的可能性。

④业务管理风险。这主要是指证券公司在融资融券业务经营中因制度不全、管理不善、控制不力、操作失误等原因导致业务经营损失的可能性。

⑤信息技术风险。这主要是指因证券公司融资融券交易信息系统故障致使交易中断、监控失效而导致承担客户资产损失的赔偿责任或无法收回到期债权的可能性。

专栏 5-5

中国证券市场发展概况及历程

证券市场是金融市场的重要组成部分，在金融市场体系中居重要地位。从 20 世纪 90 年代初开始，中国证券市场经历了 20 多年的发展历程，从不成熟逐步走向成熟，从监管缺位到监管逐步得到完善，从初具规模到发展壮大，证券业已成为中国国民经济中的一个重要行业，对推动国民经济增长做出了重大贡献。中国证券行业的发展主要经历了五个阶段，基本情况如下：

第一阶段：中国证券市场的建立。

20 世纪 80 年代，中国国库券开始发行。1986 年 9 月 26 日，上海建立了第一个证券柜台交易点，负责延中实业和飞乐音响两家股票的代购、代销业务，这是新中国证券正规化交易市场的开端。1990 年 12 月，新中国第一家经批准成立的证券交易所——上海证券交易所成立。1991 年 4 月，经国务院授权中国人民银行批准，深圳证券交易所成立。以沪深交易所成立为标志，中国证券市场开始其发展历程。

第二阶段：全国统一监管市场的形成。

1992 年中国证监会的成立，标志着中国证券市场开始被纳入全国统一监管框架，全国性市场由此开始发展。中国证券市场在监管部门的推动下，建立了一系列的规章制度，初步形成了证券市场的法规体系。1993 年，国务院先后颁布了《股票发行与交易管理暂行条例》和《企业债券管理条例》，此后又陆续出台若干法规和行政规章，初步构建了最基本的证券法律法规体系。1993 年以后，B 股、H 股开始发行，债券市场品种呈现多样化，发债规模逐年递增。与此同时，证券中介机构在种类、数量和规模上迅速扩大。1998 年，国务院撤销证券委，中国证监会成为中国证券期货市场的监管部门，并在全国设立了派出机构，建立了集中统一的证券期货市场监管框架，证券市场由局部地区试点转向全国性市场发展阶段。

第三阶段：依法治市和市场结构改革。

1999~2004 年是证券市场依法治市和规范发展的过渡阶段。1999 年 7 月《证券法》的实施，是以法律形式确认了证券市场的地位，使我国证券市场的法治建设进入了一个新的历史阶段。2001 年，证券业协会设立代办股份转让系统。这一时期，证券监管机构制定了包括《证券投资基金法》（2003 年）在内的一系列的法规和政策措施，推进上市公司治理结构改善，大力培育机构投资者，不断改革完善股票发行和交易制度，促进了证券市场的规范发展和对外开放。

第四阶段：深化改革和规范发展。

2004~2008 年是改革深化发展和规范发展阶段，以券商综合治理和股权分置改革为代表事件。为了贯彻落实国务院相关政策，中国证监会在证券监管系统内全面部署和启动了综合治理工作，包括证券公司综合治理、上市公司股权分置改革、发展机构投资者在内的一系列重大变革由此展开。2004 年 2 月，国务院发布《关于推进资本市场改革开放和稳定发展的若干意见》，明确了证券市场的发展目标、任务和工作要求，是资本市场定位发展的纲领性文件。2004 年 5 月起，深交所在主板市场内设立中小企业板块，是证券市场制度创新的一大举措。

2005 年 4 月，经国务院批准，中国证监会发布了《关于上市公司股权分置改革试点有关问题的通知》，启动股权分置改革试点工作。股权分置改革后 A 股进入全流通时代，大小股东利益趋于一致。2006 年 1 月，修订后的《证券法》《公司法》正式施行。同月，北京中关村高科技园区非上市股份制企业开始代办转让系统挂牌交易。2006 年 9 月，中国金融期货交易所批准成立，有力推进了中国金融衍生产品的发展，完善了中国资本市场体系结构。2007 年 7 月，中国证监会下发了《证券公司分类监管工作指引（试行）》和相关通知，这是对证券公司风险监管的新举措。

第五阶段：多层次资本市场的建立和完善发展。

2009 年 10 月创业板的推出，标志着多层次资本市场体系框架基本建成。进入 2010

年，证券市场制度创新取得新的突破。2010 年 3 月融资融券、4 月股指期货的推出为资本市场提供了双向交易机制，这是中国证券市场金融创新的又一重大举措。2012 年 8 月、2013 年 2 月转融资、转融券业务陆续推出，有效地扩大了融资融券发展所需的资金和证券来源。2013 年 11 月，十八届三中全会召开，全会提出对金融领域的改革，为证券市场带来新的发展机遇。11 月 30 日，中国证监会发布《关于进一步推进新股发行体制改革的意见》，新一轮新股发行制度改革正式启动。2013 年 12 月，新三板准入条件进一步放开，新三板市场正式扩容至全国。随着多层次资本市场体系的建立和完善，新股发行体制改革的深化，新三板、股指期权等制度创新和产品创新的推进，中国证券市场逐步走向成熟，证券市场为中国经济提供投融资服务的功能将日益突显。

经过 20 多年的发展，不论是上市公司的数量，还是融资金额、投资者数量，都从侧面说明中国资本市场已具备了相当的规模，其在融资、优化资源配置等方面为中国经济的发展发挥着越来越重要的作用。自 1990 年证券市场形成，截至 2013 年年末，中国沪深两市共有上市公司（A、B 股）2489 家，总市值达到 23.91 万亿元，流通市值达 19.96 万亿元。证券市场投资者规模日益壮大，其结构也在不断优化。截至 2013 年年末，沪深股票投资者开户数达 1.75 亿户，基金投资账户达 0.465 亿户。证券中介机构和机构投资者数量不断增加，截至 2013 年年末，中国共有证券公司 115 家，证券投资基金管理公司 89 家。中国证券市场在优化资源配置、促进企业转制、改善融资结构、加速经济发展等方面正在发挥着重要作用。

（资料来源：http：//www.sohu.com/a/195934174_ 99958689，2017 年 10 月 1 日）

三、基金公司

1. 基金的概述

（1）基金的概念

这里的基金，是指证券投资基金，即通过发售基金份额，将众多投资者的资金集中起来形成独立资产，由基金托管人托管、基金管理人管理，以投资组合的方法进行证券投资的一种利益共享、风险共担的集合投资方式。证券投资基金是一种间接的证券投资方式。基金管理公司通过发行基金单位集中投资者的资金，由基金托管人（即具有资格的银行）托管，由基金管理人管理和运用资金，从事股票、债券等金融工具投资，然后共担投资风险，分享收益。美国称之为“共同基金”，英国和我国香港特别行政区称之为“单位信托基金”，日本和我国台湾地区则称之为“证券投资信托基金”等。

（2）基金的运作方式

开放式基金和封闭式基金共同构成了基金的两种基本运作方式。开放式基金是指基金规模不是固定不变的，而是可以随时根据市场供求情况发行新份额或被投资人赎回的投资基金。封闭式基金是相对于开放式基金而言的，是指基金规模在发行前已确定，在发行完毕后和规定的期限内基金规模固定不变的投资基金。

开放式基金不上市交易，一般通过银行申购和赎回，基金规模不固定，基金单位可随时向投资者出售，也可应投资者要求买回。封闭式基金有固定的存续期，期间基金规模固定，一般在证券交易场所上市交易，投资者通过二级市场买卖基金单位。

专栏 5-6

美国共同基金

美国现代的共同基金已经经历了 70 多年的发展历程。截至 2016 年年底，美国共同基金管理规模超过了 19.2 万亿美元，相比 2015 年增长了 1.1 万亿美元。1998~2016 年，共同基金的资产管理规模从 5.79 万亿增长到了 19.2 万亿。其次，公用基金数量从 5525 个增长到了 16344 个。美国投资公司研究会根据基金的基本投资目标将共同基金大概分成 3 大类：

1. 股票基金

（1）进攻成长型基金：现实的收入不是重要的因素，而未来的资本所得才是主要目标。这种基金多投资于非主流、非热门股票，以期获得巨大的利润。

（2）成长型基金：投资于发展前景非常好的公司的股票，但风险性比进攻成长型要小。

（3）成长和收入型基金：寻求长期资本成长和现在的收入相结合，投资于股票的标准是价值增长和展示出良好的、连续的支付红利的记录。

（4）贵金属/黄金基金：主要投资于与黄金和其他贵金属发生联系的股票。

（5）国际基金：主要投资于美国以外的公司的股票。

（6）全球性综合基金：投资于全世界的股票，包括美国的公司。

（7）收入股票基金：寻求收入的高等级，主要投资于有良好的红利支付记录的公司股票。

2. 债券和收入基金

（1）灵活组合基金：允许基金管理者预先处理或对市场条件的变化作出相应的反应。

（2）余额基金：寻求资本的保值，主要投资于能实现资本长期增值的债券、优先股和公众股。

（3）收入混合基金：寻求收入的高等级，主要投资于能产生现实收入的证券，包括股票和债券。

（4）收入债券基金：寻求高等级的现实收入，投资于混合的企业和政府债券。

（5）美国政府收入债券基金：投资于多样的政府债券，包括美国国库券、联邦政府担保抵押证券和其他政府票据。

（6）全国政府抵押协会基金：主要投资于全国政府抵押协会担保的抵押证券。

（7）全球性债券基金：投资于全世界的国家和企业债券，包括美国在内。

（8）企业债券基金：主要投资于企业债券，部分投资于国库券或联邦政府机构发行的债券。

（9）高回报债券基金：寻求非常高的回报；但是相对于企业债券基金，承担更大程度的风险。这种基金主要投资于低信用等级的企业债券。

(10) 国家、市政债券长期基金：寻求收入免缴税金，其投资的债券发行者是州和市政府，目的是为学校、高速公路、医院、桥梁和其他市政建设筹集资金。

(11) 州、市政债券长期基金：寻求收入免缴联邦税和州税，但只限于本州的居民；其投资的债券发行者只针对单个州。

3. 货币市场基金

(1) 应纳税的货币市场基金：寻求持续、可靠的净资产价值，多投资于货币市场中短期的、高等级的证券，如美国国库券、大银行的存款证明书和短期商业债券。这种组合的平均期限是90天或更短。

(2) 免税的国家货币市场基金：寻求其收入免缴税金和最小的风险，投资于短期的市政债券。

(3) 免税的州货币市场基金：寻求其收入免缴联邦税和州税，但限于本州居民；多投资于发行者是单一州的短期的市政债券。此外，还有特定的或部门的基金，特定的基金包括生物工程基金、小公司成长基金、指数基金和社会准则基金等。部门基金主要投资于特定的证券市场的部门，基金也投资于其他的共同基金。广泛的可供选择的基金可满足不同客户的要求，能帮助达到多样的财务目标。

2. 基金公司概述

(1) 基金公司的概念

基金公司是通过发行股票募集资本并投资于证券市场的股份有限公司。投资者在购买基金公司的股票以后成为公司的股东，公司董事会是基金公司的最高权力机构。基金公司的发起人一般是投资银行、投资咨询公司、经纪商或保险公司。基金公司一般委托外部的基金管理人来管理基金资产，委托其他金融机构托管基金资产。

(2) 基金公司的组织结构

从我国来看，现有的投资基金都是契约型基金，对基金资产的管理运用是通过基金管理公司进行的，基金本身不具有法人地位。基金管理公司在我国主要以有限责任公司的形式存在，其组织结构设置受《公司法》等相关法律规范的约束，一般设有股东会、董事会、监事会等机构。

股东会是基金管理公司的权力机构。股东会选举产生董事会，由董事会聘任公司总经理来主持日常经营管理工作，监事会负责对公司的经营管理实施监督。基金管理公司的内部通常设有研究部、投资部、市场部、监察稽核部、运作保障部和综合管理部等部门和投资决策委员会、风险控制委员会等专门委员会。在基金内部的各个专业部门中，市场部主要负责基金销售工作。投资部则在投资决策委员会和风险控制委员会的领导下，遵照基金合同等法律规定，管理基金资产。研究部门主要进行市场、行业和公司研究，为投资提供决策支持。监察稽核部负责监督基金管理公司的各项运作是否符合法律规范。运作保障部主要为基金管理工作提供后台支持。综合管理部为基金管理公司的日常运作提供财务、人事、后勤等综合事务方面的支持。

(3) 基金公司的服务内容

总的来看，目前基金公司的服务内容主要体现在以下几个方面：

①电话服务。根据个人习惯，投资者可选择人工服务或自动语音系统。若选择人工服务，基金公司的客户服务人员会耐心详细地为投资者解答所关心的问题，以专业的服务水准受理投资者的各种查询、咨询、投诉、建议，并尽可能提供其他个性化服务。通过自动语音系统，投资者也可以很方便地自助查询个人账户持有及交易情况、基金公共信息和最新公告等资讯。

②邮寄服务。通常情况下，基金公司会在每个季度末、年末给投资者寄送季度、年度对账单，让投资者一目了然地知道自己所持有基金的资产状况。有的基金公司还会附带寄送公司投资业绩说明、市场回顾及前景分析等相关资料，让投资者更好地了解所持基金及基金管理公司的运作情况。

③电子信箱与手机短信服务。基金公司客服中心一般都有自己的专用电子信箱，投资者可以通过发送电子邮件获得问题咨询与解答、信息定制等服务。手机短信服务现在也非常普遍，通常的服务项目有基金净值、最新公告信息、交易确认与个人账户信息查询等。

④互联网服务。通过互联网，基金管理公司向客户提供容量更大、范围更广的信息查询。投资者还可以学习基金知识，在网站论坛里与他人交流投资心得，选择自动回邮或下载服务。

⑤媒体和宣传手册。基金管理公司会通过电视、电台、报纸杂志等媒体定期或不定期地向客户传达专业信息和投资理念。

⑥讲座、推介会和座谈会。这几种形式都能为客户提供一个面对面交流的机会，基金管理公司也可以通过这些活动进一步改善公司的客户服务。

四、信托与租赁

1. 信托概述

信托是指委托人基于对受托人（信托投资公司）的信任，将其合法拥有的财产委托给受托人，由受托人按委托人的意愿以自己的名义，为受益人的利益或者特定的目的进行管理或者处分的行为。概括地说，信托是“受人之托，代人理财”。

2. 信托公司

信托公司是以信任委托为基础、以货币资金和实物财产的经营管理为形式，融资和融物相结合的多边信用机构。它是随着商品经济的发展而出现的。信托业务于 18 世纪出现于英国。信托业务主要包括委托和代理两个方面的内容。前者是指财产的所有者或其指定人将其财产委托给他人，要求按照一定的目的，代为妥善地管理和有效经营；后者是指一方授权另一方代为办理一定的经济事项。信托业务的关系人有委托人、受托人和受益人。转移财产权的人，即原财产的所有者是委托人；接受委托代为管理和经营财产的人是受托人；享受财产所带来的利益的人是受益人。信托的种类很多，主要包括个人信托、法人信托、任意信托、特约信托、公益信托、私益信托、自益信托、他益信托、资金信托、动产信托、不动产信托、营业信托、非营业信托、民事信托和商事信托等。信托业务方式灵活多样，适应性强，有利于搞活经济，加强地区间的经济技术协作；有利于吸收国内外资金，支持企业的设备更新和技术改造。

1979 年，中国国际信托投资公司设立，标志着停办 20 年的中国信托业的恢复。在计划经济向市场经济转轨时期，信托投资公司在建立中国证券市场、金融资源配置和国际融资等方面发挥了重要作用，同时也因多种原因付出沉重代价。1999 年，国务院明确信托投资公司“受人之托，代人理财”的定位。2001 年，《中华人民共和国信托法》《信托投资公司管理办法》和《信托投资公司资金信托业务管理暂行办法》相继颁布。银监会成立以来，大力推动信托公司的改革发展和业务转型，2007 年修订并重新颁布了信托公司主要监管规定。

专栏 5-7

我国信托公司的经营范围

根据《信托公司管理办法》第三章的规定，信托公司可以申请经营下列部分或者全部本外币业务：

（1）资金信托。

（2）动产信托。

（3）不动产信托。

（4）有价证券信托。

（5）其他财产或财产权信托。

（6）作为投资基金或者基金管理公司的发起人从事投资基金业务。

（7）经营企业资产的重组、并购及项目融资、公司理财、财务顾问等业务。

（8）受托经营国务院有关部门批准的证券承销业务。

（9）办理居间、咨询、资信调查等业务。

（10）代保管及保管箱业务。

（11）法律法规规定或中国银行业监督管理委员会批准的其他业务。

信托公司可以根据《中华人民共和国信托法》等法律法规的有关规定开展公益信托活动。

信托公司可以根据市场需要，按照信托目的、信托财产的种类或者对信托财产管理方式的不同设置信托业务品种。

信托公司管理运用或处分信托财产时，可以依照信托文件的约定，采取投资、出售、存放同业、买入返售、租赁、贷款等方式进行。中国银行业监督管理委员会另有规定的，从其规定。

信托公司不得以卖出回购方式管理运用信托财产。

信托公司固有业务项下可以开展存放同业、拆放同业、贷款、租赁、投资等业务。投资业务限定为金融类公司股权投资、金融产品投资和自用固定资产投资。

信托公司不得以固有财产进行实业投资，但中国银行业监督管理委员会另有规定的除外。

信托公司不得开展除同业拆入业务以外的其他负债业务，且同业拆入余额不得超过其净资产的 20%。中国银行业监督管理委员会另有规定的除外。

信托公司可以开展对外担保业务，但对外担保余额不得超过其净资产的 50%。信托公司经营外汇信托业务，应当遵守国家外汇管理的有关规定，并接受外汇主管部门的检查、监督。

（资料来源：中国信托业协会网站，http：//www.xtxh.net/xtxh/policyrelated/index_5.htm，2010 年 1 月 4 日）

3. 金融租赁公司

金融租赁公司是专门经营租赁业务的公司，是租赁设备的物主，通过提供租赁设备而定期向承租人收取租金。金融租赁公司开展业务的过程是：租赁公司根据企业的要求，筹措资金，提供以“融物”代替“融资”的设备租赁；在租期内，作为承租人的企业只有使用租赁物件的权利，没有所有权，并要按租赁合同规定，定期向租赁公司交付租金。租期届满时，承租人向租赁公司支付一定的产权转让费，双方即可办理租赁物件的产权转移手续。

通过金融租赁，企业可用少量资金取得所需的先进设备，可以边生产、边还租金。对于资金缺乏的企业来说，金融租赁不失为加速投资、扩大生产的好办法；就某些产品积压的企业来说，金融租赁不失为促进销售、拓展市场的好手段。分期偿付的还款方式，也有助于承租企业避免资金波动风险。

金融租赁公司的主营业务包括以下几个方面：

（1）公司自担风险的融资租赁业务包括典型的融资租赁业务（简称“直租”）、转租式融资租赁业务（简称“转租赁”）和售后回租式融资租赁业务（简称“回租”）三个类别。

（2）公司同其他机构分担风险的融资租赁业务有联合租赁和杠杆租赁两类。联合租赁是指多家有融资租赁资质的租赁公司对同一个融资租赁项目提供租赁融资，由其中一家租赁公司作为牵头人。杠杆租赁是指某融资租赁项目中的大部分租赁融资是由其他金融机构以银团贷款的形式提供的，但是，这些金融机构对承办该融资租赁项目的租赁公司无追索权。

（3）公司不担风险的融资租赁业务是委托租赁。委托租赁是指融资租赁项目中的租赁物或用于购买租赁物的资金是一个或多个法人机构提供的信托财产。融资租赁于 20 世纪 50 年代初出现在美国。目前在发达国家，融资租赁业已成为与银行信贷、证券并驾齐驱的三大金融工具之一。其融资租赁市场渗透率（租赁交易总额/固定资产投资总额）平均水平为 15%~30%。

专栏 5-8

国内银行业发展的新亮点——金融租赁公司

截至2008年9月，国内金融租赁公司总资产已达695.66亿元，同比增长2.5倍。建行、交行等多家国内商业银行通过了银监会的批准，设立旗下租赁公司开展相关业务。金融租赁业务或成国内银行业新一轮发展亮点。随着国内商业银行业绩环比增速下降，开展金融租赁业务不仅能弥补当前部分息差的减少，也为其未来实现经营模式和发展方式多元化、增加利润增长点开辟了道路。此外，这也顺应了银行业实现混业经营的趋势。

据不完全统计，除工行外，银监会此前已先后批准建行、交行、民生、招行、南京银行等商业银行设立了金融租赁公司。此外，国开行对深圳租赁公司进行了重组。

另一方面，受此次全球金融危机的影响，外资金融机构则在收缩战线，对其金融租赁业务进行调整或者缩减。据报道，美国国际集团（AIG）打算以100亿美元的价格出售其飞机租赁子公司 International Lease Finance Corp.（ILFC）。受金融危机的影响，还有更多的外资银行旗下飞机租赁公司正深陷融资困难。一些金融机构被迫调整或者缩减航空金融业务，关闭航空金融部或暂停相关业务扩张。

国内金融租赁公司受此次金融危机影响较小，当前正是酝酿抢占国内金融租赁市场的良机，以打破外资垄断国内金融租赁近九成市场的局面。跟发达国家相比，国内的租赁市场规模非常小，国内租赁行业在未来还有很大的发展空间。而国内银行涉足租赁行业，既是其实现综合经营的发展趋势，同时也有利于进一步打开市场。银行业设立租赁公司有“一大目的，一大优势”。“目的”意指银行业对开展租赁业务目前的盈利状况其实并不在意，关键是对未来发展混业经营提前布局。而“优势”则体现在银行有着天然的客户优势，其丰富的客户资源为其寻找金融租赁客户提供了很大的便利。

银行进驻金融租赁领域，一方面方便了企业获得资金上的融通，另一方面也增加了银行的中间业务收入。从目前来看，银行建立租赁公司对其利润影响短期内不大。只能说设立租赁公司是银行业未来发展趋势，目前只是有助于填补因降息而萎缩的部分利差。

金融业混业经营是未来的一种趋势。金融租赁领域还是一个崭新的领域，无人挖掘，正所谓“先入为主”，这也是目前银行纷纷设立金融租赁公司的目的。

（资料来源：2008年11月28日《证券日报》，作者：傅苏颖）

五、财务公司

1. 财务公司概述

财务公司又称“金融公司”，是为企业技术改造、新产品开发及产品销售提供金融服务，以中长期金融业务为主的非银行金融机构。各国的名称不同，业务内容也有差异。但多数是商业银行的附属机构，主要吸收存款。中国的财务公司不是商业银行的附属机构，是隶属于大型企业集团的非银行金融机构。

2. 财务公司的特点

（1）业务范围广泛，但以企业集团为限。财务公司是企业集团内部的金融机构，其经营范围只限于企业集团内部，主要是为企业集团内的成员企业提供金融服务。财务公司的业务包括存款、贷款、结算、担保和代理等一般银行业务，还可以经人民银行批准，开展证券、信托投资等业务。

（2）资金来源于集团公司，用于集团公司，对集团公司的依附性强。财务公司的资金来源主要有两个方面：一是由集团公司和集团公司成员投入的资本金，二是集团公司成员企业在财务公司的存款。财务公司的资金主要用于为本集团公司成员企业提供资金支持，少量用于与本集团公司主导产业无关的证券投资方面。由于财务公司的资金来源和运用都限于集团公司内部，因而财务公司对集团公司的依附性强，其发展状况与其所在集团公司的发展状况相关。

（3）接受企业集团和人民银行的双重监管。财务公司是企业集团内部的金融机构，其股东大都是集团公司成员企业，因而其经营活动必然受到集团公司的监督。同时，财务公司所从事的是金融业务，其经营活动必须接受银监局监管。

（4）坚持服务与效益相结合、服务优先的经营原则。财务公司作为独立的企业法人，有其自身的经济利益；但由于财务公司是企业集团内部的机构，且集团公司成员企业大都是财务公司的股东，因此，财务公司在经营中一般都应较好地处理服务与效益的关系，在坚持为集团公司成员企业提供良好金融服务的前提下，努力实现财务公司利润的最大化。

3. 财务公司的发展历史

财务公司是 20 世纪初兴起的，主要有美国模式和英国模式两种类型。

美国模式的财务公司是以搞活商品流通、促进商品销售为特色的非银行金融机构。它依附于制造厂商，是一些大型耐用消费品制造商为推销其产品而设立的受控子公司。这类财务公司主要是为零售商提供融资服务的，主要分布在美国、加拿大和德国。美国财务公司产业的总资产规模超过 8000 亿美元，财务公司在流通领域的金融服务几乎涉及从汽车、家电、住房到各种工业设备的所有商品，对促进商品流通起到了非常重要的作用。

英国模式的财务公司基本上都依附于商业银行，其组建的目的在于规避政府对商业银行的监管。因为政府明文规定，商业银行不得从事证券投资业务，而财务公司不属于银行，所以不受此限制。这种类型的财务公司主要分布在英国、日本和中国香港。

我国财务公司的产生既是我国企业集团发展到一定程度的客观要求，又是我国经济体制改革和金融体制改革的必然产物。自 1987 年 5 月我国第一家企业集团财务公司成立以来，截至 2018 年 7 月，集团财务公司行业共有法人机构 262 家（部分集团财务公司是近年来由银监会批复筹建的，还未开业，因而统计数据存在误差）。从现有的集团财务公司经营主体来看，民营企业设立财务公司的数量呈持续上升的趋势，民间资本进入财务公司的情况越来越多，逐步呈现多元化的所有制结构。

从企业集团财务公司的地理分布来看，目前地处北京的企业集团财务公司较多，有 76 家；其次是上海的企业集团财务公司，有 25 家；广东企业集团财务公司有 22 家，山东有 18 家，其他零星分布在全国各省市。

已经公布的企业集团财务公司的注册资本金额达 50 亿元以上的有 14 家，其中中国石化财务有限责任公司的注册资本达 180 亿元，中国电力财务有限公司的注册资本达 130 亿元。企业集团财务公司注册资本金在 20 亿~50 亿元（包含 50 亿元）的企业共有 58 家，注册资本金在 10 亿~20 亿元（包含 20 亿元）的共有 60 家，注册资本金在 10 亿元（包含 10 亿元）以下的有 130 家。

从资产规模来看，2017 年年底，集团财务公司表内资产达 5.72 万亿元，较 2016 年年底增长 20.1%，较 2015 年年底的 4.07 万亿元增长 40.4%。2017 年年底集团财务公司的所有者权益为 7967.9 亿元，利润总额和净利润分别为 975.04 亿元和 753.26 亿元，同比增长 22.56% 和 21.51%，资本充足率为 20.92%。

中国的财务公司都是由企业集团内部集资组建的，其宗旨和任务是为本企业集团内部各企业筹资和融通资金，促进其技术改造和技术进步。

企业集团财务公司是中国企业体制改革和金融体制改革的产物。国家为了增强国有大中型企业的活力，盘活企业内部资金，增强企业集团的融资能力，支持企业集团的发展，促进产业结构和产品结构的调整，以及探索具有中国特色的产业资本与金融资本相结合的道路，于 1987 年批准成立了中国第一家企业集团财务公司，即东风汽车工业集团财务公司。此后，根据国务院 1991 年 71 号文件的决定，一些大型企业集团也相继建立了财务公司。

专栏 5-9

我国财务公司发展历程

在市场经济下，对资金进行专业化管控是提升企业核心竞争力的重中之重。各国企业集团纷纷通过设立财务公司对资金加强集中管理，提高企业资金使用效率和效益，满足企业集团不同阶段的发展需求，使其在市场竞争中持续获得发展动力，为提升其核心竞争力提供源源不断的支持和保障。

以欧美为代表的金融市场高度发达的国家的财务公司发展较为成熟，如美国的 GE 金融、摩托罗拉财务公司和德国的西门子金融服务集团，其职能定位主要有以下几方面：一是欧美的财务公司以大型企业集团公司为服务重点，主要是延伸集团的业务链，或辅助集团业务链延伸，但业务范围并不局限于企业集团内部，具有明显的外向性和社会化；二是除了为企业集团提供融资、信贷、租赁等金融服务外，还参与收购兼并等资本运作和国际金融市场，在终端消费领域占有较大的优势；三是分支机构等服务网络不断扩张，国际化局面已经形成；四是不断采用新技术、进入新领域，业务发展由专业化服务向综合化服务延伸，向包括信用卡业务、在线金融服务等网络化方向发展。

由此可见，通过设立财务公司，集团企业非但没有从金融产业中退出，反而加大了金融产业的投资力度。财务公司成为各大型企业集团进军金融领域，以产业资本向金融资本渗透的最佳切入点与组织形式。由于财务公司具有强大的金融功能和丰富的内涵，它在产融结合的浪潮中发挥着举足轻重的作用，对一国金融业和产业的发展有着至关重要的作用，已为国际大型企业集团所普遍采用。如何深化财务公司功能，对于提升集团企业核心竞争力，进一步推进产融结合，以及金融体系改革和产业升级有不可替代的作用。

与发达国家的跨国集团发展到一定规模时自发设立财务公司不同，我国企业集团财务公司是经济体制和金融体制改革的产物。它的产生既是企业集团发展的客观要求，更是我国国有体制改革的必然选择。从经济面上看，财务公司的出现是为了推动经济体制改革并为之提供金融服务的政策需要。从金融面上看，财务公司的出现是金融市场发展的一种必然的结果，是一种金融机构的创新。从1987年成立第一家财务公司至今，财务公司已走过了25年的发展历程。财务公司本身作为一种制度设计，在银行体系改革滞后、效率低下的情况下，展现出强大的活力和旺盛的发展势头。截至2011年年底，我国财务公司已发展到122家，资产总额为1.83万亿元，涉及石油、化工、钢铁、电力、煤炭等多个国民经济行业。大型企业集团，如中石油、中石化、五矿集团等大都设立了财务公司并不断发展壮大，成为我国金融市场上不可忽视的发展力量。

与发达国家比较，我国的金融市场还在不断发展成熟，金融创新总体上落后于实体经济的发展需要，金融制度和组织结构创新力度不足，金融体系、信用体系、法律体系仍不健全，这些都是我国企业集团财务公司发展过程中的不利环境因素。在尚未成熟的金融环境下，我国财务公司行政上受所在企业集团管理，业务经营上受中国人民银行统一监管。财务公司作为金融机构，从领取执照、确定业务范围到实施经营管理，受到了严格监管，制约了其长足发展，逐渐形成了以下特点：一是服务对象被严格限定在集团内部或其他成员单位，业务范围并不能超越企业集团之外；二是业务范围明确，以传统业务，如内部结算、资金管理、内部存贷为主；三是与银行专业服务相竞争，结算依托银行，效率较低。因此，财务公司在我国虽然已经取得了长足的发展，但受各方面环境因素影响其职能发挥仍受一定程度限制。如何进一步深化财务公司功能，提升企业集团核心竞争力，对促进我国金融体系的完善和金融体制改革的深化以及国有大企业改革的深化，具有重要意义。

（资料来源：http：//news.hexun.com/2012-06-13/142442699.html，作者：邓群伟）

第四节　我国的金融机构体系

一、中国金融机构的产生与发展

我国金融机构的发展历程可以分为如下两个阶段：

第一阶段为1953~1978年金融机构走向“大一统”的阶段。1953年，中国开始实施经济建设第一个五年计划。参照前苏联模式，逐步建立起了高度集中统一的计划经济体制。金融体系作为整个经济体制的一个重要组成部分，在这期间也随之走向高度集中统一。在农业合作化中，1955年3月成立的中国农业银行于1957年撤销，1963年10月再次成立，1965年又合并于中国人民银行，直至20世纪70年代末。1954年9月，将交通银行改建为中国人民建设银行，其任务是在财政部领导下专门对基本建设的财政拨款进行管理和监督，实际上并不经营存、贷款业务，因而成为财政部下属机构。1949年接管的中国银行，虽然一直保持独立存在形式，但它只经办中国人民银行所划定的对外业务，有一段时间则直接成为中国人民银行办理国际金融业务的一个部门。在对私人金融业改造的基础上建立的一批公私合营银行也在 1955 年与中国人民银行有关机构合并。

1949 年成立的中国人民保险公司，最初隶属于中国人民银行，1952 年划归财政部，1959 年又转交中国人民银行国外事务管理局，全面停办国内业务，专营少量国外业务。这样，从 1953 年至 20 世纪 70 年代末改革开放以前，全国金融机构一步一步地走向了中国人民银行“大一统”的道路。中国人民银行实际上成为我国唯一的银行，几乎垄断了所有的金融业务。它的分支机构按行政区划逐级遍布全国各地，各级分支机构按总行统一的计划办事；它既是金融行政管理机关，又是具体经营银行业务的金融机构；它的信贷、结算、现金出纳等业务的开展，全都服从于实现国家统一计划的任务与目标。

第二阶段为 1979 年以来金融机构恢复、发展和完善的阶段。改革开放使中国的金融体系发生了深刻的变化，金融机构也迎来了蓬勃发展的春天。1979 年 2 月，中国农业银行再次恢复建立；3 月，中国银行从中国人民银行中分设出来，实行完全独立经营。1979 年上半年，中国人民建设银行从财政部分设出来，下半年开始实行基本建设投资拨款改贷款试点，1983 年明确了建设银行为全国性金融实体。除执行拨款任务外，建设银行开展了大量一般银行业务，1996 年改名为中国建设银行。1983 年 9 月，中国人民银行转变为专司中央银行职能，另设中国工商银行（1984 年 1 月）办理中国人民银行原来办理的全部工商信贷业务和城镇储蓄业务。20 世纪 90 年代初，为了有效地推进中国工商银行、中国农业银行、中国银行、中国建设银行四大国有专业银行的商业化改革，相继建立了多家政策性银行，办理原来由四大专业银行办理的政策性业务。1986 年 7 月重建交通银行，这是我国按照商业银行要求建立的第一家商业银行，以后陆续建立了 10 多家商业银行。1979 年，河南省驻马店成立第一家城市信用社；1984 年后，大中城市相继成立了许多家城市信用社；1995 年城市信用社改建为城市合作银行，1998 年以后又相继改建为城市商业银行。

改革开放以来，中国的非银行金融机构发展迅猛，以农村信用社为代表的合作金融机构获得了恢复和发展。自 1979 年第一家海外银行在北京开设办事机构以来，中国的境外金融机构数量不断增多，设立地点也从特区和沿海大中城市向内地大中城市扩散。1996 年，中国开始向外资银行有限度地开放人民币业务。同时，中国商业银行和保险公司在境外设立的金融机构也不断增加。以中国国际化程度最高的中国银行为例，截至 2017 年年末，中国银行境内外机构共有 11605 家。其中，中国内地机构有 11060 家，香港、澳门、台湾地区及其他国家和地区的机构达 545 家。

总的来看，改革开放以来我国金融机构体系改革的措施可概括为：①建立独立经营、实行企业化管理的专业银行，并在此基础上将其转变为国有商业银行，再改组为股份制银行；②建立专司金融宏观调控和金融行政管理职能的中央银行体制；③在国有商业银行之外，组建其他商业银行，增加非国有的经济成分；④组建一批政策性银行，担负政策性融资任务；⑤建立包括信用合作社、保险公司、信托投资公司、证券公司、企业集团财务公司、金融租赁公司、投资基金等在内的诸多非银行金融机构，完善金融机构体系；⑥引进大批外国金融机构，促进中国金融市场的国际化；⑦建立全国统一的证券市场、外汇市场和银行同业拆借市场，组建上海、深圳两家证券交易所，促进直接融资市场的发展。

二、我国金融机构体系的框架

我国金融机构体系是以中央银行为核心，政策性银行与商业性银行相分离，国有商业银行为主体，多种金融机构并存的现代金融体系，且形成了严格分工、相互协作的格局。我国现阶段所形成的金融机构体系的总体情况如下所示：

一行两会——中国人民银行、中国银行保险监督管理委员会、中国证券监督管理委员会。

政策性银行——国家开发银行、中国进出口银行、中国农业发展银行。

国有商业银行——中国工商银行、中国农业银行、中国建设银行、中国银行、交通银行。

股份制商业银行——中国光大银行、中信实业银行、招商银行、华夏银行、中国民生银行、平安银行、广东发展银行、上海浦东发展银行等。

城市商业银行——北京银行、上海银行、天津商业银行、大连银行等。

储蓄类机构——中国邮政储蓄银行。

农村金融机构——农村信用社、农村商业银行、农村合作银行。

非银行金融机构——保险公司、证券公司、信托投资公司、财务公司、融资租赁公司、基金管理公司、城市信用合作社等。

境内开办的外资、侨资、中外合资金融机构——汇丰银行、渣打银行、花旗银行、华侨银行、美国银行、德国商业银行、摩根大通银行、厦门国际银行、福建亚洲银行等。

三、政策性银行

政策性银行是指由政府直接出资创办、参股或保证的，不以营利为目的，专门贯彻国家产业政策、区域经济政策等社会经济政策，在一定的范围内直接或间接从事政策性融资活动，促进社会经济发展和社会进步的银行类金融机构。

中国政策性金融体系是在计划经济向市场经济过渡的过程中产生的。1994 年，作为金融体制改革的一项重大举措，国家决定设立国家开发银行、中国进出口银行和中国农业发展银行；同时，将原四大国有银行所负有的政策性职能分离出来，为加速国有银行的商业化和确立中央银行的独立性创造条件。由此，政策性金融作为一个独立的金融体系在我国正式建立。三大政策性银行自成立以来，在贯彻国家产业政策，支持地区经济发展，促进国民经济持续、稳定发展等方面发挥了重要的作用，对我国金融业的发展和金融体制的改革也起到了积极的作用。

1. 国家开发银行

国家开发银行成立于 1994 年 3 月 7 日。该行是一家以国家重点建设为主要投融资对象的政策性银行，办理国家重点建设（包括基本建设和技术改造）贷款及贴息业务。除了财政拨付的资本金之外，国家开发银行的资金来源主要是通过发行财政担保债券和由金融机构认购金融债券筹措，此外还包括部分中国人民建设银行吸收的存款。国家开发银行是负责筹措和引导社会资金，对国家基础设施、基础产业和支柱产业等大中型基本建设和技术改造项目办理政策性金融业务的银行。

国家开发银行的任务主要是两个方面：一是建立长期稳定的资金来源，筹集和引导社会资金用于国家重点建设，投资项目不留资金缺口，从资金来源上对固定资产投资总量及结构进行控制和调节；按照市场经济的原则，逐步建立投资约束和风险责任机制；提高国家重点建设资金的使用效益，促进国民经济持续、快速、健康发展。二是把当时分散管理的国家投资基金集中起来，建立投资贷款审查制度。国务院赋予开发银行一定的投资贷款决策权，并要求其承担相应的责任和风险，以抑制我国经济长期存在的盲目建设、重复建设现象。

国家开发银行的业务范围：

（1）管理和运用国家核拨的预算内经营性建设基金和贴息资金。

（2）向国内金融机构发行金融债券和向社会发行财政担保建设债券。

（3）办理有关外国政府和国际金融组织贷款的转贷，经国家批准在国外发行债券，根据国家利用外资计划办理国际商业贷款等。

（4）向国家基础设施、基础产业和支柱产业等大中型基本建设和技术改造等政策性项目及其配套工程发放政策性贷款。

（5）办理建设项目贷款条件评审、咨询和担保业务等，为重点建设项目物色国内合资伙伴，提供投资机会和投资信息。

（6）经批准的其他业务。

由于国家开发银行的主要目的是解决制约我国经济发展的“瓶颈”问题，故其融资项目主要集中于能增强我国综合国力的支柱产业、高新技术项目以及跨地区的重大政策性项目上。

国家开发银行的成立有利于基础产业和基础设施的建设，缓解我国经济建设面临的瓶颈制约，同时更有效地集中资金和力量保证国家重点建设，增强国家对固定资产投资的宏观调控能力。

2. 中国农业发展银行

中国农业发展银行成立于 1994 年 11 月 18 日，承担国家粮棉油储备和农副产品合同收购、农业开发等业务中的政策性贷款、代理财政支农资金的拨付及监督使用。资金来源除财政核拨资金外，主要面向金融机构发行金融债券，并使用农业政策性贷款企业的存款。

中国农业发展银行的主要任务是：按照国家的法律、法规和方针、政策，以国家信用为基础，筹集农业政策性信贷资金，承担国家规定的农业政策性和经批准开办的涉农商业性金融业务，代理财政性支农资金的拨付，为农业和农村经济发展服务。中国农业发展银行在业务上接受中国人民银行和中国银行业监督管理委员会的指导和监督。

中国农业发展银行的主要业务是：

（1）办理粮食、棉花、油料收购、储备、调销贷款。

（2）办理肉类、食糖、烟叶、羊毛、化肥等专项储备贷款。

（3）办理粮食、棉花、油料加工企业和农、林、牧、副、渔业的产业化龙头企业贷款。

(4) 办理粮食、棉花、油料种子贷款。

(5) 办理粮食仓储设施及棉花企业技术设备改造贷款。

(6) 办理农业小企业贷款和农业科技贷款。

(7) 办理农业基础设施建设贷款。支持范围限于农村路网、电网、水网（包括饮水工程)、信息网（邮政、电信）建设，农村能源和环境设施建设。

(8) 办理农业综合开发贷款。支持范围限于农田水利基本建设、农业技术服务体系和农村流通体系建设。

(9) 办理农业生产资料贷款。支持范围限于农业生产资料的流通和销售环节。

(10) 代理财政支农资金的拨付。

(11) 办理业务范围内企事业单位的存款及协议存款、同业存款等业务。

(12) 办理开户企事业单位结算。

(13) 发行金融债券。

(14) 资金交易业务。

(15) 办理代理保险、代理资金结算、代收代付等中间业务。

(16) 办理粮棉油政策性贷款企业进出口贸易项下的国际结算业务以及与国际业务相配套的外汇存款、外汇汇款、同业外汇拆借、代客外汇买卖和结汇、售汇业务。

(17) 办理经国务院或中国银行业监督管理委员会批准的其他业务。

(18) 办理投资业务。

3. 中国进出口银行

中国进出口银行成立于1994年7月1日。作为贯彻国家外贸政策的政策性银行，其主要职责是贯彻执行国家产业政策、对外经贸政策、金融政策和外交政策；为扩大中国机电产品、成套设备和高新技术产品出口，推动有比较优势的企业开展对外承包工程和境外投资，促进对外关系发展和国际经贸合作，提供政策性金融支持。其资金来源除国拨资金外，主要以财政专项资金和金融债券为主，其业务活动由有关部门组成监事会进行监督。

中国进出口银行的业务是从中国银行剥离出来的政策性业务。主要包括：

(1) 办理出口信贷（包括出口卖方信贷和出口买方信贷)。

(2) 办理对外承包工程和境外投资类贷款。

(3) 办理中国政府对外优惠贷款和提供对外担保。

(4) 转贷外国政府和金融机构提供的贷款。

(5) 办理本行贷款项下的国际国内结算业务和企业存款业务。

(6) 在境内外资本市场、货币市场筹集资金。

(7) 办理国际银行间的贷款，组织或参加国际、国内银团贷款。

(8) 从事人民币同业拆借和债券回购。

(9) 从事自营外汇资金交易和经批准的代客外汇资金交易。

(10) 办理与本行业务相关的资信调查、咨询、评估、见证业务和经批准或受委托的其他业务。

中国进出口银行的成立，有利于扩大和支持进出口，尤其是本国产品出口，特别是机电产品和大型成套设备的出口及大型工程项目的投资，有利于增加本国外汇收入，提高支付能力，实现国际收支平衡等。

4. 外资金融机构

外资金融机构是指依照中华人民共和国有关法律、法规的规定，经批准在中国境内设立和营业的下列金融机构：总行在中国境内的外国资本的银行；外国银行在中国境内的分行；外国的金融机构同中国的金融机构在中国境内合资经营的银行；总公司在中国境内的外国资本的财务公司；外国的金融机构同中国的金融机构在中国境内合资经营的财务公司。

银保监会数据显示，截至 2017 年年底，外资银行在华营业性机构总数达 1013 家，近 15 年增长近 5 倍，年均增速 13%。在华外资银行总资产已从 2002 年年末的 3000 多亿元增加到 2017 年年末的 3. 24 万亿元，增长逾 9 倍；2017 年，在华外资银行累计实现净利润相当于 2002 年的 10 倍，2017 年年末，外资银行注册资本比 2002 年年末增长了 6 倍多。

专栏 5-10

外资银行全面进入中国市场

对中国银行业来说，2007 年极具历史意义。随着 2006 年年底《中华人民共和国外资银行管理条例》的正式实施，外资银行开始正式抢滩中国。截至 2007 年 12 月，已有包括汇丰、渣打、花旗等 20 多家外资银行在内地成立了法人银行。短短一年间，外资银行的竞争格局已经初步形成。面对行业复杂的竞争环境，外资银行同时也面临着发展的巨大机遇。

根据 WTO 的协议，2006 年以后我国将取消所有对外资银行的所有权、经营权的设立形式包括所有制的限制，允许外资银行向中国客户提供人民币业务服务，给予外资银行国民待遇。中国履行承诺对外资银行全面开放人民币业务，并不意味着在华外资银行将自动获得人民币零售业务资格。在华外资银行须注册为国内法人银行后，方可申请全面经营人民币零售业务。

外资银行主要包括法人银行与外国银行分行。法人银行作为境内独立法人，是在本地注册，由本国监管机构承担主要的监管责任；而外国银行分行是境外注册银行的分支机构，由母国监管机构承担主要的监管责任。按照中资银行的要求，外资银行贷款的比例不能超过存款的 75%，单一客户贷款额度不能超过净资产的 10%。而外国银行的存款数量较低。一旦外国银行欲从事零售业务，而将分行纳入其新建子行的体系中，那么其公司业务将受到较大的影响。

一个国家经济的健康发展、宏观调控的成功实施是离不开银行等金融机构的支持与配合的。“金融是现代经济的核心。”随着市场经济的不断发展和完善，银行在经济生活中发挥着越来越重要的作用，许多宏观调控政策和措施的实施，都需要中、外资银行的直接支持或参与。同样，宏观调控的成功以及中国经济的持续健康快速发展，也将为外资银行在华业务发展提供更加广阔的市场和更多的发展机遇。

对于在华外资银行来说，一是增强大局意识和宏观意识，处理好自身发展和国家整体经济发展之间的辩证关系。“在商言商”，银行对自身利益最大化的追求为自身发展乃至我国金融业的健康发展都注入了新的活力。但银行自身利益的实现与宏观经济运行是息息相关的，离不开国家整体经济发展。当前，外汇持续大量流入，国内流动性资金充裕，给银行业提供了较好的发展机会，但也容易加剧信贷扩张过快、资产质量下降等问题。如当前银行自身结汇带来的货币错配风险，已成为一个十分突出的问题。

在目前人民币汇率弹性增加、双向波动的情况下，未来人民币同样存在贬值的风险，因此外汇资本金偏少，既不符合银行自身的长远利益，也在短期内加大了国家宏观调控的难度。因此，银行应进一步增强全局观点和大局意识，密切关注宏观经济形势，妥善处理好自身发展与国家整体经济发展之间的辩证关系，切实加强风险防范，在加强和改进宏观调控、促进国际收支基本平衡中发挥更加积极的作用。

二是增强合规意识，妥善处理好业务发展与合规经营的关系。中国一直坚定不移地推进金融业对外开放，积极促进在华外资银行业务的健康发展，并通过政策调整，不断为中、外资银行的发展提供更加宽松的政策环境和更好的发展机遇。但在自身发展过程中，有的外资银行忽视了合规性要求，自我约束力不强，真实性审核不力，执行国家外汇管理法规不严。这类行为会增加银行自身的风险，最终损害经济的正常运行，对全局造成不良影响。希望各家银行在自身发展的同时，也要强化合规经营的理念，从金融业和银行自身长远健康发展的高度，在合法合规的前提下开展各类经营活动，更好地满足各类市场需求。

（资料来源：第二届外资银行高峰论坛，http：//bank. hexun. com，2008 年）

第五节　国际金融机构体系

为适应国际经济发展的需要，先后出现过各种开展国际金融业务的政府间国际金融机构。其发端可以追溯到 1930 年 5 月在瑞士巴塞尔成立的国际清算银行；第二次世界大战后，建立了布雷顿森林国际货币体系，并相应地建立了几个全球性国际金融机构，作为这一国际货币体系的组织机构。1957 年到 20 世纪 70 年代，欧洲、亚洲、非洲、拉丁美洲、中东地区的国家为发展本地区经济的需要，通过互助合作方式，先后建立起区域性的国际金融机构，如泛美开发银行、亚洲开发银行、非洲开发银行等。

国际金融机构体系是指从事国际金融管理和国际金融活动的超国家性质的组织机构，按地区可分为全球性的国际金融机构和区域性的国际金融机构。

一、全球性的国际金融机构

1. 国际货币基金组织

国际货币基金组织（International Monetary Fund，IMF）是根据 1944 年 7 月在美国布雷

顿森林召开的联合国货币金融会议上通过的《国际货币基金协定》，于 1945 年 12 月正式成立的，总部设在美国首都华盛顿，是联合国的一个专门机构。其宗旨是：通过会员国共同探讨和协商国际货币问题，促进国际货币合作；促进国际贸易的扩大和平衡发展，开发会员国的生产资源；促进汇率稳定，避免竞争性的货币贬值；协助会员国建立多边支付制度，消除妨碍世界贸易增长的外汇管制；协助会员国克服国际收支困难。其主要业务是：除了对会员国的汇率政策进行监督，与会员国就经济、金融形势进行磋商和协调外，还向会员国提供借款和各种培训、咨询服务。国际货币基金组织成立之初只有 44 个会员国，至 1997 年年底，已发展到 184 个会员国。我国是创始会员国之一。

2. 世界银行集团

世界银行集团是联合国的专门金融机构，是与 IMF 密切联系、相互配合的全球性国际金融机构，也是《布雷顿森林协议》的产物，于 1945 年 12 月与 IMF 同时产生。世界银行（World Bank，WB）全称为"国际复兴开发银行"（International Bank of Reconstruction and Development，IBRD），其附属机构即国际开发协会（International Development Association，IDA）和国际金融公司（International Finance Corporation，IFC）。三者全称为"世界银行集团"。世界银行的宗旨是：通过提供和组织长期贷款和投资，解决会员国恢复和发展经济的资金不足问题，资助会员国兴办特定的基本建设工程，以协助其复兴与开发。世界银行的资金来源有会员缴纳的股金，向国际金融市场借款、出让债权，发行债券和收取贷款利息。其主要业务为向发展中国家提供长期贷款。IDA 成立于 1960 年 9 月 24 日，主要是对贫穷的发展中国家政府提供长期优惠贷款，以促进这些国家的经济发展和人民生活水平的提高。IFC 于 1956 年 7 月 24 日正式成立，专门向经济不发达会员国的私营企业提供贷款和投资。

二、区域性国际金融机构

区域性国际金融机构的共同宗旨是通过发放贷款和进行投资、技术援助及协助规划，促进本地区的经济发展与合作，主要有亚洲开发银行（ADB）、非洲开发银行（AFDB）、泛美开发银行（IDB）、阿拉伯货币基金组织（AMF）、伊斯兰开发银行（IDB）、西非国家中央银行（CBWAS）、欧洲中央银行（ECB）等。

1. 亚洲开发银行

亚洲开发银行（Asian Development Bank，ADB）是 1965 年 3 月根据联合国亚洲及远东经济委员会（即联合国亚洲及太平洋地区经济社会委员会）第 21 届会议签署的《关于成立亚洲开发银行的协议》而创立的。1966 年成立于东京，行址设在菲律宾首都马尼拉。其宗旨是通过发放贷款和进行投资、技术援助，促进本地区的经济发展与合作。我国在亚洲开发银行的合法席位于 1986 年恢复，为亚行的第三大认股国。

2. 非洲开发银行

非洲开发银行（African Development Bank，AFDB）是在联合国非洲经济委员会的赞助下于 1963 年成立，行址设在科特迪瓦首都阿比让。我国于 1985 年加入该行，成为其正式成员国。其宗旨是为成员国经济和社会发展服务，提供资金支持；协助非洲大陆制定发展规划，协调各国的发展计划，以期达到非洲经济一体化的目标。

3. 泛美开发银行

泛美开发银行（Inter-American Development Bank，IDB）成立于1959年12月30日，是世界上成立最早和最大的区域性、多边开发银行，总行设在华盛顿。该银行是美洲国家组织的专门机构，其他地区的国家也可加入，但非拉美国家不能利用该行资金，只可参加该行组织的项目投标。其宗旨是“集中各成员国的力量，对拉丁美洲国家的经济、社会发展计划提供资金和技术援助”，并协助它们“单独地和集体地为加速经济发展和社会进步做出贡献”。

4. 欧洲复兴开发银行

欧洲复兴开发银行（European Bank for Reconstruction and Development，EBRD），简称“欧银”，成立于1991年。建立欧洲复兴开发银行的设想是1989年10月由时任法国总统密特朗首先提出来的，并得到欧洲共同体各国和其他一些国家的积极响应。1991年，该银行拥有100亿欧洲货币单位（约合120亿美元）的资本。欧盟委员会（前欧洲共同体委员会）、欧洲投资银行和39个国家在银行中拥有股权。最大股份拥有者是美国，占10%，其次是法国、德国、意大利、日本和英国，各占8.5%。

5. 亚洲基础设施投资银行

亚洲基础设施投资银行（Asian Infrastructure Investment Bank，AIIB）是一个政府间性质的亚洲区域多边开发机构，重点支持基础设施建设。成立宗旨是为了促进亚洲区域互联互通化和经济一体化的进程，并且加强中国与其他亚洲国家和地区的合作，是首个由中国倡议设立的多边金融机构，总部设在北京。法定资本为1000亿美元。截至2018年5月2日，亚投行有86个正式成员国。

三、国际清算银行与巴塞尔银行监管委员会

国际清算银行（BIS）于1930年成立于瑞士巴塞尔，其目的是处理第一次世界大战后德国赔款和解决德国国际清算问题。此后，其宗旨改为促进各国中央银行间的合作，为国际金融往来提供额外便利，以及接受委托或作为代理人办理国际清算业务等。该行建立时只有7个成员国，现已发展到45个国家和地区。

1998年7月，巴塞尔银行监管委员会通过《巴塞尔协议》（全称是《关于统一国际银行的资本计算和资本标准的协议》），成为国际银行监管方面的代表性文件。

本章知识点

1. 保险是集合具有同类风险的众多单位和个人，以合理计算风险分担金的形式，向少数因遭遇该风险事故而受到经济损失的成员提供保险经济保障的一种行为。保险具有经济补偿、资金融通和社会管理功能，这三大功能是一个有机联系的整体。保险的类型主要有人身保险、财产保险和再保险。

2. 证券是各类财产所有权或债权凭证的通称，是用来证明证券持有人有权依票面所载内容取得相应权益的凭证。证券公司是专门从事有价证券买卖的法人企业。按照证券经

营公司的功能，可分为证券经纪商、证券自营商和证券承销商。

3. 投资基金是按照共同投资、共享收益、共担风险的基本原则和股份公司的某些原则，运用现代信托关系的机制，以基金方式将各个投资者彼此分散的资金集中起来，交由投资专家运作和管理，主要投资于证券等金融产品或其他产业部门，以实现预定的投资目标的投资组织制度。

4. 信托是以信任为基础的委托行为。经济活动中的信托，是指拥有资金、财产及其他标的物的所有人，为获得更好的收益或达到某种目的，委托受托人代为运用、管理、处理财产及代办有关经济事务的经济行为。

5. 现代租赁是20世纪50年代发展起来的新的租赁形式，它最突出的特点是融资与融物的结合，因此通常也被称为“融资租赁”或“金融租赁”。目前，国际上租赁行业基本上是由三种类型的机构组成：①银行或与银行有关的金融机构所属的租赁公司；②属于制造商的租赁公司；③综合经营并独立开展业务的租赁公司。

6. 政策性银行在贯彻国家产业政策，支持地区经济发展，促进国民经济持续、稳定发展等方面发挥了重要的作用，对金融业的发展和金融体制的改革也起到了积极的作用。

7. 国际金融机构包括国际货币基金组织、世界银行集团、区域性国际金融机构、国际清算银行与巴塞尔银行监管委员会。不同的金融机构有着不同的宗旨和业务内容。

课外阅读（一）

告别这些坑，携手共进全民理财新时代

2004年，光大银行发行了我国第一支人民币理财产品，这是全民理财时代的开端。2011年，“互联网金融”的概念悄悄进入我们每个老百姓的生活，它带来的不单单是支付手段的改变，还为我们提供除了传统产品之外数以万计的第三方金融产品可供选择。这场悄悄来临但气势汹汹的金融变革，让我们普通老百姓的“选择困难症”愈加严重。如何辨别理财陷阱，避免财产损失？如何从浩瀚的产品库中，选出正规的并且真正适合自己的产品？

1. 避免盲目追求高收益

风险与收益成正比。很多没有正规项目支撑的产品为什么还能募集到大规模的资金？原因是大多投资者都被高息收益蒙蔽了双眼，而将产品的风险情况抛之脑后，造成不可逆转的损失。我们在购买产品时一定要根据以往投资经验和银行等专业金融机构通过风险测评得到的结论，购买风险等级与个人风险承受能力相当的理财产品。

2. 避免选择受众小的购买平台

针对传统理财产品，建议大家选择银行类金融机构。银行理财产品及其代销的产品都是经过严格的风险测评后才获准销售的，并且现在银行业监管机构对购买理财产品增加了录音录像的“双录”要求——必须对销售过程进行录音录像，必须对风险揭示进行视频和录音留底，以确保客户已经完全了解该项产品的风险，最大限度地确保资金安全。

针对互联网金融产品，如果在不能完全了解所投资项目是否正规安全的情况下，尽量

选择受众广、用户量大、有明确控制人、知名度较高的平台，多方位搜集平台信息后再进行购买，购买金额以不超过家庭总资产的10%~20%为宜，购买产品风险要适合个人的风险承受能力，最大限度地保证资金安全。

3. 避免泄露关键信息

在当前电话网络诈骗十分猖獗的形势下，投资者一定要确保银行卡、身份证号等关键信息的安全，未知获奖类短信、网络链接不随便点开，银行卡密码在确保安全的情况下再输入，身份证复印件和照片要及时销毁，提高保密意识，确保财产安全。

（资料来源：http：//www. sohu. com/a/203166337_ 673405，作者：赵丹宁）

课外阅读（二）

“科技贷”缓解中小企业“融资难”

“2015年，我们将自主研发了4年的‘智慧城市基础大平台’系统转向市场化，当年实现600万元销售收入，第二年增至1000万元左右。”9月6日，河南亚视软件技术有限公司负责人魏冀告诉记者，由于资金需求量骤增，企业希望通过融资缓解流动性压力，却在银行贷款方面碰壁。“由于前期研发资金投入近900万元，我们在过去几年中未购置足够的固定资产，已取得的知识产权也难以获得金融机构认可，想通过银行债权融资变得非常困难。”

幸运的是，省科技厅、省财政厅出台的“科技贷”业务，有效缓解了河南省科技型中小企业所面临的“融资难”痼疾。今年5月，亚视软件通过“科技贷”成功贷款300万元，一解燃眉之急。从事智能信息系统集成的中裕广恒和晟智科技，今年初亦通过“科技贷”业务分别获得首次贷款500万元。

“以科技型中小企业‘融资难、融资贵’问题为切入点，构建‘科技贷’业务模式，是河南省贯彻落实科技体制改革精神，对财政科技资金使用方式进行的一次大胆创新。”省科技厅厅长张震宇说。截至目前，河南省专业机构和合作银行共对600余家科技型中小企业进行了现场尽职调查，拟贷款5.81亿元；“科技贷”业务合作银行已审批放款41家、共2.06亿元。

以郑洛新自创区为引领，河南省“科技贷”业务的示范带动作用正在显现：郑州计划出资5000万元设立科技信贷补偿资金，联合县区、银行按4∶4∶2的比例承担风险损失；洛阳出资1500万元，与工商银行、建设银行、中国银行开展“科技贷”业务，与企业共同承担风险损失；新乡、鹤壁各拿出1000万元跟进开展“科技贷”业务。

“银行传统信贷模式，是根据企业以往经营情况来推断未来的风险，不适应高成长、轻资产、高收益、高风险的科技型中小企业。现在，我们通过深化政银合作，建立风险共担机制，企业不必提供全额实物资产抵押，政府对出现的损失给予30%~60%的补偿，有效解决了银行不能贷、不敢贷的问题，银行信贷供给侧障碍得到破解。”省科技厅有关负责人介绍。目前，河南省获得“科技贷”业务贷款支持的企业主要集中在高端制造、新一代信息技术、新材料、生物技术、现代服务业等高成长性领域，从银行获得的“科技贷”

利率仅为5.66%，融资成本降低了30%以上。

记者了解到，通过开展“科技贷”业务，河南省已初步构建起投贷联动机制。经银行“科技贷”业务支持过的企业，更容易得到投资机构青睐和跟进投资。通过河南省科技金融在线服务平台对接，已有多个项目获得投贷联动支持。

（资料来源：http：//hn.cnr.cn/hngbxwzx/20170908/t20170908_523939802.shtml，2017年9月8日，作者：张航）

复习思考题

1. 人身保险和财产保险的区别是什么？
2. 证券经营公司的分类有哪些？
3. 投资银行和商业银行的区别是什么？
4. 试述我国证券业的发展过程。
5. 试述政策性银行的主要任务。
6. 案例分析题：

中国人民财产保险公司信息化成功案例

中国人民财产保险股份有限公司（简称“中国人保”）由中国人保控股公司发起设立，是目前中国最大的非寿险公司，已有55年历史。主要产品包括财产保险、意外伤害保险和短期健康保险等，共有分支机构4000多家，分为总公司、省级分公司、地市分公司和区县支公司四层结构。目前，全系统共有信息技术人员1200多人。近几年，随着公司的改革与发展，公司信息化建设也进入了新的历史时期。

1. 信息技术建设五年规划

20世纪90年代，随着网络等信息技术的发展，公司的信息技术建设也迈上了新的台阶。由于公司机构众多，各地业务差异较大，信息系统建设多是各自为政，全盘的考虑与规划存在不足。于是于2001年，公司与IBM携手制定了《中国人保信息技术发展五年规划》，这是公司战略发展的重要组成部分。《规划》的制定结合了公司当时的经营、管理情况，并与总公司、分公司各层级管理、技术人员充分沟通、交流，吸收了他们的很多建议、想法，同时参考了国际上许多金融企业的管理经验。

2. 信息化建设情况

信息技术五年规划制定以后，信息技术部便以此为参照，目标是建设全险种、大集中、共平台、宽网络、同标准的基本体系架构。

信息化整体思路：

（1）数据模型标准化，应用平台统一化；

（2）业务数据逐步集中存储，业务系统逐步集中处理；

（3）分析产生的数据，为业务、管理和决策服务；

（4）加强网络和信息安全建设，提供多渠道的客户访问服务。

具体来说有以下几点：

（1）基础平台建设。从2001年开始进行标准化体系建设，至2002年年底一共制订了5个基础标准和8项规范性文件，并于2003年上半年通过专家鉴定，在全系统推广，从而为业务及信息系统提供规范基础。该标准还成为保监会制定行业标准的重要参考。在此基础上，开发了核心应用——新一代综合业务处理系统，涵盖了财产保险、责任保险、保证保险、船舶险、农业险、车险、意外险等总公司和地方分公司开办的业务险种，并在全国所有网点进行推广，实现了保险业务规范化和统一化，建立了全国业务处理的共用平台。

（2）数据集中与业务处理集中。这是众多金融企业近年来的一致做法。经过几年的努力，逐步完成了业务系统从区县支公司向地市分公司的迁移、地市分公司向省公司的迁移，数据实现了全国集中。

（3）进行数据分析，为业务经营与管理决策服务。为了更好地为业务发展和管理决策提供支持和服务，公司进行了相关系统的建设。目前，公司已经完成了综合数据信息系统的建设，采用了数据挖掘、数据仓库等技术，实现了对数据的多角度联机分析处理；建设了通用统计系统，对业务进行统计分析，并汇总生成月报、季报等各种分析报表；开发了95518（Call Center）和CRM系统，支持多种查询业务和赔案管理业务，提供投诉、反馈、咨询等日常管理业务；进行了IAA（保险应用架构）项目在省分公司的试点，构建了新的业务流程，为公司业务流程再造奠定了基础，提高了核心竞争力；开发了远程审计系统预警系统，加强了风险控制；在全系统内实施了OA系统，实现了公司公文流转，提高了工作效率和工作质量；正在建设人力资源业绩评估体系，以配合公司股改后需要，强化人员管理和绩效考核。

通过以上系统的建设实施，极大地增强了信息技术对公司经营管理的支持力度，有效地促进公司业务经营与管理决策更加精细化、科学化。

这个案例对保险公司的经营管理的启示是什么？

第六章

商业银行

学习目标

1. 了解现代银行业的产生与发展。
2. 理解商业银行的职能、性质及组织形式。
3. 掌握商业银行的主要业务。
4. 了解商业银行的经营管理理论。
5. 掌握商业银行的信用创造功能。

课前导读

2007年对中国银行业来说是不平常的一年。国际次贷危机的爆发对商业银行的业务创新及风险管理给予了深刻的警示，国内从紧货币政策的出台以及宏观调控的深入也对商业银行的经营管理提出了挑战。同时，2007年是中国银行业全面开放的第一年。2006年12月11日，按照WTO协议，中国银行业进入全面开放时代，外资银行全面经营人民币业务。同时，中小企业融资难问题、县域经济服务问题、“三农”领域支持问题，仍是亟须解决的重要问题。在宏观经济形势瞬息万变、货币政策紧缩的背景下，中国银行业面临的机遇与挑战并存。

银行业在金融机构中的地位如何？它们的主要经营业务是什么？通过本章的学习，你会找到答案。

第一节　现代银行业的产生与发展

“银行”一词源于意大利语“Banca”，意思是“板凳”，原因是早期的银行家在市场上通常坐着板凳进行交易。英语转化为“bank”，意为“存放钱的柜子”。银行是商品货币经济发展到一定阶段的产物，它的产生大体上分为三个阶段：第一阶段，出现了货币兑换业务和兑换商。第二阶段，增加了货币保管和收付业务，即由货币兑换业演变成货币经营业。第三阶段，兼营货币保管、收付、结算、放贷等业务，这时的货币兑换业便发展为银行业。银行的产生和发展是同货币商品经济的发展相联系的，前资本主义社会的货币兑换业是银行业形成的基础。最早的银行业发源于西欧古代社会的货币兑换业，最初的货币兑换商只是为商人兑换货币，后来发展为替商人保管货币、收付现金、办理结算和汇款，但不支付利息，而且收取保管费和手续费。随着工商业的发展，货币兑换商的业务得到进一步发展。为了谋取更多的利润，货币兑换商利用手中聚集的货币发放贷款以取得利息，货币兑换业就发展成为银行业了。

在我国，明朝中叶就形成了具有银行性质的钱庄，到清朝又出现了票号。第一次使用“银行”名称的国内银行是“中国通商银行”，成立于1897年5月27日，最早的国家银行是1905年创办的“户部银行”，后称“大清银行”。1911年辛亥革命后，大清银行改组为“中国银行”，一直沿用至今。

近代世界上最早的银行是1578年建于意大利的威尼斯银行。此后，1593年在意大利米兰、1609年在荷兰阿姆斯特丹、1621年在德国纽伦堡、1629年在德国汉堡以及其他城市也相继建立了银行。这些银行主要的放款对象是政府，并带有高利贷性质，无法满足资本主义工商业发展的要求。按资本主义原则最早组织起来的股份银行是1694年成立的英格兰银行。17世纪中叶，英国的金匠业极为发达，人们为了防止金银被盗，将金银委托给金匠保存。当时金匠业不仅代人保管金银，签发保管凭条，而且还可按顾客书面要求，将金银划拨给第三者使用。金匠业还利用自有资本发放贷款，以获取利息。金匠们签发的凭条可代替现金流通于市面，称之为“金匠券”，开了近代银行券的先河。这样，英国早期银行就在金匠业的基础上产生了。早期银行小规模地履行了现代银行的大部分职能；此外，它们还担负着类似现代证券交易所的许多工作。

到18世纪末19世纪初，规模巨大的股份银行纷纷建立，成为资本主义银行的主要形式。随着信用经济的进一步发展和国家对社会经济生活干预的不断加强，又客观上促成了中央银行的诞生。1844年改组后的英格兰银行可视为资本主义国家中央银行的鼻祖。到19世纪后半期，西方各国都相继设立了中央银行。早期的银行以办理工商企业存款、短期抵押贷款和贴现等为主要业务。现在，西方国家银行的业务已扩展到证券投资、黄金买卖、中长期贷款、租赁、信托、保险、咨询、信息服务以及电子计算机服务等各个方面。

现代西方国家的银行结构非常繁杂，有不同的划分类型。主要有：政府银行、官商合办银行、私营银行；股份银行、独资银行；全国性银行、地方性银行；全能性银行、专业性银行；企业性银行、互助合作银行等。按职能可划分为中央银行、商业银行、投资银行、储蓄银行和其他专业信用机构。它们构成以中央银行为中心、股份商业银行为主体、各类银行并存的现代银行体系。

第二节　商业银行的职能、性质及组织形式

一、商业银行的历史及发展趋势

在14~15世纪的欧洲，随着社会生产力的发展、商业活动的日益增多，货币兑换业与

货币兑换商相继出现。随着经济的进一步发展，货币兑换业变成货币经营业，进而发展演变成银行。现代商业银行就是运用公众资金、以获取利润为经营目标、以多种金融资产和金融负债为经营对象、具有综合性服务功能并在经济生活中起多方面作用的金融服务企业。

20世纪70年代以来，由发达国家主导的现代商业银行的业务发展出现了四大引人注目的趋势，即业务发展的全能化、国际化、规模化和高技术化。现代商业银行的一个重要趋势是从专业化向全能式（综合性）银行发展。美国是这方面的典型。在这之前，由于法律及监管方面对银行业、证券业、保险业等金融领域分业经营的限制，美国国内都是以单一功能银行的面目出现，尤其是商业银行与投资银行的业务界限非常分明。但欧洲特别是德国银行长期以来实行全能银行的模式，美国银行在竞争中就处于不利地位。随着国际竞争的加剧，美国银行业要求放松经营管制的呼声日益高涨，到20世纪80年代美国政府逐步放宽了限制，各银行纷纷通过各种方式转向全能式银行。进入90年代，这种趋势更加明显。花旗公司与旅行者集团的合并，将这一趋势推向高峰。合并后成立的花旗集团不仅从事传统的商业银行业务，而且开展投资、基金管理、保险等多项业务，向客户提供多样化的服务，成为全能性银行。

商业银行一方面通过多样性金融服务以吸引客户，另一方面据以分散经营风险，并使传统的“商业银行”概念发生了深刻的变化。20世纪70年代后，欧洲货币市场兴起。通货膨胀的加剧、布雷顿森林体系的解体和石油涨价的综合作用，导致银行利润减少和竞争加剧，迫使商业银行和其他非银行金融机构（甚至非金融机构）以各种方式侵占对方的传统业务领域，同时不断开拓新的业务领域，从而从根本上打破了传统的业务分工与界限，并向为顾客提供全方位金融服务乃至非金融服务的全能化方向发展。

二、商业银行的概念

商业银行（Commercial Bank）是一个以营利为目的，以多种形式筹集资金、多种金融资产为经营对象，具有信用创造功能的金融机构。传统的商业银行的业务主要集中于经营存款和贷款（放款）业务，即以较低的利率借入存款，以较高的利率放出贷款，存贷款之间的利差就是商业银行的主要利润。商业银行的主要业务范围包括吸收公众、企业及机构的存款，发放贷款，票据贴现及中间业务等。它是储蓄机构而不是投资机构。

三、商业银行的职能

商业银行的职能是由它的性质所决定的，主要有五个基本职能：

1. 调节经济

调节经济是指商业银行通过其信用中介活动，调剂社会各部门的资金余缺，同时在央行货币政策和其他国家宏观政策的指引下，实现经济结构、消费比例投资、产业结构等方面的调整。此外，商业银行还通过其在国际市场上的融资活动调节本国的国际收支。

2. 信用创造

商业银行在信用中介职能和支付中介职能的基础上，产生了信用创造职能。商业银行可用其所吸收的各种存款发放贷款，在支票流通和转账结算的基础上，贷款又派生为存款；在这种存款不提现或不完全提现的情况下，就增加了商业银行的资金来源，最后在整个银行体系就形成数倍于原始存款的派生存款。

3. 信用中介

信用中介是商业银行最基本、最能反映其经营活动特征的职能。这一职能的实质，是通过银行的负债业务把社会上的各种闲散资金集中到银行里来，再通过资产业务把它们投向经济各部门。商业银行是作为货币资本的贷出者与借入者的中介人或代表来实现资本的融通，并从吸收存款的成本与发放贷款的利息收入的差额中获取利益，形成银行利润。商业银行成为买卖“资本”商品的“大商人”。

4. 支付中介

商业银行除了作为信用中介融通货币资本以外，还执行着经营货币的职能，即通过存款在账户上的转移代理客户支付，在存款的基础上为客户兑付现款等，成为工商企业、团体和个人的货币保管者、出纳者和支付代理人。

5. 金融服务

随着经济的发展，工商企业的经营环境日益复杂化，银行间的业务竞争也日益加剧。由于联系面广，信息比较灵通，再加上电子计算机在银行业务中得到广泛应用，银行具备了为客户提供信息服务的条件，咨询、对企业“决策支援”等服务应运而生。此外，随着工商企业生产和流通专业化的发展，又要求把许多原来属于企业自身的货币业务转交给银行代为办理，如发放工资、代理支付其他费用等。个人消费也由原来的单纯钱物交易发展为转账结算。现代化的社会生活从多方面对商业银行提出了金融服务的要求。

四、商业银行的性质

1. 企业特征

商业银行的本质是企业，为此，要求其必须具备业务经营所需的自有资本，并达到管理部门所规定的最低资本要求；必须照章纳税；实行自主经营、自担风险、自负盈亏、自我约束；以获取利润为经营目的和发展动力。

2. 金融企业

商业银行的经营对象不是普通商品，而是货币、资金；商业银行业务活动的范围不是生产流通领域，而是货币信用领域；商业银行不是直接从事商品生产和流通的企业，而是为从事商品生产和流通的企业提供金融服务的企业。

3. 特殊银行

在经营性质和经营目标上，商业银行与中央银行和政策性金融机构不同。商业银行以营利为目的，在经营过程中讲求盈利性、安全性和流动性原则，不受政府行政干预。

4. 法律性质

商业银行由国家许可成立，发放银行经营许可证的部门是国务院银行业监督管理机构。同时，商业银行具有企业性质，拥有法人地位。

五、商业银行的组织形式

一个国家商业银行的组织形态，受国际、国内政治、经济、法律等多方面因素的影响。世界各国商业银行的组织形式可以分为单一银行制、分支银行制和集团银行制以及连锁银行制。

1. 单一制

单一银行制也称“单元银行制”，即商业银行只有一个独立的银行机构，不设立分支机构。实行单一银行制度的商业银行在经营管理上较灵活，可以限制银行业的兼并和垄断，有利于自由竞争；但其经营范围受到地域的限制，难以在大范围内调配资金，风险抵押能力相对较弱。随着电子计算机的普及，单一银行制限制银行业务发展和金融创新的弊端也愈加明显。实行这种制度的典型国家是美国。美国是各州独立性较强的联邦制国家，历史上各州经济发展极不平衡。为了适应经济均衡发展的需要，特别是适应中小厂商发展的需要，反对金融势力的集中，各州都禁止或者限制银行开设分支行。20 世纪末，设立分支行的限制有所放松。1994 年 9 月，美国国会通过《瑞格-尼尔跨州银行与分支机构有效性法案》，允许商业银行跨州设立分支机构，单一银行制在美国被废除。

2. 分支行制

分支行制又称“总分行制”。实行这一制度的商业银行可以在总行以外普遍设立分支机构，分支银行的各项业务统一遵照总行的指示办理。分支行制按管理方式不同又可进一步划分为总行制和总管理处制。总行制即总行除了领导和管理分支行处以外，本身也对外营业；而在总管理处制下，总行只负责管理和控制分支行，本身不对外营业，而是在总行所在地另设分支行或营业部开展业务活动。

实行分支行制的商业银行可以按业务发展需要而扩大规模，实现规模效益。分支行之间能够相互调度资金，提高资金的运用效率，但也会使银行业过分集中，造成垄断，且分支机构太多会给管理工作带来困难。但总体而言，分支行制更能适应现代化经济发展的需要，因而受到各国银行界的普遍认可，已成为当代商业银行的主要组织形式。目前，世界上大多数国家主要采用这种制度，尤其以英国、日本、德国、法国最具代表性。我国也是以分支行制为主的国家。

3. 银行持股公司制

银行持股公司制是 20 世纪 60 年代以来首先在美国迅速发展起来的银行制度。它是指由某一集团成立一持股公司，再由该公司控制或收购两家以上银行的股票，又称“集团银行制”。大银行通过持股公司可以把许多小银行置于自己的“旗下”。银行控股公司分为两种类型：一种是单一银行持股公司，即持股公司控制一家商业银行的股权。这种形式便于设立各种附属机构，并开展多种非银行的金融业务，一般以大银行为主。另一种是多家持股公司，即持股公司控制两家以上商业银行的股权。这种形式便于银行扩展规模和进行隐蔽的合并，多以中小银行为主。

作为应对分支行限制的一种方式，银行持股公司已经成为美国一种重要的银行组织形式。美国对银行持股公司的限制逐步放宽，从允许从事银行业务以内的经营活动，到允许从事与银行有关的业务，1984 年年初又批准个别银行持股公司可以经营证券、信托、保险等业务。事实上，银行持股公司已经成为金融资本和产业资本高度结合的组织形式。

银行持股公司的优越性明显。首先，母公司可以通观全局，统一调配资金，提高资金的使用效率；其次，持股公司可以控制大量的非银行企业，为它控制的银行提供稳定的资金来源和客户来源；最后，集团可以经营非银行业务，增加盈利。

4. 代理行制

这是指银行相互间签有代理协议，委托对方银行代办指定业务，双方互为代理行。在国际上，代理关系非常普遍。在一国国内，银行之间也存在着代理关系。美国在实行单元银行制时，银行间常以此解决由于不准设立分支机构而带来的业务经营方面的困难。

5. 连锁银行制

连锁银行制又称“联合银行制”。它是指某一集团或某一人购买若干独立银行的多数股票，从而控制这些银行的体制。在这种体制下，各银行在法律地位上是独立的，但实质上也是受某一集团或某一人所控制。连锁银行制一般是围绕一个州或一个地区的大银行组织起来的，几个银行的董事会由一批人组成，以这种组织中的大银行为中心，形成集团内部的各种联合。其与集团银行制的区别在于：连锁银行制没有股权公司的存在形式，无须成立控股公司。连锁银行制的作用和集团银行制一样，都是为了在连锁的范围内发挥分行的作用，弥补单一银行制的不足，规避法律对设置分支机构的限制。这种体制盛行于美国的中西部地区，但没有集团银行制普遍。

第三节　商业银行的主要业务

根据《中华人民共和国商业银行法》的规定，我国商业银行可以经营下列业务：吸收公众存款，发放贷款；办理国内外结算、票据贴现，发行金融债券；代理发行、兑付、承销政府债券，买卖政府债券；从事同业拆借；买卖、代理买卖外汇；提供信用证服务及担保；代理收付款及保险业务等。按照规定，商业银行不得从事政府债券以外的证券业务和非银行金融业务。

尽管各国商业银行的组织形式、名称、经营内容和重点各异，但就其经营的主要业务来说，一般均分为负债业务、资产业务以及中间业务。随着银行业国际化的发展，国内这些业务还可以延伸为国际业务。

一、商业银行的负债业务

商业银行的资金来源包括自有资金和外来资金两部分，其中外来资金包括各项存款及借入资金。

1. 自有资金

自有资金是银行开业、经营和发展的前提条件。银行资本包括银行成立时发行股票所筹集的股份资本、公积金以及未分配的利润。自有资本一般只占其全部负债的很小一部分。银行自有资本的大小，体现银行的实力和信誉，也是一个银行吸收外来资金的基础。任何一家商业银行在开业登记注册时必须筹集一定的资本额，称为“法定资本”，未达到注册资本数，不予开业。资本按组合方式不同，可分为个人资本、合伙资本和股份资本，其中以股份资本为主。如果银行吸收的存款和借入资本增多，应相应增加新的股东，使商业银行自有资本与资产总额的比例达到规定的标准。

2. 存款

（1）活期存款

这是指无须任何事先通知，存款户即可随时实施存取和转让行为的一种银行存款，其形式有支票、存款账户、保付支票、本票、旅行支票和信用证等。活期存款占一国货币供应的最大部分，也是商业银行的重要资金来源。活期存款不仅有货币支付手段和流通手段的职能，同时还具有较强的派生能力，因此，商业银行在任何时候都必须把活期存款作为经营的重点。但由于该类存款存取频繁，手续复杂，成本较高，因此西方国家的商业银行一般都不支付利息，有时甚至还要收取一定的手续费。

（2）储蓄存款

储蓄存款主要为个人储蓄货币并取得利息收入而开办，是一种非交易用的存款，不能签发支票。储蓄存款不能随时支取，储户若想支取，必须事先通知银行。随着计算机、电子网络技术的发展，银行为了方便储户，一方面推出通存通兑服务，另一方面推出了储蓄卡。

储蓄存款业务主要包括活期储蓄存款、定期储蓄存款、定活两便储蓄存款、通知储蓄存款等储蓄存款业务。

活期储蓄存款指储户凭有效身份证件开立账户、可随时存取的存款；每年 6 月 30 日为结息日，按结息日中国人民银行公告的活期储蓄存款利率计息。

定期储蓄存款指储户凭有效身份证件、按照约定期限和存取方式开立账户，分为整存整取、零存整取、整存零取、存本取息等几种。

储蓄存款具有两个特点：一是储蓄存款多是个人为了积蓄购买力而进行的存款。二是金融监管当局对经营储蓄业务的商业银行有严格的规定。储蓄存款多数属于个人，分散于社会的各家各户。为了保障储户的利益，各国对经营储蓄存款业务的商业银行有严格的管理规定，要求银行对储户负有无限清偿责任。

（3）定期存款

定期存款是指具有确定的到期期限、到期才能支取的存款，也属非交易用存款。由于期限确定，定期存款是商业银行较为稳定的资金来源，银行也对此支付较高的利息以补偿储户的流动性损失。储户不能随时支取存款，若提前支取，银行有权罚息甚至取消利息。

定期存款盈利性强，但流动性差，一般情况下利率固定。商业银行为了吸收存款，同样创新出一些新的存款形式：

①大额可转让定期存单。这是银行印发的一种定期存款凭证，凭证上印有一定的票面金额、存入和到期日以及利率，到期后可按票面金额和规定利率提取全部本利，逾期存款不计息。大额可转让定期存单可流通转让，自由买卖，是一种流通性较高且具借款色彩的

新型定期存款形式。

对于大额可转让定期存单，无论单位或个人购买，均使用相同式样的存单，分为记名和不记名两种。两类存单的面额均有 100 元、500 元、1000 元、5000 元、10000 元、50000 元、100000 元、500000 元共 8 种版面，购买此项存单起点个人是 500 元，单位是 50000 元。存单期限分为 3 个月、6 个月、9 个月、12 个月共 4 种期限。

大额可转让定期存单市场的主要参与者是货币市场基金、商业银行、政府和其他非金融机构投资者，市场收益率高于国库券。

②货币市场存单。这是一种浮动利率存单，它的利率以某种货币市场的指标利率为基础，按约定的时间间隔浮动，由美国储蓄机构于 1987 年首创。其储户对象是各类个人投资者。按存入的最低金额要求不同，分为大额货币市场存单、中额货币市场存单和小额货币市场存单，主要是商业银行根据大额个人投资者、中等收入阶层投资者和一般个人投资者而设计出来的品种。

③定活两便存款账户。这是一种预先规定基本期限但又含有活期存款某些性质的定期存款账户。定活两便体现在该存单可在定期存款和活期存款之间自由转换，存户没有义务按期提款，但在基本期限之前提取的依活期存款计息，超过基本期限提款的则按基本存款和定期存款利率计息。定活两便存款账户不能完全代替活期支票账户，因为它只可作提款凭证，而不像支票那样具有转账和流通功能。

④消费者存单。其发行对象为普通消费者，面额通常低于 1000 美元，甚至可以为 100 美元，利率通常固定，期限越长利率越高，期限通常长于大额可转让定期存单，在到期之前提取必须按规定支付罚金。

（4）对公存款

主要包括单位活期存款、单位定期存款、单位通知存款、单位协定存款、单位外汇存款等，商业银行还可以对中资保险公司法人办理保险公司协议存款。

单位活期存款，指没有确定期限、可随时办理存取款业务的存款。每季末月 20 日为结息日，存款利率按照结息当日中国人民银行公告的单位活期存款利率计息。

单位定期存款，指存款单位按有关规定将其所拥有的暂时闲置不用的资金，按约定期限存入银行的整存整取存款。具体期限分为 3 个月、6 个月和 1 年，可以全部或部分提前支取，提前支取部分按支取当日中国人民银行公告的单位活期存款利率计息。

单位通知存款，指存款单位在存入款项时不约定存期，但支取时需提前书面通知银行，双方约定支取日期和金额方能支取的款项。具体分为 1 天通知存款和 7 天通知存款两种。

单位协定存款，指存款单位与其银行结算账户的开户银行书面约定结算账户的最低留存额度，超过协定额度的结算存款与额度内结算存款分别按中国人民银行公告的单位协定存款利率和单位活期存款利率计息。

（5）非存款性负债

非存款性负债是指商业银行主动通过金融市场或直接向中央银行融通资金而产生的负债。商业银行尽管可以主动争取存款资金来源，然而毕竟不能直接控制存款水平。因此，商业银行还必须开展非存款性负债业务，通过借入资金以应对提款的需要，弥补法定准备金的暂时不足，或是作为永久性的资金来源。

①同业拆借

同业拆借是金融机构之间进行短期、临时性头寸调剂的市场。它是具有法人资格的金融机构及经法人授权的金融分支机构之间进行短期资金融通的行为，一些国家特指吸收公众存款的金融机构之间的短期资金融通，目的在于调剂头寸和临时性资金余缺。

在日常经营中，由于存放款的变化、汇兑收支增减等原因，金融机构在一个营业日终了时，往往出现资金收支不平衡的情况。一些金融机构收大于支，另一些金融机构支大于收，资金不足者要向资金多余者融入资金以平衡收支，于是产生了金融机构之间进行短期资金相互拆借的需求。拆借利率以中央银行再贴现利率为基准，并根据市场银根松紧程度和供求关系由拆借双方自由议定，是按价值规律进行资金调剂的有效方法。

②向中央银行借款

中央银行作为金融机构的最后贷款人，在商业银行出现资金困难时，可以向商业银行发放贷款。向央行借款有两种形式：一种是直接借款，即商业银行使用自有的适当的证券、票据作为抵押向中央银行取得贷款；另一种是再贴现，即商业银行把已经贴现的票据向中央银行申请贴现。中央银行根据当时的利率从票据的金额中扣除再贴现息以后将余额付给商业银行，所用的利率称为“再贴现率”。

③回购协议

回购协议也称“再回购协议”，指商业银行在出售证券等金融资产时签订协议，约定在一定期限后按原定价格或约定价格购回所卖证券，以获得即时可用资金的交易方式。回购协议通常只有一个交易日，协议签订后，由资金获得者向资金供给者出售证券等金融资产以换取即时可用资金；协议期满时，再以即时可用资金作相反交易。

回购协议最常见的交易方式有两种：一种是证券的卖出与购回采用相同的价格，协议到期时以约定的收益率在本金外再支付费用；另一种是购回证券时的价格高于卖出时的价格，其差额就是即时资金提供者的合理收益。回购协议中的金融资产主要是证券。在发达国家，只要资金供应者接受，任何资产都可进行回购交易，所不同的是使用其他资产一般有严格的限制条件。我国的回购协议则严格限制于国债。由于回购协议的交易双方都存在一些风险，因此交易通常在相互信任的机构间进行，并且期限一般很短。如我国规定，回购协议的期限最长不得超过 3 个月。

④发行中长期债券

发行中长期债券是指商业银行以发行人身份，通过承担债券利息的方式，直接向货币所有者举借债务的融资方式。银行发行中长期债券所承担的利息成本较其他借入负债要高，好处是可以保证银行资金的稳定。但是资金成本的提高又促使商业银行不得不去经营风险较高的资产业务，这从总体上增大了银行经营的风险。对于商业银行发行中长期债券的行为，各国都有自己的法规限制。一般说来，西方国家鼓励商业银行发行长期债券，尤其是资本性债券；而我国则对此有非常严格的限制，商业银行通过发行中长期债券获得的融资比例很低。

⑤向国际金融市场借款

近二三十年来，各国商业银行在国际货币市场上通过吸收存款，发行大额可转让定期存单、商业票据、银行债券等方式广泛地获取资金。

以欧洲美元借款为例，欧洲美元是指储蓄在美国境外的银行、不受美国联邦储备系统监管的美元。对于此类银行而言，从美国之外借入欧洲美元，可以不用保留法定准备金，并且也不用受“Q 项条款”的限制，这样就在扩大银行负债的同时，提高了资金盈利能力。因此，欧洲美元市场发展非常迅速。

二、商业银行的资产业务

资产业务，是指商业银行运用资金的业务，也就是商业银行将其吸收的资金贷放或投资出去赚取收益的活动。商业银行盈利状况如何，经营是否成功，很大程度上取决于资金运用的结果。商业银行的资产业务包括现金资产、信贷资产、证券资产。

1. 现金资产

现金资产是银行流动性需要的第一道防线，是非盈利性的资产，银行一般都尽可能地把它降低到法律规定的最低标准。但是银行需要足够的现金满足储户的提款需求，同时必须在中央银行和其他有业务往来的银行保持足够的存款余额以补充存款的外流。因此，银行现金资产应保持一个合理适度的水平。

（1）库存现金

库存现金是指商业银行保存在金库中的现钞和硬币。库存现金是银行用来应付客户提取现金和银行本身的日常零星开支。

（2）在中央银行存款

这是指商业银行存放在中央银行的资金，即存款准备金。在中央银行的存款由两部分构成，一是法定存款准备金，二是超额准备金。只有超额准备金才是商业银行的可用资金。法定存款准备金是按照法定准备率向中央银行缴存的存款准备金，缴存法定比率的准备金具有强制性。超额准备金有两种含义：广义的超额准备金是指商业银行吸收的存款中扣除法定存款准备金以后的余额，即商业银行可用资金；狭义的超额准备金是指在存款准备金账户中，超过了法定存款准备金的那部分存款。

（3）存放同业存款

存放同业存款是指商业银行存放在代理行和相关银行的存款。在其他银行存款的目的，是便于银行在同业之间开展代理业务和结算收付。由于存放同业的存款具有活期存款的性质，可以随时支用，因此可以视同银行的现金资产。

（4）在途资金

在途资金，也称“托收未达款”，是指本行通过对方银行向外地付款单位或个人收取的票据。在途资金在收妥之前是一笔占用的资金，又由于在途时间较短，收妥后即成为存放同业存款，所以将其视同现金资产。

2. 信贷资产

信贷资产是指银行所发放的各种贷款所形成的资产业务。贷款是按一定利率和确定的期限贷出货币资金的信用活动，是商业银行资产业务中最重要的项目，在资产业务中所占比重最大。根据不同的标准，贷款可以分为不同种类：

（1）按照贷款期限，贷款可分为短期、中期和长期贷款。1 年以内为短期贷款；1~5 年为中期贷款；5~10 年为长期贷款。以贷款时间来划分贷款种类，主要作用是有利于银行掌握资产的流动性，便于银行短、中、长期贷款保持适当比例。

（2）按对象和用途，贷款可以分为工业贷款、农业贷款、科技贷款、消费贷款、证券贷款、个人投资经营贷款等。这种分法一方面有利于按贷款对象的偿还能力确定贷款秩序，另一方面有利于考察银行信贷资金的流动方向及在国民经济各部门间的分布状况，从而有利于分析银行信贷结构与国民经济情况。

工业贷款是指金融机构对工业企业发放的贷款，包括生产、交通运输、物资供销、手工业等企业。

农业贷款亦称“农业放款”，简称“农贷”。它是指金融机构针对农业生产的需要，提供给从事农业生产的企业和个人的贷款。

科技贷款是指科技开发、科技成果向生产领域转化或应用而发放的贷款。这类贷款主要用于支持国家科技开发计划等的实施以及“攻关”等科技计划的成果转化。

消费贷款也叫“消费者贷款”，主要指的是用于购买房屋、留学、房屋装修、购买汽车和家电等方面的个人贷款。从种类上看，消费贷款包括住宅抵押贷款、非住房贷款和信用卡贷款。它具有消费用途广泛、贷款额度较高、贷款期限较长等特点。

证券贷款，是指商业银行对证券自营商、经纪人、投资银行和证券公司等发放的短期贷款。

个人投资经营贷款，指银行发放的用于解决借款客户投资经营过程中所需资金周转的贷款。借款客户指中国境内具有完全民事行为能力的自然人。

（3）按贷款的质量或占用形态可以分为正常贷款、逾期贷款、呆滞贷款、呆账贷款等。

正常贷款是指能按期偿还本款的贷款。逾期贷款是指超过贷款合同规定期限而银行又不同意延期的贷款。呆滞贷款是指预计两年以上时间不能归还的贷款。呆账贷款是指企业倒闭以后无力归还的贷款。这种分类有利于银行加强贷款质量管理，找出产生贷款风险的原因以及制定相应的措施和对策。

（4）按风险程度，贷款可划分为信用贷款、担保贷款和抵押（贴现）贷款。

信用贷款是指银行完全依据客户信誉而无须对方提供担保品而发放的贷款。

担保贷款是银行凭借客户及其担保人的双重信誉而发放的贷款。

抵押贷款（包括贴现）要求客户提供具有一定价值的商品或有价证券作为抵押品的贷款。这种划分标准有利于银行加强贷款安全性管理。

票据贴现是指持票人将未到期票据交银行请求贴现，银行按票面金额扣除一定贴现利息以后，以现款付给客户，或者转入其活期存款账户。这实际上是贷款的一种方式：银行买进票据，等于通过贴现给持票人发放了一笔贷款。

例如，某企业持一张票面金额为 100000 元、尚需 30 天后到期的票据来银行贴现，年贴现率为 12%，银行应付多少款？

$$贴现利息=100000\times12\%\times\frac{30}{360}=1000\ (元)$$

$$企业所得金额=100000-1000=99000\ (元)$$

贴现业务和贷款业务实质上是一样的。贴现是工商企业拓宽融资渠道、缓解资金流动性难题的重要途径；对于银行而言，这也是一种风险性较低的资产业务，因此在商业银行的资产业务中占有重要地位。

三、商业银行的中间业务

中间业务，是指商业银行代理客户办理收款、付款和其他委托事项而收取手续费的业务；是银行不需要动用自己的资金，依托业务、技术、机构、信誉和人才等优势，以中间人的身份代理客户承办收付和其他委托事项，提供各种金融服务并据以收取手续费的业务。银行经营中间业务无须占用自己的资金，是在银行的资产负债信用业务的基础上产生的，并可以促使银行信用业务的发展和扩大。

1. 支付结算类中间业务

支付结算类中间业务是指商业银行为客户办理因债权债务关系引起的，与货币支付、资金划拨有关的收费业务。

（1）结算工具

结算业务借助的主要结算工具包括银行汇票、商业汇票、银行本票和支票。

银行汇票是出票银行签发的、由其在见票时按照实际结算金额无条件支付给收款人或者持票人的票据。

商业汇票是出票人签发的、委托付款人在指定日期无条件支付确定的金额给收款人或持票人的票据。商业汇票分银行承兑汇票和商业承兑汇票。

银行本票是银行签发的、承诺自己在见票时无条件支付确定的金额给收款人或者持票人的票据。

支票是出票人签发的、委托办理支票存款业务的银行在见票时无条件支付确定的金额给收款人或持票人的票据。

（2）结算方式

汇款业务，是由汇款人把款项交给本地银行，由本地银行向收款人所在地的指定银行划转资金，再由对方银行向收款人付款。汇款结算分为电汇、信汇和票汇三种形式。在汇款方式中，银行只是充当付款代理，因此仍然是一种商业信用。

托收业务，是指债权人或售货人为向外地债务人或购货人收取款项而向其开出汇票，并委托银行代为收取的一种结算方式。

信用证业务，是由银行根据申请人的要求和指示，向收益人开立的载有一定金额、在一定期限内凭规定的单据在指定地点付款的书面保证文件。

（3）其他支付结算业务

具体包括利用现代支付系统实现的资金划拨、清算，利用银行内外部网络实现的转账等业务。

（4）银行卡业务

银行卡是由经授权的金融机构（主要指商业银行）向社会发行的具有消费信用、转账结算、存取现金等全部或部分功能的信用支付工具。依据清偿方式，银行卡业务可分为贷记卡业务、准贷记卡业务和借记卡业务。借记卡可进一步分为转账卡、专用卡和储值卡。

2. 代理类中间业务

代理类中间业务指商业银行接受客户委托、代为办理客户指定的经济事务、提供金融服务并收取一定费用的业务。

（1）代理政策性银行业务，指商业银行接受政策性银行委托，代为办理政策性银行因服务功能和网点设置等方面的限制而无法办理的业务，包括代理贷款项目管理等。

（2）代理中国人民银行业务，指根据政策、法规应由中央银行承担，但由于机构设置、专业优势等方面的原因，由中央银行指定或委托商业银行承担的业务，主要包括财政性存款代理业务、国库代理业务、发行库代理业务、金银代理业务。

（3）代理商业银行业务，指商业银行之间相互代理的业务，例如为委托行办理支票托收等业务。

（4）代收代付业务，是商业银行利用自身的结算便利，接受客户的委托代为办理指定款项的收付事宜的业务，例如代理各项公用事业收费、代理行政事业性收费和财政性收费、代发工资、代扣住房按揭消费贷款还款等。

（5）代理证券业务是指银行接受委托办理的代理发行、兑付、买卖各类有价证券的业务，还包括接受委托代办债券还本付息、代发股票红利、代理证券资金清算等业务。有价证券主要包括国债、公司债券、金融债券、股票等。

（6）代理保险业务是指商业银行接受保险公司委托代其办理保险业务的业务。商业银行代理保险业务，可以受托代个人或法人投保各险种的保险事宜，也可以作为保险公司的代表，与保险公司签订代理协议，代保险公司承接有关的保险业务。代理保险业务一般包括代售保单业务和代付保险金业务。

（7）其他代理业务，包括代理财政委托业务、代理其他银行的银行卡收单业务等。

3. 信托

商业银行信托部门接受客户的委托，代替委托单位或个人经营、管理或处理货币资金或其他财产，并从中收取手续费的业务。信托不同于代理，在信托关系中，托管财产的财产权从委托人转移到受托人，而代理则不涉及财产权的转移。

由于信托业务是代人管理或处理资财，因此，信托机构一要有信誉，二要有足够的资金。商业银行办理信托业务具有得天独厚的条件：资金力量雄厚，信誉良好，拥有各种专门人才、丰富的经营经验和广泛的信息资源，还有遍布各地的分支机构和代理机构。银行信托业务的收益主要是相关的手续费，托管财产获得的收益则归委托人。

银行的信托业务主要包括个人信托、法人信托和保管业务。

4. 基金托管业务

基金托管业务是指有托管资格的商业银行接受基金管理公司委托，安全保管所托管的基金，为所托管的基金办理清算款项划拨、会计核算、基金估值，监督管理人投资运作。具体包括封闭式证券投资基金托管业务、开放式证券投资基金托管业务和其他基金的托管业务。

5. 租赁业务

租赁是指资产的所有权和使用权之间的一种借贷关系，即由所有者（出租人）垫付资金购买设备租给使用者（承租人）使用，并按期以租金形式收回资金。它类似于承租人向出租人申请一笔贷款，以此资金购买所需设备，分期偿还贷款。只是租赁业务是由出租人负责购买设备，并且设备的所有权在出租人。

商业银行租赁业务有金融租赁和经营租赁两种形式。金融租赁（Financial Lease）是以融通资金为目的的租赁。一般先由承租人自行从供货处选好所需设备，并谈妥交易条件，然后找出租人（金融机构或其附属的专业子公司），要求后者按谈妥的条件向供货商购买设备，签订租赁合同，取得设备使用权，并按期缴纳租金。这时出租人支付了全部资金，等于提供了百分之百的信贷，因此又叫“融资性租赁”或“资本性租赁”。

经营租赁（Operating Lease）又叫“服务性租赁”，是由出租人向承租人提供一种特殊服务的租赁。这种特殊服务主要是指设备的短期使用或利用服务，如出租人买下库房、车船、电子计算机等，然后出租给承租人。服务性租赁通常适用于一些需要专门技术进行保养、技术更新、使用频度不高的设备。

6. 咨询顾问类业务

咨询顾问类业务指商业银行依靠自身在信息、人才、信誉等方面的优势，收集和整理有关信息，并通过对这些信息以及银行和客户资金运动的记录和分析，形成系统的资料和方案，提供给客户，以满足其业务经营管理或发展的需要的服务活动。

（1）企业信息咨询业务，包括项目评估、企业信用等级评估、验证企业注册资金、资信证明、企业管理咨询等。

（2）资产管理顾问业务，指为机构投资者或个人投资者提供全面的资产管理服务，包括投资组合建议、投资分析、税务服务、信息提供、风险控制等。

（3）财务顾问业务，包括大型建设项目财务顾问业务和企业并购顾问业务。大型建设项目财务顾问业务指商业银行为大型建设项目的融资结构、融资安排提出专业性方案。企业并购顾问业务指商业银行为企业的兼并和收购双方提供的财务顾问业务，银行不仅参与企业兼并与收购的过程，而且作为企业的持续发展顾问，参与公司结构调整、资本充实和重新核定、破产等策划和操作过程。

（4）现金管理业务，指商业银行协助企业，科学合理地管理现金账户头寸及活期存款余额，以达到提高资金流动性和使用效益的目的。

7. 其他类中间业务

包括保管箱业务以及其他不能归入以上 6 类情况的业务。

四、商业银行的表外业务

表外业务是指商业银行从事的不列入资产负债表，但能影响银行当期损益的经营活动，它有狭义和广义之分。狭义的表外业务是指那些虽未列入资产负债表，但同表内的资产业务或负债业务关系密切的业务。广义的表外业务除包括上述狭义的表外业务外，还包括结算、代理、咨询等业务。表外项目也被称为"或有负债"和"或有资产"项目，或者叫"或有资产和负债"。

1. 担保类业务

担保类业务是指商业银行接受客户的委托对第三方承担责任的业务，包括担保（保函）、备用信用证、商业信用证、银行承兑汇票等。

保函又称"保证书"（Letter of Guarantee，L/G），是指银行、保险公司、担保公司或个人应申请人的请求，向第三方开立的一种书面信用担保凭证，保证在申请人未能按双方协议履行其责任或义务时，由担保人代其履行一定金额、一定期限范围内的某种支付责任或经济赔偿责任。

备用信用证（Standby Letters of Credit，SBLC），是开证行应借款人要求，以放款人作为信用证的收益人而开具的一种特殊信用证，以保证在借款人破产或不能及时履行义务的情况下，由开证行向收益人及时支付本利。

商业信用证（Letter of Credit，L/C），是一种重要的国际结算方式，是银行根据进口人（买方）的请求，开给出口人（卖方）的一种保证承担支付货款责任的书面凭证。

银行承兑汇票，是由收款人或付款人（或承兑申请人）签发，并由承兑申请人向开户银行申请，经银行审查同意承兑的商业汇票。

2. 承诺业务

承诺业务是指商业银行在未来某一日期按照事先约定的条件向客户提供约定的信用业务，主要指贷款承诺。

贷款承诺是指银行承诺在一定时期内或者某一时间按照约定条件提供贷款给借款人的协议，属于银行的表外业务，是一种承诺在未来某时刻进行的直接信贷。可以分为不可撤销贷款承诺和可撤销贷款承诺两种。对于在规定的借款额度内银行已经作出承诺但尚未贷出的款项，客户必须支付一定的承诺费。

3. 金融衍生交易类业务

金融衍生交易类业务，是指商业银行为满足客户保值或自身头寸管理等需要而进行的货币（包括外汇）和利率的远期、掉期、期权等衍生交易业务。

（1）远期合约，是指交易双方约定在未来某个特定时间以约定价格买卖约定数量的资产，包括利率远期合约和远期外汇合约。

（2）金融期货，是指交易双方在金融市场上，以约定的时间和价格，买卖某种金融工具的具有约束力的标准化合约。包括货币期货、利率期货和指数期货。

（3）互换，是指交易双方基于自己的比较利益，对各自的现金流量进行交换，一般分为利率互换和货币互换。

利率互换是指两笔货币相同、债务额相同（本金相同）、期限相同的资金，交易双方分别以固定利率和浮动利率借款，为了降低资金成本和利率风险，双方做固定利率与浮动利率的调换。

货币互换（又称“货币掉期”）是指两笔金额相同、期限相同、计算利率方法相同但货币不同的债务资金之间的调换，同时也进行不同利息额的货币调换。

（4）期权，又称“选择权”，是一种衍生性金融工具。它是指买方向卖方支付期权费（指权利金）后拥有的在未来一段时间内（指美式期权）或未来某一特定日期（指欧式期权）以事先规定好的价格（指履约价格）向卖方购买或出售一定数量的特定商品的权利，但不负有必须买进或卖出的义务（即期权买方拥有选择是否行使买入或卖出的权利，而期权卖方都必须无条件服从买方的选择并履行成交时的允诺）。按交易标的划分，期权可分为股票指数期权、外汇期权、利率期权、期货期权、债券期权等。

4. 票据发行便利

票据发行便利（Note Issuance Facilities，NIFS），又称“票据发行融资安排”，是指银行同客户签订一项具有法律约束力的承诺，期限一般为5~7年；客户以自己的名义发行短期票据，银行则负责包销或提供没有销售出去部分的等额贷款。

企业通过发行短期票据可以以较低成本获得中长期资金，具有创造信用功能，银行可以向借款人收取协助筹资报酬、承诺费和包销费。

专栏6-1

用外汇期权组合锁定汇率风险

A公司的财务人员最近比较烦：企业准备向美国出口一批货物。双方在某年3月1日签订合同，约定以美元支付总额为500万美元的货款，结算日期为同年6月1日。虽然担心由于美元贬值而使其结汇人民币减少，但他们不知道应该选择何种避险工具。

银行外汇专家介绍，目前流行的汇率风险管理工具包括远期、掉期、期权、掉期期权以及它们的组合。具体使用哪个或哪些工具组合，要看企业使用外汇的实际情况。

针对A公司的情况，银行为其设计了三种方案。

第一种方案是用远期结汇交易锁定结汇汇率，即在6月1日以实现约定的价格（1美元兑人民币7.9620元）结汇。这样就规避了汇率变动可能带来的风险，到时候A企业可以用7.9620的汇率换回3981万美元。

第二种方案，企业同时买入一笔看跌期权、卖出一笔看涨期权。买入和卖出期权的标的都是美元兑人民币，执行价都为7.98，期限也都是3个月，名义本金都为500万美元。按照当时彭博社的报价，看跌期权的期权费是3.193万美元，而看涨期权的期权费则是3.4275万美元。通过买卖期权，企业就有2345美元收入，并用即期汇率8.0330换回18837.39元人民币。在期权到期日，美元兑人民币的汇率如果低于7.98就执行看跌期权，如果高于则执行看涨期权。无论哪种方式，企业用500万美元换回来的都是3990万元人民币。

第三种方案则是企业卖出一个标的为美元兑人民币的看涨期权，名义本金为500万美元，执行价为8.01（1美元兑人民币，下同），期限是3个月，期权费为1.1335万美元；同时买入一个以美元兑人民币为标的，名义本金、期限都与前者一样的看涨期权，但执行价格为 8.0850，期权费是 1.0955 万美元，买卖期权的收入是 380 美元，按照当时 8.0330 的汇率可换入 3052.54 元人民币。

到期日时，如果美元兑人民币汇率小于 8.01，则企业用即期汇率兑换 500 万美元；如果价格在 8.0100 到 8.0850 之间，则执行价格为 8.01 的看涨期权，另一个不执行。也就是说，500 万美元可以换回 4005 万元人民币。如果价格高于 8.0850，两个期权都被执行，同时以即期汇率结汇。假设以 8.0850 结汇，意味着企业可以收入 4042.5 万元人民币。美元兑人民币价格越高，则企业的收入也会越多。

"企业要想了解什么样的外汇避险工具适合自己，首先必须有自己的汇率风险管理框架（ERMF）。"中国工商银行北京分行外汇专家迟晓晖和罗健宇解释，ERMF 是指企业对自身业务需求和相应风险的识别，以及风险量化以及风险管理目标的确立，这些将决定企业风险管理工具的选择和确定。

A 企业的避险目标就是避免美元贬值所带来的风险。那么采取锁定远期结汇汇率即可，银行提出的三种方案都是可行的。

如果 A 企业厌恶风险，只想把未来收益锁定在一定区间内，那么方案一和方案二都可行。如果财务人员不能理解期权，简单锁定远期结汇汇率的方案一就成了最佳选择，其代价就是企业要支付相应的贴水点差。

而选择方案三的企业，首先必须有承受风险的心理准备：如果汇率水平低于 8.01，企业将蒙受巨大损失。同时，企业先期对汇率走向也有一定的判断，即美元可能兑人民币贬值，如果判断准确，那么方案三就保证了企业在这个趋势中的盈利可能。

"对于企业来说，没有绝对好的方案，只有最适合的方案。"上述专家指出，企业需要了解自己的实际情况和实际需求。

（资料来源：http：//www.csai.cn/waihui/899923.html）

第四节　商业银行的经营管理理论

一、商业银行的经营管理原则

商业银行是独立法人，是经营货币资金的特殊企业，其资金主要来自负债，因此在经营管理上，商业银行与一般工商企业有所区别。如何处理好安全性、流动性和盈利性三者的关系，是银行经营管理的永恒主题。

1. 安全性

安全性原则是指商业银行在经营过程中应尽量避免或减少风险。资金安全经营是商业银行自身生存和发展的基础，是保证良好信誉的前提。安全性原则作为三大原则的首要原则，要求商业银行在经营过程中应尽力避免风险，把可能的潜在损失降到最低。

2. 流动性

流动性原则是指商业银行筹集和运用资金必须保持一定的流动性，包括资产流动性和负债流动性。商业银行和一般的工商企业不同，它的经营对象是货币，因此商业银行必须有足够的现金准备以应付日常的现金流动。商业银行的流动性原则有利于营造宽松、灵活的经营环境，维护自身信誉，促进业务经营的扩大和发展。

3. 盈利性

商业银行作为企业法人，其最终目标是盈利，并使利润最大化，这是商业银行一切经营活动的中心和动力所在。商业银行的盈利性原则是由商业银行的企业性质决定的，这也是商业银行的股东的利益所在。

商业银行盈利水平的高低和发展趋势是其内部经营管理状况的综合反映。充足的盈利能力可以为其发展打下坚实的物质基础，往往受到社会公众的普遍信任，市场占有率就高。否则，银行的信誉将下降，进而引发银行的信用危机。

4. 盈利性、流动性和安全性的对立统一

盈利性、流动性和安全性之间是既相互矛盾又相互统一的。

盈利性和流动性、安全性呈反向变动，盈利性越高，往往风险越大，安全性和流动性越低；而银行若保有过多期限短、易转让的金融资产，其盈利性就会降低。

三者的统一性表现在，在一定的条件下，盈利性可以和流动性、安全性同向变化。如得到政府担保或者较为保险的项目，其盈利性和安全性都较高；但对于经营管理水平很低的企业，其盈利性和安全性就很低。

安全性和流动性通常是统一的。安全性越高，流动性越大，不过在一定条件下也有反向变动的可能。如政府担保的长期贷款，虽然安全性很高，但是流动性不足。

安全性、流动性、盈利性是商业银行在经营过程中必须始终遵循的三条基本原则。安全性是前提和基础，流动性是条件和手段，盈利性是最终的目的。从根本上讲，三原则是统一的，它们保证了商业银行经营活动的正常进行；但三原则又是矛盾的，处理不好常常会顾此失彼。银行家工作的核心就是协调处理好三者的关系，使其达到一个最佳的组合状态。

二、商业银行的经营管理理论

随着经济的发展，商业银行的经营管理理论经历了一个不断完善的过程。主要包括资产管理理论、负债管理理论、资产负债综合管理理论。不同的经营理论反映了不同历史条件下、不同市场环境中商业银行不同的经营特点，在管理方面是各有侧重。需要明确的是，无论商业银行以何种经营管理理论为指导，业务如何发展，银行家都必须处理好盈利性、流动性和安全性之间的关系。

各种经营管理理论之间不是互相排斥的，而是互相补充的。一种新的经营管理理论的产生，并不是对前面理论的否定，而是对前面理论的修订与完善，反映了商业银行经营管理理论会随着经济的发展、环境的变化而处于不断发展、不断完善和不断的变革之中。

1. 资产管理理论

资产管理理论产生于商业银行经营管理的初期阶段，是以商业银行资产的安全性和流动性作为管理重点的经营管理理论。资产管理理论强调的是使资产保持流动性，在负债一定的情况下，通过调整资产结构来满足流动性要求。该理论经历了三个不同的发展阶段，即商业性贷款理论、转移理论和预期收入理论。三种理论反映了商业银行在不同发展阶段上银行经营管理的不同特点，在保障商业银行资产安全和流动上各有侧重。

（1）商业性贷款理论（Commercial Loan Theory）

商业性贷款理论又称“真实票据理论”。理论上认为，商业银行的资金来源主要是流动性很强的活期存款，因此其资产业务应主要集中于短期自偿性贷款，即基于商业行为能自动清偿的贷款，以保持与资金来源高度流动性相适应的资产的高度流动性。短期自偿性贷款主要指短期的工、商业流动资金贷款。这种贷款是以商业行为为基础，有真正的商业票据为凭证。商业性贷款既符合银行资产流动性要求，又适当地考虑到了盈利性。而且贷款是随贸易活动自动伸缩的，因而不会引起货币和信用膨胀。

（2）转移理论（The Shift Ability Theory）

随着金融市场的进一步发展和完善，金融资产多元化和流动性增强，商业银行持有的短期国库券和其他证券增多，银行对保持流动性有了新的认识，应运而生的是资产转移理论，简称“转移理论”。这种理论认为，银行能否保持其资产的流动性，关键在于资产的变现能力。只要掌握了一定量的、信誉好、期限短且易于出售的证券，并在需要资金时能够迅速地、不受损失地出售或转让出去，银行就能维持其经营的流动性。转移理论最早是由美国的莫尔顿在 1918 年《政治经济学杂志》上发表的论文《商业银行及资本形成》中阐述的。第一次世界大战后，美国因军费开支巨大，导致公债大量发行，与此同时，经济危机发生。接着又爆发第二次世界大战，导致企业和个人对银行的借款需求急剧减少，而政府的借款需求猛增。银行把大量短期资金转为政府债券，证券成为银行保持资产流动性的主要投资对象。

（3）预期收入理论（The Expected Income Theory）

第二次世界大战后，经济发展带来了资产多样化需求，尤其是大量的设备和投资贷款的需求，而且消费经济需求也增加了，再加上金融业竞争加剧，业务开拓和发展迫在眉睫。这时，贷款和投资的预期收入引起了商业银行经营者的高度重视，预期收入理论应运而生。

预期收入理论是一种关于银行资产投向选择的理论，其基本思想是：商业银行的流动性应着眼于贷款的按期偿还或资产的顺利变现，而且商业银行贷款或可转让的资产，其偿还或变现能力都以未来的收入为基础。只要未来收入有保证，即使是长期放款，仍可保持流动性。反之，如果没有未来收入作保证，即使是短期放款，也存在发生坏账、到期收不回账款的可能。因此，银行应根据借款人的预期收入来安排贷款的期限、方式，或根据可转换资产的变现能力来选择购买相应的资产。该理论最早是由美国的普罗克诺于 1949 年在《定期放款与银行流动性理论》一书中提出的。这种理论指出了银行资产流动的经济原因，为银行业务经营范围的进一步扩大提供了理论根据。

2. 负债管理理论

负债管理理论产生于 20 世纪的六七十年代。该理论认为，商业银行在保证资产流动性方面，没有必要完全依赖建立分层次的流动性的储备资产的方式。一旦商业银行需要周转资金，则完全可以通过向外部主动的举债来实现。该理论的出现，对于商业银行来讲具有重大意义，它使商业银行在保证流动性的前提下可以追逐更大的利润，但它也有不容忽视的局限性。

（1）存款理论（Deposit Theory）

存款理论的最主要特征在于银行负债经营的稳健性，它曾是商业银行负债的正统理论。存款理论认为，存款是银行最重要的资金来源，是银行资产经营活动的基础；存款是被动的、从属的，受存款人的意志左右；为了实现银行经营的稳定性和安全性，资金运用必须限制在存款稳定的沉淀额度之内。存款理论的逻辑结论就是：强调按客户的意愿组织存款，遵循安全性原则管理存款，根据存款的总量和结构来安排贷款，参考贷款收益来支付存款利息，不主张盲目发展存贷业务，不赞成盲目冒险的获利经营。

（2）购买理论（Buying Theory）

购买理论的最主要特征在于主动性，银行应以积极的姿态主动地负债，主动地购买外界资金。它是在存款理论之后出现的一种负债理论。购买理论是对存款理论的否定，它认为银行对负债并非消极被动、无能为力，而完全可以主动出击；银行购买外界资金的目的是保持流动性，银行在负债方面有广泛的购买对象，如一般公众、同业金融机构、中央银行、财政机构等等。还有众多的购买手段可以运用，最主要的手段是直接或间接提高资金价格，如高利息、隐蔽补贴、免费服务等高于一般利息的价格。

（3）销售理论（Bring to Market Theory）

销售理论的最主要特征是推销金融产品和金融服务的营销策略。它认为银行是金融产品的制造企业，银行负债管理的中心任务就是适合客户的需要，营销这些金融产品，以扩大银行资金来源和提高收益水平。为此，银行应做到：客户至上，竭诚为客户提供金融服务；善于利用服务手段达到吸收资金的目的，这就是要做到围绕着客户的需要来设计服务，通过改进销售方式来完善服务。最为重要的是，销售观念要贯穿负债和资产两个方面，将资产与负债联系起来进行营销活动的筹划。

3. 资产负债管理理论

资产管理和负债管理均有失偏颇，资产管理过于偏重安全和流动性，不利于实现盈利性目标；负债管理过于偏重资产扩张和追求盈利，将流动性过高地依赖于外部环境，具有较大风险。20 世纪 70 年代后，金融市场利率大幅度上升，波动加剧，银行倒闭现象增多，促使人们重新审视以往的经营管理策略，并向资产负债综合管理转变。

资产负债管理理论产生于 20 世纪 70 年代末期。由于国际经济环境发生改变，商业银行的经营出现了一系列的问题，致使商业银行单纯地使用前两种经营理论都不能实现有效的管理，而必须是按照实际需要对资产和负债进行统筹安排、综合管理，使之在总量上均衡、结构上优化，最终实现流动性、盈利性和安全性的最佳组合状态。资产负债管理理论认为，在商业银行经营管理中，不能偏重资产和负债的某一方，高效的银行应该是资产和负债管理并重。该理论从资产和负债之间相互联系、相互制约的角度，把资产负债作为一个整体的、科学的管理体系来研究，所以这一理论是目前最为流行的现代商业银行经营管理理论。

资产负债管理理论是以资产负债表各科目之间的“对称原则”为基础，来缓解流动性、盈利性和安全性之间的矛盾，以达到三者的协调平衡。所谓“对称原则”，主要是指资产与负债科目之间期限和利率要对称，以期限对称和利率对称的要求来不断调整其资产结构和负债结构，从而实现经营上风险最小化和收益最大化。

资产负债联合管理的核心内容在于分析资产、负债两方面之间的“缺口”，并围绕缺口探索解决途径。

（1）利率敏感性缺口

利率敏感性缺口是指在一定时期（如距付息日 1 个月或 3 个月）以内将要到期或重新确定利率的资产和负债之间的差额。如果资产大于负债，为正缺口；反之，则为负缺口。当市场利率处于上升通道时，正缺口对商业银行有正面影响，因为资产收益的增长要快于资金成本的增长。若利率处于下降通道，则为负面影响。

利率敏感性缺口分析是银行实行利率风险管理的最基本的手段之一。它通过资产与负债的利率、数量和组合变化来反映利息收支的变化，进而可以确定它们对银行利息差和收益率的影响，在此基础上银行家可采取相应的缺口管理。

（2）流动性缺口

流动性缺口为 90 天内到期的表内外资产减去 90 天内到期的表内外负债的差额。

资产是对资金的运用，可以按照是否能在 90 天内变现并且有无损失划分为流动性资产与非流动性资产两部分；负债和所有者权益是资金的来源，可以分为稳定来源与波动来源两部分。流动性资产与波动来源之间的差额，即为流动性缺口。如果流动性资产大于波动来源，这一缺口为正，说明银行流动性充足；反之，说明银行部分非流动性资产由波动资金来源提供，流动性存在不足。

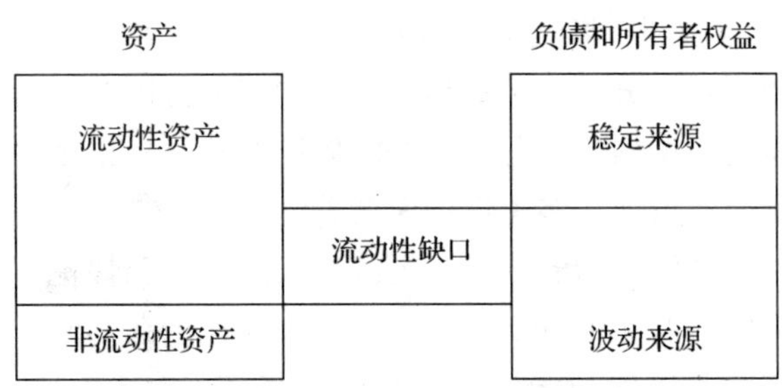

图 6-1　流动性缺口模型

（3）期限匹配和利差

如果资产和负债的期限是匹配的，只要用到期资产来偿付到期负债，资产、负债之间的利差就是收益。如果期限不匹配（现实中多不匹配），则银行必须预测利率的变化趋势，调整利率敏感性不同的资产负债间的搭配。一定的长期利率和短期利率、固定利率和浮动利率的组合，能够对市场变化作出有利于保持或扩大利差的反应。

（4）金融衍生品交易

在利率波动频繁时，利用金融期货进行套期交易可以帮助银行对某一项资产或负债进行管理，但不能解决整个资产负债管理的问题。

当预计利率下降时，银行可通过多头套期来抵消资产收益下降的部分。比如，银行购入合约，进行多头套期，在利率下降时，合约价格会上涨。这样，银行出售这份合约所获得的收益就可以抵消资产收益下降的部分。

在预计利率将上涨时，银行可以通过空头套期来抵消借入成本增加的部分。比如，银行出售一份合约，此后如果利率上涨，则合约价格下降，这时银行再以较低的价格买进，通过在期货市场上的交易，银行获得的利润就可以抵消借款成本上升的部分。如果与预期的相反，利率下降了，那么银行在期货市场上的损失可以通过借款成本的下降来弥补。这样，银行就在很大程度上锁定了借款成本，并避免了因利率上升或下降带来的风险。

三、商业银行的市场营销

1. 商业银行市场营销的必要性

市场营销活动顺应了客观形势的发展要求，表现出与商业银行经营管理的紧密相关性。

（1）市场营销是商业银行自我发展的需要

商业银行自主经营、自负盈亏、自我发展、自我约束的要求必然使其逐步转向以服务市场需要、注重经济效益为主。市场成为商业银行关注和竞争的焦点，市场化原则成为商业银行选择资金买卖对象、提供金融服务、获取最大限度利润的直接动机和决策依据。市场经济的要求，迫使商业银行不能再全盘沿用传统的管理理念和经营手段，需要找到一种有效的市场促动机制，以作为自身发展的新的契机和条件。

（2）市场营销是参与激烈市场竞争的需要

传统的专业银行依靠政策分工，保持相对狭窄的服务范围和经营领域，有着相对固定的客户群体，市场竞争尚不激烈。随着市场经济体制的建立，银企关系开始向松散型、市场化的方向转变，一家企业可能与多家银行保持着结算、信贷关系，要求商业银行平等地与企业开展交往。同时，经济结构的变化，经济增长速度的加快，客观上需要商业银行加大筹集和使用资金的力度。商业银行要适应上述种种变化，在不断扩大资金实力、优化信贷结构的同时，发挥市场营销的功能优势，细分市场资源，合理服务定价，扩大分销渠道，加强公共关系，以完善的服务吸引和培植新的客户群体。

（3）市场营销是重塑商业银行形象的需要

信誉和形象是商业银行开展金融服务的根本。员工素质较强、服务态度好、服务质量上档次，可以让客户心情愉悦，从而主动与之建立资金往来关系。要大力开展市场营销活动，要求员工自觉提高服务水平；同时主动走向市场，加强舆论宣传，提高商业银行知名度，从而树立商业银行现代企业形象。

2. 商业银行营销的主要任务

美国商业银行的专家认为，银行经营的危险问题就在于只埋头办理传统的银行业务，而放弃对市场的监测工作，银行只有通过后者才能明确当前提供的服务是否符合客户的需要。为此，市场营销活动主要致力于：

(1) 开展系列化配套业务服务

美国商业银行大都采取一揽子服务方式，将各类金融产品和服务项目预先配套好，从整体上满足和解决客户的各种需要。

(2) 围绕客户需要进行市场细分

把客户市场划分为不同门类，并通过已有的或新的金融产品来满足各类部门的不同需要，从而使银行的服务更有针对性。

(3) 与客户的业务往来关系，培养“关系”经理

“关系”经理的作用就是跨越多层次的职能、业务项目、地区和行业界限，与客户建立一整套复杂的人际关系、感情关系，在推销银行传统业务的同时，为客户提供并办理新的业务，从而“诱使”潜在的顾客变成现实的“用户”，以成功地实现账户渗透和业务拓展。

(4) 强化信息交流活动，保持在公众中的良好信誉

美国的商业银行特别注重公众舆论态度的变化，认为加强公共关系、赢得公众好评是银行服务的基础。因此，商业银行从不放弃任何通过报刊、会议、商谈以及其他媒介活动进行宣传报道的机会，尤其偏爱使用广告这一促销手段。

专栏 6-2

确立“整体客户满意”经营新观念

——日本第一劝业银行的成功营销之道

日本第一劝业银行东京分行是开展存款、贷款、外汇、证券、彩票等金融业务的综合性分行。当顾客走进第一劝业银行时，礼仪小姐或礼仪绅士首先对其说声“欢迎光临”，当顾客显露出疑问的表情时，他们便笑容可掬地迎上前来询问、解答或帮顾客办理业务，在顾客离开时，又以“谢谢”“欢迎再来”送顾客出门。在柜台工作的职员也会在忙碌的瞬间抬头面向顾客脱口而出“欢迎光临”，并在办完手续时向顾客道一声“让您久等了”。营业厅内墙壁上贴着大大小小的金融宣传广告，书架上摆放着供顾客取阅的银行简介小册子、金融商品宣传册以及杂志等读物。这些看起来是表面功夫，却创造出一种温馨的经营氛围。

在新的金融环境下，银行面临着日益激烈的竞争，其盈利空间缩小了，经营成本却提高了。如何有效地获得更多的市场份额，创造更好的经济效益，是摆在商业银行面前的当务之急。尽管商业银行不断地进行金融创新，但其有形产品是没有多大差别的，一家银行办理的业务，另外一家银行也完全可以办到或效仿，而服务则不能完全效仿。银行的服务具有无形性、不可分性、可变性、不能储藏性等特点，所以商业银行经营发展的一个重要方面就是注重营销管理，通过提高服务质量吸引客户，扩大盈利空间。银行只有确立“客户至上”的观念，以客户为中心，按客户要求发展银行的经营服务项目，才能吸引客户，银行才有更广阔的市场和回旋余地，并在激烈的金融竞争中处于不败之地。因此，商业银

行营销战略的出发点应当是为客户提供满意的服务，要将“客户满意”作为一种经营理念，为员工所接受。对银行而言，要落实“客户满意”的经营要求，不仅要满足客户对产品和服务的现实要求，而且还要满足客户对产品和服务的潜在需求。潜在的需求是一种期望，如果不能得到满足，就会带来预期缺口。一旦客户发现这一缺口能被其他的金融机构所填补，他就会重新选择新的金融机构。

因此，一家商业银行要使客户满意，就必须提高其产品和服务的质量。确立新的“客户群”观念，将客户划分为基本客户、主要客户和普通客户。对基本客户要提供优惠服务，对主要客户要提供充分服务，对普通客户要提供一般服务，同时做到银行服务的适时和适度。

第五节　商业银行的信用创造

作为金融机构最重要的一部分，商业银行区别于其他金融机构的最显著的特征是信用创造职能。商业银行通过吸收活期存款、发放贷款，从而增加银行的资金来源、扩大社会货币供应量。商业银行发挥信用创造功能的作用主要在于通过创造存款货币等流通工具和支付手段，节省现金使用，减少社会流通费用，同时又能够满足社会经济发展对流通手段和支付手段的需要。这是商业银行体系通过放款或购入各种证券而使货币供应量增大的一种金融现象。

一、商业银行信用创造的前提条件

商业银行进行货币创造的条件是可以经营存款和贷款业务，在这两种业务不断循环的过程中才能够进行货币创造。而现代银行采用部分准备金制度和非现金结算制度，它构成商业银行创造信用的基础，也是商业银行存款创造的前提条件。

部分准备金制度又称“存款法定准备金制度”，是相对于全额准备金制度而言的。它是指国家以法律形式规定商业银行的存款必须按一定的比例，以现金和中央银行存款形式留有准备的制度。银行不用把所吸收的存款都作为准备金留在金库中或存入中央银行，法定准备金率是央行规定、银行所保持的最低准备金与存款的比率。

在全额准备金制度下，商业银行必须为增加的每一笔存款保留100%的现金准备。例如，某人存入银行1000元，银行只能把此1000元放入保险柜中，或者上存至中央银行，而不能开展任何放款或投资业务。此时，银行的现金资产和存款负债均为1000元，二者之比为1∶1，没有多倍的存款创造。此时，银行只是存款客户的资金保管员，存款客户不仅不能从银行那里得到任何利息，相反，存款客户还必须向银行支付资金保管费。因此，部分准备金制度的建立，是银行信用创造能力的基础。

非现金结算制度使得人们能够通过支票进行货币支付而无须使用现金。如果不存在非现金结算，银行不能用转账方式去发放贷款，一切贷款都必须付现，则无从派生存款，银行就没有信用创造的可能。因此，非现金结算制度也是商业银行信用创造的前提条件。

二、商业银行信用创造的过程

在商业银行体系比较健全的情况下，只要有一定数量的原始存款，商业银行依次发放贷款，就可以创造出新的派生存款来。

假定甲银行从中央银行借款100万元，然后贷给自己的客户，客户用其购买乙银行客户的原材料后，乙银行客户将这笔款项存入乙银行，乙银行又将其贷给其他客户，客户又用其购买丙银行客户的产品而将100万元支付给丙银行，从而丙银行又可向其他客户贷出100万元，转而存入丁银行。这样，100万元原始存款就创造出300万元派生存款来，比原始存款多了3倍。如果这种派生存款是在不提现的情况下进行的，这种信用创造活动将一直进行下去，派生存款就不仅仅是300万元。得到贷款的客户如未用完贷款，而将剩余部分存入另一家银行，同样会产生派生存款，增大信用总量。商业银行的信用创造程度和商业银行体系的健全程度成正比，商业银行体系越发达，信用创造的现象就越普遍，所创造的信用总量也越大。

表6-1　　货币创造过程（假定法定准备金率20%）　　单位：万元

	存款金额（原始存款）	准备金	贷款金额	货币供应总额
第一家银行	100.00	20.00	80.00	100.00
第二家银行	80.00	16.00	64.00	180.00
第三家银行	64.00	12.80	51.20	244.00
……	…	…	…	…
第十家银行	13.42	2.68	10.74	446.31
……	…	…	…	…
合计	—	—	—	500.00

经过商业银行的信用货币创造过程，我们可以看到，原始存款实现了多倍的扩张，得到了多倍的货币供应量。

商业银行放款所增加的派生存款取决于存款总额、法定准备金率、现金漏损率等多种因素。以 K 代表派生存款总额，以 rd 代表法定准备金率，以 D 代表原始存款总额，则这三者之间的关系是：

$$K = D/rd$$

银行客户对现金的提取会相对削弱银行存款与贷款的辗转派生能力，如果以 c 代表现金漏损率，则商业银行派生存款总额为 $K = D/(rd + c)$。此外，商业银行中定期存款和活期存款的比例也影响其信用创造能力。一般来说，活期存款的法定准备金率高于定期存款的，因此，活期存款和定期存款的比例会影响法定准备金率，从而间接地影响信用创造能力。

商业银行信用创造主要取决于两大因素：一是原始存款数量的大小；二是法定存款准备金率的高低。

$$\Delta D = \Delta R \times 1/rd$$

式中：ΔD——存款货币的最大扩张量；

ΔR——增加的原始存款数量；

rd——法定存款准备金率。

如果用 d 代表存款乘数，则 $d=1/rd$，K 表示单位原始存款可能引起的存款总额扩张的倍数。因此，银行创造存款能力的大小，在原始存款既定的情况下，基本上取决于法定准备金率的高低。法定准备金率越高，银行扩张存款的能力越小，反之亦然。中央银行正是通过对法定准备金率这一手段的调节，对商业银行的派生存款能力从而对货币供应量实施控制的。

三、存款乘数

通过对商业银行的信用创造过程的分析可知，存款和储蓄的变动存在一种乘数或者倍数关系，但前提是存在着一些假设。这些假设在现实中很难成立，因此影响存款乘数的不仅仅是法定存款准备金率，而且还有一些因素会对商业银行创造信用货币产生影响。

1. 提现率（现金漏损率）

在现实生活中，存款客户并不会将所有收入都存入银行，而会以现金形式保留在手中，这就是现金漏损。漏损的现金将不会参与存款的创造。现金漏损与存款总额之比被称为“现金漏损率”，也称“提现率”，用 c 来表示。提现率高会相应减弱存款派生的能力，此时活期存款乘数公式可扩展为：

$$d=\frac{1}{rd+c}$$

现金漏损的比率 c 的大小取决于公众的消费习惯与流动性偏好，同时也受到多方经济条件的影响。如利率升高，公众持有现金的机会成本将增加，会吸引人们少持现金而多存款，因而会降低 c；同时，银行系统的服务质量和信誉情况也会影响 c 的大小。

2. 超额准备金

商业银行在其经营活动中须持有若干准备金，其数量首先受法定准备金率的限制；其次，考虑到资产流动性、风险性等，商业银行所持有的实际准备金一般会与法定准备金存在一定差额，由此产生超额准备金。当实际准备金大于法定准备金时，则超额准备金为正数。超额准备金占存款总额的比率即超额准备金率 e 越高，就越会削减银行的存款派生能力。

$$d=\frac{1}{rd+c+e}$$

超额准备金率 e 对利率因素非常敏感。当利率升高时，银行持有超额准备金的机会成本会增加，银行就会倾向于以大量超额准备金发放贷款和投资，因而 e 就变小。同时，银行借入准备金的成本大小也会影响 e。如果再贴现率高，意味着借入准备金成本高，商业银行就会保留较多超额准备金，以备不时之需；反之，就没有必要保留较多的超额准备金。再者，银行经营风险和资产的流动性也会影响 e。如果经营风险较大，而现有资产的流动性又较差，商业银行就有必要保留一定的超额准备金，以备应付各种风险。

3. 活期存款转非个人定期存款的比例

随着活期存款的增加，有一些存款将转变为非个人定期存款。法律规定，银行对非个人定期存款也需要持有准备金（个人定期存款没有法定准备金要求）。如果非个人定期存款比率为 t，rt 是非个人定期存款的准备金率（超额与法定准备金率之和），那么每 1 元活期存款就会有 $t \times rt$ 为法定准备金漏出（假定对个人定期存款不保留超额准备金），从而存款乘数进一步扩展为：

$$d = \frac{1}{rd + c + e + rt \times t}$$

4. 贷款需求或者银行发放贷款意愿

银行通过发放贷款来创造货币，如果没有人向银行借款，银行就不能发放贷款，信用货币创造也就无从谈起。反之，借款需求很大，但银行认为条件或时机不成熟，不愿意贷款，也无法创造贷款。

本章知识点

1. 商业银行是一个以营利为目的，以多种金融负债筹集资金，多种金融资产为经营对象，具有信用创造功能的金融机构。

2. 商业银行是储蓄机构而不是投资机构，其业务范围主要包括负债业务、资产业务、中间业务和表外业务。随着银行业国际化的发展，国内这些业务还可以延伸为国际业务。

3. 商业银行作为企业法人，追求盈利是其首要目的。但是，盈利以资产的安全性和流动性为前提。安全性又集中体现在流动性方面，而流动性则以盈利性为物质基础。商业银行在经营过程中，必须有效地在三者之间寻求有效的平衡。

4. 信用创造是指商业银行通过吸收活期存款、发放贷款，从而增加银行的资金来源、扩大社会货币供应量。商业银行发挥信用创造功能的作用主要在于通过创造存款货币等流通工具和支付手段，节省现金使用，减少社会流通费用，同时又能够满足社会经济发展对流通手段和支付手段的需要，是商业银行体系通过放款或购入各种证券而使货币供应量增大的一种金融现象。

5. 商业银行放款所增加的派生存款取决于存款总额、法定准备金率、现金漏损率等多种因素。

课外阅读

新巴塞尔协议无碍中国银行业

经过近 9 个月的磋商和讨价还价，旨在加强全球银行体系资本要求的《巴塞尔协议III》终于出炉。

根据巴塞尔银行监管委员会 27 个成员经济体 12 日共同达成的新协议，到 2015 年 1 月，全球各商业银行的一级资本充足率下限将从现行的 4% 上调至 6%；而由普通股构成的“核心”一级资本占银行风险资产的下限则提高得更为明显，将达到 7%，其中包括

2.5%的资本留存缓冲。现行的核心一级资本充足率下限仅为2%。此外，新协议还对银行资本的定义和风险评估作出了更加严格的界定。

不过，新协议也为银行执行缓冲资本新规设定了更长的过渡期，商业银行可以在2016年1月至2019年1月之间分阶段落实。

分析师普遍认为，由于最新的巴塞尔协议采纳了长达8年的过渡期，短期内对银行的冲击有限。也正因如此，海外银行股周一纷纷大涨相迎。在亚太市场，日本最大银行三菱日联以及澳大利亚银行巨头联邦银行都大涨超过1.5%；欧洲市场开盘后，主要银行股也纷纷走高，汇丰控股、法国兴业早盘涨幅在1.1%~3.3%不等。

不过，专家也提醒说，一旦新的资本协议进入实施阶段，一些自身问题较多的银行可能面临较大的融资压力。巴塞尔银行监管委员会主席韦林克就表示，全球银行业可能需要在未来筹集上千亿美元的新资金。

对中国来说，专家表示，新的银行监管规定影响并不明显。桑福德-伯恩斯坦公司的分析师维纳13日发布报告称，即便是马上执行，新的巴塞尔协议对中国银行业的影响也将是微乎其微。他指出，截至6月30日，在香港上市的七大中国内地银行的资本充足率均超过新规。中国银监会目前对国内大型银行的资本充足率底线为11.5%，核心资本充足率底线则为7%。

（资料来源：http：//news.163.com/10/0914/02/6GGPTFC400014AED.html，2010年9月14日）

复习思考题

1. 如何进一步建立我国现代商业银行的资产负债管理体系？
2. 商业银行在经营过程中所面临的主要风险有哪些？
3. 试述商业银行经营业务的组成。
4. 试述商业银行存款创造的过程。
5. 案例分析题：

商业银行非利息收入快速增长

一季度报表显示，16家上市银行的手续费及佣金净收入同比增长41%。在五大国有银行中，农业银行的手续费及佣金净收入增幅最快，达63.48%。中小上市银行的手续费增长更是惊人，北京银行实现手续费及佣金净收入4.27亿元，同比增长90.87%；浦发银行、华夏银行、招商银行、兴业银行、南京银行的增幅也都超过60%。虽然快速增长的中间业务收入很多来自结算业务、银行卡收入等银行服务项目的收费，但在目前银行信贷资源紧俏的情况下，中间业务收入增长的绝大部分均来源于利差转化。数据显示，财务顾问费的增长几乎占到中间业务增长的一半左右。有内部人士指出，为了加大中间业务收入，银行可谓不遗余力。银行现在对一些大客户提出要一并包揽债券承销、财务顾问、结算、账户管理等业务，并收取一定费用。特别是“财务顾问费”一项，企业本可以放在待摊费用里，分几年提取，但是商业银行一般都要求企业一次性付清。对一些中小企业而言，银行凭借较强的议价能力，贷款利率上浮甚至达50%。银行一般会和授信企业约定，在做账时按6.31%的基准利率的利息收入计入，而将上浮部分利息收入作为“财务顾问”费用，以此完成银行对业务员中间业务收入的考核。大多数银行会选择议价能力弱的中小企业客户“下手”，甚至已经有部分银行开始收取贷款承诺费，要求借款人就银行承诺提供资金而支付相应的费用。此外，为了获取信贷资金，银行还要求企业必须把日常的结算、汇兑等中间业务放在该银行进行，从而加大银行的综合性收入。现在非利息收入大幅增长，已经成为银行创新能力、业务拓展能力多元化经营和优化收入结构的“标签”。正是在这种思维的指导下，近几年银行中间业务收入以超过40%的速度跳跃式增长。

根据上述资料，论述非利息收入的增长在商业银行转型中的意义，并分析我国商业银行非利息收入增长中存在的问题。

第七章

中央银行

学习目标

1. 了解中央银行体制的类型，掌握中央银行的性质和职能。
2. 理解中央银行的基本业务。
3. 了解金融监管的内涵，掌握金融监管的内容。

课前导读

中央银行是不以营利为目的的特殊金融机构，是一国金融体系的领导核心。它具有发行的银行、银行的银行和政府的银行三大职能。中央银行职能的实现和作用的发挥，都是通过办理具体业务来实现的。中央银行主要的业务是资产负债业务和清算业务。

第一节　中央银行的演进与类型

中央银行是银行业发展到一定阶段之后的产物，它是商品经济、货币信用制度及银行体系发展到一定阶段的必然结果。

一、中央银行产生的经济背景和客观要求

1. 中央银行产生的经济背景

中央银行产生于 17 世纪后半期，形成于 19 世纪初叶。中央银行的产生有其独特的历史背景。

（1）商品经济的迅速发展

18 世纪初，西方国家开始了工业革命。社会生产力和商品经济的迅速发展，促使货币经营业越来越普遍，而且日益有利可图。

（2）资本主义经济危机的频繁出现

资本主义经济自身的固有矛盾导致连续不断的经济危机。以英国的纺织工业为例，在 1770~1815 年的 45 年中有 5 年处于危机和停滞状态，在 1815~1863 年的 48 年中有 28 年处于不振和停滞状态。面对当时的状况，资产阶级政府开始从货币制度上寻找原因，企图

通过发行银行券来避免、控制和挽救频繁的经济危机。

（3）银行信用的普遍化和集中化

资本主义产业革命促使生产力空前提高，生产力的提高又促使资本主义银行信用业蓬勃发展。主要表现在：①银行经营机构不断增加。以资本主义发展最早的英国为例，1776年有银行150家，到1814年则发展到940家，增加了5倍多。②银行业逐步走向联合、集中和垄断。一些私人银行限于财力，在竞争中不断衰败和改组，被大银行所控制。以英国为例，私人银行从1826年的554家减少到1842年的310家。相反，股份制银行却在一天天地扩大，从1827~1942年，英国的股份制银行由6家发展到118家。

2. 中央银行产生的客观要求

（1）统一银行券发行的需要

银行券是银行发行的一种债务凭证，银行保证持有人可随时向发行银行兑换相应的金属商品货币。最初，一般银行都可发行银行券，银行券的分散发行逐渐暴露出其缺陷：一是各银行独自发行的银行券被接受程度和流通范围不同，不利于跨地区交易的进行。二是若某些银行违背足额发行准备原则来发行，会导致流通中的货币超过客观需要，不利于保持通货的稳定，从而给社会经济带来不利影响。三是一些银行因经营不善致使所发行的银行券的兑换成为难题，这不仅使得银行券的信誉大大受损，还使社会经济陷入混乱状态。因此，客观上要求有一个资金实力雄厚并在全国范围内享有权威的银行来统一发行银行券。

（2）统一票据交换和清算的需要

随着商品经济和银行业务的发展，银行每天受理的票据急剧增加，银行间的债券关系日趋复杂。在银行业的发展初期，银行间的票据交换往往是单独进行的，没有统一的清算系统，效率低下，而且极不安全。于是，出现了新的票据交换和清算制度。刚开始时是银行的收款人自发地聚集在某一固定的地点，交换手中所持有的由对方付款的票据，并相互结清差额。在此基础上，1773年英国伦敦成立了世界上最早的票据交换所。银行早期的票据交换所虽然对清算效率的提高发挥了极为重要的作用，但一般仅局限于同城内的票据清算，而且结算后的差额仍须以现金清偿，不便之处依然存在。因此，客观上需要一家全国统一的、权威公正的清算机构来使结算资金顺畅流通，以保持商品经济快速发展的需要。

（3）保证银行支付能力的需要

银行在经营过程中，可能遇到因意外大额提现或贷款无法收回等原因而陷入流动性不足的困境。若缺乏及时的救援，银行的破产倒闭在所难免。一旦发生金融恐慌，则可能因为一家银行的支付困难殃及整个银行业，在客观上需要一家权威机构作为众多银行的后盾，适当集中各银行的一部分准备金，在必要时为它们提供资金支持，充当最后贷款人。

（4）满足政府融资的需要

随着生产力水平的不断提高和社会的进步，国家职能范围逐步扩大，政府需要大量的资金强化国家机器。商业银行规模有限，利息较高，因此客观上要求建立一个受政府控制的并能满足其融资需求和其他金融服务的大银行。

（5）金融监管的需要

随着商品经济和货币信用关系的发展，银行业在社会经济中的地位和作用越来越突出，银行业的稳定运行日益成为经济健康发展的重要条件。为了促使银行业公平有序竞争，尽可能避免和减少银行的破产和清算，政府需要对金融业进行监督管理，因此客观上需要设立一个能代表政府意志、与商业银行有业务联系、能够运用经济手段制约银行业务并对金融业进行管理、监督和协调的金融机构。

二、中央银行的发展

中央银行的产生与发展经历了三个阶段，即初创时期、普遍推行时期和强化时期。

1. 初创时期

从 1656 年最早成立中央银行的瑞典银行算起，到 1913 年美国建立联邦储备体系为止，中央银行的创立经历了 257 年的曲折历程。

这一时期成立的中央银行主要有：瑞典国家银行（1656 年）、英格兰银行（1694 年）、法兰西银行（1800 年）、芬兰银行（1809 年）、荷兰银行（1814 年）、奥地利国民银行（1817 年）、挪威银行（1817 年）、比利时国民银行（1850 年）、西班牙银行（1856 年）、俄罗斯银行（1860 年）、德国国家银行（1875 年）、日本银行（1882 年）、美国联邦储备体系（1913 年）等。在这一时期，具有代表意义的是英格兰银行。

瑞典银行是世界上最早执行中央银行某些职能的银行，成立于 1656 年。它原是一家私人创办的商业银行，1661 年开始发行银行券，是当时欧洲第一家发行银行券的银行。1668 年被收归国有，并对国会负责，但直到 1897 年才垄断货币发行权，开始履行中央银行职责，成为真正的中央银行。因此，瑞典银行虽然在英格兰银行之前设立，但若以是否具有垄断发行权为标准，则只能排在英格兰银行之后。

1694 年成立的英格兰银行是最早全面发挥中央银行职能的金融机构，被称为中央银行的“鼻祖”。英格兰银行成立之初是一家商业银行，所不同的是，英格兰银行享有一般商业银行不能享有的特权：一方面，它向政府放款，以弥补英国连年殖民战争的资金需要；另一方面，它获准以政府债券为抵押，并发行等值银行券。这样，英格兰银行就成为第一家无发行保证却能发行银行券的商业银行。1844 年，英国国会通过《比尔条例》，规定英格兰银行具有独立的货币发行权，其他银行不得增发钞票，从而正式确立了英格兰银行中央银行的地位。

中央银行的产生有两种方式：一种是自然演进式的中央银行，由资本实力雄厚、社会信誉卓著、与政府有特殊关系的大商业银行逐步发展演变而成，如英格兰银行。另一种是创建型的中央银行，由政府出面通过法律规定直接组建一家银行作为该国的中央银行，如成立于 1913 年的美国联邦储备体系。

专栏 7-1

世界上最早的中央银行——英格兰银行

英格兰银行是伦敦金融城内重要的机构和建筑物之一，位于伦敦 BANK 地铁站的出口处。1964 年，英格兰银行开始运作，之后逐步转换职能，1694 年至今作为英国的中央银行，是全世界最大、最繁忙的金融机构。英格兰银行成立40年以后，搬进了“世界上第一座银行专用建筑”。

早期的英格兰银行只是英国政府的“钱袋子”。300多年前，英法激战正酣，庞大的战争开支早已将英国政府的财政收入消耗一空。为筹集更多军费，急需用钱的英国国王和议会迅速采纳了一位叫威廉·佩特森的苏格兰商人的提议——成立一家可向政府贷款的银行。于是，1694年7月27日，伦敦城的1268位商人合股出资，正式组建了英格兰银行。此后的短短11天内，英格兰银行就为政府筹措到120万英镑巨款，极大地支持了英国在欧洲大陆的军事活动。

刚刚成立的英格兰银行只算得上是一般的商业银行——发行钞票、吸收存款、发放贷款，那时的商业银行都能办理这些业务。不过，英格兰银行一开始就与政府维系着一种特殊而密切的关系——一直向政府提供贷款，负责筹集并管理政府国债，还逐渐掌握了绝大多数政府部门的银行账户。正是凭借这一关系，英格兰银行的实力和声誉迅速超越了其他银行。到1837年，英格兰银行不但安然挺过当年的银行危机，还拿出大笔的资金，帮助那些有困难的银行渡过难关，这也成为英格兰银行充当“最后贷款人”角色的开始。1844年，英国议会通过《银行特许法》，让英格兰银行在发行钞票方面享有许多特权。自此，英格兰银行逐渐退出一般性的商业银行业务，专注于货币发行，并开始承担维护英国金融市场稳定和监督其他商业银行的职能。1928年，英国议会通过《通货与钞票法》，使英格兰银行垄断了在英格兰和威尔士地区的货币发行权。到1946年，英国议会通过《英格兰银行法》，赋予英格兰银行更为广泛的权力，使它可以按照法律对商业银行进行监督和管理（后来这项职能移交给1997年10月成立的金融服务局），以及负责利率的制定及修改；英格兰银行终于名正言顺地成为英国的中央银行。各英国商业银行都需要以央行各类政策为引导。央行也有责任对金融领域各方面实施主动的干预，对维护金融稳定、安全与发展都起到至关重要的作用。

英格兰银行的最高权力机构是董事会。由于英格兰银行在1946年被国有化，政府成为银行的最大股东，现在银行的董事们都由政府提名、女王任命。董事会每周和每月都举行例会，讨论并制定相关的重大战略和政策。日常事务则主要由执行董事负责。英国人描述什么事“安全、稳妥”时，有时会说“和英格兰银行一样安全”（as safe as the Bank of England）。货币政策委员的决策自然也必须“和英格兰银行一样安全”。他们每人各有一套人马提出建议，9人最后投票决定利率的动向。其政策的风吹草动影响着商业、金融、经济和每一个市民的生活。

英国中央银行为全球最成功的央行典范，将继续扮演英国和欧洲金融领域重要的角色，并在很多方面都是值得全球央行学习的，也包括中国。

（资料来源：2008年2月12日《英中时报》，作者：严亦强）

2. 普遍推行时期

从20世纪初至20世纪中叶第二次世界大战结束，是中央银行制度的普遍推行时期。第一次世界大战爆发后，各主要资本主义国家先后放弃了金本位，普遍发生了恶性通货膨胀，金融领域发生了剧烈的波动，各国纷纷宣布停止或限制银行券兑现、提高贴现率以及禁止黄金输出等措施，造成外汇行市下跌，各金融中心的交易所相继停市，货币制度极端混乱。于是，1920年在比利时首都布鲁塞尔召开了国际金融会议。会议提出："凡未设立中央银行的国家应尽快建立中央银行，中央银行应摆脱各国政府政治上的控制，实行稳定的金融政策。"1922年在瑞士日内瓦召开的国际经济会议上，又重申和强调了布鲁塞尔会议所形成的决议，由此出现了中央银行建立与发展的又一次浪潮。1921～1942年，世界各国改组或设立的中央银行有40多家。

3. 强化时期

20世纪中叶至今，是中央银行制度的强化时期。第二次世界大战后，世界政治经济形势发生了重大变化，很多国家的经济陷入困境。为了摆脱困境，各国开始信奉凯恩斯的国家干预主义理论，中央银行作为"国家的银行"的职能得以强化，各国纷纷利用中央银行干预和调节经济，中央银行由此得到重大发展。与此对应的是政府对中央银行的控制也在加强，一些原来是私有股份制的中央银行被收归国有，中央银行的政府色彩浓厚起来。

三、中央银行的类型

由于各国政治与经济制度、历史传统、文化背景以及经济、金融发展水平各不相同，因而在中央银行制度的类型上出现较大的差异。

1. 中央银行的组织结构类型

（1）单一式中央银行制度

单一式中央银行制度是指国家建立单独的中央银行机构，使之全面行使中央银行的职能。单一式中央银行制度是最主要、最典型的中央银行制度。这种类型又可分为一元式和二元式。

一元式的中央银行制度是指一国只设立一家统一的中央银行行使中央银行的权力和履行中央银行的全部职责。中央银行的机构设置一般采取总分行制，逐级垂直隶属。一元式的中央银行制度具有权力集中、决策迅速、职能完善、组织机构齐全等特点。目前世界上大多数国家都采取这种形式，比较典型的有英国、法国、日本和瑞典等。

二元式的中央银行制度是指中央银行体系由中央和地方两级相对独立的中央银行机构共同组成。中央级机构是最高权力和管理机构，地方级机构受中央级机构的监督管理，但是在它们各自的辖区内有较大的独立性。实行联邦制的国家多采取这种中央银行体制，如美国、德国等。

（2）复合式中央银行制度

复合式中央银行制度，是指国家不单独设立专门行使中央银行职能的金融机构，而是由一家大银行集中央银行与商业银行职能于一身。复合中央银行制主要存在于改革前的苏联和东欧国家，我国在1983年以前也实行这种制度。

（3）准中央银行制度

准中央银行制度指国家不设通常完整意义上的中央银行，而是由政府授权专门机构行使中央银行的某些职能，中央银行的另外一些职能则由某个或某几个大商业银行行使。实行这种体制的一般是一些经济开放度较高的小国家或地区，如新加坡和中国香港等。新加坡中央银行的职能由新加坡金融管理局和新加坡货币局两个法定机构共同承担。金融管理局的主要职能是制定和实施货币政策、监督金融业、为金融机构和政府提供各种服务等。新加坡货币局则享有在新加坡发行货币的独占权。

（4）跨国中央银行制度

跨国中央银行制度指由若干国家联合组建一家中央银行，由这家中央银行在其成员国范围内行使全部或部分中央银行的职能。第二次世界大战以后，一些在地域上相邻、经济上与某一发达国家联系密切的欠发达国家，为促进共同的经济发展，组建了货币联盟，并在联盟内建立统一的中央银行，执行统一的金融政策。

2. 中央银行的资本组成类型

（1）全部资本为国家所有的中央银行

这类中央银行也叫“国有化中央银行”，即完全由政府出资的中央银行。目前世界上大多数国家中央银行采用这种形式。中央银行的国有化主要是通过两种形式实现的：一是由国家逐步把原来行使一部分中央银行职能的私人银行收归国有，实现中央银行资本国有化。二是由国家以政府拨款的方式全额出资建立中央银行。这类中央银行包括英国的英格兰银行、德国的德意志联邦银行、法国的法兰西银行等 50 多个国家的中央银行。中国人民银行也属于这种类型。

（2）资本为公私混合所有的中央银行

这类中央银行也叫“半国家性的银行”。这类中央银行的资本由国家和民间资本共同持有，但国家资本占比大多在 50% 以上，其余的资本则由民间私人资本提供。并且，法律上一般对非国家股份持有者的权利作了限定，如只允许有分取红利的权利而无经营决策权。属于这类的有日本的日本银行、墨西哥的墨西哥银行、比利时的国家银行等。

（3）全部股份非国家所有的中央银行

对于这类中央银行，国家不持有任何股份，全部资本非国家所有，由法规规定执行中央银行的职能。其典型代表是美国的联邦储备银行、意大利银行、瑞士国家银行等。美国联邦储备银行的股本全部由参加联邦储备体系的会员银行所拥有，会员银行按照自己实收资本和公积金的 6% 认购所参加的联邦储备银行的股份，会员银行按实缴股本享受年息 6% 的股息。

（4）无资本金的中央银行

这种类型的中央银行在建立之初没有资本金，而由国家授权行使中央银行的职能，中央银行运用的资金主要是各金融机构的存款和流通中的货币。韩国的中央银行是目前唯一没有资本金的中央银行。

（5）资本为多国共有的中央银行

这种类型的中央银行是指其资本不为某一国家所独有，而是由主权独立的两个以上的国家所共有。这种中央银行主要指跨国中央银行。

中央银行的资本金无论是属于国家、公司混合所有还是其他，都不会对中央银行的性质和业务活动产生实质性影响。国家有权直接控制和监督中央银行，私人持股者既无决策权，又无经营管理权。因此，从这个意义上讲，任何一个国家的中央银行都是政府机构。

四、中央银行在中国的发展

1. 1948 年前的中央银行实践

中央银行在我国出现较晚，最具有中央银行形态的是清政府时期的户部银行。该行由户部奏请清政府筹建，模仿西方国家中央银行体制，为官商合办性质，1905 年 8 月在北京西郊民巷开业。它的设立，一是为整理币制的需要，二是为解决当时清政府财政极端困难的需要。1908 年，户部银行改为“大清银行”，清政府赋予它经营国库及发行铸币等特权，但它并不是真正意义上的中央银行。

1924 年 8 月，孙中山先生在广州组建国民革命政府并成立了国民革命政府的中央银行，1926 年北伐军在武汉成立了中央银行，这两家银行由于存在的时间都很短，所以并没有真正行使中央银行的基本职能。

1927 年，南京政府颁布了《中央银行条例》，1928 年 11 月 1 日成立了中央银行，总部在上海，额定资本为 2000 万元，全部由政府拨款。该行享有发行货币、铸造硬币、经营国库、募集和经营内外债等特权。中央银行的总裁由国民党政府特任，理事、监事由国民党政府特派，受行政院的直接领导。但是，该行成立之初，尚未获得货币发行权；当时具有货币发行权的，还有中国银行、交通银行和中国农民银行等几家银行。1942 年 7 月 1 日，根据《钞票统一发行办法》，将中国银行、交通银行和中国农民银行三家银行发行的钞票和准备金全部转移给中央银行，由中央银行独占货币发行权，同时由中央银行统一管理国家外汇。

与此同时，中国共产党也开始了中央银行的实践。1932 年 2 月，在江西瑞金成立了“中华苏维埃共和国国家银行”（简称“苏维埃国家银行”），并发行货币。从土地革命到抗日战争时期一直到中华人民共和国成立前夕，各根据地建立了相对独立、实行分散管理的根据地银行，并各自发行在本根据地内流通的货币。1948 年，以华北银行为基础，合并北海银行和西北农民银行，在河北石家庄组建了中国人民银行并发行人民币。

2. 新中国的中央银行

中国人民银行是新中国的中央银行。1949 年 2 月，中国人民银行总行迁入北京。以后，各解放区银行合并改组成为各大区行，并按行政区，分省（市）、地（市）、县（市）设立分行、中心支行和支行（办事处），支行以下设营业所，基本上形成了全国统一的金融体系。这一时期的中国人民银行，一方面集中了全国农业、工业、商业短期信贷业务和城乡人民储蓄业务；另一方面，既发行全国唯一合法的人民币，又代理国家财政金库，并管理金融行政。

1983 年 9 月 17 日，国务院发布 146 号文件，决定由中国人民银行专门行使中央银行职能，专门负责领导和管理全国的金融事业，不再兼办工商信贷和储蓄业务，以强化中央银行的职能。1984 年 1 月 1 日，中国工商银行正式成立，承办原来由中国人民银行办理的城市工商信贷和储蓄业务，中国人民银行成为专职的中央银行。

1993 年，按照国务院《关于金融体制改革的决定》，中国人民银行进一步强化金融调控、金融监管和金融服务职责，并划转政策性业务和商业银行业务。

1995年3月18日，第八届全国人民代表大会第三次会议通过了《中华人民共和国中国人民银行法》，首次以国家立法形式确立了中国人民银行作为中央银行的地位，标志着中央银行体制走向了法制化、规范化的轨道，是中央银行制度建设的重要里程碑。

1998年，按照1997年11月召开的全国金融工作会议的部署，中国人民银行及其分支机构在全国范围内进行管理体制改革，撤销省级分行，设立9个跨省区分行。2003年，中国人民银行对银行、金融资产管理公司、信托投资公司及其他存款类金融机构的监管职能被分离出来，成立了中国银行业监督管理委员会。同年12月27日，《中华人民共和国中国人民银行法（修正案）》正式通过。至此，经过50多年的曲折历程，一个以中央银行为领导，银监会、证监会和保监会协助分业监管，以商业银行为主体，城乡信用合作社、证券公司、保险公司等多种金融机构并存，适度竞争，分工协作的具有中国特色的金融体系终于形成。

第二节 中央银行的性质、职能和独立性问题

一、中央银行的性质

虽然各国的社会历史状况不同、经济和政治制度不同、商品经济和货币信用制度的发展水平及金融环境各有差异，但就中央银行在国民经济活动中的特殊地位和作用分析，各国中央银行的一般性质具有某种共性。

中央银行的性质可表述为：中央银行是国家赋予其制定和执行货币政策，对国民经济进行宏观调控和对金融业进行监督管理的特殊的金融机构。这一性质表明，中央银行既是特殊的金融机构，又是特殊的国家机关。

1. 中央银行是特殊的金融机构

中央银行是一个“特殊的金融机构”，具体表现为业务的特殊性和地位的特殊性。

中央银行虽然也称为“银行”，也办理银行固有的“存、贷、汇”业务，但与普通的商业银行和金融机构相比，在业务经营目标、经营对象和经营内容上都有着本质的区别：①经营目标的特殊性。中央银行不以营利为目的，而是为了维护国家货币与金融稳定。②经营对象的特殊性。中央银行不与普通的企业和个人进行业务往来，其业务对象是商业银行、其他金融机构和政府等。③业务性质的特殊性。中央银行在业务经营过程中拥有某种特征，如中央银行独占货币发行权，这是商业银行不能享有的权利；此外，它还负责制定和执行货币政策、代理国库、管理国家黄金和外汇储备、维护支付清算系统的正常运行等。

中央银行处于一个国家金融体系的中心环节，它是全国货币金融的最高权力机构，也是全国信用制度的枢纽。可见，中央银行的地位非同一般，它是国家货币政策的制定者，是国家干预经济生活的重要工具，是政府在金融领域的代理人。

2. 中央银行是特殊的国家机关

中央银行是国家机关之一，有其特定的职责，主要表现在：①中央银行是全国金融事业的最高管理机构，是代表国家管理金融事业的部门。②中央银行代表国家制定和执行统一的货币政策，监管全国金融机构的业务活动。③中央银行的主要任务是代表国家运用货币政策对经济生活进行直接或间接的干预。④中央银行代表国家参加国际金融组织和国际金融活动。

但是中央银行与一般的国家机关又有很大的不同：①中央银行对金融和经济的管理调控基本上是采用经济手段等方式实现的，这与主要依靠行政手段进行管理的国家机关有明显不同。②中央银行对宏观经济的调控是分层次实现的，即通过货币政策的工具操作来调节金融机构的行为和金融市场运作，然后再通过金融机构和金融市场影响企业和居民等经济部门，其作用比较平缓，市场的回旋空间较大；而一般国家机关的行政决定直接作用于各微观主体，且缺乏弹性。

二、中央银行的职能

中央银行的职能是其性质的具体体现。中央银行的性质和宗旨决定了其有三项基本职能：发行的银行、银行的银行和政府的银行。

1. 发行的银行

发行的银行指中央银行垄断货币的发行权，是全国唯一的现钞发行机构。这是中央银行发挥其全部职能和实施金融宏观调控的基础，也是中央银行的最基本、最重要的标志。

作为发行的银行，中央银行需要承担两方面的责任：一是保持货币流通顺畅；二是有效控制货币发行量，稳定币值。中央银行垄断货币发行，并不意味着中央银行可以任意决定货币发行量。在实行金本位制条件下，中央银行是依靠足额发行准备金或部分发行准备金来保证其发行银行券的可兑换性的。因而，中央银行必须有足够的黄金储备，作为保证银行券发行与流通的物质基础，黄金储备数量成为银行券发行数量的重要制约因素。在货币转化为不兑现的纸币流通后，虽然纸币不再与黄金挂钩，但一国政府仍需提供足够的信用担保以保证一国货币的稳定。因此，此时的中央银行必须根据经济发展的需要来决定货币发行量，并有责任规范货币发行，以确保货币币值的稳定。

2. 银行的银行

银行的银行有以下几层意思：一是中央银行的业务对象是商业银行、其他金融机构和特定的政府部门。二是中央银行与其业务对象之间的业务往来仍表现出银行所固有的“存、放、汇”等业务特征。三是中央银行在为商业银行提供支持和服务的同时，也是商业银行的监督管理者。这一职能最能体现中央银行的特殊金融机构性质，具体表现在集中存款准备金、充当最后贷款人、组织全国的清算三个方面。

（1）集中存款准备金

按法律规定，商业银行和其他金融机构都要按法定比例向中央银行交存存款准备金，即中央银行具有为各经营存款业务的金融机构集中保管一部分准备金的特权。中央银行集中保管存款准备金的原意是加强银行的清偿能力，增加货币供给的弹性。当一般金融机构资金周转困难时，通过中央银行加以调剂，既能保障存款人的利益，又能防止银行发生挤兑而倒闭。随着中央银行作用的强化，存款准备金更重要的作用在于，通过中央银行在规定的幅度内变更法定存款准备金率，控制商业银行的信贷规模，进而控制全国货币供应量。

（2）充当最后贷款人

中央银行对商业银行和其他金融机构办理票据再贴现和再抵押的融资业务时，履行了“最后贷款人”的职能。票据再贴现是指商业银行或票据贴现所等把工商企业向自己贴现的合格票据（如国库券、短期公债、短期商业票据等）再向中央银行贴现以融通资金的一种方式。票据再抵押是以商业银行提供的票据作抵押而发放的贷款。

（3）组织全国的清算

中央银行通过票据交换所为各商业银行及金融机构相互间应收应付的票据进行清算，履行了“最后清算人”的职能。这一职能是在中央银行货币发行和集中保管存款准备金的基础上发展起来的。由于中央银行掌握货币发行权，集中保管存款准备金，所以各银行和金融机构都在中央银行开设有存款往来账户，这为中央银行主持银行间的票据交换和差额清算提供了条件。中央银行参与组织全国清算，一方面有利于加速资金周转，提高清算效率；另一方面有利于中央银行及时掌握各商业银行的头寸状况，便于中央银行行使金融监管的职能。

3. 政府的银行

政府的银行指无论中央银行的表现形式如何，它都是管理全国金融业务的国家机构，是制定和贯彻国家货币政策的综合部门，是国家信用的提供者，并代理国家执行国库出纳职能。这一职能主要表现在以下几个方面：代理国库；代理国家债券的发行；向国家给予信贷支持；保管外汇和黄金储备；制定有关金融管理法规并监督实施。此外，中央银行还代表政府参加国际金融组织，出席各种国际会议，从事国际金融活动以及代表政府签订国际金融协定；在国内外经济金融活动中，充当政府的顾问，提供经济、金融情报和决策建议。

三、中央银行的独立性

1. 中央银行独立性的含义

中央银行独立性（independence of central bank）指中央银行履行自身职责时法律赋予或实际拥有的权力、决策与行动的自主程度，其实质是中央银行与政府之间的关系问题。这一关系包括两层含义：一是中央银行应对政府保持一定的独立性；二是中央银行对政府的独立性是相对的。

（1）中央银行应对政府保持一定的独立性

中央银行具有一定的独立性，这是保持经济、金融稳定和维护社会公众信心的一个必要条件。中央银行对政府保持一定的独立性，使其权力与责任相统一，能够在制定和实施货币政策、金融监管和调控宏观经济方面自主地、及时地形成决策和保证决策的贯彻执行，这对促进经济和社会的健康、稳定发展和保证国家的根本利益具有重要意义。具体理由如下：①中央银行是特殊的金融机构。②中央银行制定和执行货币政策，对金融业实施监督管理，调控宏观经济运行，具有较强的专业性和技术性。③中央银行与政府两者所处的地位、行为目标、利益需求及制约因素有所不同。④中央银行保持一定的独立性可以增加中央银行宏观调控的时效性和提高中央银行运作的效率。⑤中央银行保持一定的独立性可以增加货币政策的综合效力和稳定性，避免因某项决策或政策失误而造成经济与社会发展全局性的损失。

（2）中央银行对政府的独立性是相对的

中央银行作为国家授权的宏观经济调控部门，在现代经济体系中处于极为关键的特殊地位，这决定了它在履行职责时不能完全独立于政府，更不能凌驾于政府之上，要接受政府的管理和监督，因此中央银行的独立性是相对的。①从金融与经济社会的关系来看，中央银行作为金融系统的核心和金融管理者，自然应当服从于社会经济大系统的整体运转，服从于国家的根本利益。②从中央银行承担的宏观调控职责看，它是国家对宏观经济进行调控的一部分，中央银行只是整个宏观调控体系中的一个组成部门。③从中央银行履行自己的职责看，其调节经济所从事的业务活动和监管都是在国家授权下进行的，具有一定的行政管理部门的性质。

2. 中央银行独立性的类型

一国中央银行独立性的强弱，主要取决于以下几个方面的制度安排：中央银行的隶属关系、法律赋予中央银行的权力、中央银行领导人的任命和任期、中央银行的决策层中是否有政府官员代表以及中央银行与财政部的资金关系等。从世界范围看，中央银行的独立性大致有以下三种模式：

（1）独立性较强的中央银行

这种模式的主要特点是中央银行直接对国会负责，政府无权对其发号施令，中央银行的独立地位在法律上有明确规定，中央银行的领导人任期长于总统的任期或任期错开，中央银行决策层中没有政府代表或政府代表没有表决权，政府向中央银行融资有严格限制，并且中央银行在财务上是独立的，无须财政拨款。美国和德国的中央银行是这种模式的代表。

（2）独立性居中的中央银行

这类中央银行的特点是名义上或法律中有限制中央银行独立性的条款，但实际上中央银行仍可保持较大的独立性。英格兰银行和日本银行属于这种类型。

（3）独立性较弱的中央银行

这类中央银行的特点是，中央银行不论在名义上还是在实际中都隶属于政府，其货币政策的制定和实施通常要经过政府批准，中央银行决策层中的政府代表有权否决或推迟中央银行的决定。意大利、法国的中央银行属于这种模式的代表。

第三节　中央银行的业务

一、中央银行的资产负债表

中央银行的资产负债表是反映其基本业务活动的综合会计记录，是中央银行发挥职能的基本体现。因此，要了解中央银行的业务活动和资产负债情况，首先要了解中央银行的资产负债表及其构成。表 7-1 是国际货币基金组织提供的货币当局资产负债表的主要项目。

表 7-1　　央行资产负债表（简化）

资产项目	负债项目
国外资产	储备货币
外汇	货币发行
货币黄金	其他存款性公司存款（含法定准备金和超额准备金）
对政府债权	发行债券
对其他存款性公司债权	国外负债
对其他金融性公司债权	政府存款
对非金融部门债权	自有资金
其他资产	其他负债
总资产	总负债

中央银行的资产是指中央银行所持有的各种债券，包括国外资产和国内资产两大类。国外资产主要包括中央银行持有的可自由兑换外汇、黄金储备、不可自由兑换的外汇、地区货币合作基金、国库中的国外资产、其他官方的国外资产、对外国政府和国外金融机构的贷款、未在别处列出的其他官方国外资产、在国际货币基金组织的储备头寸和特别提款权的持有额等。国内资产主要是由中央银行对政府、金融机构和其他部门的债券构成。中央银行的负债是指金融机构、企业、个人和其他部门持有的中央银行的债券。

二、中央银行的负债业务

中央银行的负债业务主要有货币发行业务、存款业务和其他负债业务。

1. 货币发行业务

货币发行指中央银行向流通领域投放货币的活动，是中央银行主要的负债。中央银行通过货币发行，一方面满足社会商品流通扩大和商品经济发展的需要，另一方面为中央银行筹集资金，满足中央银行履行各项职能的需要。

中央银行发行货币，主要是通过对商业银行及其他金融机构提供贷款、接受商业票据再贴现、在金融市场买进有价证券、收兑黄金和外汇等方式实现的。

中央银行虽然垄断了货币发行权，但货币发行并非随意行为。货币发行必须符合国民经济发展的客观要求。如果货币发行过多，会引起货币贬值、物价上涨，发生通货膨胀，这必然导致一系列的社会经济问题。如果货币发行过少，则会妨碍国民经济的正常运行，使国民经济因缺少货币而达不到应有的增长速度。

2. 存款业务

中央银行的存款业务一般可分为商业银行等金融机构的准备金存款业务、政府存款业务、外国存款业务、特种存款业务等。

（1）准备金存款业务

存款准备金是商业银行等金融机构按吸收存款的一定比例提取的准备金。它由几部分组成：一部分是自存准备金，通常以库存现金的方式存在；另一部分是法定存款准备金，指根据法律规定，商业银行必须按某一比例转存中央银行的部分。在中央银行存款中超过法定存款准备金的部分称为超额存款准备金。

（2）政府存款业务

政府赋予中央银行代理国库的职能，财政的收入和支出均由中央银行代理；同时，金库存款、行政事业单位存款，在支出前存在中央银行，也构成其资金的重要来源。

（3）外国存款业务

外国存款或属于外国中央银行或属于外国政府，外国存款的目的是满足国家间贸易结算和往来支付的需要，存款数量多少取决于它们的需要。虽然外国存款对本国外汇储备和中央银行基础货币的投机有影响，但由于外国存款的数量小，影响力并不大。

（4）特种存款业务

特种存款是指中央银行根据商业银行和其他金融机构信贷资金的运营情况，以及银根松紧和宏观调控的需要，以存款的方式向这些金融机构集中一定数量的资金而形成的存款。特种存款业务作为调整信贷资金结构和信贷规模的重要措施，是中央银行实施直接信用控制的方式之一。

3. 其他负债业务

中央银行还有发行中央银行债券、对外负债和资本业务等其他一些业务。

（1）发行中央银行债券

发行中央银行债券是中央银行的主要负债业务，其发行的对象主要是国内金融机构。中央银行发行债券的主要目的：一是减少商业银行或其他非银行金融机构的超额储备金，以便有效控制货币供应量；二是以此作为公开市场操作的工具之一，通过中央银行债券的市场买卖行为，灵活地调节货币供应量。一般来说，当中央银行买进已发行的债券时，商业银行的超额储备金会增加，货币供应量会增加；当中央银行卖出债券时，商业银行的超额储备金会减少，货币供应量会减少。

（2）对外负债

对外负债主要包括从国外银行借款、对外国中央银行的负债、国际金融机构贷款、在国外发行的中央银行债券等。对外负债的主要目的是平衡国际收支，维持本币汇率水平，应对货币危机或金融危机。如在 1997 年东南亚爆发的金融危机中，许多国家都向国际金融机构借款，以干预外汇市场，维持汇率水平，这对尽快渡过金融危机起到重要作用。

（3）资本业务

中央银行的资本业务指筹集、维持和补充自有资本的业务。中央银行自有资本形成有三个途径：政府出资、地方政府和国有机构出资及私人银行或部门出资。

三、中央银行的资产业务

中央银行的资产业务主要包括再贴现业务、再贷款业务、证券买卖业务、储备资产业务等。

1. 再贷款和再贴现业务

商业银行缴存在中央银行的存款准备金构成中央银行吸收存款的主要部分，当商业银行出现资金短缺时，可从中央银行借款，其方式是再贴现或再贷款。

再贴现业务是指商业银行或其他金融机构将贴现所得的未到期票据向中央银行转让以融通短期资金的一种行为。商业银行通过再贴现提前取得商业票据上的款项，也意味着中央银行对商业银行进行了一次贷款。中央银行的贷款业务是指中央银行采用信用贷款或抵押贷款的形式，对商业银行等金融机构和政府提供的资金支持。这是中央银行提供基础货币的主要渠道。

中央银行对商业银行办理再贴现和再贷款时，要坚持流动性和安全性原则，要注意期限的长短，以保证资金的灵活周转。

2. 证券买卖业务

证券买卖业务是指中央银行在公开市场上从事有价证券的买卖。中央银行在公开市场上买进或卖出货币的目的是调控货币供给量。

中央银行在公开市场上买卖的对象主要是国债以及流动性很强的证券。中央银行一般只能在证券的交易市场上，即二级市场上购买有价证券，这是保持中央银行相对独立性的客观要求。中央银行只能购买流动性非常高、随时都可以销售的有价证券，通常以国债为主要对象，这一点是由中央银行资产必须保持高度的流动性这一业务原则决定的。

3. 储备资产业务

目前，各国政府都赋予中央银行掌握全国的国际储备业务的职责。储备资产业务的主要内容是负责经营和保管本国的国际储备，包括黄金与外汇储备，其作用在于稳定币值和汇价，保持国际收支的平衡。

（1）稳定币值

为了保证经济的稳定，中央银行必须保持货币币值的稳定。为此，中央银行应保留一定比例的黄金和外汇储备。当国内商品供给不足、物价上涨时，就可以利用持有的黄金和外汇储备从国外进口商品或直接向社会出售上述国际通货，以回笼货币，平抑物价，使币值保持稳定。

（2）稳定汇价

在实行浮动汇率制度的条件下，一国货币的对外价值会经常发生变动。汇率的变动对该国的国际收支乃至经济发展产生重大影响。因此，中央银行通过买进或卖出国际通货，使汇率保持在合理的水平上，以稳定本国货币的对外价值。

（3）保持国际收支的平衡

当国际收支发生逆差时，就可以动用黄金和外汇储备补充外汇，以保持国际收支的平衡。

四、中央银行的资金清算业务

中央银行的资金清算业务是指中央银行为商业银行和其他金融机构办理资金划拨、清算和资金转移的业务。由于中央银行集中了商业银行的存款准备金，因而商业银行彼此之间由于交换各种支付凭证而产生的应收应付款项，就可以通过中央银行的存款账户划拨来清算。资金清算业务能够提高银行的工作效率，增强银行信誉，有利于中央银行正确制定和执行金融政策。各国中央银行都设有专门的票据清算机构，负责处理各商业银行的票据并结清其差额。

中央银行的清算业务大体可分为三项：①集中办理票据交换。这项业务是通过票据交换所来进行的，票据交换所是同一城市内银行间清算各自应收应付票据款项的场所，有些由中央银行直接主办，有些由各银行联合举办。不论交换机构形式如何，最后差额必须经过中央银行转账。②结清交换差额。各清算银行均在中央银行开立有往来存款账户，票据交换后的最后差额即通过该账户资金增减来结清。③办理异地资金转移。中央银行不仅通过分支机构组织同城票据交换与资金清算，而且还要在全国范围内办理异地资金转移。由于票据流通规则和银行组织方式的不同，中央银行办理异地资金转移的具体做法也不同。在英国，以伦敦为全国的清算中心，先由四大清算银行清算，其差额再由英格兰银行转账划拨。在美国，由联邦储备银行代收外埠支票，建立清算专款，然后以华盛顿为最后清算中心。法国则是利用中央银行遍布全国的分支机构建立转账账户为各银行服务。我国对异地资金的清算，是通过中国人民银行组织的全国银行联行资金清算系统完成的。

第四节　金融监管

一、金融监管的含义及目标

金融监管是指政府通过特定的机构（如中央银行）对金融交易行为主体进行的某种限制或规定。金融监管有狭义和广义之分。狭义的金融监管指中央银行或其他金融监管当局依据国家法律规定对整个金融业实施的监督管理。广义的金融监管在上述含义之外，还包括了金融机构的内部控制和稽查、同业自律性组织的监管、社会中介组织的监管等内容。本节仅介绍狭义的金融监管。

金融监管当局进行金融监管的总体目标是：通过对金融业的监管，维持一个稳定、健全、高效的金融制度。具体来件，金融监管的目标可以分为以下几个层次：

第一，维持金融业的安全与稳定。随着世界金融一体化和自由化的发展，资本流动的范围越来越广，流动速度越来越快，一国金融市场遭受内外冲击而出现危机的可能性也越来越大。同时，金融机构之间的竞争也越来越激烈，金融机构经营风险不断提高。因此，维护本国金融体系的安全稳定是金融监管当局进行金融监管的首要目标。

第二，保护公众的利益。金融机构作为信用中介，其资金主要来自于社会公众，保护金融体系的安全与稳定不仅是为了维护国家利益，而且还是为了维护社会公众的利益。

第三，维持金融业的运作秩序和公平竞争。竞争是市场经济的基本特征之一，它可以形成一种优胜劣汰的有效机制。但盲目竞争、不公平竞争或非法竞争都会导致金融机构的破产倒闭，并形成金融垄断，从而阻碍、危害经济的平稳发展。因此，金融监管当局有必要通过金融监管为金融机构创造一个合法、公平、高效、有序的竞争环境。

二、金融监管的基本原则

金融监管的原则是由金融监管的目标决定的。尽管各国的具体情况及法规不同，金融监管主体、对象和监管的内容和方式也存在一定的差异，但其基本原则是相似的。

1. 依法监管原则

依法监管原则包括两个方面的含义：一是金融机构必须接受国际金融管理当局的监督管理，不能有例外。二是实施金融监管必须依法而行。这样才能保证管理的权威性、严肃性、强制性、一贯性和有效性。

2. 适度竞争原则

依据这一原则，金融监管的重心是创造适度竞争的环境，既要保持适度竞争的格局，避免造成金融高度垄断、排斥竞争，又要防止过度竞争、破坏性竞争从而波及银行业的安全稳定，引起银行破产及剧烈的社会动荡。

3. 安全稳健与经济效益相结合原则

安全稳健是金融监管的重要目标和原则。一方面，监管当局必须采取种种预防和补救措施，督促金融机构依法经营，降低风险；另一方面，金融监管不应是消极地、单纯地防范风险，而应与提高经济效益相协调。事实上，安全稳定和提高效率辩证统一，只有安全经营，才能降低风险，进而提高经营效率；只有提高经营效率，才能提高金融机构的抗风险能力，实现安全稳健的经营。

4. 内部自我约束和外部监管相结合的原则

一方面，金融监管不能完全依靠外部强制管理。外部监管即使再严厉，若被监管对象不配合，而是逃避、应付、对抗，那么外部监管也难以取得预期效果。另一方面，也不能将希望全部寄托于金融机构自身自觉、自愿地自我约束。因此，金融监管必须将自我约束与外部强制相结合。

三、金融监管的一般内容

中央银行对金融业的监管包括对商业银行及非银行金融机构和金融市场的监管。

1. 对商业银行及非银行金融机构的监管

具体监管内容主要有三个方面，即对市场准入的监管、市场运作过程的监管、市场退出的监管。

（1）市场准入的监管

这是国家对银行等金融机构实施监管的开始。各个国家的金融监管当局一般都参与金融机构设立的审批过程。银行申请设立必须符合法律规定，主要包括两个方面：一是具有最低限度的认缴资本额；二是具有素质较高的管理人员。

我国金融机构的设立申请主要审查以下几个方面：①金融机构设立的程序。②金融机构设立的组织形式。③金融机构的章程。④资本金要求。⑤经营方针和营业场所。⑥对法定代表人及主要负责人任职资格的审查。⑦申请设立金融机构的可行性报告。⑧许可证制度。

（2）市场运作过程的监管

金融机构经批准开业后，中央银行还要对金融机构的运作过程进行有效监管，以便更好地实现监控目标。

①资本充足性监管。对于商业银行的资本金，除注册时要求的最低标准外，一般还要求银行自有资本与资产总额、存款总额、负债总额以及风险投资之间保持适当的比例。银行在开证业务时要受到自有资本的制约，不能脱离自有资本而任意扩大业务。《巴塞尔协议》中规定，自有资本与风险资本之比不能低于8%，这一标准已经被世界各国普遍接受，它是银行监管中资本充足率的最重要、最基本的标准。

②流动性监管。各国金融监管当局对银行资金的流动性同资本充足性一样重视，只是监管流动性的方法有所不同。有的国家不正式规定流动性的具体界限，但经常予以检查监督；有的国家对银行资产负债分别设定比例来监视银行的清偿能力；有的国家对吸收短期存款而进行长期投资的银行单独进行管理，对其长期性投资加以特殊限制。流动性监管既针对本币，也针对外币。在实践中要恰当地评价、准确地测量银行的流动性是很复杂的，也很困难。目前的趋势是以考核银行资产负债期限和利率结构搭配是否合理为基础对流动性进行系统的评价。

③业务范围的监管。这里指银行等金融机构被获准经营哪些业务、禁止经营哪些业务。有些国家把商业银行的银行业务与投资银行的业务分开，并禁止商业银行认购股票；有些国家限制银行对工商企业的直接投资。

④贷款风险的控制。追求最大限度的利润是商业经营的直接目的，商业银行把吸收的资金尽可能地用于贷款和投资，尽可能地集中投向盈利高的项目。由于获利越多的资产风险相对越大，因而大多数国家的中央银行都尽可能限制贷款投向的过度集中，通常会限制一家银行对单个借款者提供过多的贷款。意大利规定对单个客户的贷款不得超过银行的自有资本，美国规定不得超过自有资本的10%，日本规定不得超过自有资本的20%。

⑤外汇风险管理。外汇管理的目的是保持国际收支平衡，保证本国货币币值的稳定，从而维护本国经济发展的正常金融环境。外汇管理的内容主要包括：贸易项目管理、非贸

易项目管理、资本项目管理、汇率管理和对黄金、本币出入境管理等。由于国际短期投机性资本流动对许多国家的正常金融秩序造成了极大破坏，各国都把对资本项目的外汇管理放在首要位置。

⑥准备金管理。银行的资本充足性与其准备金政策之间有着内在的联系。监管当局的主要任务是确保银行的准备金是在充分考虑谨慎经营和真实评价业务质量的基础上提取的。各国金融监管当局已经普遍认识到准备金政策和方法的统一是确保国际金融体系稳定的一个重要因素。

⑦存款保险管理。为了维护存款者利益和金融业的稳健经营与安全，有些国家建立了存款保险制度。在金融体制中设立负责存款保险的机构，规定本国金融机构按吸收存款的一定比例向存款保险机构缴纳保险金。当金融机构出现信用危机时，由存款保险机构向金融机构提供财务支援，或由存款保险机构直接向存款者支付部分或全部存款，以维护正常的金融秩序。

（3）市场退出的监管

金融机构退出市场的原因和方式可以分为两类：主动退出与被动退出。主动退出是指金融机构因分立、合并或者出现公司章程规定的事由需要解散而退出市场的。被动退出则是指由于法定的理由，如法院宣布破产或因严重违规、资不抵债等原因而遭关闭，中央银行将金融机构依法关闭，取消其经营金融业务的资格，金融机构因此而退出市场。

各国对金融机构退出市场的监管都通过法律予以明确，并且有很细致的技术性规定。我国对金融机构退出市场的监管也是由法律予以规定的，一般有以下几种形式：①接管。②解散。③撤销。④破产。

2. 对金融市场的监管

对金融市场的监管是指金融管理当局对金融市场机构及其交易活动的监督和管理。金融市场涉及面非常广，可控性较差，因此，货币当局对金融市场的监管必须坚持以下几条原则：①依法进行持续监管，监管要依法进行，法律是监管的依据和基础。②自我管理和国家监管相结合。③坚持信息公开的原则。④防止欺诈和操纵行为。

20 世纪 80 年代以前，大多数国家的中央银行是金融业或银行的监管机构。现在，中央银行作为金融监管的唯一主体，已无法适应新的金融格局。这是因为银行在金融体系中的传统作用正受到挑战，金融市场在经济发展中的作用越来越大，于是许多国家通过另设监管机构来监管越来越多的非银行金融机构，如银监会、证监会、保监会等。

从各国金融监管的实践来看，监管体制可分为四类：①分业经营且分业监管，如法国和中国。②分业经营而混业监管，如韩国。③混业经营而分业监管，如美国和中国香港。④混业经营且混业监管，如英国和日本等。我国的金融监管分别由中国人民银行、中国银行业监督管理委员会、中国证券市场监督管理委员会和中国保险业监督管理委员会四个机构分别执行。

专栏 7-2

20 世纪美国几大银行法及法规变迁

1.《格拉斯-斯蒂格尔法》(1933 年)。此法案是 20 世纪 30 年代经济大萧条的产物。1929 年美国股票市场狂跌后，金融市场一片恐慌，老百姓生怕在银行里的存款朝不保夕，争先恐后去银行取款，导致银行资金周转不灵，银行接二连三宣告破产。当时，五个银行里就有一个倒闭。银行挤兑（bankrun）又导致产业资金匮乏，投资紧缩。这一系列连环效应，最后引爆了美国历史上最深刻、最持久、危害最严重的经济大危机。危机之后，国民生产总值下降 30%，失业率高达 25%。

在此之前，美国的经济危机也是连绵起伏，周而复始。1913 年成立的美联储，就是在美国经历了 1873 年、1893 年和 1907 年的几次银行危机的背景下建立的。1925 年，美国还通过《麦克法登法》(McFadden Act)，禁止银行跨州经营，意在减少竞争，减少银行间的关联，减少银行“多米诺骨牌”似的连锁倒闭。但这些都不能阻挡 20 世纪 30 年代的大萧条。美联储当时非但回天乏术，还被指责政策不当——采取了一系列提高利率等紧缩货币措施，使经济雪上加霜。著名经济学家、诺贝尔奖获得者米尔顿·弗里德曼（Milton Friedman）就是如此这般指责美联储当时的政策的。

在寻找根源甚至“替罪羊”的时候，当时许多人，尤其是国会议员，都认为这是银行间恶性竞争、在证券市场上投机的结果。这种“强盗”行为必须严加制止，以免历史重蹈覆辙。1933 年，参议员格拉斯和众议员斯蒂格尔（皆为民主党）推动了《格拉斯-斯蒂格尔法》的进程，制定出很多行政上的条条框框，限制银行的所作所为。比如，为了限制银行间恶性竞争，支票账户不能支付利息，储蓄账户有利息上限；银行设立分行有严格限制；不能将存款投资于股票市场，以免风险过高；设立联邦储蓄保险公司 FDIC（Federal Deposit Insurance Corporation)，为老百姓的存款作担保；还有重要的一条是将商业银行和投资银行业务分开，让银行作出选择，两者取一。为此，显赫一时的摩根财团被迫一分为二，分成从事商业银行业务的摩根银行和从事投资银行业务的摩根-斯坦利银行。

2.《银行控股公司法》(1956 年）及其补充案（1970 年)。第二次世界大战后，银行为了绕开法律对商业银行的严格限制，开始通过设立控股公司的途径来涉足其他经营领域。这方面尤其突出的是通过跨地区建立或收购银行，以达到跨州经营的目的。当时有很多州严格限制州内银行及其分行的数目，然而州政府很难控制跨州经营的银行控股公司，于是，控股公司可以在基本上没有限制的情况下，建立坐落在不同地区的不同银行，并建立诸多非银行金融机构，从而跨州运营诸多被禁止的活动。一时间，银行控股公司蓬勃发展。

1956 年通过的《银行控股公司法》，重申《麦克法登法》对跨州经营和收购银行的限制，重申《格拉斯-斯蒂格尔法》对银行经营业务的限制，规定控股公司只能从事银行及与其紧密相关的业务，而必须脱离其他业务，这其中包括保险业务。归根到底，此法案意在限制银行控股公司，尤其是辖有多个银行的控股公司从事非银行活动，这又进一步加强了对银行的监控。

1970 年，通过了银行控股公司法补充案，在此基础上，又重点加强了对单一银行控股公司的管制。因为 1956 年的法案只是针对拥有多家银行的控股公司，而没有提及单一银行控股公司，所以单一银行控股公司如雨后春笋般建立起来。它们从事多项非银行活动，甚至涉足农业、采矿、房产、批发零售等。1970 年的补充案，将 1956 年对辖有多家银行的控股公司的要求，扩展到单一银行控股公司。

3. 一系列有关储蓄机构的法规。20 世纪 80 年代，美国国会针对新兴的储蓄贷款协会（Savings and Loan Associations）进行了一系列松绑的实验，旨在给予其更多的、一般商业银行享受不到的经营自由，以促进其发展。

储贷会，也称“储蓄机构”，类似于商业银行，执行着接受存款、提供贷款的职能。但它同时又补充商业银行的空缺：商业银行的重点客户是企业商家，为它们提供中短期商业贷款；而储蓄机构主要是针对个人消费者，为个人提供房屋抵押长期贷款。从这个意义上说，它开辟了一个专为消费者服务的新天地。但由于储蓄机构的资产负债结构更具有“借短贷长”的特征，所以孕育着潜在的危机。

1980 年，国会推出《储蓄机构放松管制和货币控制法》（Depository Institutions Deregulation and Monetary Control Act），并于 1982 年推出《储蓄机构法》（Depository Institutions Act），赋予了储贷会大有作为的广阔天地。

从资产的角度上看，这些历史上曾被全面禁止参与房屋贷款的储蓄机构，忽然间被允许拥有占其资产值 40% 的贷款业务以及占其资产值 30% 的消费者贷款和占资产值 10% 的商业贷款与租赁。此外，它们还被允许持有资产值 10% 的垃圾债券（junk bond）或股票。而商业银行是被禁止涉足垃圾债券或股票的。

从负债角度上看，储蓄机构可以不受限制，单纯根据市场波动提供储蓄利率。FDIC 也根据 1980 年的法案，将储蓄保险从 4 万美元提高到 10 万美元，更成为储贷会吸引资金的口号。一时间，储贷会发展蒸蒸日上。

岂料，储贷会生不逢时。从 20 世纪 80 年代初开始，美联储为压制通货膨胀而实施两位数高利率政策，储贷会特有的“借短贷长”的隐患便暴露出来了：它的长期贷款的利率早已锁定在低利率水平，无法变更；但它的存款此时却需要支付两位数利息率，结果必然是入不敷出，严重倒挂。

储贷会这时孤注一掷，冒险参与了高风险垃圾债券的投资，希望借高回报挽回局面，以弥补“借短贷长”的窟窿。无奈，美国经济又不景气，垃圾债券更像是“烫手的山芋”，不违约已是好的了，怎还能期待高回报？这如同雪上加霜，加剧了储贷会的财政困难，造成事态的进一步恶化。1982 年年底，这些机构的损失已经达到 100 亿美元，超过半数以上的储蓄机构出现了严重的财务危机甚至破产。为这些储贷会作储蓄保险的联邦机构 FDIC，即便倾其全部保险基金，也弥补不了巨额的索赔，面临着岌岌可危的严峻考验。

最后只能由国会出面“赈灾”，将 1500 亿美元的巨额纳税收入注入这些机构，帮助它们渡过难关。同时，1989 年，国会推出了《金融机构改革、恢复与强化法》（Financial Institutions Reform, Recovery, and Enforcement Act），重新实施 1982 年以前对储蓄机构有关资产选择的限制，提高储蓄保险费用，实施与商业银行同样的监管标准，并设立储贷会监管署（Office of Thrift Supervision，OTS），负责对储贷会进行全面系统的监督管理。

至此，一场放松管制的实验，在损失惨重的情况下鸣锣收兵。储贷会的危机，与其说是时运不济，不如说是因为缺少风险意识，急功近利，再加上几乎没有任何监管措施，放任自流所致。所以，放松管制不等于放任自流，不等于不要监管；银行的监管还是要与时俱进、与日俱新，不可松懈半分。这场危机过后，储贷会经历了合并、兼并风潮，又接二连三被商业银行购买吞并，现在已经所剩寥寥，不再在金融舞台上扮演重要角色。

4. 美联储重新解释《格拉斯-斯蒂格尔法》。世界上大部分国家都奉行全能银行政策，如德国、瑞士、加拿大等。英国与日本也分别在近 20 年间进行了“大爆炸”式的金融改革，突破了传统分业经营的框框，采取了全面混业经营的模式。相比之下，美国银行的分行、分业、条块经营的劣势显而易见（跨州经营的限制早在 1994 年通过《州际银行与分行效率法》时被取消）。面对国际和国内金融业的激烈竞争，而变更法律条款又遥遥无期时，美联储当机立断，单方面重新解释法规，以利于银行扩大地盘，重整旗鼓。

1986 年，美联储首次对《格拉斯-斯蒂格尔法》中的第 20 条进行诠释。原本规定商业银行不能“主要从事”（engaged principally）证券业务，但词语用得模棱两可，没有对“主要从事”作具体定义。美联储便觉得有机可乘，单方面将“主要从事”界定为 5%：只要证券业务给银行带来的收入不超过银行总收入的 5%，便不算违规，可以大行其道。这其实是在为一些商业银行承销商业票据、市政债券和住房抵押债券等业务大开绿灯。

1987 年，格林斯潘成为美联储主席。在他的领导下，1989 年，美联储再一次重新解释第 20 条，将“主要从事”的定量从 5% 提高到 10%，以使商业银行从事股票和债券承销。这类项目所涉及的规模和金额，一般都比前一段所提及的商业票据等项目大得多。

与此同时，国会一直试图推翻《格拉斯-斯蒂格尔法》，但每次都遭到众院否决。这里面很重要的一个焦点，是由谁来主导合并后金融巨鳄的监管工作，美国货币监理署（OCC）和美联储欲争霸领袖人物地位，双方争执不休。

1996 年，美联储又再一次采取惊人之举，将“主要从事”的上限进一步提升到 25%。这一举动事实上宣告了《格拉斯-斯蒂格尔法》在分离银行和证券业务方面的无效。任何一家银行控股公司若想从事证券业务，基本上都可以维持在 25% 的上限内，银行总还有很多其他业务带来主要收入。这是个重大的解放银行手脚的举动，可以让银行放手挺进证券业，达到事实上的混业经营。“有条件要上，没有条件，创造条件也要上。”国会不取缔《格拉斯-斯蒂格尔法》，美联储只好单方面独立行动。

5.《金融服务现代化法》（1999 年）。1999 年 10 月 22 日，经过 25 年 12 次的尝试，国会最终决定废除《格拉斯-斯蒂格尔法》及《银行控股公司法》的限制，取而代之以新法案《金融服务现代化法》（Financial Services Modernization Act），又称 Gramm-Leach-Bliley Act（GLBA），这是根据提议该法案的三个国会议员的姓氏来命名的。

新法案允许美国金融公司及所属子公司、分公司可以从事任何跨行业、跨部门、跨地区的金融业务，而不受到法律约束，从而结束了美国半个多世纪分业经营的局面，宣告混业经营的正式到来。新法案出笼前，《格拉斯-斯蒂格尔法》等限制经营的法案已经日益遭到侵蚀，支离破碎。新法案允许金融全能公司的存在和运作，并定义这类公司为“金融控股公司”（financial holding company），取代过去的“银行控股公司”的头衔。

新法案确立美联储为伞形监管者的领导地位，确定其他监管机构为职能监管者地位，对监管部门重新作了定义，这也是该法案的重要里程碑。在该法案下，美联储为总协调，货币监理局负责联邦注册银行，美联储和州政府银行厅（SBD）负责州注册银行，FDIC负责未加入美联储系统的州注册银行，美国证券交易委员会（SEC）负责证券业务，州保险业监理署负责保险业务。每个职能监管机构的职责同过去相差无几，只是美联储独占鳌头，依靠总协调的身份驰骋各大疆场。

《金融服务现代化法》被认为是美国20世纪末最重要的金融法案，它正式结束了大萧条时代的理念和产物，肯定了新的金融时代的到来，增强了美国金融业的综合国际竞争力，为21世纪美国金融帝国翱翔世界奠定了基础。

（资料来源：卢菁：《我在美联储监管银行》，清华大学出版社2007年版）

本章知识点

1. 中央银行是商品经济发展的产物，是银行信用扩展的结果，是政府对社会宏观经济进行调控和对货币财富进行控制的客观需要；是统一银行券发行、统一票据交换和清算、保证银行支付能力、满足政府融资和金融监管的客观要求。

2. 中央银行的发展经历了三个阶段。第一个发展阶段是中央银行的初创时期，以英格兰银行为代表。第二个发展阶段是中央银行的普遍推行时期，以布鲁塞尔会议为主要推动力。第三个发展阶段是中央银行的强化时期，这一时期从第二次世界大战结束至今。

3. 中央银行的基本类型有单一式中央银行制度、复合式中央银行制度、准中央银行制度和跨国中央银行制度。中央银行按其资本组成类型可分为全部资本归国家所有、全部资本非国家所有、公私资本混合所有、无资本金的中央银行以及资本归多国共有几种类型。

4. 中国中央银行的产生和发展起步较晚，但发展较快。2003年12月《中华人民共和国中国人民银行法（修正案）》的通过，标志着中国金融体制改革完成了历史性转变和质的飞跃。

5. 中央银行的性质表现在它是特殊的金融机构和特殊的国家机关。中央银行的职能可概括为发行的银行、银行的银行和政府的银行，由此决定了中央银行应该具有一定的独立性，但各国中央银行独立性程度受各种因素影响有所不同。

6. 中央银行的业务包括资产业务、负债业务及其他业务。中央银行的资产是指中央银行所持有的各种债权，主要包括再贴现和再贷款业务、证券买卖业务、储备资产业务及其他资产业务。中央银行的负债业务主要包括存款业务、货币发行业务和其他负债业务。

7. 金融监管是指政府通过特定的机构（如中央银行）对金融交易行为主体进行的某种限制或规定。中央银行对金融业的监管包括对商业银行及非银行金融机构和金融市场的监管。

复习思考题

1. 简述中央银行产生的客观要求。
2. 试述第二次世界大战后中央银行发生的变化。
3. 中央银行的组织结构有哪几种?
4. 简述中央银行的性质和职能。
5. 简述中央银行独立性的含义与类型。
6. 简述金融监管的主要内容。

第八章

货币供求与均衡

学习目标

1. 了解货币需求的基本含义，掌握影响货币需求的因素，了解货币需求的各种基本理论。

2. 了解货币供给的含义和货币供给过程，掌握影响货币供给量的因素。

3. 了解货币均衡的含义，了解货币均衡与社会总供求均衡。

课前导读

货币需求与货币供给是经济生活运行中的自然现象。合理的货币需求，适度的货币供给，相对的货币均衡，是保证国民经济正常运转的重要条件。

货币理论是研究货币在宏观经济运行中作用机制的理论。货币理论包括货币需求理论、货币供给理论及相应的货币政策。西方货币需求理论包括古典货币需求理论、凯恩斯货币需求理论、现代凯恩斯主义货币需求理论和现代货币主义的货币需求理论。

第一节　货币需求

一、货币需求的基本概念

1. 货币需求的含义

货币需求是指在一定时期内，在一定经济条件下，社会各阶层（个人、企业单位、政府部门等）愿以货币形式持有财产的需要。在现代高度货币化的经济社会里，社会各部门需要持有一定的货币来充当交换媒介、支付费用、偿还债务、从事投资或保存，因此便产生了货币需求。货币需求量表现为一国在一定时点上社会各部门所持有的货币量。

对于货币需求含义的理解，我们还需要把握以下几点：

（1）货币需求是一个存量的概念。它考察的是在某个时点和空间内（如：2007 年年底，中国），社会各部门在其拥有的全部资产中愿意以货币形式持有的数量或份额；而不是在某一段时间内（如从 2007 年年底到 2008 年年底），各部门所持有的货币数额的变化量。因此，货币需求是个存量概念，而非流量概念。

（2）货币需求量是经济学意义上的概念，是有条件限制的，是一种能力与愿望的统一。货币需求不是心理学意义上的需求，它必须以收入或财富的存在为前提，在具备获得或持有货币的能力范围之内愿意持有的货币量。因此，形成货币需求需要同时具备两个条件：一是必须有能力获得或持有货币；二是必须愿意以货币形式保有其财产，二者缺一不可。有能力而不愿意持有货币不会形成对货币的需求；有愿望却无能力获得货币也只是一种不现实的幻想。

（3）现实中的货币需求不仅包括对现金的需求，而且还包括对存款货币的需求。如果把货币需求仅仅局限于现金，显然是片面的。

（4）人们对货币的需求既包括了对执行流通手段和支付手段职能的货币的需求，也包括了对执行价值贮藏手段等其他职能的货币需求。人们持有货币的动机不同，要求货币发挥职能作用不同，但都在货币需求的范畴之内。

总之，理解货币需求时应注意以下几点：第一，货币需求指的是客观的货币需求；第二，货币需求产生的根本原因在于货币所具有的职能；第三，货币需求与货币供给直接对应，货币供给应该尽量与货币需求相适应。

2. 货币需求的种类

（1）微观货币需求和宏观货币需求。从货币需求主体的角度来看，货币需求可分为微观货币需求和宏观货币需求。

微观货币需求指经济主体（家庭、个人或企业）在拥有一定财富总额的约束条件下所持有的货币量。研究微观货币需求，有助于进一步认清货币的职能以及微观主体需要货币的动机，对短期货币需求的分析意义重大。

宏观货币需求是以宏观经济发展目标为出发点，分析国民经济运行对货币的总体需求情况。研究宏观货币需求，有助于货币政策当局制定货币政策，合理地调控货币供给，并在一定程度上平衡社会总需求与总供给。

（2）主观货币需求和客观货币需求。货币需求从其动机出发可以分为主观货币需求和客观货币需求。主观货币需求是指个人、家庭等各种经济主体在主观上希望拥有多少货币，是一种占有货币的愿望。客观货币需求是一种有支付能力的有效需求，是指个人、家庭、企业或国家在一定时期内能满足其正常生产和交换及正常发展需要的货币需求。由于货币作为一般等价物具有同一切商品相交换的能力，主观货币需求在量上是无限的，是一种没有约束的无效货币需求，因此不是我们所要研究的对象，我们研究的只能是客观的货币需求。

（3）名义货币需求和真实货币需求。在说明货币数量变动对经济活动的影响过程时，我们使用名义货币需求和真实货币需求。名义货币需求是指一个社会或一个经济部门在不考虑价格变动的情况下的货币需要量，用 M_d 表示。真实货币需求则是在扣除价格变动以后的货币需要量，可记作 M_d/P。在价格水平经常变动且幅度较大的情况下，区分名义货币需求和真实货币需求就变得非常必要。

3. 货币需求的影响因素分析

从实际情况来看，货币需求量的影响因素主要有以下几个方面：

（1）收入水平

在经济生活中，微观经济主体的收入大多以货币的形式获得，支出也同样如此。收入越多，对商品、劳务等交易媒介的货币需求越大，因此货币需求量与收入水平呈正比例关系。

（2）价格水平

在商品和劳务量既定的情况下，价格越高，社会商品流转额越大，用于交易和周转的货币需求量就会增加。因此，价格与货币需求量之间呈正比例关系。

（3）利率水平

在市场经济中，利率作为一种资金价格，在正常情况下是与货币需求呈反比例的，即：市场利率升高，货币需求减少；利率下降，货币需求增加。这主要是因为利率高低影响人们持有货币的机会成本。

（4）货币流通速度

在商品与交易额一定的前提下，货币流通速度越快，对货币的需求量越少；反之，对货币的需求量越大。因此，货币流通速度与货币需求呈反比例关系。

（5）信用的发达程度

一般来说，信用制度越健全，信用越发达，货币需求量越少；如果没有发达的信用制度，没有完善的金融市场，人们将保留更多货币在手中，所以信用的发达程度与货币的需求量呈负相关关系。

（6）人们的预期

人们的心理活动对货币需求的影响较为复杂。当预期物价水平上升时，由于持有货币将受到损失，因此短期而言货币需求可能会减少；反之，货币需求会增加。当预期其他资产的投资收益上升时，货币需求会减少；反之，货币需求会增加。

二、货币需求的基本理论

早期的西方经济学家倾向于从宏观角度研究一个国家在一定时期内经济发展和商品流通中需要的货币量，进而分析货币数量与物价水平之间的关系。这就是传统的货币数量论。20 世纪初，美国耶鲁大学教授费雪在前人研究成果的基础上，提出了“现金交易数量说”。几乎与此同时，英国剑桥大学的马歇尔和庇古开始将微观主体的持币动机分析包括进来，提出了“现金余额数量说”。

在 1929 年开始的世界经济大危机之后，英国经济学家凯恩斯开始逐步摆脱传统货币数量论的束缚，提出了“流动性偏好学说”。凯恩斯分析了人们持有货币的三大动机：交易动机、预防动机和投机动机。其中，交易动机和预防动机在传统的货币数量说理论中有所体现，而投机动机的分析则完全是凯恩斯独创的。同时，凯恩斯还将利率变量引入货币需求函数之中，强调了利率对货币需求的影响。凯恩斯理论的后继者，如鲍莫尔、托宾等人从另外的角度对凯恩斯的理论作了拓展。

20 世纪 60 年代以后，美国芝加哥大学的弗里德曼在马歇尔剑桥学派的现金余额数量说理论的基础上，通过吸收凯恩斯的货币需求动机及影响因素的分析方法，更加深入细致地发展了微观货币需求理论，形成了“现代货币数量论”。

1. 马克思的货币需求理论

马克思的货币需求理论又称“货币必要量理论”。马克思在分析货币流通规律时，指出在一定时期内流通中需要多少货币来为商品交换作媒介，取决于三个基本因素：待出售的商品数量、商品的价格水平和货币流通速度。

（1）马克思货币需求公式

$$M = PT/V$$

式中，M 为执行流通手段职能的货币量；P 代表商品价格水平；T 指流通中的商品数量；PT 则表示商品价格总额；V 表示货币的流通速度。

（2）结论

这一公式表明，M 与 PT 成正比，与 V 成反比。

马克思的分析是在金币流通条件的假定下进行的。商品价格取决于商品的价值和黄金的价值，而价值取决于生产过程；商品价格有多少，就需要有多少金币来实现它。商品与货币交换后，商品退出流通，黄金却留在流通之中使另外的商品得以出售，从而一定数量的黄金流通几次，就可以使相应倍数价格的商品出售出去。

马克思的理论揭示了货币需要量的基本原理。流通中的黄金数量是客观的，纸币流通后，流通中无论有多少纸币，也只能代表客观所要求的黄金量。所以，商品价格水平会随纸币数量的增减而涨跌。在纸币流通条件下，纸币数量的增减成为商品价格涨跌的决定因素。

2. 传统的货币数量论——现金交易说和现金余额说

（1）现金交易说

欧文·费雪 1911 年在《货币的购买力》一书中，对古典货币数量论进行了概括，提出了著名的“交易方程式”，即：

$$MV = PT$$

式中，M 表示一定时期内流通中货币的平均量，V 表示货币的流通速度（货币从交易一方支付给另一方的次数），P 为选定的一个价格平均数，T 为选定的数量指标（商品和劳务的总交易量），PT 代表的是该时期内商品和劳务交易的总价值。

该公式描述了一个简单事实：一定时期内发生的货币支付总额 = 商品或劳务总价值。这是一个恒等式。假设：$M = 1000$ 亿美元，$V = 8$ 次，则 $MV = PT = 8000$ 亿美元。

但人们关注的重点是国民收入（Y），而不在于总交易量。因此，交易方程常被写成：

$$MV = PY$$

式中，Y 代表实际国民收入（最终产品和劳务总价值），P 为一般物价水平，PY 则代表名义国民收入。

从交易方程式中不难得出，货币需求 M 取决于 V 和名义国民收入 PY。V 如果可以看作基本固定，则货币需求 M 就取决于名义国民收入 PY。

（2）现金余额说

剑桥的马歇尔、庇古等人开创了从个人资产角度来探讨货币需求（M_d）的分析方法。

剑桥的经济学家认为，影响人们希望持有货币额的因素主要有以下几点：

①个人的财富总额。M_d 仅是人们希望以货币形式持有财富的愿望。

②持有货币的机会成本。货币以外的各种资产具有收益，持有货币虽方便但不能产生收入，人们须在持有货币和其他金融资产或实物的好处之间权衡。

③货币持有者对未来收入、支出和物价等的预期，会影响其持有货币额的意愿。

剑桥经济学家考虑了影响 M_d 的多种因素。但遗憾的是，他们仅仅简单断定：M_d 同财富的名义值成比例，财富又同 PY 成比例，所以 M_d 就同 PY 成比例，即：

$$M_d = KPY$$

K 即为比例系数，代表人们愿意以货币这种形式持有的名义国民收入的比例。若将 K 看成常数，则剑桥方程式与费雪方程式就只有符号不同了。若令 $K=1/V$，则两个公式便完全一样了。

比较费雪方程式与剑桥方程式，似乎容易产生这样的看法：费雪方程式与剑桥方程式是两个意义大体相同的模型。实际上，两个方程式存在显著的差异，主要体现在以下几点：第一，对货币需求分析的侧重点不同。费雪方程式强调的是货币的交易手段功能，而剑桥方程式则重视货币作为一种资产的功能。第二，费雪方程式把货币需求与支出流量联系在一起，重视货币支出的数量和速度；而剑桥方程式则是从用货币形式保有资产存量的角度考虑货币需求，重视这个存量占收入的比例。第三，两个方程式所强调的货币需求决定因素有所不同。费雪方程式是从宏观角度用货币数量的变动来解释价格；反过来，在交易商品量和价格水平给定时，也能在既定的货币流通速度下得出一定的货币需求结论。而剑桥方程式则是从微观角度进行分析的产物，其思路是：出于种种经济考虑，人们对于保有货币有一个满足程度的问题。但保有货币要付出代价，比如不能带来收益。这就是说，微观主体要在比较中决定货币需求。显然，剑桥方程式中的货币需求决定因素多于费雪方程式，特别是利率的作用已成为不容忽视的因素之一。

3. 凯恩斯和凯恩斯学派的货币需求理论

凯恩斯对货币需求理论的贡献是他关于货币需求动机的剖析，并在此基础上把利率因素引入货币需求函数。他沿着剑桥学派的思路，认为货币需求是人们在一定时期内能够而且愿意持有的货币量。人们持有货币的原因是人们在心理上普遍存在流动性偏好的倾向，而货币是具有完全流动性的资产，正好满足这种要求。因此，凯恩斯的货币需求理论也被称为“流动性偏好理论”。凯恩斯从人们持有货币的需求出发并加以论证，把决定货币需求行为的动机归结为交易动机、预防动机和投机动机三个方面。

第一，交易动机。这是指个人或企业为了应付日常交易需要而产生的持有货币需要。它决定人们进行交易时持有多少货币。个人保有货币量的多少直接与货币收入的多少及货币收支时间的长短有关；企业持有货币则是为了满足业务上从支出到收入这一时段的货币需求，它取决于企业当期生产规模的大小及生产周期的长短。可见，交易动机是建立在货币流通媒介职能基础上的货币需求。在这一点上，它与过去的货币需求理论是一脉相承的。

第二，预防动机。预防动机又称“谨慎动机”，是指个人或企业为应付可能遇到的意外而持有货币的动机。它的产生主要是因为未来收入和支出的不确定性：为了防止未来收入减少或支出增多这种意外变化而保留一部分货币以备不时之需。

可见，货币需求的交易动机和预防动机都与收入有关，交易动机的产生主要是因为在收入和支出之间有一定时差，而预防动机的产生则主要是因为收入和支出的不确定性。所以，就实质来说，交易动机和预防动机可以归入一个范畴，两者所引起的货币需求都是收入的函数。在实践中，由这两种动机形成的货币需求是难以截然分开的。

第三，投机动机。这是指人们根据对市场利率变化的预测，需要持有货币以便满足从中投机获利的动机。在分析投机动机对持有货币的影响时，凯恩斯假设经济中存在货币和债券两种金融资产：货币是一种最具流动性但没有利息的资产；债券则不仅能给持有者带来利息收入，也可以因债券价格变动而带来资本利得或资本损失。由于市场利率上升会导致债券价格下降，利率下降会导致债券价格上升，因此，人们对未来利率预期的变化会影响其在债券和货币之间的选择。

凯恩斯还进一步解释说，决定人们对货币投机性需求的利率水平不是利率的绝对水平，而是当前利率和所谓“正常利率”水平之间的差距。当市场利率水平较低时，那么预期未来利率会上升而债券价格会下降的投机者就会较多，从而以货币形式持有其财富的投机者就越多，货币的投机性需求也就越大。反之，当目前的市场利率高于投机者心目中的“正常水平”时，投机者会产生未来利率水平下降而债券价格上升的预期，这时投机者会选择减少货币而增加持有债券。所以，货币的投机性需求是当前利率水平的递减函数。

（1）凯恩斯的货币需求函数如下：

$$M = M_1 + M_2 = L_1(Y) + L_2(r)$$

式中，M_1 表示交易动机和预防动机引起的货币需求，是收入 Y 的函数；M_2 表示投机动机的货币需求，是利率 r 的函数；L 是流动性偏好函数。

这个函数式与此前的函数式的关键区别在于：此前各种货币需求理论的函数式可以简单概括为 $M=f(Y)$，而凯恩斯的函数式则表示为 $M=f(Y, r)$。虽然首先认识到利率与货币需求联系的并非凯恩斯（如剑桥学派对此就有分析），但把 r 确定为货币需求函数中与 Y 有等同意义的自变量，则始于凯恩斯。

如图 8-1（a）所示，曲线 L_1 与利率无关，所以是一条与货币需求横轴垂直或与利率纵轴平行的直线。但 L_2 则与利率有关，利率越高，货币需求越少；利率越低，货币需求越多，所以是一条向右下方倾斜的曲线。图 8-1（b）为 L_1 与 L_2 相加，表现为货币总需求曲线 L。

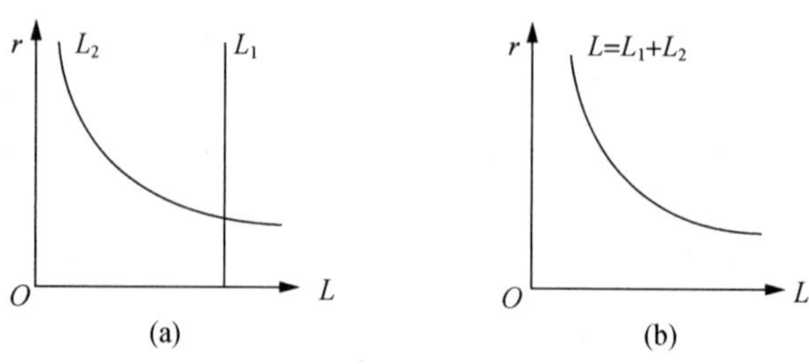

图 8-1　货币需求函数

由图 8-1 可以看出：当利率降低到某一低点后，货币需求就会变得无限大。这是因为：当利率降到极低水平时，人们预测将来的利率只可能会上升而债券价格将会下降。此时，人们不再愿意持有债券，而宁愿以货币的形式来持有全部财富，货币需求就变得无限大。这时就好像存在着一个大的“陷阱”，不论中央银行增加多少货币供应量，都将落入其中，完全被货币需求所吸收，而不会影响利率水平。这时，货币政策将失效，中央银行试图通过增加货币供应量来降低利率的想法就会落空，这就是凯恩斯提出的著名的“流动性陷阱”。

图 8-2 中，当利率降至 r_0时，货币需求曲线会变成与横轴平行的直线，货币需求的利率弹性变得无限大。

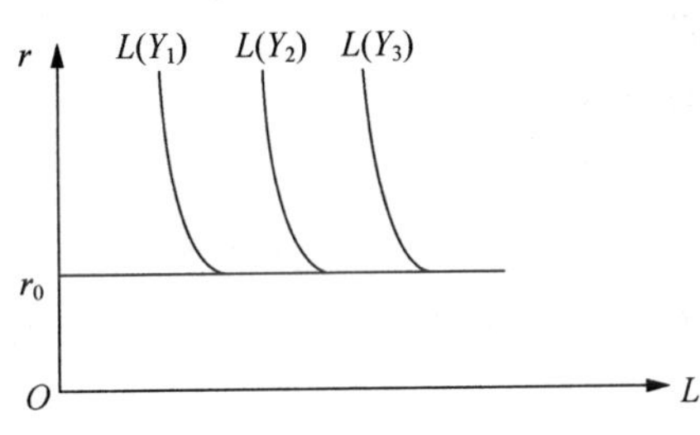

图 8-2 流动性陷阱

（2）凯恩斯理论的发展

凯恩斯的后继者从两个方面推进了货币需求理论：论证交易动机和预防动机引起的货币需求同样也是利率的函数，并且发展了多样化资产组合选择理论。

①美国经济学家鲍莫尔、托宾先后分析或论证了交易性货币需求与利率的变动关系，研究得出的著名的“平方根公式”说明交易性货币需求不仅是收入水平的递增函数，而且还是利率的递减函数，从而修正了凯恩斯的交易性货币需求函数。

美国经济学家惠伦提出预防性货币需求同样受利率变动的影响，即：它不仅是收入的递增函数，而且还是利率的递减函数，从而修正了凯恩斯预防性货币需求函数。

②凯恩斯的后继者认为，凯恩斯关于投资者将依据自己对利率变动的预期而在货币与债券之间进行选择的结论与现实并不完全相符。投资者往往需要全面权衡得失，调整两者持有的比例；而且可供选择的对象也并不限于货币、债券两者。这样就发展了多样化资产组合选择理论。

4. 弗里德曼的货币需求理论

美国芝加哥大学的弗里德曼 1956 年发表了名作《货币数量论：一种新的阐释》，标志着现代货币数量论的诞生。他的理论及其政策主张被称为“新货币数量论”或“货币主义”。他的货币需求理论又是其全部理论的核心，是在继承剑桥学派现金余额学说的基础上，吸收了凯恩斯的流动偏好学说而形成和发展起来的。

弗里德曼理论一方面采纳了凯恩斯学派把货币作为一种资产的核心思想，形成其货币函数，另一方面肯定了传统货币数量论关于长期的结论，即货币量变动从长期来看只能影响到总体经济中货币部门的名义变量，如物价、名义利率、名义收入等，而不能影响实质部门的真实量，如就业、实际利率、实际产出和生产率等。弗里德曼认为，货币需求理论关键是要研究货币需求由何种因素决定，并且要侧重于对实际货币需求量的研究。他认为货币需求函数可表示为：

$$M/P = f(Y, W; r_m, r_b, r_e, 1/P \cdot dp/dt; U)$$

M——个人财富持有者持有的货币量，即名义货币需求量；

P——一般物价水平；

M/P——个人财富持有者持有的货币所能支配的实物量，即实际的货币需要量；

Y——按不变价格计算的实际收入；

W——物质财富占总财富的比率；

r_m——预期的货币名义收益率；

r_b——固定收益的债券收益率；

r_e——非固定收益债券（股票）的收益率；

$1/P \cdot dp/dt$——预期的物价变动率，即实物资产的名义报酬率；

U——货币的效用以及影响此效用的因素。

由这一公式可知：

（1）Y 作为按不变价格计算的实际收入，对货币需求具有重要影响，进而可推测货币存量与 Y 的比值（也可称“V”）是相对稳定的，所以货币需求也是稳定的。

（2）W 与货币需求负相关。

（3）r_m 说明货币主义考察货币的口径已大于过去各学派考察货币的口径。

（4）r_b 和 r_e 说明人们可以多种形式持有货币，其机会成本就由相对于货币的各种资产的预期报酬率和货币债券及股权的预期报酬率来表示。

（5）$1/P \cdot dp/dt$ 属于机会成本变量，与货币需求负相关。

（6）V 指收入以外的影响货币效用的其他因素。

对上述影响货币需求因素的分析结果表明：①实际货币需求不受物价水平（P）的影响；物价变动率只有在幅度很大、持续时间很长的情况下，才会影响货币需求，因而不会对货币需求产生较大影响。②实际货币需求主要取决于作为总财富代表的恒久性收入。由于恒久性收入在长期内取决于生产力发展状况（如生产技术水平、人口、物质资源及其利用状况等），其变动是相对平稳的，这就从根本上决定了货币需求也是相对稳定的。③持有货币的机会成本对货币需求的影响极小。实际统计资料表明，货币需求对利率变化的敏感性很差。

由此可见，尽管货币需求是多种复杂变量的函数，但是由于起决定作用的变量受社会生产力水平和制度等因素制约，从长期来看不会发生大的变动。因此，从总体上看，货币需求函数是稳定的，货币需求量是可以预测的。弗里德曼的研究特别强调实证检验的重要性，弥补了以往货币理论中注重抽象演绎的缺陷。

5. 对货币需求理论的综合评析

上述各种理论提出了货币需求的不同公式，找出了不同的影响因素。至于不同因素对货币需求有多大程度的影响，不同的理论又有不同的结论。虽然经济学家都同意收入是影响货币需求的最重要的因素，对货币需求的增加或减少起决定作用，但对于利率变化对货币需求到底有多大影响，货币需求函数是否应该是稳定的，货币流通速度是否稳定等问题，则存在着激烈的争论。

（1）货币需求和利率

货币需求变化对利率变化的敏感性是大还是小，是凯恩斯学派和货币学派争论的一个焦点问题。凯恩斯学派认为货币需求对利率是敏感的，货币学派认为持久的收入、非人力财富是影响货币需求的更重要的因素。

（2）货币需求的稳定性

货币需求的稳定性关系到货币需求与其相关解释变量之间的对应关系是否会随环境的变化而发生较大的波动。如果货币需求的函数关系是稳定的，我们就可以用它来预测未来的货币需求量。

凯恩斯货币理论分析认为，货币需求是不稳定的，因为投机性货币需求是货币总需求的重要组成部分，而利率与投机性货币需求呈负相关。弗里德曼的现代货币数量论认为，货币需求函数是极为稳定的，这使得货币供应量的人为变动不能被货币需求所抵消，从而可以作用于物价乃至名义收入，对经济生活产生影响。因此，货币供应量的不规则变动是经济波动的根本原因，通货膨胀就是货币供应过多的结果。

凯恩斯主义与货币主义的货币需求理论先后对货币政策产生了重大影响，形成所谓的“相机抉择”与“单一规则”的货币政策。

（3）货币流通速度的稳定性

经济发展大致有这样一个规律：在经济繁荣时，货币流通速度加快；经济萧条时，货币流通速度则放慢。也就是说，货币流通速度是呈周期波动的。在一个较长的时期内，货币流通速度并不是稳定的。

第二节　货币供给

一、货币供给的基本含义

货币供给指的是一国经济中货币的投入、创造和扩张（或收缩）货币的全过程。货币供给分为名义货币供给与实际货币供给。名义货币供给是指一定时点上不考虑物价因素影响的货币存量，记作 M_s。实际货币供给是指剔除了物价影响之后的一定时点上的货币存量，记作 M_s/P。

货币供给首先是一个动态的经济过程，即银行系统向经济中注入货币的过程。随后，在一定时点上会形成一定的货币数量存量，称为“货币供给量”。

在不兑现的信用货币制度下，由于货币量都是由银行供给的，是银行的债务凭证，所以货币供给量就是被个人、企业、政府持有的银行系统的负债，因而货币供给量在一定程度上取决于银行系统的资产规模。这里的银行系统包括中央银行和商业银行。当然，货币供给量的多少又并不是银行系统完全可以控制的。

二、货币层次的划分

货币供应量有广义和狭义之分。狭义的货币供应量由流通中的现金和商业银行的活期存款构成；广义的货币供应量包括狭义货币供应量和准货币。准货币包括银行的定期存款、储蓄存款、外币存款以及各种金融工具。对货币供给量的衡量存在多个口径。在现代经济社会中，除了金融机构的各种存款外，还有不少金融工具或信用工具都有相当程度的流动性或货币性，如国库券、承兑票据等。它们在金融市场上贴现和变现的机会很多，都具有一定程度的流动性，与通货和存款相比无本质上的区别，也应被纳入更广义的货币供应量中。

沿着这种流动性或货币性的序列来衡量货币，有一个问题必然被提出：我们到底在什么地方划出货币和非货币的界限？现代社会中似乎并不存在一个明确的界限。特别是在金融衍生工具不断被创造出来的今天，几乎所有的金融资产都具有一定的流动性。此外，不同国家或同一国家在不同时期，对货币层次的划分标准也不尽相同。

划分货币供给量层次的主要标准是金融资产的流动性。进行货币供应量统计时，要按照各种金融资产流动性标准把货币供应量划分成不同的层次。

1. 国际货币基金组织的货币层次划分

（1）通货。这是指流通于银行体系以外的现金，可随时作为流通手段和支付手段，具有最强的流动性。

（2）货币。这是指通货与私人部门的活期存款之和。由于活期存款随时可以通过签发支票而成为直接的支付手段，所以流动性也是最强的。它相当于各国通常采用的 M_1。

（3）准货币。这是指定期存款、储蓄存款与外部存款之和，即包括 M_1 之外的各种货币形态。它们都具有转化为现实货币的潜在能力。“准货币”与“货币”之和，相当于各国通常采用的 M_2。

2. 我国的货币层次划分

目前，我国将货币划分为四个层次：

（1）M_0=流通中的现金

（2）M_1=M_0+单位活期存款+个人持有的信用卡存款

（3）M_2=M_1+城乡居民储蓄存款+单位定期存款+单位其他存款+证券公司客户保证金

（4）M_3=M_2+金融债券+商业票据+大额可转让定期存单

其中：M_1为狭义货币；M_2为广义货币；M_2-M_1为准货币；M_3是为适应金融创新的需要而设立的，到目前为止尚未向社会公布官方统计数据。

3. 美国现行货币供应量的层次

除口径依次扩大的 M_0、M_1、M_2、M_3之外，美国还有 L 和 *Debt*。L 是大于货币的一种口径，等于 M_3 与某些债务工具之和。*Debt*（债务量）是一个更大的口径，指国内金融部门在金融市场未清偿的债务总量。

三、货币供给主体在货币供给中的作用

在市场经济条件下，通过中央银行发行货币，再通过商业银行的存款创造机制形成一

定的货币供应量。可以明确的是，中央银行和商业银行是控制并形成货币供应量的两大主体。

1. 中央银行对货币供给的控制

（1）基础货币的定义和特点

基础货币也叫“强力货币”“高能货币”，是流通于银行体系之外的现金和银行体系的储备之和。我们用 B 表示基础货币，C 表示流通于银行体系之外的现金，R 表示银行体系的储备，则 $B=C+R$。

流通于银行体系之外的现金就是公众持有的纸币和硬币，也就是货币供给口径中的 M_0，是货币供给中的重要部分。银行体系的储备包括商业银行在中央银行的法定存款准备金和超额存款准备金，还有商业银行的库存现金。

基础货币具有两个特点：一是扩张性。基础货币能够使货币供给总量成倍放大或收缩。二是可控性。中央银行对基础货币具有控制能力，可以通过对基础货币的控制来实现对货币供给量的调控。因此，基础货币是影响货币供给变化的一个最基本的因素。

中央银行供应基础货币，是整个货币供应过程中的最初环节，它首先影响的是商业银行的存款准备金。只有通过商业银行运用存款准备金进行存款创造活动后，才能完成最终的货币供应。货币供应的全过程，就是由中央银行供应基础货币，基础货币形成商业银行的原始存款，商业银行在原始存款基础上创造派生存款（现金漏损的部分形成流通中现金），最终形成货币供应总量的过程。

（2）影响基础货币变化的因素

基础货币的变化主要取决于以下几个因素：

①中央银行对商业银行债权的变动

中央银行对商业银行的债权增加，意味着中央银行对商业银行再贴现或再贷款资产增加，同时也说明通过商业银行投入流通的基础货币增加，这必然引起商业银行存款准备金的增加，使货币供给量得以多倍扩张。相反，如果中央银行对商业银行的债权减少，就会使货币供应大幅收缩。在市场经济条件下，中央银行对这部分债权有较强的控制力。

②国外净资产

国外净资产由外汇、黄金占款和中央银行在国际金融机构的净资产构成。其中，外汇、黄金占款是中央银行用基础货币来收购的。为了适应经济全球化的国际大趋势，中央银行通常都需要保留一定数额的国外净资产，即适当的外汇储备。因此，中央银行必须动用基础货币来收购一定数量的外汇。

③中央银行对政府的债权净额的变动

中央银行对政府债权净额增加通常由两条渠道形成：一是直接认购政府债券；二是贷款给财政以弥补财政赤字。无论哪条渠道，都可以使财政的可用资金增加。财政一旦动用这些资金，则基础货币就进入了流通领域，也就意味着中央银行通过财政部门把基础货币注入了流通领域。

④其他项目净值

其他项目净值主要是指固定资产的增减变化以及中央银行在资金清算过程中应收应付

款的增减变化。它们都会不同程度地对基础货币量产生影响。

在以上四个因素中，中央银行对商业银行债权的变动一般是影响基础货币的最重要因素。

2. 商业银行存款货币的创造

商业银行的活期存款是现代信用货币经济中最主要的货币形式。存款货币的创造过程在很大程度上反映了现代经济中货币供给量的决定过程。

(1) 存款货币

存款货币是指存在商业银行、使用支票可以随时提取的活期存款，也称“支票存款”。

(2) 原始存款

原始存款是指银行吸收的现金存款或从中央银行处获得再贷款、再贴现而形成的存款，是银行从事资产业务的基础。商业银行能吸收到多少原始存款，首先取决于中央银行发行多少货币，其次取决于商业银行对中央银行发行货币的吸收程度。

(3) 派生存款

派生存款是指由商业银行发放贷款、办理贴现或投资等业务活动引申而来的存款。派生存款产生的过程，就是商业银行吸收存款、发放贷款、形成新的存款额，最终使银行体系存款总量增加的过程。

3. 影响货币供应量的制约因素

现代信用制度下，货币供给是通过中央银行提供基础货币，在货币乘数的作用下，经过商业银行的信用创造完成的。货币供给的基本公式为：

$$M_s = B \times m$$

式中，M_s 为货币供给量，B 为基础货币，m 为货币乘数。

公式表明，货币供给量是基础货币与货币乘数的乘积。

(1) 基础货币是整个商业银行体系借以创造存款货币的基础，是整个商业银行体系的存款得以倍数扩张的源泉。

(2) 货币乘数

货币乘数是指货币供给量对基础货币的倍数关系，亦即基础货币每增加或减少一个单位所引起的货币供给量增加或减少的倍数，不同口径的货币供应量有各自不同的货币乘数。货币乘数的大小决定了货币供给扩张能力的大小，而货币乘数的大小又由以下四个因素决定：

①法定准备金率。定期存款与活期存款的法定准备金率均由中央银行直接决定。通常，法定准备金率越高，货币乘数越小；反之，货币乘数越大。

②超额准备金率。商业银行保有的超过法定准备金的准备金与存款总额之比，称为“超额准备金率”。显而易见，超额准备金的存在相应减少了银行创造派生存款的能力，因此，超额准备金率与货币乘数之间也呈反方向变动关系。超额准备金率越高，货币乘数越小；反之，货币乘数就越大。

③现金比率。现金比率是指流通中的现金与商业银行活期存款的比率。现金比率的高低与人们货币需求的大小正相关。因此，凡影响货币需求的因素，都可以影响现金比率。

例如，银行存款利率下降，导致生息资产收益减少，人们就会减少在银行的存款而多持有现金，这样就加大了现金比率。现金比率与货币乘数负相关，现金比率越高，说明现金退出存款货币的扩张过程而流入日常流通的量越多，因而直接减少了银行的可贷资金量，制约了存款派生能力，货币乘数就越小。

④定期存款与活期存款间的比率。由于定期存款的派生能力低于活期存款，一般来说，在其他因素不变的情况下，定期存款对活期存款比率上升，货币乘数就会变小；反之，货币乘数会变大。

总之，货币乘数的大小主要由法定存款准备金率、超额准备金率、现金比率及定期存款与活期存款间的比率等因素决定。

四、货币供给的调控机制

在考察货币供给与中央银行之间的关系时，经济学家一般用“货币供给是外生变量还是内生变量”来判断。“外生变量”和“内生变量”是典型的计量经济学语言。如果说“货币供给是外生变量”，其含义是：货币供给这个变量并不是由实际经济因素如收入、储蓄、投资、消费等因素所决定的，而是由中央银行的货币政策决定的。如果说，“货币供给是内生变量”，则是说货币供给的变动不是由中央银行决定的，起决定性作用的是经济体系中的实际变量以及微观主体的经济行为等因素。

货币供给的内生性或外生性问题，是货币理论研究中具有较强政策含义的一个问题。如果认定货币供给是内生变量，那就等于说，货币供给总是要被动地取决于客观经济过程，而中央银行并不能有效地控制其变动；自然，货币政策的调节作用，特别是以货币供给变动为操作指标的调节作用就有很大的局限性。如果肯定地认为货币供给是外生变量，则无异于说，中央银行能够有效地通过对货币供给的调节影响经济进程。

从以上分析可以看出，对于货币供给来说，中央银行具有一定的控制能力。例如，中央银行可以控制基础货币的投放，而且可以影响货币乘数（比如通过调节法定准备金率）。但我们又要看到，中央银行并不能完全控制货币供应。因为即使是基础货币，也要受商业银行主观能动性的制约；而货币乘数影响因素中的超额准备金率、现金比率、定期存款与活期存款的比率等更会受到个人、企业、商业银行行为的影响。

第三节 货币供求均衡

一、货币均衡与非均衡的含义

货币均衡是指在一定时期内货币供给量（M_s）与国民经济正常发展所必要的货币需求量（M_d）基本相等。公式表示为：$M_s = M_d$。事实上，货币供给量与货币需求量绝对相等是不可能的，基本相等是指货币供给量与货币需求量大体相适应。

对货币供求均衡含义的理解要点包括：

第一，货币均衡不是简单的货币供给和货币需求的均衡，而是货币供给和经济对货币需求的均衡。经济态势通常表现为：生产量正常增长，市场情况良好，物价基本稳定。

第二，货币均衡不仅是货币供求总量的均衡，而且还是货币供求结构的均衡。

所谓货币供求结构的均衡，是指一个国家的各个生产部门、企业所生产的产品基本上能够销售出去，实现其价值，并且这些生产部门、企业和个人所持有的货币能够按照一定的价格条件转化为自己所需要的商品。社会上基本上不存在一方面商品大量积压，另一方面手里有钱买不到商品的现象。

第三，货币均衡是以利率为契机的。在发达的货币市场中，货币供求引起利率的变化，货币供大于求时利率下降，货币供小于求时利率上升。利率的变化又影响货币供求的变化。这种相互作用、相互影响最终形成均衡利率时，货币供求即实现大体均衡。

货币非均衡即货币失衡，是指货币供给量与货币需求量不相适应，即 $M_s \neq M_d$，具体有两种表现形式：

第一，$M_s>M_d$，即货币过多，其表现是物价上涨和强迫储蓄。物价上涨会“吃掉”多余的货币，使货币供求在较高的价格水平上恢复均衡。但这是一种带有破坏性的强制均衡。强迫储蓄也是一种强制均衡，而且由于过多的货币并不因此而消失，压力始终存在。

第二，$M_s<M_d$，即货币不足，其表现是再生产过程中出现过多的存货或其他资源的闲置。出现这种非均衡，从理论上说，似乎可引起工资、价格和利率的下跌，从而刺激投资，增加货币的支出流量，使货币供求恢复均衡。但实际上会出现两种情况：一是工资和物价因具有刚性只涨不跌；二是物价和利率都有所下降，但两者的下降在经济不景气的条件下，对投资和消费的刺激作用很有限，故往往需要运用扩张的财政政策来恢复货币的均衡。这种非均衡在金属货币制度下较多发生，而在纸币制度下曾被认为不轻易出现，但最近几年世界各国的情况表明，这种非均衡也会发生，而且其原因似乎比 $M_s>M_d$ 的非均衡更复杂，因而也更难治理。

二、货币均衡与社会总供求均衡

1. 社会总供求的含义

社会总供求是社会总供给和社会总需求的合称。社会总供给是指一定时期内一国实际提供的生产成果（商品和劳务）的总和，以及在市场上出售的其他金融资产总量。社会总需求是指同一时期内该国实际发生的有支付能力的需求总和。它通常包括消费需求、投资需求、政府需求和净出口需求。

2. 货币供求与社会总供求的关系

（1）货币供给量决定社会总需求

在现代商品经济条件下，任何需求都表现为有货币支付的需求。如果没有货币的支付，没有实际的购买，社会基本的消费需求和投资需求就不能实现。因此，在一定时期内，社会的货币收支流量就构成了当期的社会总需求。货币供给量形成有支付能力的购买总额，从而影响社会总需求；调节货币供给量的规模就能影响社会总需求的扩张水平。因此，货币供给量是否合理决定着社会总需求是否合理，从而决定着社会总供求能否达到均衡。

(2) 社会总供给决定货币需求

由于任何商品（包括劳务）都需要用货币来度量其价值并通过与货币的交换实现其价值，因此，商品市场上的商品供给决定了一定时期货币市场上的货币需求，有多大规模的商品供给便有多大规模与此相对应的货币需求。

现代经济条件下，从理论上讲，社会总供给决定货币总需求，货币总需求决定货币总供给，而货币总供给形成了有支付能力的社会总需求。所以，货币均衡同社会总供求平衡具有内在的统一性。

三、货币供求失衡及其调整措施

1. 货币供求失衡

在现实经济生活中，绝对货币供求均衡是不常见的，货币供求失衡反而是一种常见的经济现象。当货币供给与客观经济对货币的需求不一致时，就出现了货币失衡现象。货币失衡一般来说有三种情况：货币供给过多、货币供给不足和结构性货币失衡。

(1) 货币供给过多即货币供给量大于货币需求量的经济状态，一般表现为物价上涨和强迫储蓄。

(2) 货币供给不足即货币供给不足以满足客观经济运行对货币的需求，其表现是在生产过程中出现过多的存货或其他资源闲置。

(3) 货币供求的结构性失衡是指在货币供给与需求总量大体一致的条件下，货币供给结构和与之相对应的货币需求结构不相适应。这种结构性货币失衡往往变形为短缺与滞存同时存在，经济运行中的部分商品和生产要素供过于求，另一部分商品和生产要素又求大于供。

2. 货币供求失衡的调整措施

在现实经济生活中，绝对的货币均衡是不可能的。从这个意义上说，货币非均衡反而是一种常见的经济现象。货币非均衡的程度、范围不同，对经济生活的影响也不同。轻度的货币非均衡并不一定会对经济生活产生破坏作用，因为经济是动态的，货币供给和需求也是在动态中实现均衡的。然而，严重的货币非均衡，必然会对经济生活产生消极的破坏作用。因此，任何国家都力图将货币均衡作为追求的目标。

尽管货币在现代经济中具有非常重要的作用，但它存在的基础仍然是充当商品交换的媒介。因而，商品的交易及经济的运行对货币供求状态仍起决定作用。前已表明，社会总供求的均衡与否与货币供求的均衡与否密切相关。例如，当社会总供给小于总需求时，必然有货币供给大于实际货币需求的情况发生。反之，当社会总供给大于总需求时，就必然有实际货币需求大于货币供给的情况发生。因此，要实现货币均衡，必须从恢复社会总供求均衡开始。

(1) 运用货币政策调节社会总需求，实现社会总供求均衡。社会总需求与货币供给量有着十分密切的关系，因而中央银行可运用多种货币政策手段调节货币供给量，以影响由此形成的有支付能力的购买力总额，从而影响社会总需求。在社会总需求不足时，可采取扩张性的货币政策，以增加社会总需求；在社会总需求过多时，则采取紧缩性的货币政策，以抑制社会总需求。在这两种情形下，都需注意结构调节。

（2）采取正确的财政政策，实现社会总供求均衡。财政政策对社会总供求的调节往往比货币政策的效果更好。一是因为从前述分析可知，财政政策与货币供给量的形成，从而与社会总需求有关；二是因为财政支出直接构成社会总需求的组成部分。所以，财政政策尤其赤字财政政策的实施必须注意对货币供给的影响。

如果财政赤字使得货币增加的量超出实际货币需求量，就会导致货币供求出现非均衡和社会总供求失衡。因此，当社会总需求不足时，运用赤字财政政策刺激社会总需求必须适度。当社会总需求过多时，财政赤字的存在只会加剧两个“非均衡”。这时，实现社会总供求均衡及货币供求均衡，首先要缩小甚至消灭财政赤字，在财政收支均衡的基础上实现总体均衡。

此外，由于产业结构失衡不利于物价的稳定和经济的稳定发展，也是形成货币供求非均衡的原因之一，因此，财政政策还须注意对产业结构进行调整。

本章知识点

1. 货币需求的基本概念。货币需求是指在一定时期内，在一定经济条件下，社会各阶层（个人、企业单位、政府部门等）愿以货币形式持有财产的需要。货币需求的种类有：微观货币需求和宏观货币需求，主观货币需求和客观货币需求，名义货币需求和真实货币需求。

2. 货币需求的基本理论。货币需求理论是一种研究人们持有货币需求的动机、决定或影响货币需求的各种因素以及数量决定的理论，主要有：传统货币数量学说、马克思的货币需求理论、凯恩斯和凯恩斯学派的货币需求理论以及弗里德曼的货币需求理论。

3. 影响货币需求量的因素。从实际情况来看，货币需求量的影响因素主要有以下几个方面：收入水平、价格水平、利率水平、货币流通速度、信用的发达程度和人们的预期。

4. 货币供给的基本含义。货币供给指的是一国经济中货币的投入、创造和扩张（收缩）货币的全过程，分为名义货币供给与实际货币供给。货币供应量指的是各经济主体特有的由银行提供的债务总量，包括中央银行的债务，还包括商业银行的债务。

5. 货币供给主体在货币供给中的作用。在市场经济条件下，通过中央银行发行基础货币，再通过商业银行的存款创造机制形成一定的货币供应量。可以明确的是，中央银行和商业银行是控制并形成货币供应量的两大主体。影响货币供给量的因素有：基础货币和货币乘数。

6. 货币供求均衡。货币均衡是指在一定时期内货币供应量（M_s）与国民经济正常发展所必要的货币需求量（M_d）基本相等。公式表示为：$M_s=M_d$。

社会总供求是社会总供给和社会总需求的合称。社会总供给是指一定时期内一国实际提供的生产成果（商品和劳务）的总和。社会总需求是指同一时期内该国实际发生的有支付能力的需求总和。它通常包括消费需求、投资需求、政府需求和净出口需求。

货币供求与社会总供求的关系：货币供给量决定社会总需求，社会总供给决定货币需求。现代经济条件下，从理论上讲，社会总供给决定货币总需求，货币总需求决定货币总供给，而货币总供给形成了有支付能力的社会总需求。所以，货币供求均衡同社会总供求平衡具有内在的统一性。实现货币供求均衡的条件：运用货币政策调节社会总需求，实现社会总供求均衡；采取正确的财政政策实现社会总供求均衡。

复习思考题

1. 名词解释

原始存款　派生存款　基础货币　货币乘数　货币均衡

2. 简答题

(1) 阐明马克思关于流通中货币量的理论。

(2) 通过比较来说明费雪方程式与剑桥方程式各自的特点。

3. 论述题

你认为货币供给是外生变量还是内生变量？试述理由。

4. 案例分析题：

货币供求失衡的成因剖析

正如均衡是经济运行的目标一样，货币供求均衡是中央银行操作货币政策并使货币供求基本相适应的目标。事实上，货币供求均衡的目标是理想的，货币供求相互作用的失衡现实却是常见的。下面分别考察两种类型失衡的成因。

1. 货币供给量小于货币需求量

若我们以货币供求均衡为出发点，那么货币供给量小于货币需求量可能由下面原因所致：

(1) 经济发展，商品生产和交换的规模扩大，但货币供给量并没有相应地增加，从而导致经济运行中货币吃紧。在金属货币流通条件下这种情况不止一次地出现过，但在纸币流通条件下这种情形出现的概率很小。这是因为：在金属货币流通条件下，货币供给量的增加在一定程度上受制于金属币材的开采；在纸币流通条件下，中央银行增加纸币供给极为容易。

(2) 在货币供给量与货币需求量大体一致的情况下，中央银行实施紧缩性的货币政策，减少了货币供给量，导致流通中的货币紧缺，国民经济的正常运行受到了抑制，使本来供求均衡的货币运行走向供给小于需求的货币失衡状态。

(3) 在经济危机阶段，由于经济运行链条断裂，正常的信用关系遭到破坏，社会经济主体对货币的需求急剧增加，中央银行的货币供给量却相对地滞后于货币需求的增加量，从而导致了货币供求的失衡。

2. 货币供给量大于货币需求量

在纸币流通条件下，经济运行中的货币供给量大于相应的货币需求量是一种经常出现的失衡现象。造成这一现象的原因很多，主要可归结如下：

(1) 政府财政赤字。在中央银行没有事先准备的情况下，政府财政的透支无疑会迫使中央银行增发货币，从而导致货币供给量增加过量，造成货币供求失衡。

(2) 在经济发展中，政府的经济高速增长政策迫切地需要货币资本来支撑。在中央银行无足够的货币资本的情形下，银行信贷规模的不适当扩张会造成信贷收支逆差和货币资本扩张，从而导致货币供给大于其需求的货币失衡现象的产生。

(3) 从时期分析的观点看，若前期货币供给量相对不足，产品积压和再生产过程将会受阻。为促成经济运行的正常进行，中央银行须执行扩张性的货币政策，但由于力度把握不适当，导致银根放松过度，货币供给量的增长速度超过了经济发展的客观需要，从而形成过多的货币供给，其结果便是诱发高通货膨胀。

(4) 从开放经济的角度看，在经济落后、结构刚性的发展中国家，货币条件的相对恶化和国际收支失衡使得国民经济运行仅靠进出口机制来弥补收支逆差极为困难，而汇率高估和本国货币的贬值会造成货币供给量的急剧增长，从而造成货币供求失衡。

事实上，在大多数发展中国家，除了上面分析的货币供求失衡的两种类型外，还存在一种与此并不类似的货币供求失衡，即货币供求的结构性失衡。这是指在货币供给与需求总量大体一致的总量均衡条件下，货币的供给结构与货币需求结构不相适应。这种结构性货币供求失衡往往表现为短缺与滞存并存，经济运行中的部分商品和生产要素供过于求，另外一部分商品和生产要素又求过于供。造成这种货币供求失衡的原因在于社会经济结构的不合理及在此基础上的结构刚性。

总量意义上的货币供求失衡与结构意义上的货币供求失衡并非非此即彼的简单替代关系。现实经济运行中的客观事实，往往是货币总量失衡与结构失衡相互交织，相互联系，以至于难以分辨。所以中央银行在货币政策操作中，控制货币供求均衡往往以总量均衡与结构合理为目标。

根据案例，你认为我国当前是否存在货币供求失衡状况？可能是什么原因造成的？

第九章

通货膨胀与通货紧缩

学习目标

1. 理解通货膨胀和通货紧缩的内涵及产生的原因。
2. 掌握衡量通货膨胀和通货紧缩的标准及防范治理措施。
3. 了解并正确认识我国经济发展中出现的有关通货膨胀和通货紧缩问题。

课前导读

1923年，德国发生了恶性通货膨胀。如果1922年1月的物价指数为1，那么1923年11月的物价指数则为100。如果一个人在1922年年初持有3亿德国马克债券，两年后，这些债券的票面价值早就买不到一片口香糖了。有学者曾将德国历年的通货膨胀数字绘成书本大小的直观柱状图，可是限于纸张大小，未能给出1923年的数据柱，结果不得不在脚注中加以说明：如果将该年度的数据画出，其长度将达到200万英里。

德国在一战战败之后，丧失了1/7的领土和1/10的人口，各种商行及工业产品均减少，同时要按1921年金马克赔偿1320亿赔款。在操作中，德国不得不靠发行纸币来渡过难关，结果是陷入灾难的深渊。当时政府以极低的利率向工商业者贷款，同时投放巨额纸币，它们又很快贬值，从而债务人得以用廉价的马克偿还贷款。“新富”们在通货膨胀中发了大财，“旧富”们处于崩溃的边缘。各个经济部门和各个家庭生活在此不公平中受到致命打击。

第一节　通货膨胀概述

一、通货膨胀的含义

通货膨胀是一个复杂的经济现象，因此存在着众多关于通货膨胀的定义。例如，J. 托宾认为，通货膨胀是指物品与劳务货币价格的普遍上升。美国经济学家D. 莱德勒认为，通货膨胀是一个价格持续上涨的过程，即是一个货币持续贬值的过程。弗里德曼认为，物价普遍的上涨就是通货膨胀。萨缪尔森对通货膨胀的解释为：通货膨胀是物价水平的普遍上涨，用以衡量平均物价水平的发展趋势。

综上所述，通货膨胀是指在不兑现的信用货币流通的条件下，由于货币供应量超过商品流通的客观需要量所导致的货币不断贬值和物价水平普遍持续上涨的经济现象。

要准确了解通货膨胀的含义，要注意以下几个方面：①通货膨胀产生的前提是不兑现的信用货币制度，只有在这种货币制度下才有货币发行过多的现象出现。在金属货币制度下，货币可以通过发挥贮藏手段职能自发地调节货币流通量，一般不会出现通货膨胀。②通货膨胀不论产生的具体原因是什么，必然伴随着货币供给量的增长，这种增长超过了商品流通所需要的货币量，是商品流通和货币流通失衡的具体表现。因此，从表面上看，通货膨胀是一种货币现象，但其实质是一种经济现象。③通货膨胀的出现必然会表现为物价的上涨，这是由货币流通规律和商品流通规律所决定的。④通货膨胀只有在物价能自由浮动的条件下才会表现为物价上涨，在存在政府价格管制的情况下，则会以其他的形式表现出来，如凭证供应、排队购物、强制储蓄、黑市交易等，因此我们在判断是否出现通货膨胀时，不能仅看是否出现了物价上涨。⑤引起通货膨胀的直接原因是货币供给量超过了商品流通的需要量而引起的物价普遍持续上涨的经济现象。某些非货币因素引起的单个或局部的物价上涨不能称为“通货膨胀”。如农副产品价格上涨引起的物价上涨、春节期间暂时的物价上涨都不能称为“通货膨胀”。

专栏 9-1

国家发展和改革委员会负责人 4 日在国务院新闻办新闻发布会上说，虽然今年前 7 个月我国居民消费价格总水平比上年同期上涨 3.5%，但主要是食品价格上涨的拉动，物价总体上仍处于可控范围，没有出现由于总需求严重超过总供给而引起全面、持续的价格上涨，所以没有出现严重的通货膨胀。

（资料来源：新华网，2007 年 9 月 5 日）

二、通货膨胀的种类

按照不同的划分标准，可以将通货膨胀划分为多种类型，通过对通货膨胀进行分类，有助于进一步认识通货膨胀的定义。

按照价格上涨的速度，通货膨胀可以划分为爬行的通货膨胀、温和的通货膨胀及恶性通货膨胀三种类型。在不同的时代和环境下，它们的数量界限有时不太明确。在 20 世纪 60 年代，发达国家的公众大都认为每年 6% 的物价上涨就是难以忍受的，属于严重的通货膨胀；如果通货膨胀达到两位数，则可以认为是恶性通货膨胀。70 年代的石油危机造成了世界范围内的通货膨胀，使得人们修正了对通货膨胀的认识。80 年代，南斯拉夫出现了 3 位数的通货膨胀，玻利维亚出现了 5 位数的通货膨胀。90 年代的俄罗斯、南斯拉夫等国的通货膨胀率也高达 3 位数。本书认为，对通货膨胀程度的认识不能禁锢于一定的数量标准，而应结合通货膨胀发生时的环境背景去分析。当一国出现了较为剧烈的社会变革、政治动荡甚至战争等情况时，通货膨胀就会很高，这时产生通货膨胀的原因不仅仅是经济原因。但当一国的社会经济相对平稳时，则可以用数量标准进行衡量。

按市场机制的运行状况，通货膨胀可以划分为公开型通货膨胀和抑制型通货膨胀。公开型通货膨胀是指完全通过物价总水平的明显、持续上涨体现出来的通货膨胀；而抑制型通货膨胀或隐蔽型通货膨胀则是货币工资水平没有下降，物价总水平也没有上升，但居民实际消费水平却下降的通货膨胀。公开型通货膨胀常见于市场经济国家，原因是这类国家市场机制较为完善，且没有政府的直接干预，货币的多少直接影响着物价水平的升降。当社会总需求大于社会总供给时，物价上涨则不可避免。抑制型通货膨胀常发生在集中计划经济体制下，由于存在着严格的价格管制，价格上升趋势的真实程度被隐蔽，无法通过调节价格以达到平衡社会总需求与社会总供给的目的。例如，苏联在计划经济体制下重点发展重型机械、重化工、军事装备等，而与社会生活需求相关度高的轻工业产品却长期受到压制，供给严重不足。社会总需求与总供给的结构非常不平衡。

按通货膨胀预期，可以将通货膨胀划分为预期性通货膨胀和非预期性通货膨胀。预期性通货膨胀是指通货膨胀过程被人们预期到了，以及由于这种预期而采取了各种补偿性行动。非预期性通货膨胀是指没有被经济主体预见的、在不知不觉中出现的物价上升现象。

按通货膨胀的成因，可以将通货膨胀划分为需求拉动型、成本推动型、货币供给推动型、结构转换型和体制型通货膨胀。本书将重点论及通货膨胀的成因。

三、通货膨胀的衡量

由于通货膨胀直接表现为价格的上涨，所以判断经济生活中是否发生了通货膨胀以及通货膨胀的程度，需要借助通货膨胀率这一指标来进行测定。通货膨胀率被定义为从一个时期到另一个时期价格水平变动的百分比。用公式表示就是：

$$\pi_t = \frac{P_t - P_{t-1}}{P_{t-1}}$$

式中，π_t 为 t 时期的通货膨胀率，P_t 和 P_{t-1} 分别为 t 时期和 $t-1$ 时期的价格水平。

衡量通货膨胀的指标是物价指数。物价指数是表明某些商品的价格从一个时期到下一时期变动程度的指数。物价指数一般不是简单的算术平均数，而是加权平均数，即根据某种商品在总支出中所占的比例来确定其价格的加权数的大小。计算物价指数的一般公式是：

$$物价指数 = \frac{\sum P_t q_t}{\sum P_0 q_t} \times 100\%$$

在上式中，P_0、P_t是基期和本期的价格水平，q_t是本期商品量。

根据计算物价指数时包括的商品品种的不同，反映物价变动的指标主要有以下几种：

第一，消费价格指数（Consumer Price Index，CPI），这是一种用来测量一定时期城乡居民所购买的生活消费品和服务项目价格变化程度的指标。其优点在于消费品的价格变化能及时反映消费品供给与需求的对比关系，与普通家庭的日常生活有直接联系，因而在许多国家备受关注，在分析通货膨胀效应方面有其他指标难以比拟的优点。但是，该指标所包含的范围较小，不能全面说明物价的上涨情况。用公式可表示为：

$$CPI = \frac{\text{一组固定商品按当期价格计算的价值}}{\text{一组固定商品按基期价格计算的价值}} \times 100$$

例如，以 2000 年为基期，如果某国普通家庭购买一揽子固定商品和服务的费用为 789 元，2010 年购买相同一揽子商品和服务的费用为 970 元，那么该国 2010 年的消费物价指数就是：

$$CPI_{2010} = \frac{970}{789} \times 100 = 123$$

这表明，某国普通家庭 2010 年购买相同一揽子商品和服务的费用较 2000 年上涨了 23%。

如果用 *CPI* 来衡量价格水平，那么通货膨胀率就可以表示为：

$$\pi_t = \frac{CPI_t - CPI_{t-1}}{CPI_{t-1}}$$

假如一个经济社会的消费价格指数由 2010 年的 100 增加到 2011 年的 111，那么该时期的通货膨胀率就为 $\frac{111-100}{100} \times 100\% = 11\%$ 。

第二，生产价格指数（Producer Price Index，PPI），这是衡量生产原材料和中间投入品等价格平均水平的价格指数。与 *CPI* 不同的是，*PPI* 被设计用来计量销售系统早期阶段的价格，因而它成为表示一般价格水平变化或 *CPI* 变化的一个信号，受政策制定者的密切关注。

第三，国内生产总值折算指数（GDP deflator），也被称为“国内生产总值平减指数”，是衡量一国经济在不同时期内所生产和提供的最终产品与劳务的价格总水平变化程度的经济指标，是按当年价格计算的国内生产总值与按基期价格计算的国内生产总值的比率。例如，某国 2015 年的 *GDP* 按当年的价格计算为 20000 亿美元，按 1990 年的价格计算为 8000 亿美元，1990 年基期指数为 100，则 2015 年的 *GDP* 折算指数为（20000/8000）×100 = 250，表示 2015 年比 1990 年物价上涨了 150%。该指数优点在于覆盖范围全面，能度量各种商品价格变动对价格总水平的影响。缺点是资料搜集比较困难，公布次数少，不能迅速地反映通货膨胀的程度和趋势。

第四，批发物价指数（Wholesale Price Index，WPI），这是反映不同时期批发市场上多种商品价格平均变化程度的经济指标。它包括生产资料和消费品在内的全部商品批发价格，但劳务价格不包括在内。其优点在于该指数能灵敏地反映生产资料价格变动和企业生产成本的变动，缺点是它不反映劳务价格的变动，而且它只计算生产环节和批发环节上的价格变动，不包括商品最终销售环节的价格变动，所以其波动幅度常常小于零售商品价格的波动幅度。因而，在使用该指数判断总供给与总需求的对比关系时，可能会出现信号失真的现象。

以上几种指数各有其优缺点，所以需要合理适当地选择指数，这样才能正确地把握通货膨胀的程度。在这几种指数中，消费价格指数与人民群众生活水平关系最为密切，因此，一般都用消费价格指数来衡量通货膨胀。

第二节　通货膨胀的成因及表现

通货膨胀的形成机理极为复杂，国内外学者从不同角度出发进行了具体的分析，形成了需求拉上型、成本推动型、供求混合推进型、货币供给推动型及结构转换型等理论。本书将针对这几种理论学说进行具体说明解释。

一、需求拉上型

需求拉上理论又称"需求拉动型理论"，是最早产生的通货膨胀成因理论。这一理论是从货币需求的角度寻找通货膨胀的成因。该学说认为，当社会总需求的增长幅度大于社会总供给的增长幅度时，即"太多的货币追逐太少的商品"时，就会造成物价总水平的持续上涨，从而形成通货膨胀。需求拉上型理论是凯恩斯学派特别是现代凯恩斯主义的一个重要理论学说。

假设社会总供给不变，那么，需求可以从两个途径影响物价水平：一是消费需求的增加、投资需求的增加、政府支出的增加和减税、净出口增加等，从而打破商品市场的均衡，出现供不应求的状况，最终导致物价总水平的持续上涨。二是货币需求量给定，货币供给量增加，在乘数的作用下流通中的货币量成倍、大幅度地增长，导致太多的货币追逐太少的商品，从而使得物价总水平大幅提升，出现通货膨胀。

凯恩斯从货币量变动影响物价的传导机制出发，认为货币量变动对物价的影响是间接的，影响物价变动的还有其他因素，如成本和就业量。凯恩斯认为，不是任何货币数量的增加都具有通货膨胀的性质，也不能把通货膨胀仅仅解释为物价上升。货币数量增加是否会产生通货膨胀要视经济是否达到充分就业而定。在经济达到充分就业后，货币增加就会引发通货膨胀。

新古典综合学派认为，需求创造供给的必要条件是资源充足。一旦社会总需求超出了由劳动力、资本及资源所构成的生产能力界限，总供给无法增加，就形成了总需求大于总供给的膨胀性缺口。只要存在这一缺口，物价就必然上涨。

需求拉上型通货膨胀强调总需求对物价水平的拉动作用，而忽视了总供给的作用，具有一定的片面性。因此，经济学家又从总供给角度研究通货膨胀的形成机制，形成了成本推进理论。

二、成本推进型

成本推进型理论产生于20世纪50年代后期。该理论认为，当今西方社会存在两大集团，即工会和雇主协会。工会有提高工资的力量，雇主有操纵价格的力量。在总需求不变的情况下，这两大组织能够人为地提高商品的供给价格，在短期内引起物价上涨，形成通货膨胀。如果政府为避免失业增加和经济萧条，采取扩张性的货币与财政政策来默许由于提高供给价格所致的成本上升，那么物价势必呈螺旋状上升，就会形成持续性的通货膨胀。根据成本组成部分在刺激物价上涨过程中的作用，具体可分为：

第一，工资成本推动。其假设条件是劳动力市场是不完全竞争市场，工会力量强大，雇主无力抵制工会增加工资的要求。由于工资提高后生产成本上升，雇主须通过提高产品价格的方法弥补损失，从而引起物价普遍上涨。

第二，间接成本推动。现代企业为了加强竞争，扩大市场占有率，必须增加许多间接成本支出，如技术改造费、广告费等，这种额外的间接成本转嫁到商品价格中去，就会引起物价上涨。

第三，垄断价格推动。市场上存在一些垄断企业，垄断产品的价格不是由市场供求关系决定的，而是由垄断厂商操纵的。为了获得垄断利润，垄断厂商就会大幅度提高价格，从而会带动其他商品价格的上涨。例如，1973～1974 年石油输出国组织将石油价格提升 4 倍，引发了西方的石油危机。

第四，进口成本推动。在开放条件下，许多商品是以进口货物为主要原材料。当进口货物价格上升时，进口企业的生产成本也会随之增加。为了抵消生产成本对其利润的影响，企业就会相应地提高产品的价格。

三、供求混合推进型

现实生活中，单纯由需求或供给引发的通货膨胀几乎是不存在的。需求拉上的作用与成本推进的作用常常是混合在一起的。因此，人们将这种由总供给和总需求共同作用下的通货膨胀称为“供求混合推进型通货膨胀”。

当总需求增加时，物价的上涨导致生产成本的相应上升，进而带来总供给减少。为保持经济增长和充分就业，政府不得不增加支出，总需求再次增加，从而形成由需求冲击开始的物价螺旋式上升的通货膨胀。与其相类似，也可能发生由供给冲击开始的通货膨胀。当发生一次性成本推进型的物价上涨时，如果需求并不增加，通货膨胀则不会持久；但如果供给的减少促使政府为避免经济下降和失业增加而扩大需求，则必然发生持续性的通货膨胀。

四、货币供给推动型

货币学派对通货膨胀进行了全面、系统的研究，并揭示了通货膨胀的根本原因是政府的扩张性货币政策。

货币学派的创始人、美国芝加哥大学教授弗里德曼认为，特定的物价和总的物价水平的短期变动可能有多种原因，但是长期持续的通货膨胀却是一种货币现象，是由货币数量的增长超过总产量的增长所引起的。他强调指出，承认并重视通货膨胀是货币量过多所引起的货币现象这个命题的重要性，在于它可以指导我们去寻找通货膨胀的根本原因和确定治理方案，因此它是正确认识通货膨胀和有效防治通货膨胀的开端。

弗里德曼认为，货币量过多的直接原因有三个：

第一，政府开支增加。当政府的收入相对稳定，但同时因各种原因日益增加名目繁多的开支时，必然需要筹措新的资金来源用于应付日益扩大的开支。弥补支出扩大的资金来源有三种方式：一是增加税收；二是向公众借债；三是增加货币供应。前两种方式取得的资金虽然会被私人消费和投资减少所抵消而不会产生通货膨胀，但却在政治上不得民心，因此被绝大多数政府舍弃而采用第三种方式，即增加货币数量，其结果必然是通货膨胀。

第二，政府推行充分就业的政策。20世纪30年代大危机以后，人们对失业比对通货膨胀怀有更大的戒心，因此，政府许诺执行充分就业的政策来拉拢民心，争取选票。为了讨好民众，政府一方面制定不恰当的过高的充分就业目标，另一方面采取增加货币数量、扩大政府支出的办法来提高就业水平。一旦出现经济衰退的迹象时，政府就立即实行通货膨胀来刺激经济；当制止通货膨胀的措施在短期内不能增加就业时，政府又立即放弃制止手段而采用更高的通货膨胀率来换取就业的微量增加，以致形成通货膨胀率与失业率轮番上涨的恶性循环。

第三，中央银行实行错误的货币政策。其错误首先是货币政策的目标偏移。例如，美国的中央银行把维持充分就业作为货币政策的目标。在要求增加就业的压力下，联邦储备系统的货币政策也有着与政府财政政策同样的通货膨胀倾向。而中央银行扩大就业的唯一手段就是增加货币供应量，但这样做的结果无法保持长期真正的充分就业，却带来了通货膨胀。中央银行货币政策的另一错误是把中介指标确定在它不能控制的利率上。弗里德曼认为，中央银行应该控制而且有能力控制的是货币供应量，而不是利率。

综上所述，弗里德曼认为，通货膨胀的真正原因在于货币供应增长率大于经济增长率，而货币量过多的原因都是出自政府的错误政策和行为。通货膨胀所表现出来的普遍、持续的物价上涨，就是由于货币发行过多所致。垄断了货币发行权的政府无疑有着不可推卸的责任。

五、结构转换型

结构转换型理论是从经济结构、部门结构等分析物价总水平上涨的机制，由北欧学派提出。首先提出结构转换型理论的是挪威经济学家奥克鲁斯特（Aukrust），后由瑞典经济学家爱德格伦（Edgren）、法克森（Faxen）、奥德纳（Odhner）加以扩展而成。由于瑞典的三位经济学家的姓的第一个字母分别为E、F、O，该模型也被称为“EFO模型”。

北欧模型强调的是结构因素在通货膨胀中如何起作用，重点分析的是小国开放经济如何受到世界通货膨胀的影响而导致国内的通货膨胀。小国开放经济的特征是商品的供给和需求都有无限弹性，即小国开放经济只能被动地接受国际市场价格，而不能主动地影响国际价格。小国开放经济有两个部门：开放部门和非开放部门。开放部门的产品价格取决于国际市场，非开放部门的产品价格与国际市场没有直接联系，而是按照成本来定价。

如果用E表示开放部门，S表示非开放部门，Π表示通货膨胀率，则Π_E和Π_S分别表示开放部门和非开放部门的通货膨胀率，Π_W表示国际市场的通货膨胀率。

用λ表示劳动生产率，则λ_E和λ_S表示开放部门和非开放部门的劳动生产率。

用α表示各部门在整个经济中的比重，则α_E和α_S分别表示开放部门和非开放部门在整个经济中的比重。

用W表示各部门货币工资增长率，则W_E和W_S分别表示开放部门和非开放部门的货币工资增长率。

因开放部门的价格随国际市场价格的变动而变动，故假定 $\Pi_E = \Pi_W$，即开放部门的通货膨胀率等于既定的国际通货膨胀率。

因开放部门比非开放部门的效率要高，因此可以假定 $\lambda_E > \lambda_S$，即开放部门的劳动生产率大于非开放部门的劳动生产率。

如果把 Π 定义为 Π_E 和 Π_S 的加权平均数，权数分别为 α_E 和 α_S，且 $\alpha_E+\alpha_S=1$，则北欧模型可以用公式表示为：

$$\Pi = \Pi_W + \alpha_S(\lambda_E - \lambda_S)$$

这一公式的推导过程如下：

（1）开放部门的通货膨胀率等于国际通货膨胀率，即：

$$\Pi_E = \Pi_W$$

（2）非开放部门与开放部门的工资增长率相同，而开放部门的工资增长率等于该部门的通货膨胀率加上该部门的劳动生产率，即：

$$W_S = W_E = \Pi_E + \lambda_E$$

（3）非开放部门的通货膨胀率为：

$$\begin{aligned}\Pi_S &= W_S - \lambda_S \\ &= W_E - \lambda_S \\ &= \Pi_E + \lambda_E - \lambda_S\end{aligned}$$

（4）小国开放经济的通货膨胀率为 E 部门和 S 部门通货膨胀率的加权平均：

$$\begin{aligned}\Pi &= \alpha_E \Pi_E + \alpha_S \Pi_S \\ &= \alpha_E \Pi_E + \alpha_S(\Pi_E + \lambda_E - \lambda_S) \\ &= \alpha_E \Pi_W + \alpha_S(\Pi_W + \lambda_E - \lambda_S) \\ &= (\alpha_E + \alpha_S)\Pi_W + \alpha_S(\lambda_E - \lambda_S) \\ &= \Pi_W + \alpha_S(\lambda_E - \lambda_S)\end{aligned}$$

上面通货膨胀率公式说明，小国开放经济的通货膨胀率由两个部分组成：一是国际市场的通货膨胀率，二是超过国际通货膨胀率的部分，而后者既取决于该国开放部门与非开放部门的劳动生产率之差，又取决于两个部门在总体经济中的权重。

在北欧模型的基础上，瑞典学派的杰出代表林德贝克把通货膨胀的研究推广到世界范围，建立了全球通货膨胀的模型。该模型把实际经济看成一个整体，揭示了各国经济间的互相影响以及国内通货膨胀的形成机制。

假定价格变动率是对产品需求和工资变动率的函数，以 P 表示价格变动率，以 X_P 代表产品需求，以 W 代表工资变动率，则：

$$P = f(X_P, W)$$

假定工资变动率 W 是对劳动力需求的函数，X_n 代表劳动力需求，则：

$$W = g(X_n)$$

综合上述两个式子，得：

$$P = f[X_P, g(X_n)] = f(X_P, X_n)$$

X_P 对 P 的影响是直接的，X_n 对 P 的影响是间接的。林德贝克认为，在一国范围内，间接效果要大于直接效果，原因是劳动力市场相对更封闭些，所以劳动力需求这一因素对通货膨胀的影响主要集中在国内；而产品市场相互联系性强，要研究全球性的通货膨胀，主要应研究产品市场。林德贝克认为，把封闭经济与开放经济两种研究方法结合起来，通货膨胀的成本推动型与需求拉上型就要变成一种相对概念，即在一国被看成是成本推动型的通货膨胀，在全球范围内来看则是需求拉上型通货膨胀。

林德贝克认为，在分析全球性通货膨胀时，除了分析产品需求和劳动力需求之外，还应考虑以下因素：①各国资源利用状况；②产品和劳务需求组合；③成本推动因素；④全球货币量；⑤预期因素。

国际通货膨胀如何影响国内呢？林德贝克认为有以下五条传递途径：

第一，价格传递，也就是国际市场价格变动对国内商品价格的传递。从短期来看，国际市场价格变动对国内价格的影响程度和范围取决于一国出口部门的权重；从长期来看，由于国际市场和国内市场或贸易品市场之间存在着一定的替代性，国际市场价格通过冲击全部贸易品而影响国内价格水平。

第二，部门传递。在商品市场上，进口品若是中间品，其价格上涨将使采用进口品的生产部门成本上升，售价提高，进而带动了不采用进口品的生产部门的商品价格上升。在劳动力市场上，当出口部门的商品价格随世界市场的价格上升后，其利润增加，刺激该部门扩大生产，对劳动力的需求加大，因而工资上涨。通过收入攀比效应，非出口部门的工资也随之上升，进而增加了非出口部门的生产成本，导致非出口部门商品价格上涨。

第三，需求传递。其他国家若存在过度需求，就会刺激本国出口部门的繁荣和出口量的上升。经过外贸乘数的作用，国内收入增加，需求扩大，导致国内价格水平上涨。

第四，货币传递。当对外贸易出现顺差时，国外货币和资本流入国内，增加了国内货币量。但由于货币当局可以通过利率、公开市场业务等政策在很大程度上抵消这种影响，因此，只有突如其来的货币流入才能将通货膨胀从他国输入到国内。

第五，预期传递。国际市场上工资和价格发生波动会对人们的预期产生影响，使通货膨胀传递到国内。例如，国际市场上价格上涨后，人们预测国内价格也要上涨，这种预期引起了国内物价的上升。

除了上面论述的几种理论外，还有一些其他理论，如体制论、摩擦论等。本书认为，体制论或摩擦论等都是从不同角度去剖析需求拉上或成本推动产生的原因，因此，本书不再详述这些理论。

第三节　通货膨胀的效应

一、经济增长效应

通货膨胀能否促进经济增长是经济学界长期争论不休的问题。围绕这一问题，经济学家进行了广泛的研究，并形成了以下三种主要观点：

1. 促进论

这种观点认为，从总体上看，通货膨胀能对经济增长起到积极的促进作用。该理论认为，西方经济长期处于有效需求不足、实际经济增长率低于潜在经济增长率的状态。政府要刺激经济增长就要采取增加财政支出、增加货币供应量等手段刺激投资与消费，增加有效需求。因此，政府可以选择通货膨胀政策，实行财政预算赤字，扩大货币发行，增加政府的投资性支出，扩大总需求，刺激经济增长。由于投资乘数的作用，在形成通货膨胀的同时，实际产量也会增加，理由是：

第一，通货膨胀的直接表现是货币供给过多，多发行的那一部分直接成为政府的收入，可用于增加投资。而物价上升带来居民持有货币的贬值，这实质上是政府对所有货币持有人强制征收的一种隐蔽性的"通货膨胀税"。如果居民的消费不变或者投资的上升大于消费的下降，产出仍能通过乘数效应上升。

第二，通货膨胀可以产生一种有利于高收入阶层而不利于低收入阶层的收入再分配效应。高收入阶层的边际储蓄倾向远远高于低收入者，这样，就可以借助于通货膨胀来增加高收入者的储蓄，增加投资，刺激经济发展。

第三，通过通货膨胀降低实际工资水平。在通货膨胀一开始，公众对通货膨胀的预期调整较慢，物价上涨时，名义工资不发生改变，企业利润相应提高，刺激企业投资的积极性，从而促进经济增长。

第四，通货膨胀会增加持有现金的机会成本。由于实物资产和现金余额这两种财富形式之间具有替代性，因而经济主体会增加对实物资产的需求，进而推动投资和产出的增加。

第五，缺乏资金、投资不足是造成一国产出水平不高的主要原因，而采用增加税收的方式来提高产出又会产生"挤出效应"。因此，在有效需求不足、实际经济增长率低于潜在增长率的情况下，政府通过财政赤字政策保持适当比例的通货膨胀可以有效地弥补投资不足，促进经济增长。

2. 促退论

促进论是在20世纪60年代凯恩斯主义理论盛行时的主要观点；而70年代以后，随着凯恩斯主义货币政策在西方国家的破产，人们逐渐认识到通货膨胀对经济的严重危害，通货膨胀促退论应运而生。该理论认为，通货膨胀会降低生产效率，不利于经济增长。原因在于：

第一，在通货膨胀时期，政府控制名义利率，导致民间对借贷资金的过度追求，出现借贷实行配给的局面，资源配置和资金使用失衡，进而引起资源浪费和经济效率低下。

第二，在通货膨胀中，进行投机的商业资本周转速度快，投机者可以在交易中快速获得丰厚的回报，而投入生产领域的资金周转期较长，从而使一部分工业资金由生产领域流向流通领域，社会资金不是用于生产性活动，而是用于投机，这就降低了经济增长率。

第三，通货膨胀降低了储蓄。一方面，通货膨胀会减少人们的实际可支配收入，削弱其储蓄能力；另一方面，通货膨胀又会使本金贬值，人们因此不愿意持有货币，而是购买实物资产，由此出现消费代替储蓄的现象，企业因缺乏资金而减少投资。

第四，通货膨胀时期，物价上涨与工资增加的不对称性易引起社会动乱；另外，政府从本身利益考虑，可能对某些价格实行控制，从而导致价格信号失真，经济效益下降。

第五，通货膨胀会使国内商品价格相对高于国际市场价格，不利于本国商品的出口，导致国民收入减少。同时，国内物价上涨还会鼓励外国商品的进口，加剧国内市场的竞争，影响进口替代品生产企业的发展，并形成贸易逆差。

3. 中性论

这种观点认为，短期内由政府政策所引起的通货膨胀也许会影响产量，但从长期来看，通货膨胀对产量和经济增长没有什么影响。原因是：从长期来看，公众会形成通货膨胀预期，事先提高各种商品的价格，作出相应的储蓄、投资决策，从而抵消通货膨胀的相关影响。但是，公众对通货膨胀的预期与实际情况并不相符，而且每个人或每个企业的预期也并不相同，因此这种调整行为很难相互抵消。所以，中性论的观点难以自圆其说。

二、收入和财富的再分配效应

通货膨胀发生时，物价整体水平上涨，生产企业出售的产品价格上升。所以，对产品的供给者来说，收入是增加的。又因为通货膨胀是忽然发生的，是人们没有预料到的，或者受到用工合同的制约，工人没有来得及要求增加相应的工资，在这种情况下，工人实际的收入降低了。而工人的实际工资水平的降低，实际上就是厂商的实际成本的降低，会使厂商的实际利润增加。在这种情况下，厂商会扩大生产，进而雇用更多工人。这样，国民收入会增加，总产量也会相应增加。

政府是通货膨胀最大的受益者，因为政府的税收往往实行累进所得税制，名义收入的增长会使纳税人应纳税额增加，所以政府税收收入也会增加。

通货膨胀时期，人们所持有的房屋、土地、珠宝等实物资产的价值会随物价上涨而增加；现金、存款以及面值固定的债券、票据等金融资产的实际价值会随物价上涨而下跌。因此，通货膨胀会使持有不同形式资产的人实际占有的社会财富发生变化。一般来说，债务人因为通货膨胀会减轻他们的债务负担，从而获得好处；而债权人往往会因为货币贬值而遭受损失，因为他们回收的债权是已经贬值的货币。

三、强制储蓄效应

强制储蓄效应是指出现通货膨胀时，当政府向中央银行借款造成货币增发时，会强制增加全社会的储蓄总量。这里所说的“储蓄”，是指用于投资的货币积累，主要来源于家庭、企业与政府。正常情况下，这三个部门的储蓄均由其正常收入形成。但若政府向中央银行借债，从而增发货币，这种筹措建设资金的办法就会强制增加全社会的投资需求，结果将使物价上涨。在公众名义收入不变的条件下，按原来的模式和数量进行消费和储蓄的实际额均随物价的上涨而相应减少，其减少部分则相当于通货膨胀实现强制储蓄的部分。

当政府为赤字而向央行融资时，货币发行增加，引发通货膨胀，导致货币贬值。这实质是把家庭和企业持有的部分货币收入转移到政府部门，政府再将这部分收入用于投资。这部分收入就是通货膨胀税，它以隐蔽的手段增加了政府的投资。如果政府的边际储蓄倾向高于个人和企业，整个国家的平均储蓄水平就会提高，从而增加社会投资总额。尤其是在未充分就业的情况下，若政府在投资中占主体，采用适当的财政赤字政策会增加有效需求，而且不会引起持续的物价上涨。

四、经济秩序与社会秩序紊乱效应

当通货膨胀发展到比较严重的程度时，会破坏经济秩序和社会秩序，甚至会引发社会经济危机。这方面的效应主要表现为：

第一，加剧经济环境的不确定性。在通货膨胀持续发生的情况下，个人和企业的通货膨胀预期将变得难以捉摸，市场行情动荡不定，影响政府的经济政策目标和宏观调控能力。

第二，导致商品流通秩序的混乱。在通货膨胀期间，由于流通领域容易获取暴利，大量资金被吸引到流通中从事投机交易，使商品流通秩序极为混乱，产销脱节、商品倒流、囤积居奇、商品抢购等不正常的交易活动加剧了经济的不平衡，最终导致制度的崩溃。

第三，败坏社会风气，激化社会矛盾。在通货膨胀期间，劳动者的工资所得赶不上投机活动的利润所得，会挫伤劳动者的劳动积极性，助长投机钻营、不劳而获的恶习，而通货膨胀也导致不公平的收入和财富再分配，更有可能激化社会矛盾，引起社会各阶层的经济对立。

第四，助长贪污腐败，损害政府信誉。通货膨胀时期，国家公务人员工资、奖金增长滞后，实际收入水平下降，因而导致一些国家公务员以权谋私、贪污受贿，公众对政府失去信心，有损政府形象。

第四节　通货膨胀的治理

温和的通货膨胀在一定程度上可以促进经济增长，提高就业率，但如果不加以关注和治理，通货膨胀率达到一定水平，就会形成恶性的通货膨胀，对生产和流通领域造成极大的破坏，甚至导致整个国民经济的彻底崩溃，引起公众的不满和政局的动荡。因此，各国政府为减轻或消除通货膨胀的压力，制定和执行着各式各样的治理通货膨胀政策。

一、控制需求

通货膨胀的一个基本原因在于社会总需求超过了总供给。因此，抑制社会总需求是治理通货膨胀的主要措施之一。抑制需求需要实行紧缩型政策，其主要内容包括紧缩型财政政策、紧缩型货币政策、紧缩型收入政策等。

1. 紧缩型财政政策

紧缩型财政政策主要是通过削减财政支出和增加税收的办法来治理通货膨胀。削减财政支出的目的是通过限制支出而减少政府的需求，从而缩减总需求。其措施主要有：减少国家基本建设和投资支出，限制公共事业投资，削减政府各部门的经费支出，减少社会福利支出等。削减财政赤字、控制财政支出对通货膨胀的影响是非常明显的，因此，削减甚至消除赤字是治理通货膨胀成功的重要措施。增加税收主要是增加企业与个人的税收；增税以后，企业与个人收入减少，进而降低投资水平与消费水平，从而达到抑制总需求的目的。

2. 紧缩型货币政策

紧缩型货币政策又称“抽紧银根”。通货膨胀的直接原因是货币供应量过多，因此，可以通过减缓货币供应量的增长速度和控制实际利率的办法来降低通货膨胀率。

减缓货币供应量的具体措施包括：①减少中央银行基础货币的投放，包括通过公开市场业务出售政府债券，回笼货币；减少对商业银行的贴现贷款和其他贷款数量；减少对政府的透支；减少经济体系中的存量。②降低货币乘数，包括提高法定存款准备金率等手段。

控制实际利率的手段有：提高中央银行对商业银行的再贴现率，提高对商业银行的抵押贷款和信用贷款利率。利率的上升促使人们将更多的钱用于储蓄，从而使消费需求减少；同时，利率的上升使投资成本上升，对投资需求也有抑制作用。

3. 紧缩型收入政策

紧缩型收入政策是对付成本推进型通货膨胀的有效方法。其主要内容是采取强制性的手段，限制提高工资和获取垄断利润，抑制成本的提高，从而控制物价的上涨。具体来说包括如下内容：

第一，确定工资-物价指导线。所谓的“指导线”就是政府在一定年份内允许货币总收入增长的目标数额线。对特定的工资或物价进行“权威性劝说”，或政府施加压力，使工会与雇主让步；对一般性的工资和物价，由政府根据生产率平均增长幅度确定工资和物价增长标准，并作为工会和雇主协会双方协商的指导线。

第二，管制或冻结工资和物价。这是一种特殊时期采取的特殊政策，即强行将工资或工资增长率以及物价增长率固定在一定的水平上。

第三，运用税收手段。政府以税收作为奖励和惩罚手段来限制工资和物价的增长。如果增长率保持在政府规定的幅度内，政府就以降低个人所得税税率和企业所得税税率为奖励；否则，就提高税率进行惩罚。

在历史上，西方发达国家都实行过收入紧缩政策。20 世纪 60 年代和 70 年代初期，西欧和日本实行过上述收入政策。美国尼克松政府所实行的新经济政策中也包括了管制或冻结工资这种收入政策。

二、刺激供给

造成通货膨胀的原因是社会的总需求大于总供给，治理通货膨胀一方面要通过紧缩型政策减少总需求，另一方面要增加生产和总供给。增加生产意味着经济增长，从而克服停滞；而增加供给可以消除过剩的需求，从而抑制通货膨胀。增加生产和总供给的主要措施有：减税以提高劳动者的工作意愿和劳动生产率，激发企业的投资意愿，提高人们储蓄的能力和积极性，从而带动总供给的增加；减少政府对市场机制的干扰，保证人们储蓄与投资的实际收益，增强人们的信心，让企业更好地扩大商品生产，增加供给；鼓励企业采用新技术，更新设备和调整产业结构，提高劳动生产率。

三、改革收入分配制度

有些人认为，通货膨胀和失业都是一种灾难，决策者多用紧缩货币、压低就业的办法，即采用通货紧缩的办法制止通货膨胀，但结果适得其反。紧缩货币政策提高了利率，减少了投资，降低了供给，增加了失业，但通货膨胀并不能因此消除。由于没有调整国民收入分配结果，劳资双方的争斗不会停止，工资与物价相互追逐，通货膨胀不但不可能得到制止，还会带来物价与失业率同时上涨的滞胀局面。因此，用货币紧缩政策来抑制通货膨胀是一种治标不治本的办法。要治理通货膨胀，必须从深层次原因入手。

改革收入分配制度是消除工资推动型通货膨胀的根源的方法，其主要措施有：①通过合理的税收制度，例如实行累进税率来改变收入分配不均的状况；通过提高遗产税等方法减轻私人财产的集中程度。②给予低收入者以适当的补助。③提高失业者的文化技术水平，增加就业机会。④制定逐步消除赤字的财政政策和提高实际工资增长率的政策。⑤奖励出口，限制进口，为国内增加就业机会。

四、推行指数化政策

这一政策主要是针对实行开放经济的小国而言的。小国开放经济通常是世界通货膨胀的受害者而不是制造者。因此，对这些国家而言，主要问题是如何抵御外来通货膨胀的侵袭和干扰。在这些国家中，外贸部门很多，对外依赖程度高，通货膨胀主要是由外生变量所决定的，因此，稳定本国的货币供给增长率并不能防止世界通货膨胀的冲击，因此也不能用稳定国内货币供给政策来对付通货膨胀。

对小国开放经济而言，实行指数化政策是最佳选择。收入指数化政策主要是指主要经济变量如工资、利息、证券收益以及其他收益部分地或全部地与物价指数相联系，使各种收入随物价指数的升降而升降。由于收入、利率等经济变量与物价指数相联系，因而可以消除通货膨胀对经济发展、收入分配和资源配置等方面的影响。

五、改革货币制度

以供给学派为代表的一些人认为，要彻底清除通货膨胀，必须改革货币制度，限制货币的发行。他们认为，货币当局控制货币增长率的做法是靠不住的，唯一的选择是废除信用货币制度，恢复金本位。

这些人认为恢复金本位有五个步骤：①货币当局公开宣布与民间进行黄金法币兑换的政策措施。②决定黄金价格与单位法币的含金量。③货币当局按照公布的金价和法币含金量与民间进行黄金买卖。④规定黄金准备率。⑤设定中央银行黄金准备的上下限。

恢复金本位有一定的好处，一方面使货币当局控制货币数量有据可依，另一方面又硬化了货币供给的约束机制。这样做可以消除人们的通货膨胀预期，恢复对法币货币的信心，从而稳定币值，降低利率，提高投资，扩大生产和供给。但是，这一主张的现实意义并不大，理由是社会经济的变化已经剥夺了金本位存在的意义，而为解决通货膨胀再去专门恢复金本位太过于理想化了。

专栏 9-2

我国 20 世纪 90 年代的通货膨胀

我国改革开放以后特别是 20 世纪 90 年代初期，经济一直保持良好的增长势头：1991 年的经济增长率为 8%，1992 年为 13.2%，1993 年为 13.4%，1994 年为 11%。但是，1994 年的通货膨胀率也是历史上最高的：全国商品零售物价指数涨幅高达 27.1%，居民消费价格指数涨幅高达 24.1%。

从货币投放量来看，我国 1994 年的货币投放并未超过经济增长所需要的数量。全年国家银行贷款余额为 31602.9 亿元，比上年增长 19.5%；1994 年年末市场货币流通量约为 7270 亿元，比上年增长 24%，与年工业总产值增长率 21.35% 的增幅相比相差不太大。但是，1992 年流通中的货币量比上年增加了 36.4%，1993 年则增加了 35.3%，两年的增长率均高于经济增长与物价上涨幅度之和。它们累积起来的影响滞后到 1994 年，最终导致零售物价和居民生活费用的上涨。

另外，当时正值我国价格改革迈出一大步之际，主要农产品收购价格和石油、煤炭等生产资料价格有明显提高。这本是对计划经济中不合理定价方式的调整，但在客观上提高了企业的生产成本。随后，中央又提出了税制改革和汇率并轨，以及国家机关、事业单位的工资改革，企业也进行了工资套改，这些都加重了各种企业的成本负担，最终造成物价上涨。

从投资需求看，20 世纪 90 年代初以来也开始呈现明显的膨胀。1985 年，全社会的固定资产投资为 2543 亿元，1990 年增至 4451 亿元，1993 年猛增至 11829 亿元，1994 年竟达 16000 亿元。就固定资产投资率来说，1993 年已高达 39.7%，1994 年增速虽略有回落，但也仍然高达 36.5%。投资结构本身也不够合理，这主要表现是：农业投入连年下降，工业的投入则猛增；高速增长的工业投入与消费需求有脱节之处，一些产品超过了市场需求（市场容量），造成生产能力过剩，其中尤以耐用品最为突出。其中，汽车的生产能力过剩量达 3/4，冰箱达 2/3，彩色电视机达 1/2，空调达 1/2，洗衣机达 1/3，棉毛纺达 1/3。生产过剩的结果必然是商业库存迅速增加。1984 年，我国的商业库存仅为 2000 亿元，1990

年突破了6000亿元。与此同时，国有企业亏损严重，到1994年年末亏损面已超过40%。由于企业亏损过多，财政收入减少，支出大增，最终导致赤字。全国财政赤字硬预算1988年为78.55亿元，1994年为700亿元；软预算赤字1988年为349亿元，1993年突破了1000亿元。由于财政赤字越来越严重，政府不是向银行大量透支，就是大量发行国债，无论怎样做，都会促成大量的货币发行，引发通货膨胀。1994年1月1日，人民币汇率从1美元兑换5.8元人民币调整到1∶8.7，这次汇率调整使人民币贬值33.3%。人民币汇率下调后，原来以外汇计价的项目都要涨价。进口商品的企业为了转嫁成本，必然提高其产品价格，从而带动国内其他商品价格上升。本币贬值有利于刺激和扩大出口，由于价格上涨刚性，非出口商品价格要求"公平"，要求向出口商品价格"看齐"，从而引起国内物价全面上涨。

（资料来源：《经济与管理》2008年第2期，作者：马晓莹、刘晓娟）

第五节　通货紧缩

一、通货紧缩的含义

通货紧缩是与通货膨胀相对立的。经济社会中存在着通货膨胀，也同样存在着通货紧缩。通货紧缩是指经济中大部分商品和劳务的价格在一段时间的普遍疲软乃至下跌的现象，也就是物价总水平的持续下降。对于这一概念的理解应注意以下几点：

第一，从本质上说，通货紧缩是一种货币现象，它在实体经济中的根源是社会总需求对总供给的偏离，或现实经济增长率对潜在经济增长率的偏离。当前者低于后者的时候，就会出现通货紧缩。

第二，通货紧缩表现为物价水平的持续与普遍的下跌。物价究竟持续下降多长时间才算出现通货紧缩并无统一的标准。巴塞尔国际清算银行提出，只有当一个国家的消费品的价格在最近2年内均连续下降，才表明这个国家出现了通货紧缩的现象。

第三，通货紧缩同时也是一种实体经济现象，它通常与经济衰退相伴随，表现为投资机会的减少和投资边际收益的下降，由此造成银行信用紧缩，货币供给量增长速度持续下降，信贷增长乏力，消费和投资需求减少，企业普遍开工不足，非自愿失业增加，市场普遍低迷。1929~1933年的世界经济危机及其随后的大萧条就是通货紧缩的典型例证。但经济衰退并非就是通货紧缩，因为造成经济衰退的原因不仅仅是通货紧缩。

对于衡量通货紧缩的具体统计指标，与通货膨胀一样，世界各国主要采用三个指数，即消费物价指数、批发物价指数和GDP折算指数。

二、通货紧缩的分类

按照持续时间的长短不同，将其划分为长期性通货紧缩、中长期通货紧缩和短期性通货紧缩。一般来讲，10年以上的通货紧缩为长期性通货紧缩，5~10年为中长期通货紧缩，5 年以下为短期性通货紧缩。

按物价与经济增长之间关系的不同，将其划分为增长型通货紧缩和衰退型通货紧缩，前者是指伴随着经济增长的通货紧缩，后者是指伴随着经济衰退的通货紧缩。

按通货紧缩对经济的冲击程度不同，可以分为轻度通货紧缩、中度通货紧缩。如果物价指数为负增长，而且持续时间不超过 2 年，可视为轻度通货紧缩；物价指数负增长超过 2 年，但物价指数负增长率不超过两位数，可视为中度通货紧缩；若物价指数负增长超过 2 年，且物价指数负增长率超过两位数，则为严重通货紧缩。

专栏 9-3

非典型通货紧缩也是通缩

昨天国家统计局公布了几个重要的经济数据，中国 2 月份居民消费品价格指数（CPI）同比下降 1.6%，为 6 年多来首次下降，同时公布的 2 月份生产者价格指数（PPI）同比下降 4.5%，为连续第 3 个月下降。去年 CPI 和 PPI 高涨表明处于通货膨胀期，同样通过这些数据也表明，现在通货紧缩已经一定程度存在了，但是不是全面的通货紧缩还有待观察。

对这些数据大家肯定不会感觉意外的，因为央行副行长易纲昨天就已经通过媒体来提前给大家预警了。他表示，中国目前与典型的通货紧缩还相差很远。理由是目前中国信贷和货币供应量增长较快，经济今年也有望实现 8% 的增速，因此中国与典型的通缩还相差很远。今天中国统计局也表示，中国并没有进入通货紧缩，CPI 和 PPI 的下降是因为国际原材料价格下跌和季节性因素影响。受春节因素的影响，中国 1 月份和 2 月份的 CPI 通常有所失真，无法客观全面地反映物价的真实走势。目前全社会提振对经济发展的信心显得非常重要，对这样不利数据的官方的合理解读自然可以理解。但 CPI 6 年来首次下滑不管是不是典型的通货紧缩，总体上还是不让人乐观。除官方所说的这些因素以外，目前社会对经济复苏的信心还需提升。至于易纲所说的信贷和货币供应量增长较快也需要全面、客观地来分析。

1 月份尽管有高达 1.6 万亿元的新增贷款，但其中有 40% 是在银行体系通过票据在内部流动，并没有流入到实体经济中。我们看货币供应，除了看 M_2，同时要看 M_1。1 月份 M_1 这个反映经济活跃度的指标表现就不佳。1 月份 M_1 同比增速只有 6.68%，而 M_2 同比增长 18.79%；而当 M_1 增速远低于 M_2 增速时，实体经济的状况通常表现为企业经营活动萎缩，投资意愿和交易能力减弱。自 2008 年 4 月以来，中国 M_1 增速持续走低，反映了中国经济在当时宏观紧缩政策和世界经济危机影响下经济趋“冷”的现实。所以，用简单的新增贷款额来代替对货币供应量的判断就不是很全面；同时更需要明白，货币供应上既然有流动性过剩就对应有流动性陷阱。中国经济冷的局面还没有得到根本改观，即使是 2 月份 PMI 指数提升到了 49%，但还是没有脱离经济衰退的区域。

目前，中国的经济形势尽管有星星之火的复苏迹象，但星星之火是否燎原还需要观察。从今天的 CPI 和 PPI 的数据来看，我们只能抱有谨慎的态度。中国政府认为，目前国际金融危机还在蔓延，仍未见底，国际市场需求继续萎缩，全球通货紧缩趋势明显，贸易保护主义抬头，外部经济环境更加严峻，不确定因素显著增多。在这种巨大压力下，中国政府提出了创纪录的9500亿元的财政赤字预算。既然全球通货紧缩明显，中国要想独善其身估计也难，目前要做的就是尽量别让通货紧缩的程度太严重，套用易纲的话就是，不要成为典型的通货紧缩。

伴随CPI公布的还有国家发改委、统计局的调查显示：2月份，全国70个大中城市房屋销售价格同比下降1.2%，降幅比1月扩大0.3个百分点，环比下降0.2%。看来，目前中国房地产的局面，在究竟是否需要通过降价来刺激消费的问题上，各个利益方的角力还在进行。但不管是否降价，成交量才是房地产复苏的关键。而刺激成交量，除开降价以外，更需要越来越多有利的经济数据来支撑，比如CPI的止跌反弹，比如PMI跃上50%。

通货紧缩对经济发展的危害从某个程度上比通货膨胀也许更严重。如果3月份CPI和PPI还继续下滑的话，不应排除中国政府会进一步出台刺激经济的政策，4万亿元的计划可能会翻倍，毕竟两年4万亿元的投资对比2008年中国全社会固定资产投资17万亿元还是个小数据。从前几天周小川的应对金融危机“宁可出手快一点，出拳重一点”的表态中，可以揣摩出某种趋势。

（资料来源：http://www.eeo.com.cn/observer/shelun/2009/03/10/131881.shtml，2009年3月10日，作者：易鹏）

三、通货紧缩的影响

1. 通货紧缩对消费的影响

虽然通货紧缩可以给消费者带来价格的实惠，使消费者以更低的价格得到一定数量和质量的商品，非常符合消费者的意愿，但从实际看，不论是生活消费者还是生产消费者，他们的消费意愿和消费倾向却往往是比较低的。因为通货紧缩一方面给消费者带来价格实惠，另一方面则使生产者蒙受损失；同时，货币资本的预期收益率是趋于降低的，生产者预期企业利润减少甚至亏损，会严重打击生产者的积极性，这将使生产者减少生产或停产，从而导致消费者就业预期和工资收入降低，再加上人们对物价继续走低的预期，所以，消费者往往更倾向于减少消费或者推迟消费，更愿意持有更多的货币，进而增加储蓄量。这样，通货紧缩在抑制个人消费的同时也造成商业活动的萎缩。

在通货紧缩条件下，物价下跌使生产者的利润减少，生产积极性降低，这又将影响到居民的收入水平和就业状况。居民收入水平的降低意味着消费需求减少，社会总需求不足的状况进一步恶化；非自愿失业增多，标志着社会远未达到充分就业状态，实际经济增长将低于自然增长。

2. 通货紧缩对投资的影响

通货紧缩对投资的影响主要通过投资成本和投资收益的变化而发生作用。

（1）通货紧缩对投资成本的影响

在通货紧缩条件下，从全社会投资来看，投资倾向会随着通货紧缩的加剧而有所减弱。这是因为，一般物价水平的走低，会使实际利率水平相对提高，从而加大了企业的筹资成本。这种实际成本的增加还使投资项目处于劣势，因为相关投资项目未来重置成本趋于下降，会使当期投资并不合算。这一点对许多新开工项目的制约较大，最终抑制了投资倾向，对经济稳定发展会产生较大的影响。

（2）通货紧缩对投资收益的影响

通货紧缩可使投资预期收益下降。在通货紧缩的条件下，产品市场供过于求的矛盾比较突出，因此，理性的投资者预期价格会进一步下降，因而投资者不仅会推迟新的投资项目实施，而且会努力缩减产量以减少投资项目亏损，股市的价格也趋于下降。

3. 通货紧缩对金融的影响

通货紧缩可能导致银行不良资产增加，甚至会出现金融系统的崩溃。主要理由为：

（1）通货紧缩产生负的财富效应

银行贷款中有相当大的比例为抵押贷款。当发生通货紧缩时，资产的抵押或者担保价值会逐步降低，银行会要求客户追加抵押品或者被迫要求客户尽快偿还贷款余额，此时企业获得新贷款的难度增大。一旦到期企业无法偿还贷款，银行将出售贷款者的抵押品，这又导致抵押品的价格进一步下跌，贷款者的净资产进一步减少，从而加速破产过程，最终使银行遭受损失，甚至破产。

（2）通货紧缩加速了银行不良资产的形成，严重时会导致金融危机

与通货膨胀相反，通货紧缩加重了贷款者的实际负担。当产品价格出现非预期下降时，企业的盈利水平大幅下降，削弱了贷款者还贷的能力，银行贷款面临的风险也随之增大。银行经营环境的恶化会使人们对银行产生一种不信任感，为了保护自己资金的安全，他们一方面不再把钱存入银行，另一方面会把钱从银行取出，而这又增加了银行的流动性危机。当银行发生挤兑危机后，会进一步导致金融系统的崩溃，发生金融危机。

4. 通货紧缩对财富和收入再分配的影响

在通货紧缩条件下，政府一般会采取扩张性货币政策，如通过降低利率来增加货币供应，以抑制物价的持续走低。但由于物价水平往往达到零值以下，所以名义利率的下调实际上是赶不上物价下跌的速度的。这种状况将使社会财富在社会成员、团体和政府之间产生巨大的再分配效应。

（1）社会财富由债务人向债权人转移

通货紧缩期间，由于物价低于零值，而名义利率的下降一般赶不上物价的下降速度，所以，实际利率还是相对较高的。这时，债务人借款首先要承担相对较高的利率，若物价持续走低，则预示着债务人还债时要付高于目前实际利率的利息。假如债务人是在通货膨胀期间借的钱，一旦发生通货紧缩，他即使仍然按原先约定的利率支付利息，也将付出物价下跌、货币升值的代价。通货紧缩的制度安排决定了社会财富由债务人向债权人转移。

（2）社会财富由企业向居民转移

通货紧缩条件下，社会财富由企业向居民转移主要体现在两个方面：一是通过债务人和债权人关系实现转移。一般来讲，企业往往是社会经济生活中的债务人，而居民作为银行贷款的储蓄者或供应者，则成为相应的债权人。所以，通货紧缩期间，社会财富往往由

企业向居民转移。二是通过生产者和消费者对商品的销售和消费实现转移。由于物价的下降，企业不得不以低于原来的价格水平出售产品，因此，实际上销售得越多，价值财富损失就越大。相反，由于货币升值，居民持币购买商品将得到比原来更多的实物财富，购买得越多，实物财富相对溢出就越多。通过商品交易而形成的企业价值财富损失和居民实物财富收益是对等的，它实际上恰恰就是企业财富向居民的一种转移。

(3) 社会财富由政府向公众转移

在通货紧缩条件下，社会财富由政府向公众转移主要是通过货币发行的途径来进行的。通货紧缩意味着流通中货币发行量的大幅度减少，它在使物价下跌的同时，也使公众持有货币实现了相当于物价下跌幅度的升值，公众将因此通过市场交易获得更多的实物财富。而这种货币实际价值与原来相比的升值部分，恰恰就是政府因减少货币发行而转移给公众的财富。很显然，公众持有货币越多，减少消费或投资的幅度越大，物价越是趋于下降，公众将越多地得到这种政府转移财富。

(4) 社会财富由低收入阶层向高收入阶层转移

一般来说，低收入阶层生活满足程度较低，消费倾向较高；一旦获得或增加收入，往往不得不随时用于消费。而这部分人的资产和收入较少，往往难以对通货紧缩产生有效的抑制作用。所以，随着通货紧缩的加剧，低收入阶层的这种即期消费相对来说是有损失的。而高收入阶层生活满足程度较高，消费倾向较低，日常的消费需求已得到满足，支出多与奢侈品有关。所以，虽然这部分人掌握着大部分的资产和货币，却往往不必要也不愿意即期消费，随着通货紧缩的加深他们将获得更多的财富。这实际上就是收入和财富由消费支出倾向高的低收入阶层向消费支出倾向低的高收入阶层的一种转移效应。

四、通货紧缩的成因

1. 货币供给减少

在前面对通货膨胀的分析中，提出了降低货币供给增长率、压缩财政支出等措施。使用货币手段和财政手段有利于控制物价的上涨，但同时也存在着负面作用，那就是过分压缩投资，并控制社会需求，会导致全社会总需求增长缓慢，甚至出现下降趋势，进而影响到社会有效供给。例如，1993 年中国出现了经济过热，投资需求和消费需求急剧扩张，超过社会总供给能力，引发了较为严重的通货膨胀，1994 年年底零售物价指数最高达到 21.7%。为了抑制通货膨胀，中央银行采取了“适度从紧”的货币政策，使得货币供应量的增长速度不断下降，1994 年为 34.4%，1995 年为 29.5%，1996 年为 25.3%，1997 年为 17.3%，1998 年为 15.3%。为什么货币当局和财政当局在物价上涨率达到理想状态时，就及时调整政策方向，以避免通货紧缩呢？原因在于政策的惯性。由于时滞的原因，通货膨胀率在货币政策和财政政策执行一段时间后才会发生作用。因此，在物价还在上涨时，就应该执行宽松的货币政策和财政政策。

2. 有效性需求不足

通货紧缩是供需失衡的一种表现。当供给大大超过需求，有效性需求严重不足时，物价水平就会持续下降，进而形成通货紧缩。导致有效性需求不足的原因很复杂，至少包括以下三个方面：一是居民收入水平偏低，需求不大。二是缺乏新的投资需求扩张机制，投资需求的增长率放缓。随着投融资体制改革的深入，重复建设的虚假投资需求和派生的消费需求受到抑制，而与新增长方式、新经济体制相适应的需求扩张机制尚未建立，或新创造的需求小于被抑制的虚假需求，造成有效性需求不足。另外，企业竞争激烈，风险加大，使得金融机构加强了风险约束机制，出现了强烈的信贷紧缩趋势，也抑制了投资需求的增长。三是居民的预期心理抑制了消费需求的增长。一系列重大改革措施的出台，如机构精简、国企改革等，在一定程度上降低了居民的预期收入，提高了居民的预期支出。这势必会导致居民缩减当期消费，提高储蓄，从而导致货币流通速度下降，总体物价水平下降。

3. 生产能力过剩

当产品的供给大于需求时，大量产品销不出去；随着供给线的上移，物价水平不断下降，通货紧缩发生。

改革开放以后，企业不断提高生产技术，促进产品升级换代，供给能力得到了迅速发展，但是由于我国企业产权不明确，风险约束机制失效，企业创新动力不足，使得这些企业为了保持增长速度，只能依靠增加投资来扩大规模，置市场的供求状况于不顾。超高速投资成为 20 世纪 90 年代经济高速增长的最直接原因。而这种简单重复建设导致社会资源严重浪费，无法发挥其应有效用。盲目的投资和重复建设，以及各地区产业结构趋同，造成了生产能力过剩，进而导致产品供大于求，企业负债增加，效益下滑。

4. 经济结构失衡

人的消费需求是变化着的，这就要求生产企业紧跟需求并迅速调整生产结构。但由于多种原因，生产者不可能迅速调整生产结构。这就造成有的产品供不应求，有的产品供过于求。但在整体市场供过于求的情况下，供不应求的产品价格上升也不快，而供过于求的产品价格下跌的程度则很大。供过于求产品的生产企业会减产或者裁员，而裁员的结果是使全社会收入下降，购买力下降，价格进一步下跌。

5. 国际市场的冲击

在全球经济一体化的大环境下，尤其是对外开放程度很高的国家，在国际经济不景气的情况下，会受到很大的影响。主要表现在出口下降，外贸资金流入减少。出口下降会导致出口产品价格下降，进而拉动国内可比产品价格的下降。外资流入减少对经济增长不利，而经济增长放慢自然促使物价进一步下降。对于对外开放程度不高的国家而言，国际市场状况不好，也会使已经发生通货紧缩的经济雪上加霜。

例如，20 世纪 90 年代，受全球金融危机特别是亚洲金融危机的影响，东南亚各国经济衰退，需求下降，对我国商品的需求也明显减少。此外，经济发展缓慢等原因也使西欧国家对各种初级产品的需求进行了结构性的调整，导致我国产品的国外市场需求不足，价格下降。

专栏 9-4

我国 1997~2002 年产生通货紧缩的原因

第一，我国通货紧缩的产生有着深刻的全球背景。亚洲金融危机后，世界性的生产力过剩日趋明显，同时汇率大幅下跌，导致商品价格大幅下降，刺激了我国的进口需求，抑制了出口需求，削弱了净出口对我国经济的拉动作用。

第二，供给相对过剩和需求相对不足是造成我国通货紧缩的深层次原因。改革开放以来，我国经济在高速发展的同时，部门和地区间的重复建设及产业结构老化的问题也相应积累，导致大多数商品供过于求。而我国近年来出台的多项改革都在减少一部分消费者的社会福利，再加上下岗人员的支付能力下降，使部分在岗人员的谨慎动机增强，需求受到抑制。

第三，经济“软着陆”的滞后效应。当过热的经济增长导致通货膨胀而难以维持的时候，收缩性的政策就会随之实施，但政策作用的发挥是需要时间的。当政策真正起作用的时候，通货膨胀的破坏作用也已经减弱，这必然会引起通货紧缩和经济下滑。

（资料来源：张占涛、李忠山：《中国 90 年代末通货紧缩的成因》，《山东教育学院学报》2002 年第 1 期）

五、通货紧缩的治理

一般而言，轻度的通货紧缩有利于对企业形成竞争压力，有利于促进产业、产品结构调整，有利于提高人民生活水平和社会稳定。但长期的通货紧缩会严重影响投资意愿，进而导致经济增长后劲不足，必然会影响到经济发展速度和就业水平。如美国 1929~1933 年出现的严重的通货紧缩，导致其经济严重衰退，失业率大幅度提高；1997 年，我国首次出现物价的持续、普遍的下跌，经济处于疲软状态。因此，一国当局应该采取措施，及时治理通货紧缩。

1. 增加货币供给

通货紧缩虽然不仅仅是一种货币现象，但是首先表现为货币现象，货币供应过程及货币供给与货币需求的相互关系是通货紧缩形成的最直接原因，因而必须首先实施积极的货币政策。具体来说，实施积极的货币政策主要是：

（1）较大幅度地增加货币供应量，尤其是扩大中央银行基础货币投放。如财政部发放长期国债，增加对国有商业银行以外的金融机构的再贷款，根据资产管理公司运作的实际需要适当提供再贷款，并允许资产管理公司发行债券。

（2）下调法定存款准备金率和完善准备金制度。法定存款准备金率的下调有助于增加金融机构可运用的资金数量，以支持经济增长。

（3）下调利率和加快利率市场化相结合。调整利率结构，但同时更应加快利率体制的改革。

（4）激发货币信贷主体的货币投放积极性和消除货币投放中的障碍。

例如，中国央行在1996~1999年连续7次下调利率，存款利率下调2.15个百分点，贷款利率下调2.97个百分点。1998年和1999年又两次下调存款准备金率，使商业银行可用资金大为增加。在下调利率的同时，又积极推进利率市场化改革。

由于货币政策对经济的影响具有一定的时滞性，因此，在治理通货紧缩时，应和财政政策配合使用，其治理效果会更加明显。

2. 刺激需求

通货紧缩与总需求严重不足，在现实经济运行中是一对互为因果关系的关联性范畴。通货紧缩在一定程度上是由总需求的严重不足造成的，同时通货紧缩也导致了总需求严重不足。因而，调节通货紧缩就需要从加大对总需求的刺激力度入手。刺激需求的具体措施如下：

（1）实施积极的财政政策

实施积极的财政政策就是在经济出现通货紧缩的情况下，通过增加基础设施的投资和技术改造投资来增加社会的总投资，也可以通过减少税收促进企业增加投资。此外，还可以增加政府的转移支付，通过增加居民的收入增加消费需求。在扩大财政支出的同时，还要优化财政支出结构，以增大财政支出的“乘数效应”。扩大财政支出，可以发挥财政支出在社会总支出中的作用，弥补个人消费需求不足造成的需求减缓，起到“稳定器”的作用。

（2）优化供给

由于多年来在低水平重复建设下形成的过剩生产能力、无效供给形成的供给刚性限制了需求对供给的导向作用，也限制了供给本身创造需求的空间，因而优化供给要以市场为导向，要敏锐地把握世界科技的新趋势，并妥善解决技术进步、优化供给同劳动就业的矛盾。要继续加强农业基础地位，改革和提高传统产业，发展高新技术产业，尤其要加快发展那些能够吸纳更多劳动力就业的第三产业、民间中小企业、劳动密集型企业以及以工代赈的城乡公共工程等等。

专栏9-5

日本的通货紧缩

早在20世纪90年代初经济泡沫破灭后不久，在日本经济运行与发展中就开始出现一系列通货紧缩性征象。在1991~2000年的10年间，日本综合批发物价指数有8年呈下跌态势。尤其是综合消费者物价指数在1999年和2000年也出现了战后从未有过的连续两年下降的情况，不仅综合批发物价指数分别比上年下跌了3.3个和0.1个百分点，而且综合消费者物价指数也分别比上年下跌了0.3个和0.7个百分点。进入2001年后，日本物价总水平的下降趋势更加强烈，前6个月无论是批发物价还是消费者物价，月月都是负增长，其中消费者物价在5月份还创了单月下跌的最高纪录。

（资料来源：人民网，2001年8月6日）

本章知识点

1. 通货膨胀是指在不兑现的信用货币流通的条件下，由于货币供应量超过商品流通的客观需要量所导致的货币不断贬值和物价水平普遍持续上涨的经济现象。世界上衡量通货膨胀的指数主要有：消费物价指数、生产价格指数、GDP 折算指数和批发物价指数。

2. 按照价格上涨的速度，通货膨胀可以划分为爬行的通货膨胀、温和的通货膨胀及恶性通货膨胀三种类型；按市场机制的运行状况，通货膨胀可以划分为公开型通货膨胀和抑制型通货膨胀；按通货膨胀预期，通货膨胀可以划分为预期性通货膨胀和非预期性通货膨胀；按通货膨胀的成因，通货膨胀可以划分为需求拉上型、成本推动型、货币供给推动型、结构转换型和体制型通货膨胀。

3. 从理论上讲，通货膨胀的成因极为复杂，几乎涵盖了宏观经济中的各个因素，其中主要包括总需求因素、成本因素、供求混合因素、货币供给因素和结构转换因素等。

4. 通货膨胀对宏观经济既有积极影响也有消极影响。对不同方面的分析主要形成以下观点：经济增长效应、收入和财富的再分配效应、强制储蓄效应和经济秩序与社会秩序紊乱效应。

5. 针对通货膨胀的消极影响，可以采取多种治理措施，包括控制需求、刺激供给、改革收入分配制度、推行指数化政策、改革货币制度等。其中控制需求主要是实行紧缩的财政政策和紧缩的货币政策。

6. 与通货膨胀相对应，通货紧缩是指经济中大部分商品和劳务的价格在一段时间的普遍疲软乃至下跌的现象，也就是物价总水平的持续下降。一般来说，货币供给减少、有效性需求不足、生产能力过剩、经济结构失衡以及国际市场的冲击都会带来不同程度的通货紧缩。增加货币供给、刺激需求等会对通货紧缩的治理起到一定的作用。

复习思考题

1. 通货膨胀的含义是什么？有哪些类型？

2. 哪些指标可以用来衡量通货膨胀？优缺点分别是什么？

3. 导致通货膨胀的原因有哪些？

4. 什么是通货紧缩？主要形成原因是什么？

5. 简述通货膨胀与通货紧缩对经济的影响，并给出相应的治理措施。

6. 20 世纪 90 年代初，中国通货膨胀的主要原因是什么？我国政府采取了什么手段？代价是什么？

7. 案例分析题：

美国《基督教科学箴言报》2008 年 11 月 20 日发表署名文章称，虽然几个月前全球还在普遍关注通货膨胀，但现在已经开始为可能更加危险的通货紧缩问题担忧。美国劳工部 19 日公布的数据显示，10 月份美国消费价格指数出现罕见降幅，较 9 月份下滑了 1%。

文章认为，到目前为止物价下滑大都集中在能源方面，今后则可能出现更大范围的物价下滑。这种下降趋势持续下去，可能会抑制消费者和企业的开支，使经济更加难以从减速和衰退中复苏。因此，各国中央银行和财政部纷纷采取刺激举措，下调利率，增加政府开支。设在纽约的亚德尼研究公司总裁、经济学家爱德华·亚德尼说："非常有可能出现通货紧缩型经济萧条。我们现在正经历着信贷系统和经济衰退之间危险的负反馈。世界各国决策者们正试图打破这种恶性循环。"在这个逆向反馈圈中，经济状况变得越糟，银行受贷款违约和抵押品价值降低的冲击越大。反过来，贷款会变得不那么容易获得，进而抑制消费者和企业的活动，从而使经济进一步减速。

如果通货紧缩变成一个广泛的趋势，各种日常用品价格下降，那么消费者可能会推迟开支，以期今后价格更低。同样，无论是购买住房的家庭还是开办工厂的企业，借债人的日子会变得更难。债务负担实际上随着时间的推移变得更大。美林公司首席经济学家戴维·罗森贝格上月在一份报告中告诫说："通货紧缩同恶性通货膨胀一样，到了消费者推迟开支的程度，便可能会自身长久存在。尽管消费价格按年计算还没有下降，但如今的物价背景是'通货紧缩型'的。"

结合案例和已学知识分析，上述问题是如何产生的？对社会生活有什么影响？有关政府应该怎么治理这种状况？

第十章

货币政策

学习目标

1. 了解货币政策的含义及类型。
2. 理解货币政策的目标及各目标之间的关系。
3. 熟悉各种不同的货币政策工具。
4. 掌握货币政策传导机制的分析思路与货币政策效应的影响因素。

课前导读

萨缪尔森在其名著《经济学》有关货币的章节中，引用了金·哈伯特的一句名言："在一万人中只有一人懂得通货问题，而我们每天都碰到它。"由此看来，货币貌似简单，实际上却极其复杂。

货币的本质问题是最复杂的问题，19 世纪中叶英国有一位议员格莱顿曾经说过这样一句话："在研究货币本质中受到欺骗的人，比谈恋爱受欺骗的人还要多。"直到今天，学者们关于货币的本质问题仍然存在大量的争论。

只要我能控制一个国家的货币发行，我不在乎谁制定法律。

——梅耶·罗斯切尔德

我坚信银行机构对我们自由的威胁比敌人的军队更严重。

——托马斯·杰斐逊

金钱没有祖国，金融家不知道何为爱国和高尚，他们的唯一目的就是获利。

——拿破仑

在没有金本位的情况下，将没有任何办法来保护（人民的）储蓄不被通货膨胀所吞噬，将没有安全的财富栖身地。

——格林斯潘

通过连续的通货膨胀，政府可以秘密地、不为人知地剥夺人民的财富，在使多数人贫穷的过程中，却使少数人暴富。

——凯恩斯

第一节　货币政策及其目标

一、货币政策的概念及内容

1. 货币政策的概念

从狭义上来讲，货币政策是指中央银行为实现既定的经济目标，运用各种工具调节货币供给和利率，进而影响宏观经济的方针和措施的总和。从广义上来讲，货币政策是指政府、中央银行和其他有关部门所有有关货币方面的规定和采取的影响金融变量的一切措施。货币政策一般包括三方面的内容：政策目标、实现目标所运用的政策工具以及预期达到的政策效果。因为从确定目标到实现预期的政策效果，存在着一些中间环节，所以货币政策实际也包含中介指标和政策传导机制等内容。

2. 货币政策的特征

货币政策是一国宏观经济政策的重要组成部分，是政府管理经济的重要工具，是一国需求管理的基本政策之一。货币政策的核心是调节货币供应量，通过货币供应量的扩张与收缩直接影响社会总需求，通过社会总需求与总供给的对比变化来调节宏观经济变量。其他宏观经济政策如财政政策、收入政策、产业政策等，若没有货币政策的协调配合则难以发挥作用。

（1）货币政策是一种宏观经济政策。在市场经济条件下，结构调整主要是由产业政策等来完成的，货币政策主要通过对社会总需求的调控而产生影响。

（2）货币政策是一种调整社会总需求的政策，而非调整社会总供给的政策。通过货币的供给形成对商品和劳务的购买能力，进而形成社会总需求；通过利率调节投资需求、消费需求，进而影响到社会总需求；通过汇率变化影响进出口贸易、国际资本流动，进而调节社会总需求。

（3）货币政策是一种间接的控制措施，而非直接的控制措施。货币政策的运行主要是通过货币供应量、信用总量、利率水平等市场机制的作用对经济行为主体产生间接作用的。

（4）货币政策是一种较长期的经济政策，而非短期经济政策。货币政策是一种结合短期性与长期性、运用短期性的政策调节措施来达到长期性目的的工具。

3. 货币政策的功能

（1）促进社会总需求与总供给的均衡。影响总供给的因素在短期内是比较稳定的。因此，实现社会总供给与总需求的均衡，主要是通过对社会总需求的调控来完成的。社会总需求的最终表现形式是以货币形式支付的购买能力，货币供应量同社会总需求发生关联，并成为决定社会总需求的一个主要因素。因此，利用货币政策工具调控货币供应量成为货币政策调节宏观经济的着力点，这也构成货币政策的主要功能。

（2）确保经济的稳定。中央银行利用货币政策稳定经济，一方面要防止货币供给成为经济波动的根源，另一方面也要利用货币政策抵消其他经济因素对经济稳定的冲击。只有这样，才能为经济社会的运行提供一个良好的货币金融环境。

二、货币政策的类型

根据对总产出的影响，可把货币政策分为三类：扩张性货币政策、紧缩性货币政策以及均衡性货币政策。

1. 扩张性货币政策

扩张性货币政策是通过提高货币供应量增长率来刺激总需求增长，启动闲置生产要素刺激经济增长的货币政策。在社会有效需求不足、生产要素大量闲置、产品严重积压、市场明显疲软、国民经济处于停滞或低速增长的情况下，中央银行应采取扩张性货币政策。扩张性货币政策主要表现为扩大信贷规模，降低利率，降低存款准备金率和再贴现率，在公开市场上回购有价证券。这样做的目的是让企业和居民更容易获得生产资金和消费资金，意在通过投资需求和消费需求规模的扩大来增加社会总需求，刺激经济恢复，直至达到复苏、繁荣局面。同时还可以适度调整汇率，使本币与外币相比有所贬值，以利于出口，通过出口需求的扩大来弥补国内需求的不足。采用扩张性货币政策要适度、适时，以避免信贷过度、过久地扩张而引发通货膨胀，还要注意与财政政策及其宏观调控政策相配合。

2. 紧缩性货币政策

紧缩性货币政策是通过降低货币供应量增长率来刺激总需求增长，启动闲置生产要素刺激经济增长的货币政策。在社会总需求过高、通货膨胀压力趋强、投资和消费明显过热时，中央银行应采取紧缩性的货币政策。紧缩性货币政策的主要措施是紧缩名义货币供应量，适当提高再贷款利率、再贴现利率以及商业银行的存款利率，适当压缩再贷款及再贴现限额，在公开市场上大量出售有价证券，以便回笼资金。这样做的目的是减少货币流通量，将过高的社会总需求降下来，缓解通货膨胀的压力。同时，在对外经济关系上，可调整汇率，使本币升值，以利于扩大进口，增加国内有效供给。

3. 均衡性货币政策

均衡性货币政策是指社会总需求与社会总供给基本平衡的前提下，货币供应量增长率与经济增长率相适应。当社会总供给基本平衡、物价稳定、经济增长速度正常时，中央银行应采取均衡性货币政策。均衡性货币政策表现为货币投放量适度，基本上能够满足经济发展和消费需要，利率、汇率基本不变，存款准备金率和再贴现率维持正常水平，既不调高也不降低。

对货币政策类型的选择一般有三个依据：

（1）宏观经济运行状况，主要看社会总供给与社会总需求是否平衡。如果社会总需求小于社会总供给，产品大量积压，应采取扩张性货币政策；反之则采用紧缩性货币政策。如果社会总供给与总需求基本平衡，则应当采用均衡性货币政策。

（2）货币供给量与货币实际需要量之间的关系。货币供应量过分小于货币实际需要量时，则应当放松银根，即采用扩张性货币政策；反之，则应紧缩银根，采用紧缩性货币政策。如果货币供应量与货币需要量大体相等，则应采用均衡性货币政策。

（3）经济发展处于何种阶段。比如经济处在起飞阶段，国内尚有大量的闲置资源，为了刺激经济发展，顺利实现经济起飞，则应较多地投入资金，可采用适度的扩张性货币政策。如果经济进入稳定发展阶段，资源得到较充分的运用，则应采用均衡性货币政策或适度较紧的货币政策。

三、货币政策的目标

货币政策的目标就是通常所说的货币政策的最终目标，它是中央银行通过货币政策而最终达到的宏观经济目标。然而，这些目标却是中央银行无法直接控制和实现的。为了保证政策的作用机制不偏离轨道，获得最佳的调控效果，需要设立中介目标，用以观察最终目标的实现情况。因此，关于货币政策目标的研究主要涉及两个方面：货币政策的最终目标和货币政策的中介目标。

1. 货币政策的最终目标

货币政策的最终目标，指中央银行组织和调节货币流通的出发点和归宿，它反映了社会经济对货币政策的客观要求。货币政策的最终目标一般有四个：稳定物价、充分就业、促进经济增长和平衡国际收支等。但需指出的是，我国的货币政策目标仅仅是保持货币币值稳定和促进经济增长。《中国人民银行法》第 3 条规定，中国人民银行的“货币政策目标是保持货币币值稳定，并以此促进经济增长”。

（1）稳定物价

稳定物价目标是中央银行货币政策的首要目标，而物价稳定的实质是币值的稳定。所谓“币值”，原指单位货币的含金量。在现代信用货币流通条件下，衡量币值稳定与否，已经不再是根据单位货币的含金量，而是根据单位货币的购买力，即在一定条件下单位货币购买商品的能力。它通常以一揽子商品的物价指数或综合物价指数来表示。

目前，各国政府和经济学家通常采用综合物价指数来衡量币值是否稳定。物价指数上升，表示货币贬值；物价指数下降，则表示货币升值。稳定物价是一个相对概念，就是要控制通货膨胀，使一般物价水平在短期内不发生急剧的波动。

（2）充分就业

充分就业作为货币政策目标的意义，可以从高失业率带来的巨大负面影响来反映：第一，高失业率会带给人们许多灾难；第二，高失业状态一般代表着有大量的闲置资源未被充分利用，形成社会资源的浪费，降低了产出和收入水平。

充分就业是指凡有劳动能力并愿意参加工作者，都可以在较合理的条件下，随时找到适当的工作。充分就业并不是人人都有工作，而是指将失业率维持在一个较低的合理的限度之内。对充分就业的衡量是通过失业率来反映的。应把自愿性失业和摩擦性失业排除在外。自愿性失业是指由于工人不愿意接受现行的工资水平和工作条件而造成的失业。摩擦性失业则是指由于短期内劳动力供求的暂时失调而造成的失业。显然，充分就业与这两种失业的存在并不矛盾。因此，作为货币政策的目标，充分就业也只是意味着通过实行适当的货币政策，减少或消除经济中存在的非自愿失业，而并不意味着将失业率降为零。

（3）经济增长

经济增长决定着我们生活水平的长期走势，因而成为货币政策的重要目标之一。所谓

"经济增长"，是指一国在一定时期内所生产的商品和劳务总量的增长，也可以用人均国民生产总值的增加来衡量。理解经济增长，必须区分短期的经济增长与长期的经济增长，并分析其关系；不仅要考察经济增长的数量指标，还要考察经济增长的质量。经济增长通常用国民生产总值、国民收入的增长率或其人均值来衡量。无论使用哪一种指标，都必须是指它的实际变量，而不能使用名义增长率。

（4）国际收支平衡

国际收支状况对国内经济有强烈的影响，因而成为货币政策的重要目标。国际收支平衡是指一个国家在一定时期内对其他国家的全部货币收入和全部货币支出相抵后基本平衡，即略有顺差或略有逆差。保持国际收支平衡是保证国民经济持续稳定增长和国家安全稳定的重要条件。巨额的国际收支逆差可能导致外汇市场波动，资本大量外流，外汇储备急剧下降，本币大幅贬值，并导致严重的货币金融危机。而长期巨额的国际收支顺差，往往使大量外汇储备闲置，政府不得不购买大量外汇而增发本国货币，可能导致或加剧国内通货膨胀。运用货币政策调节国际收支，主要目标是通过利率和汇率等因素的变动来实现本外币政策协调和国际收支平衡。

2. 各货币政策目标之间的关系

货币政策各个目标之间是既统一又矛盾的关系。从长期来看，这些目标之间是统一的、相辅相成的：经济增长是其他目标的物质基础；物价稳定是经济平稳运行从而持续增长的前提；充分就业就意味着资源的充分利用，意味着企业更乐于进行资本设备投资以提高生产率，从而促进一国的经济增长；国际收支平衡有利于国内物价稳定，有利于国际资源的充分利用从而扩大了国内的生产能力，促进了经济增长，也有利于金融市场利率和汇率的稳定；金融市场与金融体系的稳定，能为国内生产和投资提供一个良好的货币金融环境，保证经济的稳定增长，促进高就业，同时增强进出口能力，促进国际收支平衡。但从短期来看，这些目标之间却存在着矛盾和冲突。

（1）物价稳定与充分就业之间的矛盾

英国经济学家菲利普斯发表了一篇题为《1861~1957 年英国失业率与货币工资变动率之间的关系》的论文，画出了一条向右下方倾斜的曲线，即著名的"菲利普斯曲线"（见图 10-1），并得出结论：失业率和物价上涨率之间存在着此消彼长的关系。

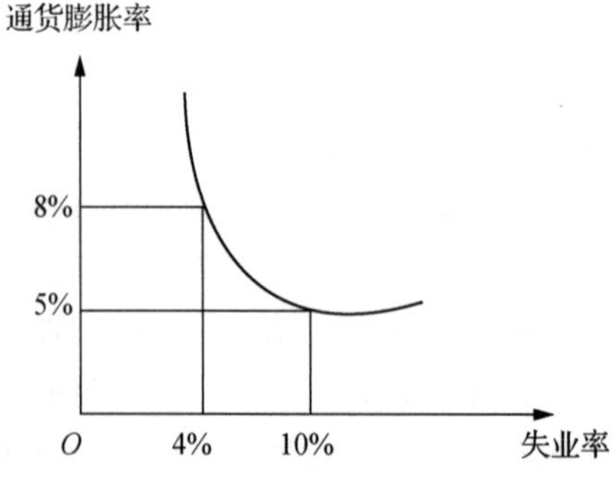

图 10-1 菲利普斯曲线

图 10-1 中，纵轴代表通货膨胀率，横轴代表失业率。菲利普斯曲线表明，一个国家要实现充分就业，就必须增加货币供应量，降低税率，增加财政支出，以刺激总需求的增加。而总需求的增加，在一定程度上必然引起物价总水平的上升。相反，要降低物价上涨率，就必须缩减货币供应量，提高税率，削减政府支出，这又会导致失业率的提高。因此，失业率和通货膨胀率之间只能有三种选择：一是通货膨胀率较高的充分就业；二是失业率较高的物价稳定；三是物价上涨率和失业率两者之间的组合。显然，中央银行的货币政策目标，只能是在物价上涨率与失业率之间相机抉择。

（2）物价稳定与经济增长之间的矛盾

各国的实践表明，经济增长常常伴随着物价的上涨。在经济衰退时期采取扩张性货币政策，以刺激总需求、促进经济增长和减少失业，但这常常造成流通中的货币数量相对过多，导致物价上涨。从另一个角度来讲，在治理通货膨胀的过程中也通常要牺牲经济增长。因为在这种情况下采取的紧缩性货币政策会抑制投资和消费，往往阻碍经济增长并促使就业机会减少。例如，美国在 1980~1984 年治理通货膨胀的代价是：通货膨胀率每降低 1 个百分点，就会损失 1000 亿~2200 亿美元的 GNP。可见，物价稳定与经济增长之间有一定的矛盾，选择这两个目标的一个最优结合点，便成为货币政策选择的一个问题。

（3）物价稳定与国际收支平衡之间的矛盾

对于开放经济条件下的宏观经济，以物价稳定为目标的货币政策措施常常会影响到国际收支平衡。如果针对国内发生的通货膨胀，中央银行可采取紧缩性货币政策，比如提高利率或降低货币供应量，那么，在资本自由流动的条件下，利率的提高有可能导致资本的流入，资本项下出现顺差，同时由于国内物价上升的势头减缓和总需求的减少，出口增加，进口减少，经常项目下也可能出现顺差，这样也就会导致国际收支失衡。相反，片面地追求贸易平衡而人为制造货币贬值以刺激出口，也可能导致国内通货膨胀的加剧。

（4）物价稳定与金融市场稳定之间的矛盾

中央银行为了实现物价稳定的目标而调节货币供应量时，一个常用的手段就是在金融市场上买卖债券（公开市场业务），而这种手段的实施必然会影响债券价格，进而使利率发生波动，金融市场变得不稳定。但如果中央银行以稳定利率为日标而调整货币供应量时，又会通过对总需求的作用而导致物价的不稳定。另外，中央银行为了稳定金融体系，救助濒临倒闭的商业银行而发挥最后贷款人职能时，也可能因为货币供应量的增加而导致物价不稳定。

（5）充分就业与国际收支平衡之间的矛盾

就业人数增加，收入水平提高，会使得国内对外国商品的进口增加，国内商品的出口相对减少，从而扩大了国际收支逆差。为了减少逆差，通常采用紧缩性货币政策与财政政策来抑制国内需求，这又导致就业机会减少，使失业增加。因此，短期来看，充分就业与国际收支平衡这两个目标也存在着相互矛盾的地方。

（6）经济增长与国际收支平衡之间的矛盾

国内经济增长会导致国民收入的增加和支付能力的增强，从而增加对进口商品的需求，同时国内本来用于出口的一部分商品也因此而转为国内需求。如果出口的增长不足以抵消这部分需求，必然会对贸易产生逆差性的影响。当然，经济增长对外资的吸引力也是一个需要考虑的因素。虽然外资的流入会导致国际收支中资本项目出现顺差，在一定程度上可以弥补由贸易逆差造成的国际收支失衡，但也并不能确保经济增长与国际收支平衡目标同时实现。

货币政策各个目标之间的冲突关系，是当代各国政府及经济学家所面临的一个最大难题。为了实现一个目标而采取的货币政策措施，可能会损害另外一个目标的实现，或者会破坏另外一些已达到很好状态的目标。所以，金融调控面临的任务是，要在这些既相互统一又相互矛盾的目标之间作出选择，进行目标的最优组合。

3. 货币政策的中介目标

货币政策中介目标的选择主要是依据一国经济金融条件和货币政策操作对经济活动的最终影响确定的。由于货币政策中介目标具有特殊的传导机制和调控作用，可为货币政策的实施提供数量化的依据，因此，准确地选择货币政策中介目标，是实现货币政策最终目标的重要环节。

（1）中介目标的选择

20 世纪 70 年代以前，受凯恩斯主义经济学的影响，西方主要国家货币当局一般采用利率作为货币政策的中介目标，对宏观经济实施积极调控。然而，随着西方国家在 20 世纪 70 年代普遍出现经济滞胀现象，主张宏观干预政策无效的货币主义理论逐渐兴起，货币供应量目标开始受到货币政策制定者的青睐。实际上，早在 20 世纪 60 年代，以米尔顿·弗里德曼为代表的一批货币主义者就正确预见了短期菲利普斯曲线的崩溃，提出了凯恩斯主义宏观微调管理政策无效的观点。随着这些预见逐渐得到 70 年代的经济滞胀现象的验证，以及货币主义者通过对长期历史数据的实证分析得出货币乘数和货币流通速度趋于稳定的结论，再加上整个 70 年代频繁发生石油危机这类实质性冲击，以货币供应量作为货币政策的中介目标自然成为西方各国货币当局的必然选择。在当时的政策制定者看来，货币供应量指标在可测性、可控性和相关性上似乎都要比利率指标略胜一筹。然而，虽然货币供应量中介目标在抑制通货膨胀上一举成功，但由此造成的利率剧烈波动进一步加剧了当时美国等西方国家的经济困难。不仅如此，在引入货币供应量目标后，美联储等很快发现货币流通速度大幅偏离原有的趋势，货币供应量的可控性和相关性都迅速下降，最后货币当局不得不放弃该中介目标。当然，虽然近年来这些西方国家的货币中介目标基本已经稳定下来，但经济学界对此的争论却从未停息。

1979 年以前，我国实行的是完全的计划经济体制，强调的是“钱随物走”，资源分配主要通过国家行政命令决定，人民银行的职责是根据国民经济计划供应资金，即“守计划，把口子”，货币政策的目标则是便利计划的贯彻，经济计划的执行结果与计划要求非常接近。货币政策的传导几乎是在人为地进行控制，中间经济变量简单而且变动很小。也就是说，这一阶段，货币政策中介目标的作用并不大，人民银行并不重视对中介目标的控制。1979 年之后，在我国经济体制发生深刻变革之后，货币政策对国民经济的影响作用正在逐步上升，特别是 1984 年人民银行行使了中央银行职能，1985 年信贷管理体制改为“实贷实存”以后，在货币政策传导中，又有许多新的经济变量发挥着重要作用，设置中介目标也被提上了议事日程，而且，选择哪种经济变量作为中介目标也成为理论界争论的焦点。在改革之初，我国货币政策的中介目标主要是控制现金量，之后，转向控制广义货币供应量；但当中央银行对基础货币吞吐不能自主操作时，为了货币、金融的稳定，就不得不将贷款规模也作为货币政策的中介目标。在这之后的十几年里，贷款规模在抑制信贷需求、控制货币供应量方面确实发挥了重要作用，但随着市场经济的发展，贷款规模的作用在逐步削弱，其弊端也逐步暴露出来。

（2）中介目标的选择标准

中央银行选择货币政策中介目标的主要标准有：一是可测性，央行能对这些作为货币政策中介目标的变量加以比较精确的统计；二是可控性，央行可以较有把握地将选定的中介目标控制在确定的或预期的范围内；三是相关性，作为货币政策中介目标的变量与货币政策的最终目标有着紧密的关联性；四是抗干扰性，货币政策中介目标在实际实施过程中效力明显，不易为金融机构和大众的对策心理所干扰；五是可操作性，货币政策中介目标的选择必须符合本国国情，不能一味地照搬别国的中介指标。

（3）常用的中介目标

可以作为中介目标的金融指标主要有：利率、货币供应量和贷款量。

第一，利率。西方传统的货币政策均以利率为中介目标。利率能够作为中央银行货币政策的中介目标的原因有：①利率不但能够反映货币与信用的供给状态，而且还能够表现供给与需求的相对变化。利率水平趋高被认为是紧缩银根，利率水平趋低则被认为是放松银根。②利率属于中央银行影响可及的范围，中央银行能够运用政策工具设法提高或降低利率。③利率资料易于获得并能够经常汇集。

第二，货币供应量。以弗里德曼为代表的现代货币数量论者认为宜以货币供应量或其变动率为主要中介目标。他们的主要理由是：①货币供应量的变动能直接影响经济活动。②货币供应量及其增减变动能够为中央银行所直接控制。③货币供应量与货币政策联系最为直接。货币供应量增加，表示货币政策宽松；反之，则表示货币政策紧缩。④货币供应量作为指标不易将政策性效果与非政策性效果相混淆，因而具有准确性的优点。

但以货币供应量为指标也有几个问题需要考虑：一是中央银行对货币供应量的控制能力。货币供应量的变动主要取决于基础货币的改变，但还要受其他种种非政策性因素的影响，如现金漏损率、商业银行超额准备金率、定期存款比率等，非中央银行所能完全控制。二是货币供应量传导的时滞问题。中央银行通过变动准备金以期达到一定的货币量变动率，但此间却存在着较长的时滞。三是货币供应量与最终目标的关系。对此有些学者尚持怀疑态度。但从衡量的结果来看，货币供应量仍不失为一个性能较为良好的指标。

第三，贷款量。以贷款量作为中介目标，其优点是：①与最终目标有密切相关性。流通中现金与存款货币均由贷款引起，中央银行控制了贷款规模，也就控制了货币供应量。②准确性较强。作为内生变数，贷款规模与需求是正相关；作为政策变数，贷款规模与需求也是正相关。③数据容易获得，因而也具有可测性。

在具体实施中各国情况也有差异。在对贷款控制较严的国家里，政府通过颁布一系列关于商业银行贷款的政策及种种限制，自然便于中央银行控制贷款规模，反之则不然。以贷款量为指标，各国采用的计量口径也不一致，有的用贷款余额，有的则用贷款增量。

第二节　货币政策工具

货币政策工具是中央银行为达到货币政策目标而采取的手段。货币政策工具分为一般性货币政策工具、选择性货币政策工具和其他货币政策工具。一般性货币政策工具包括存款准备金制度、再贴现政策和公开市场业务，选择性货币政策工具包括贷款规模控制、信用控制、特种存款等，其他货币政策包括道义劝告、窗口指导、金融检查等。一般性货币政策工具多属于间接调控工具，选择性货币政策工具和其他货币政策工具多属于直接调控工具。在过去较长时期内，我国货币政策以直接调控为主，即采取信贷规模、现金计划等工具。1998 年以后，取消了贷款规模控制，主要采取间接货币政策工具调控货币供应总量。现阶段，我国的货币政策工具主要有公开市场操作、存款准备金、再贷款与再贴现、利率政策、汇率政策和窗口指导等。

一、一般性货币政策工具

一般性货币政策工具是中央银行调控的常规手段，主要是调节货币供应总量、信用量和一般利率水平，因此又被称为“数量工具”。一般性货币政策工具主要包括存款准备金制度、再贴现政策和公开市场业务三大工具，即所谓的“三大法宝”。

1. 存款准备金制度

存款准备金制度是指中央银行在法律所赋予的权力范围内，通过规定或调整商业银行交存中央银行的存款准备金比率，控制其信用规模，并借以间接地对社会货币供应量进行控制的制度。

存款准备金制度一般适用于商业银行和其他金融机构，但各国规定的缴存对象不尽一致。美国规定所有拥有交易存款的机构（不论其是否为会员银行）都必须缴存准备金，但对非会员银行适当降低准备金比率，并允许其有一个为期 8 年的准备时间，即每年积存 1/8 的准备金，8 年后存满金额；英国规定所有银行必须保持“合格的准备资产”对“合格的负债”的最低准备资产比率；日本银行制定的存款准备金制度适用对象是银行（包括在日本的外国银行）、长期信用银行、外汇银行、存款余额超过 1200 亿日元的信用金库、农林中央金库等。

存款准备金制度的内容主要包括：存款准备金比率，即商业银行的初级存款中不能用于放贷的部分的比例；规定可充当法定存款准备金资产的内容，一般只能是中央银行发行的现金和中央银行创造的存款；规定存款准备金计提的基础，一般是确定存款余额。

存款准备金制度的作用：

（1）保证商业银行资金的流动性。每个银行从保证自身资金的流动性出发，都会自觉地保持一定的现金准备，以备存户的提取。在国家干预的情况下，现金准备则由法律规定并被存入中央银行，这就从制度上保证了商业银行不因受到好的贷款条件的诱惑而将款项大量贷出，从而影响自身资金的流动性和清偿力。

（2）集中国内的一部分信贷资金。存款准备金被缴存至中央银行，使中央银行在客观上掌握了国内一部分信贷资金，可以用来履行其银行职能，办理银行同业之间的清算，并对它们进行再贷款和再贴现，以平衡不同地区不同银行间的资金余缺。

（3）调节全国的信贷总额和货币供应量。提高准备金比率会迫使商业银行减少放款和投资，缩小货币供应量；由于银根抽紧，利率水平提高，社会投资和支出都相应缩减，从而达到紧缩效果。根据同样的道理，降低准备金率会使信贷规模和货币供应总量得以扩张。

从西方国家的货币政策实践情况看，法定存款准备金率在20世纪90年代前一直作为信贷总量的调节工具，这和我国目前的情况类似；而20世纪90年代以后，存款准备金在西方国家的信用调节功能日益减弱。以美、法、加等国为代表，部分西方国家首先取消了定期存款的准备金要求，随后这一做法为其他发达国家采用。目前，主要发达国家的存款准备金水平已基本降为0，大部分国家放弃使用法定存款准备金率作为货币政策工具。

专栏 10-1

我国存款准备金制度的演变

我国的存款准备金制度始建立于1984年。1984~1988年，中国人民银行通过存款准备金制度筹集资金，用以支持信贷结构调整以及大型建设项目融资。与此相对应，人民银行对存款准备金支付相对较高的利率。具体来说，中国人民银行按存款种类规定了法定存款准备金率，企业存款为20%，农村存款为25%，储蓄存款为40%。过高的法定存款准备金率使当时的专业银行资金严重不足，人民银行不得不通过再贷款（即中央银行对专业银行贷款）的形式将资金返还给专业银行。

为克服法定存款准备金率过高带来的不利影响，中国人民银行从1985年开始将法定存款准备金率统一调整为10%。1987年和1988年，中国人民银行为适当集中资金，支持重点产业和项目的资金需求，也为了紧缩银根，抑制通货膨胀，两次上调了法定准备金率。1987年从10%上调为12%，1988年9月进一步上调为13%。这一比例一直保持到1998年3月20日。

1998年，同业拆借市场恢复运行，并改变了再贴现利率的生成机制，我国基本上构建了间接型货币政策操作程序架构，存款准备金制度也成为真正意义上的一般性货币政策操作工具。

1998年3月21日，央行对存款准备金制度进行重大改革，将原各金融机构在人民银行的“准备金存款”和“备付金存款”两个账户合并，称为“准备金存款”账户。法定存款准备金率从13%下调到8%。准备金存款账户超额部分的总量及分布由各金融机构自行确定。

面对2003年以来我国出现的经济呈现出明显的结构性过热特征，从2004年4月25日起，央行创造性地将存款准备金制度工具改造成具有结构性调整功能的一般性操作工具，即将银行机构存款准备金率的确定与其资本充足率、资产质量等指标联系起来，实行差别存款准备金率制度，从而实现了货币政策职能与金融监管职能的有机结合，也创造性地发展了存款准备金制度的货币政策操作工具属性。

特别是2006年7月至2007年年末，由于我国金融体系流动性过剩，为了防止经济由过快向偏热发展，央行频繁调整存款准备金率，仅2007年年内上调竟达10次之多，存款准备金率也由2004年的7%调至2007年年末的14.5%。存款准备金制度已经成为央行经常使用的货币政策操作工具。

（资料来源：环球视野网，http：//www.globalview.cn/html/history/info_ 2329.html，2015年4月9日）

2. 再贴现政策

再贴现政策是中央银行通过制定或调整再贴现利率来干预和影响市场利率及货币市场的供应和需求，通过规定贴现票据的资格来控制资金投向的一种金融政策。它是指商业银行或其他金融机构将已贴现归己所有的未到期商业票据向中央银行再贴现，以提前获得资金融通的行为。对中央银行来讲，再贴现是买进商业银行持有的票据，投放现实的货币，扩大货币供应量；对商业银行来讲，再贴现是出让已贴现的票据，解决临时资金周转困难。从实质上来讲，再贴现是一种票据买断关系。我国的贴现、再贴现业务从1981年开始试办，经历了从试点、推广到规范发展等几个阶段，业务规模不断扩大，调控机制逐步完善，已成为中央银行的一项重要货币政策工具。

当市场银根偏松时，中央银行则提高再贴现率。再贴现率提高，贴现成本增加，贴现金额减少；同时，市场利率会相应地升高，社会对货币的需求会受到抑制，从而使市场货币供应量减少。相反，降低再贴现率，会增加货币供应。

当一国出现国际收支逆差时，该国中央银行就调高再贴现率，从而使市场利率提高，外国短期资本为获得较多的利息收益而流入，本国资本也不外流。这样在资本项目下，流入增加，流出减少，可减少国际收支逆差。此外，提高利率，即对市场资金供应采取紧缩的货币政策，会使投资与生产规模缩小，失业增加，国民收入减少，消费减少，在一定程度上可促进出口增加，进口减少，从而降低经常项目的逆差。在顺差情况下，当局会调低再贴现率和放宽货币政策，从而起到与上述情况相反的作用，以压低顺差的规模。

再贴现政策作为货币政策工具之一，有其自身优势，主要体现在以下两点：

第一，有利于中央银行发挥最后贷款人作用。利用再贴现政策可以为整个银行系统提供流动性的“弹性”创造功能，有利于中央银行维持银行体系的稳定。

第二，再贴现政策作用效果缓和，可以配合其他货币政策工具。如中央银行提高法定存款准备金比率，由于其效果猛烈，会影响到整个银行体系的流动性和稳定性。此时，可以利用再贴现政策提供银行储备，同时提高再贴现率。提供银行储备缓解了存款准备金制度的作用效果，保证了银行体系的正常运行；但再贴现贷款的暂时性和再贴现率的高成本会迫使商业银行逐步采取措施，归还再贴现贷款。所以，在利用再贴现政策达到紧缩目的的同时，也避免了引起经济的巨大波动。

3. 公开市场业务

公开市场业务是指中央银行在金融市场上公开买卖有价证券，以调节、控制市场信用与货币供应量的政策活动。根据中央银行在公开市场上买卖有价证券的差异，它又可以分为广义和狭义的公开市场业务。所谓广义的公开市场业务，是指在一些金融市场不发达的国家，政府公债和国库券的数量有限，因此，中央银行除了在公开市场上买进或卖出政府公债和国库券外，还买卖地方政府债券、政府担保的证券、银行承兑汇票等。而狭义的公开市场业务是指主要买卖政府公债和国库券。

公开市场业务的内容，主要是中央银行根据货币政策目标的需要及经济情况，选择最佳时机、最适合的规模买进或卖出国库券、政府公债等，增加或减少社会的货币供应量。例如，当金融市场上资金缺乏时，中央银行买进有价证券，向社会投放基础货币，增加社会的货币供应量；反之亦然。

公开市场业务的特点包括：中央银行在公开市场业务过程中具有主动性，买卖与否的决定权在中央银行；可以适时地对市场进行调节，灵活性与弹性都较大；可以根据市场情况，不断调整与操作该项业务，政策连续性强，效果好，不会引起激烈反应，对经济震动较小；调整与影响的范围更广、更普遍，不只局限于商业银行。公开市场业务是现代中央银行最重要的货币政策工具，特别是在金融市场发达、中央宏观调控能力较强的国家，公开市场业务尤为普遍。

公开市场业务有以下几个优点：

（1）通过公开市场业务，可以左右整个银行体系的基础货币量，使它符合政策目标的需要。

（2）中央银行的公开市场业务具有“主动权”，即政策的效果并非取决于其他个体的行为，央行是“主动出击”而非“被动等待”。

（3）公开市场政策可以适时适量地按任何规模进行调节，具有其他两项政策所无法比拟的灵活性，中央银行卖出和买进证券的动作可大可小。

（4）公开市场业务有一种连续性的效果，央行能根据金融市场的信息不断调整其业务，万一经济形势发生改变，可以迅速作反方向操作，以改正在货币政策执行过程中可能发生的错误，其效果是优越的。

尽管公开市场业务有以上诸多优点，但是该政策也有一定的局限性，开展公开市场业务需要具备一定的基本条件：首先，在市场上必须流通有足够数量、多种类型的有价证券；其次，证券市场必须高度发达，投资者众多，而且层面广泛，投资金额具有一定规模；再次，证券市场运作成熟规范，实现法治化、制度化；最后，中央银行公开市场业务水平较高，买卖操作灵活、自如并有效。只有一般发达国家才能达到相应水平，因此，公开市场业务使用不具有普遍性。

总而言之，三大法宝各有特色，究竟哪种工具更适合、更有效，是一个有争议的问题。大多数人普遍认为公开市场业务比较理想，但并不是所有国家都能使用。事实上，应根据不同国家的不同需要以及实际情况有所侧重、搭配使用，从而找到最适合自己国家的政策组合。

专栏 10-2

美国公开市场业务运作流程

美国国内业务操作经理监督交易员进行证券买卖，我们假如称这位经理为吉姆。他的工作日从阅读一份估计昨天晚上银行系统准备金总量的报告开始。这份关于准备金的报告，有助于他确定需要多大规模的准备金变动才能达到令人满意的货币供应量水平。他也检查当时的联邦基金利率——它可以提供有关银行系统准备金数量的信息：如果银行体系拥有可贷放给其他银行的超额准备金，联邦基金利率便可能下降；如果银行准备金水平低，几乎没有银行拥有超额准备金可以贷放，联邦基金利率便可能上升。

上午 9 时，吉姆同几位政府证券交易商（他们为私人公司或商业银行工作）进行讨论，以便对当天交易过程中这些证券价格的走势有所了解。同这些交易商见面之后，大约在上午 10 点，他收到研究人员提交的报告，附有关于可能影响基础货币的一些短期因素的详细预测。例如，如果预测因全国范围内的天气晴好使支票交付速度加快，吉姆便知道，他必须运用保卫性的公开市场操作（购买证券）来抵消因在途资金减少而带来的基础货币减少。然而，如果预测在联邦的财政部存款或外国存款会减少，便有必要运用保卫性的公开市场操作来抵消预期的基础货币扩大。这份报告亦对公众持有的通货情况作出预测。如果预期通货持有量上升，那么，运用公开市场业务（购买证券）以增加货币基数，从而防止货币供应量下降，便是必须做的事情了。

上午 10 点 15 分，吉姆或其手下的一名工作人员打电话给财政部，了解财政部对财政部存款等项目的预测。与财政部的通话也能获得其他方面的有用信息——例如将来财政部出售债券的时间安排——可以提供有关债券市场走势的线索。

在取得了所有这些信息以后，吉姆查看他从联邦公开市场委员会收到的指令。这个指令告诉他，联邦公开市场委员会欲实现的几种货币总量指标的增长率（用幅度表示，比如说年率 4% ~6%）和联邦基金利率的幅度（比如说 10% ~14%）是多少。然后，他规划好为实现联邦公开市场指令所需要进行的能动性的公开市场操作。把必要的保卫性的公开市场操作同所需要进行的能动性的公开市场操作合在一起，吉姆便作出了当天公开市场操作的“行动计划”。

整个过程到上午 11 点 15 分完成。这时，吉姆同联邦公开市场委员会的几位成员举行每天例行的电话会议，扼要报告他的战略。计划得到同意以后，通常在上午 11 点 30 分稍后一些，他让交易部的交易员打电话给政府证券一级交易商（私人债券交易商，人数在 40 人左右），询问出售报价（如果拟做公开市场购买）。举例来说，如果吉姆为增加基础货币而打算购买 2.5 亿美元的国库券，交易员便将交易商在不同报价水平上所愿出售的国库券数额写在一块大黑板上。报价从低价到高价依次排列。由于美联储欲得到尽可能有利的价格，它便由低到高依次购买国库券，直到打算购买的 2.5 亿美元都已买到为止。

收集报价和着手交易，大约在 12 点 15 分完成。交易部随即平静下来，但是交易员仍要继续监视货币市场和银行准备金的动向，在极少数情况下，吉姆还可能决定有必要继续进行交易。

有时，公开市场操作是以直截了当买或卖证券的方式进行的。不过，交易部市场采取另外两种交易方式。在回购协议方式（常称作“回购”）下，美联储与出售者订立协议，规定出售者要在短时期内（一般不超过一星期）再将这些证券购回。一份回购协议，实际上就是一次暂时的“公开市场购买”。当美联储打算实施暂时性的“公开市场出售”时，它可以进行一售一购配对交易（有时称作“反回购”）。在这种方式下，美联储出售证券，但买主同意在不久的将来再把这笔证券卖回给美联储。

（资料来源：《中国人民银行统计季报》1996 年第 4 季度）

二、选择性货币政策工具

与一般性的货币政策工具不同，选择性的货币政策工具对货币政策与国家经济的运行的影响不是全局性的而是局部性的，但也可以作用于货币政策的总体目标。选择性的货币政策工具是指中央银行针对个别部门、个别企业或某些特定用途的信贷所采用的货币政策工具。与常规性的货币政策工具相比较，选择性货币政策工具影响相对较小，范围较窄，手段具体、明确，具有行政性与强制性，缺乏弹性。主要包括贷款限额、流动性资产比率、利率上限、信用分配、证券市场信用控制、不动产信用控制、消费者信用控制、特种存款。

1. 贷款限额

中央银行根据国内情况，可以对商业银行直接规定最高限额或贷款的增长速度与幅度，或直接分配贷款指标，以控制信用规模。这种办法适合经济特殊时期，如战争、经济危机或发展中国家经济过热时期。

2. 流动性资产比率

中央银行为了控制或限制商业银行的信用创造能力以及清偿能力，可以直接规定商业银行的全部资产中流动性资产所占的比重。一般情况下，资产的流动性愈高，其收益率愈低；如此，商业银行不能任意把流动资产用于长期贷款或投资，从而达到限制其扩张、约束其稳健经营的目的。

3. 利率上限

中央银行可以规定商业银行的定期存款或其他各项存款支付的最高利率，以此限制商业银行任意提高成本来扩大资金来源，间接防止其贷款的扩张，以及信用能力的下降，从而降低其经营风险。

4. 信用分配

中央银行可以根据市场状况，充分考虑政策需要，对商业银行的资金用途进行分配和限制，规定条件与具体内容。目前，很多国家都采用这种措施，对防止资金浪费与不合理使用很有效果。

5. 证券市场信用控制

中央银行可以直接对证券交易的各种贷款作各种规定，主要是规定贷款额与证券交易额的百分比，以控制商业银行对证券市场的信贷规模。中央银行提高或降低该百分比，就可以增加或减少对证券市场的信贷规模，使其资金扩大或减少。在证券市场尚未成熟的国家，该种措施使用较为普遍，效果较好。

6. 不动产信用控制

中央银行可以直接规定商业银行对客户申请购买房屋或不动产的贷款进行限制，以防止房地产行业或其他不动产交易因贷款规模的扩大而发生膨胀，防止产生投机性交易。

7. 消费者信用控制

中央银行可以直接紧缩或放松金融机构对消费者提供的信用规模，可以控制各种耐用消费品的融资行为。例如，规定最长分期付款期限、分期付款总额、分期付款中最初付款的比例、赊购赊销条件等。

8. 特种存款

中央银行为了控制商业银行可用资金来源，可以规定商业银行必须将其存款按一定比例缴存中央银行，作为特别存款，中央银行给予一定的利息。当需要紧缩银根时，中央银行提高该比率，加大特别存款额，减少商业银行可运用的资金规模，减少货币扩张；当需要放松银根时，则可以降低或取消该比率。这种政策的作用与存款准备金制度相似，只是影响面、影响深度与效果不及存款准备金制度。

三、其他货币政策工具

除了上述提到的一般性货币政策工具和选择性货币政策工具之外，还有一些其他货币政策工具。主要包括：

1. 道义劝告

所谓道义劝告，是指中央银行利用其声望与地位，对商业银行和金融机构发出通告，与各金融体系的负责人举行面谈，劝告其遵守政策，自动采取若干相应措施。

道义劝告既可以控制信用的总量，也能调整信用的构成，在质与量的方面均起作用。中央银行的道义劝告不具有强制性，而是将货币政策的意向与金融状况向商业银行和其他金融机构提出，使其能自动地根据中央银行的政策意向采取相应措施。

道义劝告工具的优点是较为灵活，无须花费行政费用。其缺点是没有法律的约束力，所以其效果视各金融机构是否与中央银行合作而定。

2. 窗口指导

窗口指导是指中央银行通过劝告和建议来影响商业银行信贷行为，属于温和的、非强制性的货币政策工具，是一种劝谕式监管手段，具体指监管机构向金融机构解释说明相关政策意图，提出指导性意见，或者根据监管信息向金融机构提示风险。窗口指导是监管机构利用其在金融体系中特殊的地位和影响，引导金融机构主动采取措施防范风险，进而实现监管目标的监管行为。

自 1987 年以来，中央银行与专业银行建立了比较稳定的联席会与碰头会制度。行长联席会或业务部门碰头会平时根据需要不定期举行，在经济活动高峰期的第四季度则往往每旬举行一次。在上述会议上，专业银行向中央银行报告即期的信贷业务进展情况，中央银行则向专业银行说明对经济、金融形势的看法，通报货币政策的意向，提出改进专业银行信贷业务管理和调整信贷投向建议。虽然联席会或碰头会采取温和的道义劝告方式，指导性政策建议不具有法律的约束力，但专业银行通常都能接受这些建议或劝告，成为中央银行与专业银行及时互通情况、贯彻货币政策的有效途径。中央银行和专业银行除总行一级外，各级分行也建立了具有类似作用的联席会和碰头会制度。

3. 金融检查

中央银行可以随时对商业银行与其他金融机构的业务活动进行监督与检查。主要包括行政监督检查与财务监督检查。行政监督检查即对经营范围、资本状况、贷款状况等的检查。财务监督检查即对资金管理与运用的检查，如资本率、流动比率、资本充足率等是否合理。金融检查有利于维护金融业的秩序与安全，可以缓解内部矛盾，目前已被广泛使用。

第三节　货币政策传导机制与效应

一、货币政策的传导机制

货币政策传导机制是中央银行运用货币政策工具影响中介指标，进而最终实现既定政策目标的传导途径与作用机理。货币传导机制是否完善，直接影响货币政策的实施效果以及对经济的贡献。

1. 货币政策传导机制理论

(1) 凯恩斯学派的货币政策传导机制理论

凯恩斯学派的货币传导机制理论可以归纳为：中央银行通过改变货币供给 M，改变了利率 r，进而通过影响资本边际效率使投资 I 以乘数方式变化，而投资的增减则会进一步影响总支出 E 和总收入 Y。这个过程可以直观地用符号表示为：$M \rightarrow r \rightarrow I \rightarrow E \rightarrow Y$。在这个传导机制发挥作用的过程中，关键环节是利率。但上述分析是凯恩斯学派最初的分析，它仅仅从局部均衡的角度显示了货币市场对商品市场的初始影响，而并没有考察商品市场对货币市场的影响，没有反映出两个市场之间循环往复的反馈作用。

考虑到货币市场与商品市场的相互作用，凯恩斯学派又进行了进一步的分析，即一般均衡分析。其主要内容如下：第一，假定货币供给增加，如果产出水平不变，利率会相应下降；下降的利率会刺激投资，引起总需求增加，进而推动了产出和收入的相应增加。这是货币市场对商品市场的作用，也是一种局部分析。第二，产出和收入的增加必将引起货币需求的增加；这时，如果没有新增加的货币供给，则货币需求相对上升将导致利率回升。这是商品市场对货币市场的作用。第三，利率的回升会使总需求减少，产量下降，收入减少。收入的减少引起对货币的需求下降，则利率又会回落。这就是货币市场和商品市场之间往复不断的相互作用。第四，以上的循环往复最终会逼近一个均衡点，这个点同时满足了货币市场均衡和商品市场均衡两方面的均衡要求。在这个点上，可能是利率较原先的均衡水平低，而产出量较原先的均衡水平高。

（2）货币学派的货币政策传导机制理论

与凯恩斯学派不同，弗里德曼的现代货币数量论则强调货币供应量变动直接影响名义国民收入。用符号表示就是：$M \to E \to I \to Y$。货币学派认为，利率在货币传导机制中不起主导作用，而是货币供应量在整个传导机制中发挥着直接作用。货币供应量对名义收入的具体影响过程所述如下：

过程步骤一：$M \to E$ 表示的是货币供应量的变化直接影响支出。其原理是：第一，根据货币需求理论，货币需求有其内在的稳定性。第二，弗里德曼的货币需求函数中不包含任何的货币供给因素，因而货币供给的变动不会直接引起货币需求的变化；至于货币供给，在现代货币制度中由中央银行控制，货币主义将其视为外生变量。第三，当作为外生变量的货币供给发生改变，比如增大时，由于货币需求并不改变，公众手持货币量会超过他们愿意持有的货币量，即货币供给量大于货币需要量，从而导致利率下降，公众支出增加。

过程步骤二：$E \to I$ 表示的是变化了的支出用于投资的过程。货币主义者认为，这是对资产结构进行调整的过程。过程如下：第一，公众对超过意愿持有的货币即大于既有需求的货币供给，或用于购买金融资产，或用于购买非金融资产，直至进行人力资本的投资。这样将改变金融市场、商品市场乃至人力资本市场的均衡。第二，货币持有者对金融资产、非金融资产以及人力资本的投资会引起这些资产相对收益率的变动。如果投资于金融资产偏多，金融资产市值上涨，受益相对下降，从而会刺激公众对非金融资产的需求；如果对非金融产品投资增加，也就是说产业投资增加，那么既可能促使产出增加，也会促使产品价格上涨。第三，上述过程的结果必然会引起资产结构的调整，而在这一调整过程中，不同资产的收益率又会趋于相对稳定状态。第四，是名义收入 Y。Y 是价格和实际产出的乘积。M 作用于支出 E，导致资产结构的调整，并最终引起 Y 的变动，这一变动究竟在多大程度上反映实际产量的变化，又有多大比例反映在价格水平上呢？货币主义者认为，货币供给短期内对两方面均可产生影响；但就长期来说，则只会影响物价水平，即货币是中性的。显然，与凯恩斯学派强调利率在货币传导机制中的作用不同，货币学派强调的是货币供应量的作用。该学派认为，货币政策的影响主要不是通过利率来影响投资和收入，而是因为货币供应量超过了人们的意愿持有量，从而直接地影响到社会的支出和货币收入。

（3）资产价格传导机制——托宾 Q 理论和财富传导机制

货币政策的资产价格传导机制主要通过两种途径：一种是基于 Q 理论的“托宾效应”实现的，另一种是基于莫迪利亚尼的“消费财富效应”实现的。

托宾的 Q 比率是公司市场价值对其资产重置成本的比率，反映的是一个企业两种不同价值估计的比值。Q 比率=公司的市场价值/资产重置成本。当 $Q>1$ 时，购买新生产的资本产品更有利，这会增加投资的需求；当 $Q<1$ 时，购买现成的资本产品比新生成的资本产品更便宜，这样就会减少资本需求。托宾的 Q 比率反映在货币政策上的影响就是：当货币供应量上升时，股票价格上升，Q 比率上升，企业投资扩张，国民收入也扩张。托宾 Q

理论的货币政策传导机制为：货币供应↑→股票价格↑→Q↑→投资支出↑→总产出↑。财富效应是指由于金融资产价格上涨（或下跌），导致金融资产持有人财富的增长（或减少），进而促进（或抑制）消费增长，影响短期边际消费倾向，促进（或抑制）经济增长的效应。

（4）信贷传导机制

信贷传导理论出现于20世纪50年代，该理论强调由于金融市场不完善，信用因素在货币政策传导过程中的作用不容忽视。信贷渠道传导机制主要有银行贷款渠道和资产负债表渠道两种方式：

①银行贷款渠道

银行贷款渠道是指中央银行采取特定的调控措施影响金融中介机构的贷款行为（贷款规模和结构），从而影响到投资和总需求的变动。在信息不对称条件下，金融中介机构的贷款具有特殊地位。假定银行贷款与其他金融资产（如债券）不可完全替代，特定类型借款人的融资需求只能通过银行贷款得以满足，成为"银行依赖者"，这样银行就有了传导货币政策的作用，从而使得货币政策可通过银行贷款的增减变化进一步强化其对经济运行的影响。信贷在货币政策的传导机制中将起到重要的作用。银行贷款渠道传导过程可表示为：货币供给M↑→存款D↑→贷款L↑→投资I↑→总产出Y↑。

②资产负债表渠道

在该渠道下，货币政策通过影响借款人的资产净值和授信能力，从而影响到银行对其授信，并影响到借款人的投资活动，实现货币政策传导的作用。资产负债表机制的理论假设是借款者所面临的外部融资风险溢价的大小取决于它的资产状况。银行向借款者贷款是在安全性与盈利性之间进行权衡；在盈利性相同的情况下，则着重考虑贷款的安全性，也就是偿债能力。借款者的资产净值越大，偿债能力越强，其外部融资风险溢价也就越低；相反，其外部融资风险溢价就越高。企业的资产净值通过影响其面临的外部融资风险溢价从而影响到它所面临的信贷条件。因此，企业资产净值的波动会引起投资和消费需求的变动。借款者资产负债表的内生性变动具有周期性特点，能够强化和传导商业周期，这种现象被称为"金融加速器"。

具体可表示为：货币供给M↑→利率r↓→净现金流NCF和资产价格P↑→逆向选择和道德风险↓→银行贷款量L↑→投资I↑→产出Y↑。

（5）开放经济下的汇率传导机制

在开放经济条件下，货币政策可以通过影响国际资本流动改变汇率，并在一定的贸易条件下影响净出口。在实行固定汇率制度的国家，中央银行可以直接调整汇率；在实行浮动汇率制度的国家，中央银行必须通过公开市场操作来改变汇率。当一国实行紧缩的货币政策时，利率随之上升，外国投资者的需求增加，从而导致对该国货币需求的增加，引起该国货币汇率的上升。本币升值不利于本国商品的出口，同时提高了外国商品在本国的市场竞争力，导致该国贸易差额减少，净出口下降。这样的机制可以简述如下：货币供给M↓→本国利率r↑→汇率e↑→净出口NX↓→产出Y↓。

2. 我国货币政策的传导机制

我国货币政策的传导机制，经历了从直接传导向直接、间接传导的双重传导的转变，并逐渐过渡到以间接传导为主的阶段。

（1）传统体制下的直接传导机制

传统体制下的直接传导机制与高度集中统一的计划管理体制相适应。国家在确定宏观经济目标时，已经通过国民经济综合计划将货币供应量和信贷总规模乃至该项指标的产业分布和地区分布包括在内。因此，中央银行的综合信贷计划只是国民经济计划的一个组成部分。中央银行的政策工具唯有信贷计划以及派生的现金收支计划，在执行计划时直接为实现宏观经济目标服务，这种机制完全采用行政命令的方式通过指令性指标运作。其特点是：第一，方式简单，时滞短，作用效应快；第二，信贷、现金计划从属于实物分配计划，中央银行无法主动对经济进行调控；第三，由于缺乏中间变量，政策缺乏灵活性，政策变动往往会带来较大的经济波动；第四，企业对银行依赖性强，实际上是资金供应的"大锅饭"。

（2）改革后从双重传导机制到以间接传导为主

改革开放以来至1997年，货币政策直接传导机制逐步削弱，间接传导机制逐步加强，但仍带有双重传导特点，即兼有直接传导和间接传导两套机制的政策工具和调控目标。

①运用货币政策工具影响操作目标——同业拆借利率、备付金率和基础货币。信贷计划、贷款限额是直接型的货币政策工具，其影响直达中介目标如贷款总规模和现金发行量。季度、月度的贷款、现金指标是其操作目标。这个环节是调控各金融机构的贷款能力和金融市场的资金融通成本。

②操作目标的变动影响到货币供应量、信用总量、市场利率。信用总量的可测性不强，目前使用率不高；我国实行管制利率，不存在市场利率，只有中央银行根据经济、金融形势变化来调整利率。这个环节是金融机构和金融市场、企业和居民在变化了的金融条件下作出反应，改变自己的货币供给和货币需求行为，从而影响到货币供应量的变动。

③货币供应量的变动影响到最终目标的变动。改革之初，货币转化为存款和现金比较透明，贷款总量基本反映了货币供应量，只要守住了贷款就几乎守住了货币供给。但发展到现在，两者的相关性减弱，只控制贷款并不能完全调控住货币供应量，直接控制的效果减弱。在经济过热、通货膨胀严重时，直接控制比间接调控的效果更好。

1998年，我国经济在高通胀后"软着陆"成功，商业银行推行资产负债比例管理，各级政府防范金融风险意识大大增强，取消贷款限额的条件基本成熟。因而，中央银行不失时机地取消了对商业银行的贷款限额，这标志着我国货币政策传导机制已从双重传导过渡到以间接传导为主。

然而，我国的社会主义市场经济体制仍在完善的过程中，商业银行和企业的运行机制还不健全，所以货币政策传导效应也有待提高。只有真正按现代企业制度的要求加快商业银行和企业的改革步伐，使其对中央银行的货币政策传导反应更加灵敏，才能完善货币政策传导机制。

3. 货币政策传导途径

货币政策传导途径一般有三个基本环节，其顺序是：

（1）从中央银行到商业银行等金融机构和金融市场。

(2) 从商业银行等金融机构和金融市场到企业、居民等非金融部门的各类经济行为主体。商业银行等金融机构根据中央银行的政策操作调整自己的行为，从而对各类经济行为主体的消费、储蓄、投资等经济活动产生影响。

(3) 从非金融部门经济行为主体到社会各经济变量，包括总支出量、总产出量、物价、就业等。

专栏 10-3

凯恩斯的《就业、利息和货币通论》

凯恩斯（1883~1946）是英国经济学家，因开创了经济学的“凯恩斯革命”而著称于世，被后人称为“宏观经济学之父”。1936 年其代表作《就业、利息和货币通论》（*The General Theory of Employment*，*Interest and Money*，简称《通论》）出版。凯恩斯认为，传统贸易理论以各项生产要素，包括劳动力已经充分就业为前提，宣扬按照比较成本原理进行贸易，既有充分就业，又享分工之利。但现实生活中并不存在这一前提，却经常存在大量非自愿失业。如果一国按照传统理论自由贸易，虽可从事有比较优势部门的专业化生产，取得某些分工之利，但放弃或缩小比较优势不大或无比较优势的部门，则必然使失业更趋严重。故凯恩斯认为传统贸易理论不适用于现代资本主义。他还批评传统理论只注重分工的利益和强调对外收支均衡的自动调节过程，而完全忽略贸易差额对国民收入、就业的影响。他认为就一国而言，后者较前者更重要，因为顺差能增加收入，使资金流入，利率降低，投资提高，就业扩大；若为逆差，则可能很快就会产生顽固的经济衰退。

在《通论》中，凯恩斯由投资乘数原理出发，对贸易差额与国民经济盛衰的关系作了进一步阐述。他认为投资的乘数作用表现为，一个部门的新增投资，不仅会使该部门的收入增加，而且会通过连锁反应，引起其他有关部门的收入增加，还会通过连锁反应，引起其他有关部门追加新投资、获得新收入，致使国民收入总量的增长若干倍于最初那笔投资。

而一国的总投资既包括国内投资（它决定于国内的资本边际效率和利息率）也包括国外投资（它决定于贸易顺差额），“增加顺差，乃是政府可以增加国外投资之唯一直接办法；同时若贸易为顺差，则贵金属内流，故又是政府可以减低国内利率、增加国内投资动机之唯一间接办法”。除此之外，凯恩斯还强调贸易顺差本身对国民经济的作用亦犹如投资。他认为出口是对该国产品的需求，如同投资，是一种“注入”，能使国民收入增长；而进口则是对“舶来品”消费的增加，如同储蓄，是一种“泄出”，会减弱投资乘数的作用，使国民收入减少。

因此，凯恩斯极力鼓吹贸易顺差，并提出应尽力扩大出口，同时借助保护关税和鼓励购买英国货物以限制进口的政策主张。上述凯恩斯关于乘数理论及贸易顺差的分析，后经英国学者哈罗德和美国学者马赫洛普等人的论证而发展为对外贸易乘数理论。

（资料来源：http：//www.chinavalue.net，2007 年 9 月）

二、货币政策效应及衡量

货币政策效应是指货币政策作用于经济活动产生的实际结果与货币政策预期目标之间的偏离程度。

1. 货币政策效应

金融创新对三大政策工具（存款准备金政策、再贴现政策以及公开市场业务）都有不同程度的影响，但这种影响并不是同步的，有的影响大，有的影响小。

（1）对存款准备金的影响

存款准备金是中央银行调节货币供应量的重要工具。中央银行通常通过调整存款准备金率来改变货币乘数，控制商业银行的货币创造，从而调节货币供应量。但金融创新使得中央银行通过法定存款准备金来调节货币供应量的能力减弱。一方面，金融创新使得证券化趋势增强，大量的原来可用作存款的资金流向了非存款性金融机构，从而改变了银行业的资金负债比例，使存款在负债中的比例下降，非存款负债比例上升，整个银行体系的存款减少，存款准备金的提缴基数降低；另一方面，金融创新破坏了存款准备金的作用机理，使中央银行通过增加或减少法定存款准备金率倍数收缩或扩张银行货币创造能力减弱，形成了流动性陷阱。

（2）对再贴现政策的影响

再贴现政策是中央银行通过制定、调整再贴现率来干预或影响市场利率及货币市场的供需，从而调节市场货币供应量的另一种手段。再贴现政策包括两方面的内容：一是对再贴现率的调整；二是规定何种票据具有向中央银行申请再贴现的资格。金融创新对这两项内容都产生了影响，二者共同作用，削弱了再贴现政策的效果。首先，金融创新削弱了中央银行调整再贴现率的作用力。中央银行根据货币市场对资金的需求调整再贴现率，其作用与金融机构对再贴现率的依赖程度呈正比。金融机构对再贴现率的依赖程度大，中央银行调整再贴现率的作用就越强，反之就弱。金融创新使得金融机构对再贴现率的依赖程度减弱。在创新机制下，金融机构可以通过出售证券、贷款证券化、票据发行便利、在国际金融机构借款等多种途径来满足对资金的流动性需求，于是通过再贴现来弥补资金的流动性需求的比率相应下降，削弱了中央银行的再贴现率的作用。其次，金融创新使得中央银行对再贴现票据要求条件放松，“真实票据说”的影响被逐步削弱。创新巧妙地使各种新型票据都符合中央银行对贴现票据的规定，从而使中央银行有关合格票据的规定失效，调整能力减弱。

（3）对公开市场业务的影响

中央银行通过在公开市场上的证券买卖活动来扩大或收缩信用，调节货币供应量。当金融市场上资金缺乏时，中央银行通过公开市场业务买进有价证券，实际上是向社会投入一笔基础货币，直接增加了社会货币供应量或使商业银行信用扩张；反之，当金融市场上资金过多时，则卖出有价证券，使信用规模收缩，货币供应量减少。金融创新所带来的证券化趋势和金融市场的全球一体化为中央银行的公开市场业务提供了极大的便利，增强了这一货币政策工具的作用。金融创新给国际金融市场带来的一个重大变化是信贷流量从银行放款转为可上市买卖的债务证券。证券日益成为公众及经济实体持有的重要资产形式。其中政府债券因兼备良好的流动性、安全性和盈利性而成为重要的流动资产，其收益率和价格成为其他证券的标准。因此，中央银行的公开市场业务就可以通过变动政府债券的收益率和价格来影响一般证券的收益率和价格，进而调控货币供应量和信用总量。此外，金融创新也为中央银行的业务操作提供了大量的可供买卖的工具，使其吞吐基础货币的能力加强。

2. 影响货币政策效应的主要因素

（1）货币政策运行机制

这里主要指货币政策的定位、组织与实施等一套制度与程序，包括货币政策最终目标、中介目标、手段与工具及传导机制，每个相关内容与实际经济情况相符的程度，其针对性与有效性程度，以及各项内容之间的组织与协调。货币政策从制定到实施、到最终见效，关系与影响因素很多，但货币政策运行机制本身是影响货币政策效应的内生因素。

（2）货币政策时滞

时滞是政策从制定到获得主要的或全部的效果所必须经历的一段时间。时滞是影响货币政策效应的重要因素。如果收效太迟或难以确定何时收效，则政策本身能否成立也成了问题。时滞由两部分组成：内部时滞和外部时滞。

内部时滞是从政策制定到货币当局采取行动这段时间。它可再分为认识时滞和行动时滞两个阶段。内部时滞的长短取决于货币当局对经济形势发展的预见能力、制定政策的效率和行动的决心。

外部时滞又称“影响时滞”，是指从货币当局采取行动开始直到对政策目标产生影响为止这段过程。它主要由客观的经济和金融条件决定。不论货币供应量手段或者利率手段，它们的变动都不会立即影响到政策目标。

（3）货币流通速度

全社会货币周转速度的快慢会影响货币政策效应。

例如，中央银行实行扩张型的货币政策，但企业从投入到产出的时间太长，沉淀的货币资金太多，导致货币资金流动出现“阻断”，银行的信贷投放缓慢，政策效应就会打折扣。

（4）微观主体预期

微观主体预期对货币政策效应有一定的抵消作用。一般情况下，只有在货币政策的取向和力度没有或没有完全为公众知晓的情况下，才能生效或达到预期效果。公众的预期行为会使其效应大打折扣。

关于该影响因素，近年来学者们引入博弈论加以分析。按理性预期学派的观点，如果公众是理性预期，那么只有未被公众预期到的货币政策才是有效力的。同理，如果政府的预期是理性的，那么，只有未被政府预期到的公众的行为才会抵消政府政策的影响。所以，政府和公众根据预期来制定行动的过程，是可以用对策加以解释的，即存在政府和公众的博弈。

(5) 其他经济政治因素的影响

①宏观经济条件的变化。一项既定的货币政策出台后，要保持既定的稳定性和持续性，不能朝令夕改。在这段时间内，如果经济出现某些始料不及的情况，而货币政策又难以作出相应调整时，就可能出现货币政策效果不佳甚至失效的情况。

②既得利益的政治压力。货币政策的实施，可能会影响到一些阶层、集团、部门或地方的既得利益。这些主体会作出强烈反应，形成压力，迫使当局调整货币政策。

3. 货币政策效应的衡量

货币政策效应可以从两个方面来衡量。一是从数量方面，它是用来衡量货币政策发挥作用的大小，即货币政策的数量效应；二是从时间方面，它是用来分析货币政策发挥作用的快慢，即货币政策的时间效应。这就是说，衡量货币政策效应，就是分析和测算货币政策解决社会经济问题的效力强弱程度，以及这个效力在政策实施后多长时间才会发挥出来。

对货币政策数量效应的衡量是个非常重要的方面，它关系到货币政策对国民经济最终影响的规模。一般来说，衡量货币政策的数量效应，主要在于分析和比较实施的货币政策所取得的效应与预期所要达到的目标之间的差距。

专栏 10-4

央行年内首降准

2016 年 2 月 29 日，中国人民银行宣布，自 3 月 1 日起，普遍下调金融机构人民币存款准备金率 0.5 个百分点。这一降准时点出乎一些市场人士预料。降准“落地”后，业内专家认为，在经济下行压力较大的当下，降准有助于保持金融体系流动性合理充裕，引导货币信贷平稳适度增长，为供给侧结构性改革营造适宜的货币金融环境。

从经济数据来看，2 月我国进出口数据均显著低于预期，PPI（生产者物价指数）已有较长时间处于低位，PMI（采购经理人指数）已经连续 6 个月处于荣枯线（PMI 临界值，以 50% 为分界点）以下，且创下 40 个月来新低。这些数据都表明，我国经济当前面临的下行压力不小，需要通过降准来稳定经济增长。降准增加了银行可用资金，促进银行增加对实体经济的信贷投放，并通过提高货币乘数保持货币供应平稳增长，为稳增长进一步提供良好的货币环境。

从此次降准的时机来看，春节期间，美联储 3 月份加息预期下降，美元指数走弱，包括人民币在内的主要非美元货币币值持续上涨。多位市场人士认为，目前，人民币对美元汇率相对稳定，此时降准不会强化人民币贬值预期。

从整体来看，今年在继续坚持稳健的货币政策下，应保持货币信贷合理增长和流动性总体稳定，这既是应对全球主要经济体央行量化宽松货币政策的需要，也是应对国内经济下行压力、实现稳中求进的客观要求。

央行方面表示，中国将继续实施灵活适度的稳健货币政策，确保信贷合理增长，保持流动性合理充裕和社会融资总量适度增长。

央行行长周小川也强调，光用货币政策就有可能过度，别的政策应该跟上。央行方面表示，中国正在完善货币政策框架，逐步从数量型调控为主转向价格型调控为主。同时，需要进一步加大积极的财政政策的力度，实行减税政策，阶段性提高财政赤字率。中国政府还将着力加强结构性改革，尤其是供给侧结构性改革，更好地平衡经济增长、结构调整和风险防范三者间的关系，实现经济持续平稳发展。

（资料来源：2016 年 3 月 1 日《经济日报》）

本章知识点

1. 货币政策是指中央银行为实现既定的经济目标，运用各种工具调节货币供给和利率，进而影响宏观经济的方针和措施的总和。

2. 货币政策通常情况下分为三类：扩张性货币政策、紧缩性货币政策以及均衡性货币政策。

3. 货币政策的最终目标是中央银行组织和调节货币流通的出发点和归宿，它反映了社会经济对货币政策的客观要求。货币政策的最终目标一般有四个：稳定物价、充分就业、促进经济增长和平衡国际收支等。

4. 货币政策中介目标的选择主要是依据一国经济金融条件和货币政策操作对经济活动的最终影响确定的，选择标准主要包括可测性、相关性、可控性、抗干扰性以及可操作性。准确地选择货币政策中介目标，是实现货币政策最终目标的重要环节。常用的中介目标有利率、货币供应量和贷款量。

5. 货币政策工具分为一般性货币政策工具、选择性货币政策工具和其他货币政策工具。一般性货币政策工具包括存款准备金率、再贴现率和公开市场业务，选择性货币政策工具包括贷款规模控制、信用控制特种存款等，其他货币政策包括道义劝告、窗口指导、金融检查等。

6. 货币政策传导机制是指从运用货币政策到实现货币政策目标的过程。货币传导机制是否完善，直接影响到货币政策的实施效果以及对经济的贡献。

7. 我国货币政策的传导机制经历了从直接传导向直接、间接传导的双重传导的转变，并逐渐过渡到以间接传导为主的阶段。

8. 货币政策效应是指货币政策作用于经济活动产生的实际结果与货币政策预期目标之间的偏离程度。

9. 影响货币政策效应的主要因素包括货币政策运行机制、货币政策时滞、货币流通速度、微观主体预期、其他经济政治因素的影响。

10. 货币政策效应可以从数量方面和时间方面来衡量。衡量货币政策效应，就是分析和测算货币政策解决社会经济问题的效力强弱程度，以及这个效力在政策实施后多长时间才会发挥出来。

复习思考题

1. 西方国家货币政策的最终目标有哪几个？中央银行在同一时间实行多种货币政策能否同时达到这些最终目标？为什么？

2. 中央银行的一般性货币政策工具有哪几种？它们是如何调控货币供应量的？其各自的优缺点是什么？

3. 存款准备金率的上调对于商业银行会产生怎样的影响？

4. 试述凯恩斯学派和货币学派关于货币政策传导机制的理论分歧。

5. 如何运用一般性货币政策解决通货紧缩问题？

6. 试分析影响我国货币政策工具的选择和使用的环境因素。

7. 结合实际，试述货币市场上金融机构参与者的活动目的与形式。

8. 案例分析题：

案例1　央行货币政策委员会：保持货币政策连续性和稳定性

从中国人民银行获悉，在此间召开的央行货币政策委员会一季度例会提出，要保持适度宽松货币政策的连续性和稳定性。

会议研究了下一阶段货币政策取向和措施。会议认为，要认真贯彻党中央、国务院关于宏观调控的决策部署，落实适度宽松的货币政策，保持政策的连续性和稳定性。进一步理顺货币政策传导机制，保持银行体系流动性充裕，保证货币信贷总量满足经济发展需要。继续优化信贷结构，加大对“三农”、中小企业等薄弱环节的金融支持，切实解决一些企业融资难问题，严格控制对高耗能、高污染和产能过剩行业企业的贷款。继续推进金融改革和创新，加强风险管理，增强金融企业抵御风险能力。

会议认为，国际金融危机继续蔓延和深化，国际金融市场仍处于动荡之中。为应对国际金融危机的严重冲击，促进经济平稳较快发展，我国及时调整宏观经济政策取向，采取了一系列扩大内需、促进经济增长的政策措施。当前所采取的政策措施取得初步成效，出现了一些积极迹象，银行体系流动性充裕，货币信贷快速增长，金融体系平稳运行。

（资料来源：新华网，2009 年 4 月 12 日）

根据案例，联系实际分析近几年我国中央银行是如何“灵活运用货币政策工具，努力发挥货币政策作用”的？

案例2　中央银行票据发行对货币政策的影响

近年来，公开市场操作成为最主要的货币政策工具。1998 年、1999 年两年，央行通过公开市场业务增加基础货币 2600 多亿元，占两年基础货币增加总额的 85%。2002 年更是公开市场操作取得突破性的一年。2003 年以来，央行不仅将公开市场交易次数由每周一次增加到两次，增加了交易成员，扩大了交易范围，还建立了公开市场业务一级交易商流动性日报制度。与此同时，自 2003 年 2 月 10 日以来，为保持基础货币的平衡增长和货币市场利率相对稳定，央行在公开市场上连续进行了 20 次的正回购操作，回笼基础货币量总额达到2140亿元。但随着操作次数的增多，央行到2002年年底手持的大约2863亿元国债面值，除去20次正回购占用部分，目前余额只为原来的1/4，继续进行正回购操作的空间已经不大，回购的力度不断减弱。而2003年3月末M_2余额高达19.4万亿元，同比增长18.5%；国家外汇储备余额为4200亿元，货币供应量充足有余，资金回笼的任务仍然艰巨。为确保货币政策的有效传导，继续回笼基础货币，对冲快速增长的外汇占款，央行在2003年4月22日试点的基础上，开始正式发行央行票据，通过央行票据实施正回购的功能。

央行第一次引入中央银行票据是2002年9月24日。央行宣布从当日起将2002年6月25日至9月24日进行的公开市场操作91天、182天、364天三个正回购品种中的未到期部分置换为中央银行票据（1937.5亿元）。2003年4月22日，中国人民银行首次在公开市场上直接发行了金额为50亿元、期限为6个月的中央银行票据。截至2003年7月22日，中国人民银行已贴现发行了24期央行票据，中央银行票据累计发行已达到2750亿元。从这些央行票据发行情况来看，央行根据近期正回购和央行票据到期及外汇公开市场操作投放基础货币的情况，加大了货币回笼的力度。

（资料来源：https：//doc.mbalib.com）

根据案例，你认为央行票据发行对货币政策有何影响？

第十一章

国际货币体系与国际收支

学习目标

1. 掌握国际货币体系的基本概念和主要内容。
2. 掌握国际货币制度的变迁与发展。
3. 了解当前国际货币制度的运行特征、缺陷，以及改革的内容与方向。
4. 掌握国际收支的基本概念。
5. 掌握国际收支平衡表的构成与分析方法。

课前导读

当商品（劳务）交易以及资本的流动跨出国界时，必然会涉及一些在国内经济中没有遇到的问题，如交易中通用货币的确认、不同国家货币之间的比价关系的形成、国际收支的盈余与赤字等问题。而这便是世界各国普遍关注的国际货币体系、国际收支两大范畴。

当前的国际货币体系被称为“牙买加体系”，以美元、欧元作为主导货币。该货币体系在协调各国交易、稳定汇率等方面发挥着重要作用，但是也存在着不少问题，如：汇率纪律荡然无存，造成储备货币管理日益复杂；缺乏有效的国际收支调节机制。20 世纪 90 年代开始，国际市场上危机四起，“牙买加体系”的缺陷日益突出，美国次贷危机引起的金融海啸更进一步动摇了美元地位。美元的走向以及新世界货币体系的建立，成为各国关注的重点问题。

在我国开放型经济不断发展的形势下，外部均衡在整个宏观均衡中的地位日益上升。因此，掌握国际收支分析方法及调节理论对正确认识我国当前国际收支现状，以及解读目前我国国际贸易政策是很有帮助的。

第一节　国际货币体系

一、国际货币体系的概念

国际货币体系是指各国政府为适应国际贸易与国际支付的需要，对货币在国际范围内发挥世界货币职能所确定的原则、采取的措施和建立的组织形式的总称。

它包括以下几方面内容：

（1）汇率的确定。

（2）各国货币的兑换性和对国际支付所采取的措施，包括对经常项目、资本金融项目管制与否的规定，国际结算原则的规定。

（3）国际收支的调节。

（4）国际储备资产的确定。

（5）黄金外汇的流动与转移是否自由。

二、国际货币体系的演进

1. 金币本位制

黄金是一种理想的货币材料。随着资本主义经济的发展，黄金充当单一的本位货币成为客观需要。1816 年，英国首先实行金币本位制。当时，国家法定铸造一定形状、重量、成色的金币，作为具有无限法律效力的本位货币来流通。不同国家之间的汇率由它们各自货币的含金量之比——金平价（Gold Parity）来决定，可以说，金币本位制是纯粹意义上的金本位制。

（1）金币本位制的汇率机制

在金币本位制下，各国货币都规定有一定的含金量，各国本位货币所含纯金之比叫作金平价，各国货币的兑换率就是按照单位货币所含纯金数量计算出来的。公式表示为：

1 单位甲币＝（甲币含金量/乙币含金量）×1 单位乙币

金平价是汇率的决定基础，由其决定的汇率被称为“铸币平价”或“中心汇率”，市场汇率会围绕着铸币平价或中心汇率上下波动。当外汇市场上外汇供不应求时，外汇的市场汇率就会略超过铸币平价；当外汇供过于求时，汇率就会略低于铸币平价。但是汇率波动的幅度受到黄金输出入点的限制，市场实际汇率总是围绕着铸币平价在黄金输出入点之间上下波动（见图 11-1）。

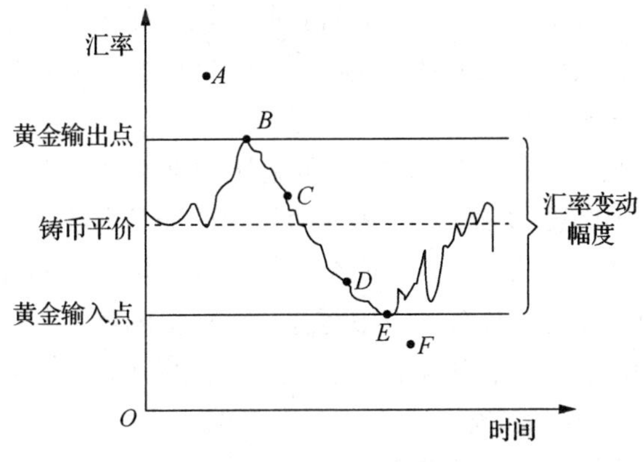

图 11-1　金本位下的汇率

这是因为在金币本位制下，黄金直接参与流通，直接充当价值尺度和流通手段，可以在国与国之间自由输出入。如果汇价过高，人们将放弃购买外汇转而使用黄金进行国际支付和清算。例如，在 1925~1931 年，1 英镑的含金量为 7.3224 克，1 美元的含金量则为 1.504656 克，两者之比为 4.8665，即英镑与美元之间的汇率应为 1 英镑等于 4.8665 美元。但是外汇市场上的实际汇率则有可能与之不同。如果一定时期内美国对英国的支付多于英国对美国的支付，英镑的汇价就会升高。如果美国和英国之间运送 1 英镑所含黄金需 0.02 美元的费用，而市场上英镑的实际汇率高于 4.8865 美元（即铸币平价 4.8665 美元加上运费 0.02 美元），那么美国的债务人将不再在外汇市场上购买英镑，而是转而直接运送黄金到英国进行支付，4.8865 美元就是美国对英国的黄金输出点。伴随对英镑需求的减少，英镑汇率也将逐渐下降，向铸币平价回归。相反，如果市场上英镑的实际汇率下降到 4.8465 美元（即铸币平价 4.8665 美元减去运费 0.02 美元）以下，此时美国的债权人宁愿收取黄金而不愿接受英镑，此时黄金将流入美国，4.8465 美元就是美国对英国的黄金输入点。总之，英镑与美元之间的汇率只在 1 英镑等于 4.8665 美元加减 0.02 美元之间波动，汇率是基本稳定的。

（2）金币本位制的特点

金币本位制时代形成了国际金本位制度。它既具有“三自由”特征，即金币自由铸造、自由兑换和自由输出入，又具有既统一又松散的特点。统一性表现为黄金是最主要的国际储备，其国际间支付原则、结算制度是统一的，各国货币都有各自的含金量，因此都必然是固定汇率制。松散性表现为国际上尚没有一个公共的国际组织的领导与监督，各国自行规定其货币在国际范围内发挥世界货币职能的办法。

2. 金块本位制

第一次世界大战前夕，各帝国主义国家为了准备世界大战，加紧对黄金的掠夺，使金币自由铸造与金币自由兑换等功能受到严重削弱，黄金的输出入受到严格限制。第一次世界大战爆发以后，帝国主义国家军费开支猛烈增加。它们纷纷停止金币铸造和价值符号的功能，禁止黄金输出，从根本上破坏了金币本位制赖以存在的基础，导致了金币本位制的彻底崩溃。战后，一些国家出现了严重的通货膨胀，汇率变化无常，许多国家呼吁恢复金币本位制，但资本主义各国已经无力恢复这项制度。因此，主要资本主义国家如英国、法国、美国相继建立起金块本位制。

金块本位制又称“生金本位制”。它是以黄金作为准备金，以有法定含金量的银行券作为流通手段的一种货币制度。黄金只作为货币发行的准备金集中于中央银行，而不再铸造成金币和实行金币流通。流通中的货币完全由银行券等价值符号代替。银行券可以在一定数额上按含金量与黄金兑换。如英国以银行券兑换黄金的最低限额为相当于 400 盎司黄金的银行券（约合 1700 英镑），低于限额不予兑换。法国规定银行券兑换黄金的最低限额为 21500 法郎，等于 12 千克的黄金。中央银行掌管黄金的输出和输入，禁止私人输出黄金。这就大大限制了纸币兑换黄金的范围。中央银行保持一定数量的黄金储备，以维持黄金与货币之间的联系。

在金块本位制下，金币的铸造和流通以及黄金的自由输出入已被禁止，黄金已不可能发挥自动调节货币供求和稳定汇率的作用，从而失去了稳定的基础。因此，金块本位制度实际上是一种残缺不全的金本位制度。它与金币本位制有着如下的区别：

（1）在金块本位制下，没有金币流通，国内只限流通银行券、纸币、辅币等价值符号。

（2）在金块本位制下，有限制的金块兑换代替了自由的金币兑换。

（3）在金块本位制下，买入金块制代替了自由铸造制，国家按一定价格购买黄金，由中央银行或政府集中储存。

3. 金汇兑本位制

金汇兑本位制又称“虚金本位制”。20 世纪 30 年代初期的金融市场危机对银行产生了巨大的支付压力，许多银行破产倒闭，一些国家先后放弃金块本位制，实行金汇兑本位制。实际上，它是一种带有附属性质的货币制度，仅对银行券规定法定含金量，禁止金币的铸造和流通。国内流通纸币，纸币不能兑换黄金，而只能兑换外汇，外汇可以在国外兑换黄金。本国货币与某一实行金块本位制或金本位制国家的货币保持固定汇价，以存放外汇资产作为准备金，以备随时出售外汇。在金汇兑制度下，国家虽规定了货币的含金量，但流通中的货币是不能与黄金保持兑换关系的纸币，黄金已不能发挥自发地调节货币流通的作用，使货币流通丧失了调节机制和稳定的基础，从而削弱了货币制度的稳定性。同时，由于本国货币与某大国货币保持固定比价，其对外贸易和金融政策又必然受到与之相联系国家的货币政策的影响与控制，因此，金汇兑制度是一种极不稳定的金本位制度。而这种脆弱的制度经过 1929~1933 年的世界经济危机后终于全部瓦解。金汇兑本位制的特点如下：

（1）国家无须规定货币的含金量，市场上不再流通金币，只流通银行券。

（2）银行券不能兑换黄金，只能兑换实行金币或金块本位制国家的货币，这些外汇在国外才能兑换成黄金。

4. 布雷顿森林体系

在 20 世纪后半叶的 50 年中，关贸总协定和世界银行、国际货币基金组织被认为是支撑世界经贸和金融格局的“三大支柱”。这三大支柱实际上都成立于 1944 年召开的布雷顿森林会议。人们又习惯称后两者为布雷顿森林货币体系。布雷顿森林货币体系以黄金为基础，以美元作为最主要的国际储备货币。美元直接与黄金挂钩，各国货币则与美元挂钩，并可按 35 美元一盎司的官价向美国兑换黄金。

（1）布雷顿森林体系的内容

①美元与黄金挂钩。规定每一美元的含金量为 0. 888671 克黄金，即 35 美元兑换一盎司的黄金。各国政府或中央银行可按官价用美元向美国兑换黄金。为使黄金官价不受自由市场金价冲击，各国政府须协同美国政府在国际金融市场上维持这一黄金官价。

②其他国家货币与美元挂钩。其他国家政府规定各自货币的含金量，通过含金量的比例确定同美元的汇率。

③实行可调整的固定汇率。《国际货币基金协定》规定，各国货币对美元的汇率一般只能在法定汇率上下各 1% 的幅度内波动。若市场汇率超过法定汇率 1% 的波动幅度，各国

政府有义务在外汇市场上进行干预，以维持汇率的稳定。若会员国法定汇率的变动超过10%，就必须得到国际货币基金组织的批准。1971年12月，这种即期汇率变动的幅度扩大为上下2.25%的范围；而决定“平价”的标准，也由黄金改为特别提款权。布雷顿森林体系的这种汇率制度被称为“可调整的钉住汇率制度”。

④确定国际储备资产。规定美元处于“等同”黄金的地位，成为各国外汇储备中最主要的国际储备货币。

⑤国际收支的调节。国际货币基金组织会员国份额的25%以黄金或可兑换成黄金的货币缴纳，其余则以本国货币缴纳。会员国发生国际收支逆差时，可用本国货币向基金组织按规定程序购买（即借贷）一定数额的外汇，并在规定时间内以购回本国货币的方式偿还借款。会员国所认缴的份额越大，得到的贷款也越多。贷款只限于会员国用于弥补国际收支赤字，即用于经常项目的支付。

⑥成立国际货币基金组织。建立永久性国际金融机构——国际货币基金组织（IMF）是布雷顿森林体系的一大特色。《协定》确定了IMF的宗旨：促进国际货币合作；促进国际贸易和投资的均衡发展，提高会员国的就业和实际收入水平，扩大生产能力；促进汇率稳定，维护正常汇兑关系，避免竞争性货币贬值；建立多边支付体系，设法消除外汇管制；为会员国提供资金融通，纠正国际收支失衡；缩小或减少国际收支赤字或盈余的扩大。

（2）布雷顿森林体系的作用

布雷顿森林体系的形成，暂时结束了战前货币金融领域里的混乱局面，维持了战后世界货币体系的正常运转。美国通过赠予、信贷、购买外国商品和劳务等形式，向世界散发了大量美元，客观上起到提高世界购买力的作用，促进了国际贸易。同时，固定汇率制在很大程度上消除了由于汇率波动而引起的动荡，在一定程度上稳定了主要国家的货币汇率，有利于国际贸易的发展。

布雷顿森林体系形成后，基金组织和世界银行的活动对世界经济的恢复和发展起了一定的积极作用。一方面，基金组织提供的短期贷款暂时缓和了战后许多国家的收支危机，也促进了支付方式上的稳步自由化，基金组织的贷款业务迅速增加，重点也由欧洲转至亚、非、拉国家。另一方面，世界银行提供和组织的长期贷款和投资不同程度地解决了会员国战后恢复和发展经济的资金需要。此外，基金组织和世界银行在提供技术援助、完善国际经济货币的研究资料及交换资料情报等方面对世界经济的恢复与发展也起到了一定作用。

布雷顿森林体系的形成有助于生产和资本的国际化。汇率的相对稳定避免了国际资本流动中引发的汇率风险，这有利于国际资本的输入与输出，同时也为国际融资创造了良好环境，有助于金融业和国际金融市场的发展，也为跨国公司的生产国际化创造了良好的条件。

（3）布雷顿森林体系的内在缺陷

布雷顿森林体系的建立，在战后相当长一段时间内，确实带来了国际贸易的空前发展。但布雷顿森林体系存在着自己无法克服的缺陷。美国对布雷顿森林体系有两个基本的责任：第一是保证美元按官价兑换黄金，维持各国对美元的信心；第二是要向各国提供足够的国际清偿力即美元。美国耶鲁大学教授特里芬在 1960 年出版的《黄金与美元危机》中第一次提出著名的“特里芬难题”，他指出布雷顿森林体系的“信心”与清偿力是矛盾的，这是该体系一个无法克服的内在缺陷。

一方面，作为一种国际支付手段与国际储备手段，要保证美元按固定官价兑换美元，维持各国对美元的信心，就要求美国不仅有足够的黄金储备，而且要求美国的国际收支长期保持顺差，使黄金不断流入美国而增加其黄金储备。否则，人们在国际支付中就不愿接受美元。另一方面，为了满足国际贸易的增长，全世界就必须获得充足的美元储备以保证有足够的清偿力。这便要求美国的国际收支保持大量逆差，否则全世界就会面临外汇储备短缺、国际流通渠道不畅的难题。但随着美国逆差的增大，美元的黄金保证又会不断减少，美元又将不断贬值，导致世界各国对美元丧失信心。“特里芬难题”这一内在矛盾决定了布雷顿森林体系不可能长久地存在。

1971 年，美国的黄金储备再也支撑不住日益泛滥的美元了，美国当局被迫放弃按 35 美元一盎司的官价兑换黄金的美元“金本位制”，实行黄金与美元比价的自由浮动。欧洲经济共同体和日本、加拿大等国宣布实行浮动汇率制，不再承担维持美元固定汇率的义务，美元也不再成为各国货币围绕的中心。这标志着布雷顿森林体系的基础已丧失，该体系完全崩溃。但是，由布雷顿森林会议诞生的两个机构——世界银行和国际货币基金组织仍然在世界贸易和金融格局中发挥着至关重要的作用。

5. 牙买加体系

1976 年，国际货币基金组织通过《牙买加协定》，确认了布雷顿森林体系崩溃后浮动汇率的合法性，继续维持全球多边自由支付原则。虽然美元的国际本位和国际储备货币地位遭到削弱，但其在国际货币体系中的领导地位和国际储备货币职能得以延续，国际货币基金组织的原组织机构和职能也得以存续。

（1）牙买加体系的内容

①储备货币多元化。在牙买加体系下，国际储备呈现多元化局面，美元虽然仍是主导的国际货币，但美元地位明显弱化，由美元垄断外汇储备的情形不复存在。西德马克、日元随两国经济的恢复发展脱颖而出，成为重要的国际储备货币。目前，国际储备货币已日趋多元化，欧元逐步成为与美元相抗衡的新的国际储备货币。

②汇率安排多样化。在牙买加体系下，浮动汇率制与固定汇率制并存。一般而言，发达工业国家多数采用单独浮动或联合浮动机制，但有的也采用钉住自选的货币篮子。对发展中国家而言，多数是钉住某种国际货币或货币篮子，单独浮动的很少。不同汇率制度各有优劣，浮动汇率制度可以为国内经济政策提供更大的活动空间与独立性，而固定汇率制则减少了本国企业可能面临的汇率风险，方便生产与核算。各国可根据自身的经济实力、开放程度、经济结构等一系列相关因素去权衡得失利弊。

③多种渠道调节国际收支。主要渠道包括：

运用国内经济政策。国际收支作为一国宏观经济的有机组成部分，必然受到其他因素的影响。一国往往运用国内经济政策改变国内的需求与供给，从而消除国际收支不平衡。

比如在资本项目逆差的情况下，可提高利率，减少货币发行，以此吸引外资流入，弥补缺口。需要注意的是，运用财政或货币政策调节外部均衡时，往往会受到“米德冲突”的限制，在实现国际收支平衡的同时，牺牲了其他的政策目标，如经济增长、财政平衡等，因而内部政策应与汇率政策相协调，才不至于顾此失彼。

运用汇率政策。在浮动汇率制或可调整的钉住汇率制下，汇率是调节国际收支的一个重要工具，其原理是：经常项目赤字时，本币币值下跌会使外贸竞争力增强，从而增加出口、减少进口，使经常项目赤字减少或消失。相反，在经常项目顺差时，本币币值上升会削弱进出口商品的竞争力，从而减少出口、增加进口，使经常项目的顺差减少或消失。

国际融资。在布雷顿森林体系下，这一功能主要由 IMF 完成。在牙买加体系下，IMF 的贷款能力有所提高，更重要的是，伴随石油危机的爆发和欧洲货币市场的迅猛发展，各国逐渐转向欧洲货币市场。它们利用该市场比较优惠的贷款条件融通资金，调节国际收支中的顺逆差。

④加强国际协调。以 IMF 为桥梁，各国政府通过磋商，就国际金融问题达成共识与谅解，共同维护国际金融形势的稳定与繁荣。

（2）牙买加体系的特点

①浮动汇率制度的广泛实行，使各国政府有了解决国际收支不平衡问题的重要手段，即汇率变动手段。各国采取不同的浮动形式，如欧共体实质上是联合浮动，日本是单独浮动，其他众多的国家是钉住浮动，这使国际货币体系变得更加复杂而难以控制。

②各国央行对汇率实行干预制度，特别提款权作为国际储备资产和记账单位的作用大大加强。

③美元仍然是重要的国际储备资产，而黄金作为储备资产的作用已大大弱化，各国货币价值也基本上与黄金脱钩。

（3）牙买加体系的缺陷

①在多元化国际储备格局下，储备货币发行国仍享有“铸币税”等多种好处；同时，在多元化国际储备下，缺乏统一的稳定的货币标准，这本身就可能造成国际金融的不稳定。

②汇率大起大落，变动不定，汇率体系极不稳定。其消极影响之一是增大了外汇风险，在一定程度上抑制了国际贸易与国际投资活动。对发展中国家而言，这种负面影响尤为突出。

③国际收支调节机制并不健全，各种现有的渠道都有各自的局限，牙买加体系并没有解决全球性的国际收支失衡问题。如果说在布雷顿森林体系下国际金融危机是偶然的、局部的，那么在牙买加体系下国际金融危机就变得更为常见，影响更为深远。1973 年普遍实行浮动汇率后，西方外汇市场小危机不断，大危机时有发生。1978 年 10 月，美元对其他主要西方货币汇价跌至历史最低点，引起整个西方货币金融市场的动荡。这就是著名的 1977～1978 年的西方货币危机。总之，牙买加体系是一种过渡性的不健全的体系，需要进行彻底的改革。

专栏 11-1

金融危机动摇货币体系，推进人民币国际化

第七届亚欧首脑会议在北京召开，最焦点的问题便是讨论世界经济危机的应对措施和国际金融形势。作为东道主，中国在应对当前金融危机问题上将扮演的角色自然极受关注。美国白宫发言人弗莱托表示，中国将发挥“稳定者”的作用。

起源于美国的这场金融危机，使美元的强势地位黯然失色。与此同时，中国的主权货币人民币的地位备受瞩目。诸多专家认为现在正是人民币走向国际化的良好时机。中国发展研究基金会副秘书长汤敏表示，在战术上，我们也在这次危机中蒙受了损失，但是从战略上看，这是我们50年甚至百年未遇的大机遇。解决危机的过程，就是全世界金融体系和经济体系重新洗牌的过程，这对中国来说意义非凡。

“中国要积极参与国际货币制度的改革。在当前的形势下，重树布雷顿森林体系的国际货币体系，是较为现实的选择。”社科院金融研究所所长李扬特别强调。中金公司总经理贝多广10月21日接受记者采访时指出，近期的亚欧会议和下月的20国集团会议必然会讨论国际货币体系的问题。欧洲的经济比美国更脆弱，俄罗斯与巴西的经济还势单力薄。如此看来，能够成为世界发动机的，可能还是中国。若能借力发力，可以让人民币成为一种国际储备的货币，最起码辐射中国周边、东南亚国家。中央政策研究室副主任郑新立分析说，未来全球经济的稳定，必须有美元、欧元、人民币的三角形货币体系。中国应抓紧建设与人民币国际化相配套的完善的金融体系和资本市场，提高人民币在国际市场上的影响力，至少也要成为中国周边国家的储藏手段和交换手段。

人民币若要成为国际货币，显然受到各种条件的制约，这也是这么多年来，人民币“走出去”举步维艰的原因。不过，专家认为，人民币可以采用先区域后国际化的步骤，最终实现人民币的国际化目标。而实现这一目标，需要在几个方面共同努力。

首先要增强国力。一个强大的货币背后必须要有强大的和高效率的经济作后盾。“美元强，是因为美国国力强。人民币要强大，必须要求经济越来越好，不管外面的金融风暴如何，人民币总是坚如磐石。这样在讨论重新构建世界货币体系时，将人民币加入到一篮子货币中才有希望。”贝多广说。

其次是资本项目下的自由兑换。国务院政策研究室副主任江小娟提醒说，要成为国际货币，起码是要自由兑换的。现在我们的金融体制、资本市场还不健全，有没有一个新的办法能让我们的权利和风险做到统一？若没有，还是要掌握一个均衡点。李扬表示，在现阶段要认真研究这一进程的步骤选择。“人民币走出去的必要条件是双赤字。我们能否承受、能否控制这样的状态，需要认真考量。实现这一进程，在短期内恐怕难以办到。”但一定要在坚定不移地推进人民币国际化的进程中，注意市场和监管的约束。

中金公司首席经济学家哈继铭提醒道，中国这一经济体与欧美相比还是比较小，人民币想一步到位变为国际货币的可能性比较小，因此在区域内提高其地位是更为现实和稳妥的方法。但人民币在可预见的将来，会成为一个比较强势的区域性货币。

在具体措施方面，哈继铭认为：首先，要保持中国经济的稳定增长；其次，也可以采

取一些措施来巩固人民币地位，比如，在上海成立人民币的区域结算中心，人民币兑美元汇率变得更加灵活等。

（资料来源：作者根据相关文献整理）

第二节 国际收支

一、国际收支的定义

狭义的国际收支指一国在一定时期（常为一年）内对外收入和支出的总额。广义的国际收支是指一国与世界其他国家（地区）之间由各种经济往来而发生的收入和支出，既包括涉及外汇收支的国际经济往来，也包括不涉及外汇收支的国际经济往来；既包括国际间的交换行为，也包括那些单方面转移及其他诸如黄金货币化、特别提款权分配与取消、债权债务再分类等行为，它们被统称为“对外交易”。目前，各国通用的国际收支平衡表就是按照广义国际收支概念编制的，是反映一国对外经济状况的平衡表。

收支相等被称为“国际收支平衡”，否则为“不平衡”。收入总额大于支出总额被称为“国际收支顺差”，或称“国际收支盈余”；支出总额大于收入总额被称为“国际收支逆差”，或称“国际收支赤字”。

二、国际收支平衡表

国际收支平衡表是一个国家对一定时期（如一年、半年或一个季度）内，该国与他国居民之间所进行的一些经济活动进行系统记录的一种统计表，按复式记账法原理编制。一些收入项目或负债增加、资产减少的项目都列为贷方，一些支出项目或资产增加、负债减少的项目都列为借方。每笔经济交易同时分记有关的借贷两方，金额相等。因此，原则上国际收支平衡表全部项目的借方总额与贷方总额相等，其净差额为零。但是在现实中，国际收支平衡表中某一具体项目的借方与贷方经常是不平衡的，收支相抵后，总会出现差额。具体项目上出现的差额被称为“局部差额”。收入大于支出称为“顺差”，支出大于收入称为“逆差”。各项局部差额的总和便是国际收支总差额，称为国际收支“顺差”或“逆差”，亦称国际收支“盈余”或“赤字”。

根据国际货币基金组织规定的方法和内容，国际收支平衡表包括经常项目、资本项目、平衡项目三大项。

1. 经常项目（Current Account）

经常项目是一国国际收支平衡表中最基本、最重要的项目，它包括三个重要的收支项目。

（1）贸易收支（Goods）。该项主要记录一国的商品进口与出口。其中借方记录进口总额，贷方记录出口总额，贸易收支的差额被称为“贸易差额”。在国际进出口业务惯例中，对于一笔进出口交易，出口国以离岸价（FOB）来计算，而进口国则以成本加保险费、运费价（CIF）来计算。为了统一估价，IMF 建议统一以 FOB 计价，保险费和运费则列入劳务开支。

（2）劳务（Service）。该项主要记录劳务的输出和输入，贷方记录劳务的输出，即本国为外国提供的各种劳务数额，借方记录劳动的输入，即本国利用外国的各种劳务数额。具体包括：商品的运输费、保险费和其他附属费用，如港口费用，客运的车、船票及车、船上的其他劳务费用等；旅游，即旅游者在该国停留期间为本人或他人购买的商品和劳务；投资收入，包括直接投资企业的利润收入和参股投资者所得的股息收入；其他商品和劳务收支，即上述各项以外的官方交易、私人交易和私人财产收入等。此外，使领馆人员工资等开支，本国居民在国外的财产收入，商品进出口以外的商业销售、专业服务和技术服务（如通信和计算机服务），金融服务（如贷款的利息），版权及许可证费，乘客保险等非商品保险等，也包括在劳务费用项目中。

（3）单方转移收支（Transfers）。这里是指无偿取得或无偿提供财富，即实物资产或金融资产的所有权在国家间不需要偿还的转移。

2. 资本项目（Capital Account）

资本项目记录金融资产在一国与他国之间的转移，即国际资本流动，包括资本流出和资本流入。借方记录资本流出，贷方记录资本流入。资本流出是指本国对外资产的增加或指本国对外负债减少，即非居民对本国居民所持有的求偿权的减少；资本流入则是指本国对外资产的减少或对外负债的增加。

（1）长期资本转移。长期资本是指期限在一年以上或未规定期限的资本输入和资本输出。

（2）短期资本转移。短期资本是指期限在一年以内的资本输出和输入。

3. 平衡项目

为了在技术上弥补由国际收支不相抵所产生的净差额（即所谓“缺口”），一国官方当局需要一种与自主性交易相辅的平衡项目。

平衡项目包括官方储备资产、错误与遗漏。

（1）官方储备资产（Official Reserve Assets）是指一国金融当局用以满足国际收支平衡和稳定汇率所需要的一切资产，包括货币用黄金、外汇储备和特别提款权等。

（2）由于错误和遗漏的存在，比如统计口径不一、计算错误或统计不及时等，使国际收支平衡表借贷双方总额难以平衡，因而设立了“错误与遗漏”项目来人为加以平衡。

例如在 2015 年，甲国发生 6 笔涉外交易：

①甲国 M 企业出口 100 万美元设备，所获出口收入存入该企业的海外银行账户。

②甲国居民 L 到国外旅游，花费 30 万美元，这笔费用从该居民的海外银行账户中扣除。

③外商 S 以价值 1000 万美元的设备投入甲国，办合资企业。

④甲国政府动用外汇储备 40 万美元向外国提供无偿援助，另外，提供相当于 60 万美元的粮食援助。

⑤甲国 N 企业在海外投资所得利润 150 万美元，其中，75 万美元用于当地再投资，

50 万美元购买当地商品运回国内，25 万美元调回国内并出售给政府以换取本币。

⑥甲国居民 K 动用海外存款 40 万美元，用于购买外国某公司的股票。

在国际收支平衡表中记录如下：

交易①

借：本国在海外银行的存款　　100 万美元

　　贷：商品出口　　100 万美元

交易②

借：服务进口　　30 万美元

　　贷：本国在海外银行的存款　　30 万美元

交易③

借：商品进口　　1000 万美元

　　贷：外国对本国的直接投资　　1000 万美元

交易④

借：经常转移　　100 万美元

　　贷：官方储备　　40 万美元

　　　　商品出口　　60 万美元

交易⑤

借：商品进口　　50 万美元

　　官方储备　　25 万美元

　　对外长期投资　　75 万美元

　　贷：海外投资利润收入　　150 万美元

交易⑥

借：证券投资　　40 万美元

　　贷：本国在海外银行的存款　　40 万美元

由此，我们可以得到甲国国际收支平衡表如表 11-1 所示。

表 11-1　　甲国国际收支平衡情况　　单位：万美元

项目	借方（-）	贷方（+）	差额
商品贸易	1000+50	100+60	-890
服务贸易	30		-30
收入		150	150
经常转移	100		-100
经常账户合计	1180	310	-870
直接投资	75	1000	925
证券投资	40		-40

续表

项目	借方（-）	贷方（+）	差额
其他投资	100	30+40	-30
官方储备	25	40	15
资本金融账户合计	240	1110	870
总计	1420	1420	0

从该国际收支平衡表中我们可以看出，由于采用复式记账法，整个平衡表的借方总额与贷方总额必然相等。但是，具体到每个项目上，借方额与贷方额往往是不等的。这些项目中的差额主要有贸易收支差额、经常账户差额、资本金融账户差额等等。而将官方储备项目剔除后，其他所有项目的差额被称作“综合账户差额”。综合账户差额不但反映了一国所面临的国际储备压力，而且人们所讲的国际收支顺差数额或逆差数额指的就是综合差额的盈余或赤字。

三、国际收支不平衡及其调节

1. 国际收支不平衡的类型

国际收支不平衡是绝对的、经常的，而平衡则是相对的、偶然的。

（1）周期性不平衡，是指由于各国所处的阶段不同而造成的不平衡。经济周期一般包括四个阶段，即危机—萧条—复苏—繁荣。当一国处于繁荣时期，而贸易伙伴国处于衰退阶段，易造成本国的贸易收支赤字。

（2）结构性不平衡。这是由于国际市场对本国的出口和进口的需求条件发生变化，本国贸易结构没有得到及时调整所导致的国际收支不平衡。

（3）货币性不平衡。这是由一国的价格水平、成本、汇率、利率等货币性因素造成的国际收支不平衡。

（4）收入性不平衡。这是由于一国国民收入相对快速增长导致进口增长超过出口增长而引起的国际收支失衡。

2. 国际收支失衡的影响

开放经济条件下，国际收支失衡对一国经济具有重要影响。尽量维持国际收支平衡是一国重要的宏观目标之一。

（1）国际收支持续逆差对一国经济的影响包括：

第一，国际收支持续逆差会导致外汇储备大量流失，甚至导致整个国力的下降，损害该国在国际上的声誉。

第二，国际收支持续逆差会导致该国外汇短缺，造成外汇升值，本币贬值。一旦本币贬值过度，就会削弱本币在国际上的地位，导致该国货币信用的下降，国际资本大量外逃，引发货币危机。

第三，国际收支持续逆差会使该国获取外汇的能力减弱，影响该国发展生产所需的生产资料的进口，使国民经济增势受到抑制，进而影响一国国民收入水平的提高和实现充分就业。

第四，国际收支持续逆差还可能使该国陷入债务危机。

（2）国际收支持续顺差对国内经济发展的影响包括：

第一，国际收支持续顺差会破坏国内总需求与总供给的均衡，使总需求迅速大于总供给，冲击经济的健康稳定增长。

第二，国际收支持续顺差在外汇市场上表现为外汇供应增多，导致外汇贬值，本币升值，因而提高了以外币表示的出口产品的价格，降低了以本币表示的进口产品的价格，在竞争激烈的国际市场上冲击了国内商品和劳务市场。

第三，国际收支持续顺差会使本国货币供应量增加，加重了通货膨胀压力，削弱了本国货币政策的独立性和主动性，增加了本国货币政策使用的难度。

第四，国际收支持续顺差会使外汇储备成本加大。持续顺差会带来外汇储备量的持续增长，其实质是该国的储蓄大于投资，后果是：一方面使该国国内的消费受到抑制，本国居民的福利遭受损失；另一方面，持有外汇储备表示放弃了对一定量的实际资源的使用权，丧失了利用这些资源刺激经济增长和收入提高的机会。

第五，一国国际收支持续顺差影响了其他国家经济发展，加剧了国际贸易摩擦。而且，一些资源型国家如果国际收支顺差严重，意味着国内资源的持续外流，给国家今后的经济发展带来隐患。

3. 国际收支不平衡的调节

国际收支失衡时需要进行调节，调节机制包括自动调节和主动调节。

（1）国际收支自动调节机制，是指市场经济各种因素与国际收支相互制约和相互作用的过程。

①国际金本位制下的国际收支自动调节机制：在金本位下，国际收支差额会引起黄金的国际流动，导致该国货币供应量发生相应变动。这会改变各国的物价水平和商品的国际竞争能力，并最终使国际收支趋于平衡。如一国国际收支出现赤字，意味着本国黄金净输出。由于黄金外流，国内黄金存量下降，货币供给减少，从而引起国内物价水平下降。因此，本国商品在国外市场上竞争力上升，外国商品在本国市场上竞争力下降。于是出口增加，进口减少，使国际收支赤字减少或消除。同样，国际收支盈余也会通过相同机制，使得出口减少，进口增加，从而使盈余趋于消失。调节机制具体如下：

国际收支逆（顺）差→黄金外（内）流→货币供应量减少（增加）→商品国内价格下降（上升）→出（进）口增加→逆（顺）差得到纠正

②固定汇率制下的国际收支自动调节机制：在固定汇率制下，当一国国际收支失衡时，可通过调节收入机制和货币机制，使国际收支趋于平衡。一国国际收支出现赤字时，为了维持固定汇率，一国货币当局就必须减少外汇储备，造成本国货币供应量的减少。一方面，这会对该国的资本账户带来影响，导致利率上升；利率上升又会导致本国资本外流的减少、外资流入的增加，结果改善了资本账户收支。反之，国际收支盈余则会通过利率下降使本国资本流出增加、外国资本流入减少，使盈余减少直至消失。另一方面，这也会影响该国的经常账户。一国国际收支出现赤字时，为了维持固定汇率，该国会减少货币供

应量；公众为恢复现金余额水平，就会直接减少支出，包括减少进口需求，从而使赤字消失。同样，盈余也可以通过该机制得到消减。货币调节机制具体如下：

逆（顺）差→储备减少（增加）→进口减少（增加）→逆（顺）差得到纠正

③浮动汇率制下的国际收支自动调节机制：在浮动汇率制下，一国当局不对外汇市场进行干预。如一国国际收支出现赤字，外汇需求就会大于外汇供给，外汇价格即汇率就会上升。反之，如果一国国际收支出现盈余，外汇需求就会小于外汇供给，外汇价格就会下跌。汇率随外汇供求变动而变动，国际收支失衡就会在一定程度上得以消除。调节机制具体如下：

逆（顺）差→对外汇需求增加（下降）→外币升（跌）本币跌（升）→进口（出口）产品贵→进口减少（出口增加）→逆（顺）差得到纠正

但是国际收支市场自动调节机制也有很大的局限性：①在现实生活中，市场存在不完全性，影响其国际收支调节作用的发挥。②国际收支市场调节机制见效较慢。③市场调节机制无力解决社会制度和生产力国际差异等因素造成的国际收支失衡。④在市场调节机制发生作用的过程中，国民收入、价格、利率、汇率、货币供应量等变量的变化可能给一国经济带来消极影响。⑤各国政府都在不同程度上积极调节国际收支，这会使国际收支市场调节机制受到限制。

（2）国际收支主动调节机制：国际收支的自动调节机制虽然有其优点，但它们只能在某些条件或经济环境下才会发生作用，而且作用的程度和效果无法保证，所需要的过程也比较长。因此，一国当局往往不能完全依靠经济体系的自动调节机制来使国际收支恢复均衡，而需要主动采取适当的政策措施。常用的方法包括：

①外汇缓冲政策。它是指一国通过官方储备的变动或临时向外筹借资金来抵消超额外汇需求或供给。通过这一政策来弥补一次性或季节性的国际收支赤字，是一种既简便又有益的方法。它能够使本币汇率免受暂时性失衡所造成的无谓波动，有利于本国对外贸易和投资的顺利进行。然而，一国官方储备规模毕竟是有限的，因此不能完全依靠这种资金融通的办法来弥补那些巨额的、长期的赤字，否则将带来外汇储备的枯竭或外债的大量累积，对于赤字问题的解决还是无济于事。

②财政和货币政策。当一国出现赤字而需要进行调整时，当局可以实行紧缩性的财政和货币政策。在财政政策方面，主要是减少财政支出和提高税率；在货币政策方面，当局可以调高再贴现率和法定存款准备金率，或在公开市场上卖出政府债券。紧缩性财政货币政策可以通过三个渠道来影响国际收支：一是通过乘数效应减少国民收入，由此带来本国居民商品和劳务支出的下降。当一国的边际进口倾向较大时，一国收入的降低可以降低本国的进口支出，因此可达到改善国际收支的目的。二是通过诱发国内生产的出口品和进口替代品的价格下降，提高本国贸易品部门在国际和国内市场上的竞争能力，刺激国外居民将需求转向本国出口品，也刺激国内居民将需求从进口品转向进口替代品，从而获得增加出口、减少进口的效果。这一相对价格效应的大小取决于进出口供求弹性。三是紧缩性货币政策还会通过本国利率的上升，吸引国外资金流入的增加和本国资金流出的减少，改善资本账户收支状况。这一利率效应的大小取决于货币需求的利率弹性与国内外资产的替代

性高低。

但是，这类政策是以牺牲国内经济为代价的，往往与国内经济目标发生冲突。紧缩性政策在减少进口支出的同时也抑制了本国居民对国内产品的需求，由此会导致失业和生产能力过剩。如果所造成的负担主要落在投资上，还会影响长期的经济增长。因此，特别在本国经济业已不振、失业率极高的情况下，国际收支赤字的出现常常使当局的宏观经济政策陷入左右为难的境地。只有在国际收支赤字是由总需求大于充分就业条件下的总供给所引发的情况下，采取紧缩性经济政策才不至于牺牲国内经济目标。

③汇率政策。这里指运用汇率的变动来消除赤字。一国通过汇率贬值改善国际收支的效果，主要取决于以下几个方面：a. 进出口需求弹性之和是否大于1。b. 本国现有生产能力是否已获得充分利用。这是因为贬值后的需求转换还需要依靠本国贸易品（出口品和进口替代品）部门供给的增加来满足。c. 贬值所带来的本国贸易品与非贸易品（包括劳动）的较高的相对价格之差是否能维持较长的一段时间。在充分就业的条件下，贸易品供给的增加主要依靠生产资源从非贸易品部门释放出来；汇率贬值所引起的国内物价上涨是否能为社会所承受，也是汇率贬值政策实施时所要考虑的重要因素。一般来说，在经济处于满负荷运行的状态下，汇率贬值政策必须结合紧缩性政策来实施，否则将导致严重的通货膨胀。d. 直接管制。实行贬值政策和紧缩性财政货币政策来纠正国际收支的长期性失衡，必须通过市场机制才能发挥作用，而且还需要经过一段较长的时间。对于结构性变动所引起的失衡，以上政策实施也都难以收到良好的效果。因此，尤其在出现国际收支结构赤字的情况下，许多发展中国家都对国际经济交易采取直接干预的办法，即实行直接管制。直接管制包括外汇管制和贸易政策。从实施的性质来看，直接管制的措施有数量性管制措施和价格性管制措施之分。前者主要针对进口来实施，包括进口配额、进口许可证制、外汇管制等各种进口非关税壁垒。后者既可用于减少进口支出，主要指进口关税，也可用来增加出口收入，如出口补贴、出口退税、外汇留成、出口信贷优惠等。从实施的效果来看，数量性管制措施能够在短期内迅速削减进口支出，效果立竿见影，而价格性管制措施的作用渠道则基本上同于汇率政策。直接管制和汇率贬值同属支出转换政策，但前者属于择类性控制工具，后者属于全面性控制工具。直接管制措施的特点是比较灵活，可以对维持生产和生活水平所必需的中间产品和消费品进口、扩大生产能力所需的资本品（机器设备等）进口不实行限制，或者限制程度轻一些，而对奢侈品进口则严加控制，同时在出口方面可以重点奖励重要的或非传统的产品生产和出口。因此，适当地运用直接管制措施，可以在纠正赤字的同时不影响整个经济局势。但是，采用这种调整政策来维持国际收支平衡，仅仅是变显性赤字为隐性赤字。一旦予以取消，除非经济结构相应地得到改善，否则国际收支赤字仍然会重新出现，因此许多国家在采用直接管制措施的同时，还要配合产业政策的实施。同时，直接管制还十分容易引起贸易伙伴国的报复。一旦对方国家也实行相应的报复性措施，往往导致国与国之间的“贸易战”，使原先实行直接管制措施的国家前功尽弃。另外，实行直接管制也容易造成本国产品生产的效率低下，对外竞争能力不振，引发官僚作风和贿赂风气。因此，西方国家对这项措施持谨慎态度。当一国国际收支出现失衡时，政府面临着三个层次的政策选择。首先，必须决定是通过融资来弥补赤字，

还是通过调整来消除赤字，或是寻求弥补与调整的某种适当的组合。前者是指当局通过借款或动用外汇储备向外汇市场提供外汇，以弥补外汇市场的供求缺口；后者是指当局通过各种调整政策来消除外汇市场的供求缺口。其次，如果确定用调整手段，则在确定调整程度后，当局必须决定是用支出变更政策还是使用支出转换政策来达到增加外汇收入、减少外汇支出的目的。前者是指改变支出的水平，后者是指改变支出的结构，即改变支出在外国产品与本国产品之间的比重。再次，转换政策可以通过贬值或贸易政策得以实现，即通过提高外币的价格来诱使进口数量的减少和出口数量的增加，或通过外汇管制和进口配额等来直接限制进口的数量，同时通过出口补贴、出口退税等措施来奖励出口。因此，一国在实施支出转换时，还必须在这两类手段之间进行权衡。

本章知识点

1. 国际货币体系的概念、内容及演进过程：国际货币体系是指各国政府为适应国际贸易与国际支付的需要，对货币在国际范围内发挥世界货币职能所确定的原则、采取的措施和建立的组织形式的总称。它包括以下几方面内容：汇率的确定；各国货币的兑换性和对国际支付所采取的措施；国际收支的调节；国际储备资产的确定；黄金外汇的流动与转移是否自由。国际货币体系经历了金本位制、布雷顿森林体系、牙买加体系几种模式。

2. 金本位制包括金币本位制、金块本位制和金汇兑本位制。金本位制对汇率的调节机制是：汇率波动的幅度受到黄金输出入点的限制，市场实际汇率总是围绕着铸币平价在黄金输出入点之间上下波动。

3. 布雷顿森林体系的内容包括各国货币比价的形成基础、确定国际储备资产、国际收支的调节、成立国际货币基金组织。“特里芬难题”指出布雷顿森林体系的“信心”与清偿力是矛盾的，这是该体系一个无法克服的内在缺陷。

4. 牙买加体系的内容包括：储备货币多元化；汇率安排多样化；多种渠道调节国际收支。牙买加体系的特点有：广泛实行浮动汇率制度；各国央行对汇率实行干预制度；各国货币价值也基本上与黄金脱钩。

5. 广义上，国际收支是指一国与世界其他国家（地区）之间由各种经济往来而发生的收入和支出：收支相等称为国际收支平衡，否则为不平衡。收入总额大于支出总额称为“国际收支顺差”，或称“国际收支盈余”；支出总额大于收入总额称为“国际收支逆差”，或称“国际收支赤字”。

6. 国际收支平衡表包括经常项目、资本项目和平衡项目。国际收支平衡表采用复式记账方法，有借必有贷，借贷必相等。

7. 国际收支不平衡的类型有：周期性不平衡、结构性不平衡、货币性不平衡、收入性不平衡。国际收支调节机制包括自动调节和政策调节，政策调节包括外汇缓冲政策、财政和货币政策、汇率政策和直接管制。

复习思考题

1. 名词解释

布雷顿森林体系　“特里芬难题”　牙买加协议

国际收支　国际收支平衡　自主性失衡

2. 简答题

（1）国际货币体系的内容是什么？

（2）“特里芬难题”为何对布雷顿森林体系构成威胁？

3. 论述题

（1）试述牙买加体系的特点及存在的问题。

（2）调节国际收支不平衡的对策有哪些？

4. 案例分析题：

诸雄争霸是国际货币体系的方向

在2009年4月2日G20集团伦敦会议期间，以“金砖四国”为主的要求结束美元独占国际储备货币地位、用一篮子货币或者是用SDR等超主权的国际储备货币取代美元的呼声不绝于耳。但是，要重塑世界货币体系困难很多。

1. 超主权货币难以实行

国际储备货币是国际交流、经济交往、金融投资等所有跨国境和国际活动的基础，因此不存在包括SDR在内的超主权的储备货币能够承担起国际储备货币的功能。目前没有超主权的权力主体，自然也就没有发行超主权货币的客观基础。在全球各国存在政治、民族、种族、意识形态、经济发展等诸多重大差异的情况下，形成不了一个横贯全球的超主权的权力实体。即使是像欧元区那样的在政治、民族、种族、意识形态、经济发展等方面趋同或者是差异很小的区域，也因为其他因素的存在，导致欧元区也时不时地传出解体和崩溃的声音。要形成一个全球的政治、经济共同体，使用同一个超主权的货币来进行一切国际活动，那是根本不可能的。至于联合国金融改革专家委员会提出的一篮子货币，也是不可行的，因为它无法满足全球所有持有货币的微观主体随时随地计量和结算的需要。超主权货币包括SDR同样有这个天然的、无法克服的致命缺陷。

2. 储备货币多元化才是正道

结束美元独大，既不可能采用一篮子货币，又无法采用SDR等超主权货币，选择只有两种：要么是重新启用黄金，要么用“战国形式”来取代美元独霸地位。黄金由于数量有限和实物属性，不利于国际各种交往交流活动的开展与扩大，因此是不可行的。那么，储备货币进入“战国形式”就是必然的、顺理成章的了。储备货币的战国形式，就是以美元为主、其他主要货币为重要补充的多元储备货币体系。只要一个国家是全球或者区域性的主要经济体，有良好的金融及监管制度，经济发展稳健，货币自由兑换，其本币都可以成为国际储备货币。这样世界上就有5~10种货币可被纳入国际储备货币体系，与美元形成互补关系。“战国形式”的多元国际储备货币体系没有一篮子货币的不方便性，也没有

SDR 等超主权货币构想的虚空性、遥不可及性。此外，实行了多元的国际储备货币体系，一国的经济危机和困难就不会大面积地传播到全球，而且也没有独占“铸币税”的问题，所以对于世界来说，这一方式既安全又公平，因此值得全球各国研究和采纳。

（资料来源：2009 年 4 月 3 日《证券时报》，作者：陈东海）

根据案例可见，当前，关于重塑世界货币体系的讨论中，“超主权货币”与“储备多元化”是两大热点言论。请思考这两种货币体系改革方向的异同点及其可行性。

第十二章

金融与经济发展

学习目标

1. 掌握发展中国家金融抑制的概念。
2. 了解金融深化的必要性。
3. 理解金融创新的概念和原因。

课前导读

第二次世界大战后的最初30年，西方主流的金融理论都是以发达国家为研究对象的。显然，这对市场经济和金融制度相对落后的发展中国家是不适用的。美国经济学家罗纳德·麦金农与爱德华·肖在批判传统货币理论的基础上，根据发展中国家的实际情况，提出了金融抑制和金融深化的新理论。根据麦金农的分析，所谓"金融抑制"是指这样一种现象：政府对金融体系和金融活动的过多干预压制了金融体系的发展，而金融体系的落后又阻碍了经济的发展，从而造成金融抑制与经济落后的恶性循环。而所谓"金融深化"，肖认为是指这样一种情形：如果政府取消对金融活动的过多干预，可形成金融深化与经济发展的良性循环。因此，金融抑制和金融深化实际上是同一问题的两个方面。

金融抑制和金融深化理论以发展中国家为主要分析对象，从一个全新的角度对金融发展和经济发展的关系展开了研究，考察了发展中国家货币金融的特殊性，深刻地论证了金融发展与经济发展的辩证关系，提出了与传统货币理论大不一样甚至截然相反的主张，在国际经济学界引起了强烈反响，引发了一场研究金融发展的浪潮。

第一节　金融抑制

一、金融抑制的含义

麦金农和肖等人将金融抑制归结为：发展中国家存在金融资产单调、金融机构形式单一、市场机制未充分发挥作用、存在较多的金融管制（包括利率限制、信贷配额、汇率及资本流动管制）等问题，致使金融效率低下。

他们认为，金融发展与经济发展之间有着相互推动和相互制约的关系。一方面，健全的金融体制能有效地将储蓄资金“动员”起来并引导到生产性投资上去，以促进经济发展；另一方面，稳步发展的经济也会通过国民收入的提高和社会公众对金融服务需求的增加而刺激金融业的发展，两者间形成一种良性循环。但在大多数发展中国家，由于金融体制的落后和效率低下，经济发展受到束缚，停滞的经济反过来又限制了资金的积累和对金融服务的需求，制约了金融业的发展，这样，两者间就呈现一种恶性循环。

二、发展中国家金融体系面临的问题

麦金农和肖认为，要建立一套适合于发展中国家的货币金融理论与政策，首先必须了解和分析发展中国家金融发展的现状与特征。他们将发展中国家的金融发展特征概括为以下几点：

1. 货币化程度低

“货币化程度”反映国民生产总值中货币交易总值所占的比重。在发展中国家，通过货币进行商品与劳务交易的价值占国民生产总值的比例较低，而“自然交易”和“物物交换”的比例较高。因此，相对于发达国家而言，发展中国家的货币化程度较低，货币在整个经济中所起的作用受到限制，经济效率低下，货币供应量指标和利率指标的作用受到限制。

2. 金融的二元性

发展中国家的经济是一种二元经济，即先进的现代部门和落后的传统部门同时并存。与经济的二元性相联系的是所谓金融的二元性，即现代金融部门和传统金融部门并存。这里的现代部门是指用现代化管理方法进行经营的大银行和其他金融机构，而传统部门是指用落后的方式进行经营的小规模的钱庄和当铺之类的金融机构。以现代化管理方式经营的大金融机构主要集中在经济和交通发达的大城市里，以传统方式经营的小金融机构主要分布在农村和落后边远的小城镇。这种状况使得货币政策及其政策传导机制受到严重扭曲，从而难以发挥预期的效应。

3. 缺乏完善的金融市场

发展中国家的金融市场一般都比较落后，有些国家和地区根本不存在金融市场，储蓄者和投资者彼此隔绝，融资困难。发展中国家市场不发达的原因在于：经济落后；货币化程度低，缩小了金融交易的规模；经济发展的严重不确定性压制了直接融资的发展，因而金融证券种类单一、数量有限，不足以形成专门的金融市场。金融市场的落后，金融工具的缺乏，不仅限制了组织和融通资金的渠道、方式和规模，从而导致资本形成不足，而且也给政府实行金融政策带来困难。

4. 金融机构缺乏效率

许多发展中国家的金融机构多为国营，民间金融机构较少，而且金融机构由政府控制。因此，在官僚主义和缺乏竞争的环境下，金融机构不可避免地缺乏经营效率，或沦为政府弥补财政赤字的工具，从而无法发挥金融机构真正的功能。

5. 规模的不经济性

社会化的生产和投资有一个规模经济的问题，只有达到一定的规模，才能有所收益。

而小规模的生产和投资与一些存在于城市且相对发达的现代化部门也形成很大差别。因而，发展中国家的各生产单位不可能与发达国家中的生产单位采用相同的生产技术。

6. 政府对金融实行过度干预

政府对金融实行过度干预，对金融活动作出种种限制。如对利率和汇率实行严格管制，对一般金融机构的经营活动进行强制性干预，采取强制措施对金融机构实行国有化。

由此可见，发展中国家普遍存在着金融抑制。同发达国家相比，发展中国家的金融市场存在巨大的差别，因此，在发达国家普遍实行的货币理论并不一定适用于发展中国家。

三、金融抑制的主要表现

麦金农和肖还认为，上述金融抑制现象虽然与发展中国家经济落后、存在二元经济结构（城市以工业为主的现代部门与农村的传统农业部门并存的经济结构）的客观现实有关，但更主要的原因是发展中国家政府所实行的金融抑制政策。即政府为获取资金以实现发展战略，对存款利率、汇率、信贷资金的配置、金融机构等进行的严格限制。这种抑制性的金融政策主要体现在以下几个方面：

1. 对利率实行严格的行政管制而使其失去杠杆作用

发展中国家为了降低公共部门的融资成本，扶持国有经济的发展，通过设定存贷款利率上限来降低利率水平；不允许利率自由浮动，导致利率不能反映资金短缺的现象。发展中国家政府为弥补巨额财政赤字，常常不得不依靠通货膨胀政策，使通货膨胀率居高不下，实际利率往往成为负数，负利率使得持有货币（这里指广义货币）的实际收益为负，抑制了人们的储蓄意愿。而另一方面，负利率极大地刺激了借款者对贷款的需求，从而加剧资金供求矛盾。

2. 通过信贷配给的方式来分配稀缺的信贷资金

由于利率低下带来储蓄低和投资膨胀，发展中国家通常面临着巨大的资金缺口。面对这种情形，政府实行选择性的信贷政策，引导资金流向政府偏好的部门和产业。而这些为政府所偏好的企业和项目大多数是享有特权的国有企业和具有官方背景的私有企业，投资回报往往不理想，甚至可能出现亏损。而一些经济效益好、投资收益率高的非国有企业往往得不到银行信贷资金的支持，由此导致的直接后果是资金分配效率十分低下。

3. 对金融机构实施严格的控制

这种控制包括：对金融机构要求很高的存款准备金率，以便于政府有效地集中资金；严格限制金融机构的资金流向；严格限制某些种类的金融机构的发展；实施金融机构国有化；等等。

4. 人为高估本币的汇率

发展中国家为了降低进口机器设备的成本，通常人为地高估本币的汇率，使其严重偏离均衡的汇率水平。由于能以官定汇率获得外汇的只是一些享受特权的机构和阶层，这不仅助长了黑市交易活动，使本已匮乏的外汇使用不当，而且使持有官方执照的进口商能利用特权赚取超额利润，从而刺激进口需求。同时，高估本币汇率会打击出口，原因在于：在过高的本币汇率背景下，出口商按国际市场价格出售商品后所得外汇在兑换成本国货币后的数额会低于在国内市场上的销售收入，这会打击出口企业的积极性，同时使本来就处于弱势的发展中国家的出口产品的国际竞争力更弱。这就进一步加剧了外汇的短缺状况以及官方汇率与均衡汇率的偏离。

四、金融抑制的后果

由于金融与经济密不可分，金融抑制战略会对经济发展产生影响，主要表现为以下四个负效应：

1. 负收入效应

公众所持有的实际货币余额越多，储蓄和投资就越多，而储蓄和投资的增加又带来生产的增长和收入的提高。但是在许多发展中国家，情况却恰恰相反，那里大都存在着较严重的通胀，名义利率受到严格限制。人们为了逃避通货膨胀，自然就会减少以货币形式保有的储蓄，从而导致投资来源枯竭，收入水平长期停滞不前。

2. 负储蓄效应

许多发展中国家试图用规定名义利率上限的做法来控制货币数量。而在通胀率很高的情况下，较低的名义利率只能造成实际利率为负，使储蓄者不得不减少其储蓄倾向，用购买物质财富、增加消费支出和向国外转移资金的办法来回避风险。即便是有储蓄意愿，也因为金融资产单调、流通变现困难等原因而受挫，这就会影响到全社会储蓄占国民收入的比重。

3. 负投资效应

由于发展中国家急于实现“工业现代化”，常常利用国家集权将有限的资金投向那些大规模、高技术的新兴产业，无形中就限制了向其传统部门的投资，特别是阻碍了农业的正常发展，使得本国不得不增加对粮食和原材料的进口。这种需求缺口有时还要靠外援来填补。而对于农业和小规模生产行业的资金歧视，又严重地影响了出口的增长，使国民经济的对外依赖性进一步增强。而在某些资本–劳动比率很高的行业里，不熟练的生产技术和过剩的生产能力又降低了投资的实际产出，造成资金的浪费。

4. 负就业效应

金融抑制战略对传统经济部门的限制迫使大量劳动力涌向城市，而城市工业的规划者们常常忽略了本国人口众多的国情，热衷于建立资本密集型的工厂企业。但这些企业只能把很小部分的闲散劳动力吸纳进去，那些未被吸纳的劳动力则形成了一个声势浩大的“城市贫民阶层”，并且伴随着生产的发展和技术的改进，失业现象会更加普遍，社会成员间的贫富分化会进一步加剧。

第二节　金融深化

一、金融深化的含义

罗纳德·麦金农与爱德华·肖等经济学家一致认为，金融抑制是发展中国家经济发展的一大障碍，它妨碍了储蓄投资的形成，造成资源配置的不合理，从而阻碍了经济发展。针对金融抑制所产生的负效应，发展经济学家提出，发展中国家必须通过金融深化政策来促进金融部门自身的发展，进而促进经济增长。

所谓金融深化，是指政府放弃对金融体系与金融市场的过分干预，放松对利率与汇率的管制，使之能充分反映资金市场与外汇市场的供求状况，并实施有效的通货膨胀控制政策，使金融体系能以适当的利率吸引储蓄资金，也能以适当的贷款利率为各经济部门提供资金，并进一步引导资金流向高效益的部门和地区，以促进经济的增长和金融体系本身的扩展。

可以看出，金融深化主要是针对发展中国家实行的金融抑制政策，如对利率和信贷实行管制而提出的。其实质就是政府放弃对金融领域的过度干预和保护，依靠市场机制的作用提高金融体系的效率，优化金融结构和金融资源的合理配置，形成正的投资、就业、收入和结构优化效应，从而建立起经济发展和金融发展的良性循环。

二、衡量金融深化程度的指标

金融的发展包括量的发展与质的发展。量的发展是指金融在数量或规模方面的扩大，具体表现为金融资产的增长、金融机构的增加、金融从业人员的增多和金融市场的完善。质的发展则主要指金融结构的优化，具体表现为金融工具的多样化。两者分别从总量与结构的角度体现金融深化的程度。衡量一国金融深化程度的常用指标主要有以下几个：

1. 货币化比率

该比率是用广义货币存量与国民生产总值之比来表示。罗纳德·麦金农和爱德华·肖认为，与金融深化相伴随的是流动性资产存量的增加。金融资产的流动性大于实物资产，在宏观上就体现为一国金融资产存量与国民收入之比的提高。但随着经济的发展，人们认识到经济货币化仅仅是金融深化的初级表现，或者说经济货币化程度指标还不能全面而正确地反映一国的金融发展和金融深化，因此当经济发展到一定程度之后，货币量和准货币量的增长会趋缓，非货币性金融工具（如各类债券、票据、股票等）则会快速增长。如，发达国家从 20 世纪 90 年代以来货币存量与名义收入的比值便基本停滞不动甚至趋于下降，而发展中国家的该项比值则大幅上升。若仍以该项比值作为依据来考察金融深化的程度，则会高估发展中国家的金融深化程度。

2. 金融相关比率

金融深化会导致金融资产结构的变化，因此在一定时点上各金融资产存量之间的比例关系是表现金融深化程度的又一指标。由于货币化比率存在缺陷，目前在学术界得到广泛认可的衡量方式是经济金融化，专家们普遍认为经济金融化更能反映一国的金融深化程度。在经济学中，通常以戈德·史密斯提出的金融相关比率作为衡量一国经济金融化程度的指标，即某一时期一国全部金融资产价值与该国经济活动总量的比值。

金融相关比率是较为常用的衡量金融发展水平的指标，但是这一指标未能反映金融体系内的结构变化，因此不够全面。有时，金融相关比率的提高不仅不能说明金融发展，还有可能是金融抑制的表现。比如，投资渠道狭窄，金融市场的多元化程度低，导致居民只能被迫储蓄，这虽然提高了金融相关比率，但实际上是金融欠发达的表现。

三、金融深化的效应分析

罗纳德·麦金农和爱德华·肖认为金融深化对经济的发展具有积极的促进和推动作用，他们分别从不同的角度论述了金融深化对经济增长的正效应。

爱德华·肖认为，以取消利率和汇率管制为主的金融深化政策具有收入效应、储蓄效应、就业效应等一系列正效应。

1. 收入效应

收入效应是指货币供应量的增加，使企业单位的货币余额增加，因而提高了社会生产力，引起收入的增长。但爱德华·肖认为，实际货币余额并不是社会财富，因而实际货币余额的增长也不是社会收入。他认为，收入效应实际上是指实际货币余额的增长引起社会货币化程度的提高，进而对实际国民收入的增长所产生的影响。同时他指出，这种收入效应是“双重的”，既包括正收入效应，也包括负收入效应。正收入效应是指货币行业为国民经济服务所产生的促进作用；负收入效应则是指货币供应需要耗费实物财富和劳动，从而减少了可用于生产的实际资源。金融深化所指的收入效应主要是那种有利于经济发展的正收入效应，而货币政策的目标正是在不断提高这种正收入效应的同时，相应降低其负收入效应。此外，金融自由化及其相关的政策，还有助于促进收入分配的平等。

2. 储蓄效应

储蓄效应是指金融深化和金融改革对储蓄所产生的刺激作用。罗纳德·麦金农认为，金融深化的储蓄效应由三部分组成：①由收入效应引起的，即金融深化引起的实际国民收入的增加。在储蓄条件不变的情况下，社会储蓄总额将随国民收入的增加按一定比例相应地增加。②政府实施金融深化和金融改革的各项措施（如抑制通货膨胀）提高了货币的实际收益率（实际利率）；同时，储蓄者资产选择范围的增加提高了私人部门储蓄的积极性，使整个社会储蓄倾向上升。③汇率扭曲的纠正将使得在国际资本市场上进行融资更为容易，同时使得资金的外逃局面得到扭转。

3. 投资效应

金融深化的投资效应也包括两个方面：一是储蓄效应的产生增加了投资总额，二是金融深化提高了投资效率。爱德华·肖认为，金融深化可以从四个方面提高投资的效率：①金融深化通过统一资本市场，减少了地区间和行业间投资收益的差异，同时提高了社会平均收益率。②促使金融深化的政策减少了实物资产和金融资产未来收益的不确定性，促使投资者对短期投资和长期投资作出较为理性的选择。③金融深化促进了资本市场的统一，为劳动力市场、土地市场和产品市场的统一奠定基础，有利于促进对资源的合理配置和有效利用，获得规模经济的好处，进而提高投资的平均收益率。④金融深化可以促使那些不易上市的实物财富，如建筑物、土地等，通过中介机构或证券市场进行交易和转让，使之通过资本的自由转移提高投资收益率。

4. 就业效应

落后经济中的失业在某种程度上是金融抑制的结果。由低利率造成的低储蓄本来就不能为生产提供足够的资金，更为糟糕的是，由于利率的人为压低，这些和劳动力相比本来就十分稀缺的资金往往又被大量投资于资本密集型产业，从而使失业状况更为严重。而金融深化的结果会使实际利率水平提高和利率趋向市场化；投资者对资本的运用更加谨慎并注重资金的使用效率，促使有限的资本流向经济效益较高的部门，进而促使整个社会生产力水平的提高，为社会增加更多的就业机会。

5. 稳定效应

金融深化还有利于就业和产出的稳定增长，原因之一在于，通过采取适当的金融自由化政策，国内储蓄流量和国际收支状况都可以得到改善，从而经济在面对国际贸易、国际信贷与国际援助等方面的波动时就可以有较强的承受能力。更重要的一个原因还在于，由金融自由化带来的储蓄增加可以减少对以通货膨胀税平衡财政预算的依赖，从而使稳定的货币政策成为可能。

四、金融深化改革的措施

金融深化改革的核心内容主要有以下几方面：

1. 放松利率管制

由政府维持的固定利率，人为造成资金供求的均衡价格与官定价格之间存在着巨大差距。由于官方定的利率大大低于由供求决定的均衡利率，因此，在信贷分配上出现大量的官商勾结、以权谋私等问题。为了消除这一弊病，不少发展中国家解除了利率管制，更多国家则是对利率采取了较为灵活的管理方式。

2. 缩小指导性信贷计划实施范围

在实施金融自由化之前，许多发展中国家都对信贷分配实施指导性计划管理。在政府影响力较强的国家中，这些所谓的指导性信贷计划实际起着指令性计划的作用。这种对金融活动的人为干预效果大都很差，因此金融自由化的国家大都取消了指导性计划。

3. 减少金融机构审批限制，促进金融同业竞争

在发展中国家，一方面是金融机构数量不足，另—方面是存在着本国和外国银行登记注册中的各种障碍，这势必造成金融垄断。金融垄断产生的不合理信贷分配和僵化的利率必然造成金融运行的低效率。认识到这一点，许多发展中国家将降低进入金融行业的门槛作为金融改革的一个重要内容，以促进金融业的竞争。

4. 发展直接融资工具，活跃证券市场

在放开利率管制、鼓励金融机构间竞争的同时，实行金融深化和金融自由化的国家还积极发展证券市场。具体内容是：增加可流通金融工具的发行数量，培育证券市场；完善有关的证券管理法规，对外开放证券市场。

5. 放松对汇率和国际资本流动的限制

相对于其他金融自由化措施，汇率和资本账户的放开进度要缓慢得多，这是因为：发展中国家管制汇率的措施往往是高估本国货币，一旦放开，本币可能出现大幅度贬值，对进口依赖度较强的国家会引发严重的通货膨胀。因此，不少国家对放松汇率管制持相对谨慎的态度，一般采取的是分阶段、逐步放开的方法，即：先放开经常账户，然后才放开资本金融账户。

五、金融深化论对我国的借鉴

金融抑制和金融深化的理论是以经济欠发达国家为研究对象，具体探索金融政策与经济发展之间的关系。对于同样是发展中国家的中国来说，其中一些思想也具有十分重要的借鉴价值。

第一，我国过去的经济发展中一直存在着金融抑制的问题，主要表现为：在计划经济体制下，政府对金融活动干预过多；行政指令代替金融体系的作用；金融机构的单一性和分裂性以及金融市场不发达等。当然，就集中的计划体制而言，这是一种必然现象。不改革体制，就无法消除金融抑制对经济的羁绊。要实行社会主义市场经济，让市场机制充分发挥对国民经济的调节作用，我们就应充分认识到，金融业的发展好坏在很大程度上制约着经济发展的快慢，我们应该把金融深化作为经济体制改革的一个主要内容。

第二，在金融深化过程中，我们肯定会碰到一些发展中国家在改革中曾经遇到过的问题。因此，有必要深入研究借鉴这些国家的得失经验，并根据金融深化论所论证的“金融自由化”政策来制订或修正我们的改革措施。比如，在解决金融机构多样化问题、发挥利率调节作用和改革过分集中的管理体制问题、培育证券市场、开拓直接融资渠道等问题时，都有值得我们参考的地方。

第三节　金融创新

在发展中国家致力于金融深化、促进经济增长的同时，西方发达国家的金融界也经历了一次创新浪潮，这就是所谓的“金融创新”。创新的过程从 20 世纪 60 年代后期开始，至 70 年代各项创新活动日益活跃，到 80 年代已形成全球性的大趋势。其内容包括：突破金融业多年来传统的经营局面，在金融工具、金融方式、金融技术、金融机构和金融市场等方面都进行了明显的变革。金融创新的兴起和迅猛发展，给各国的金融体制、金融宏观调节和国民经济发展都带来了深远影响。可以说，金融创新是金融深化的必然趋势，也是经济发展到一定程度的客观要求。

而从根源上讲，金融创新反映的是商品经济发展的客观要求。当今的世界经济处于日新月异的发展变化之中，特别是层出不穷的技术进步，使得商品经济的发展不断突破时间、空间和社会传统的界限，涌现出更多、更新的为人类文明生存与发展所需要的行业、部门、模式和手段；经济生活中各种因素相互联系的格局及社会运行机制迅速演进。这就从不同角度、不同层次对金融行业再次提出新的要求，而原有的金融机构、金融工具、金融业务方式、金融市场组织形式和融资技巧等，已很难适应并满足商品经济发展的客观需要。客观需要与现实情况的矛盾终究要突破原有限制。由于经济发展的客观要求是强劲和持久的，所以金融创新的浪潮也将不断地推进。

一、金融创新的动因

通过对国际背景分析可以看出，经济生活对金融创新有着巨大的需求。但是，金融业作为一个特殊的行业，其各种创新的出现和广泛传播还需要一些条件，正是这些因素构成了金融创新的直接动因。

1. 金融管制的放松

20 世纪 30 年代，随着西方国家经济大危机的爆发，各国为了维护金融体系的稳定，相继通过了一系列管制性的金融法令。严格的管制虽然促进了金融体系的稳定，但也造成了严重的“脱媒”现象，政府的严格管制的逆效应产生了。于是，金融机构纷纷通过创新来规避管制，寻求管制以外的发展空间。

此时，政府发现，如果政府对金融机构的创新行为严加管制，则会使金融机构创新的空间更加狭窄，不利于经济的发展；但如果采取默认的态度，任其打政策、法律的“擦边球”，又有纵容其违法、违规之嫌。所以，从 20 世纪 80 年代起，各国政府为了适应宏观市场经济发展以及微观金融主体的创新之需，逐步放宽了对金融机构的管制，由此金融创新掀起了一股浪潮，成为推动国际金融业快速发展的内在动力。由此可见，金融创新是需要宽松的制度环境的，否则，金融创新就会失去意义。

2. 市场竞争的日益尖锐化

竞争是市场经济的重要规律之一，没有竞争的市场经济就不能称为“市场经济”。随着现代经济的一体化、市场化和国际化的发展，金融领域的发展也极为迅速。金融机构的种类、数量急剧增加，金融资本高度集中，伴随而来的金融机构之间的竞争也日趋激烈，金融机构面临的风险更大。特别是遇到经济危机时，市场经济优胜劣汰的本能机制在金融领域里演绎得更加充分，金融机构倒闭、合并、重组的事件屡见不鲜。所以，为了在竞争中求生存、谋发展，在市场上立于不败之地，金融机构就需要不断地改革与创新。可以说，金融业的发展史，就是一部创新史。

3. 追求利润的最大化

利润水平的高低，是衡量金融企业成功的重要标志之一，也是进一步开辟市场、发展业务的重要物质条件。发展金融业务、扩大资产负债规模的最终目的就在于追求利润的最大化。影响金融企业利润的因素有很多，其中既有内部的条件，也有外部的因素，包括国家的宏观经济政策（包括货币、财政、产业政策等），还有金融管制力度方面的变化，法律环境的改善，公众诚信度的提高，金融企业的经营管理水平、员工素质，等等。但是，在市场经济的大环境下，如何在法律许可的范围内进行改革创新，以获取更多的收益，就成为金融企业内在的强大动力。不少融资工具、融资方式以及管理制度的创新就是在金融管制放松的市场环境下产生的。如 20 世纪 60 年代离岸银行业务的创新，便是在不受国内金融外汇法规约束，并可享受一定的税收优惠的条件下发展起来的。

4. 科学技术的进步

20 世纪 70 年代以来，一场以计算机为核心的新技术革命席卷世界。90 年代以后，以网络为核心的信息技术飞速发展，信息产业成为最新兴的产业。这些高新技术也被广泛应用到金融机构的业务处理过程之中，为金融创新提供了技术支持，促进了金融业的电子化发展。

金融电子化给金融业的运作带来的变革主要体现在两方面：一是以自动化处理方式代替了人工处理方式，从而降低了信息管理的费用，如信息的收集、储存、处理和传递等一系列费用；二是通过自动渠道（如远程服务、网络银行、电子银行等），改变了客户享受金融服务和金融产品的方式。新技术革命提供的技术支持，为金融业务和金融工具的创新创造了必要的条件。

二、金融创新的内容

金融创新由美籍奥地利经济学家约瑟夫·熊彼特首次提出。我国经济学家厉以宁指出，金融领域存在许多潜在的利润，人们在现行体制下运用现行手段无法得到这个潜在利润，因此必须进行金融改革，包括金融体制和金融手段方面的改革，这就叫“金融创新”。

因此，所谓“金融创新”，是指会引起金融领域结构性变化的新工具、新服务方式、新市场以及新体制的创新。

1. 金融战略的更新

面对国际经济的飞速发展和金融业的激烈竞争，金融行业的最高决策者们已渐渐从传统的经营思想中解放出来。他们不再视金融业务为被动地输送资金的过程，而是一项主动开拓业务领域、扩充自身实力的活动。为了在激烈的竞争中保持并扩大自己的市场份额，银行家们制定了不同的经营战略。这主要包括：①征服策略，即在自身占有竞争优势的市场中，进一步加强积极进取的态势，以雄厚的资金实力和广泛的分支机构赢得更多的市场份额，打败其他竞争对手，甚至采取主动兼并的方式不断扩充自身的力量。②完善策略，这是指在势均力敌的市场竞争中加强银行内部的资产负债管理，改进自身的金融服务，增加新的债权债务工具，以吸引更多的服务对象，在竞争中争取主动地位。③合并策略，即在自身不占优势的市场中，寻找可以合作的对象，通过兼并、合资或者合营方式进行联合重组，依靠合力在竞争中取得优势。

2. 金融工具的创新

金融工具是银行赖以开拓业务、吸引客户的手段。自 20 世纪 70 年代开始至今，金融工具的创新层出不穷。主要有以下几种类型：

（1）规避利率风险的创新

比如我们很熟悉的大额可转让定期存款单（简称 CDs）就是 20 世纪 60 年代的创新工具。它使大额定期存款也具有流动性，能够满足储蓄者将定期存款短期变现的需要。但是，近年来市场利率的频繁波动使得长期储蓄的收益率变幻不定，仅靠 CDs 等工具已不能满足储蓄者的保值和增值需要。于是，在 20 世纪 70 年代末一种更新的金融工具“货币市场共同基金”又应运而生。这是一种开放式的基金，它为中小投资者提供了一个以前只有大投资者才能进入市场的机会：人们购买了货币市场共同基金（MMMF）的股份，便成为股东，管理者将这些股本汇集起来，形成一笔巨大资本，交由其下的投资机构负责操作。投资的主要对象包括 CDs、欧洲美元、商业票据和其他票据等。投资者可以按出资的多少来领取投资收益，也可随时将所持股份卖掉以换取本金，而且投资者在购入或卖出时无须支付费用。此外，基金还允许持股人开出限度为500美元的支票。

“货币市场共同基合”的飞速发展充分说明了金融工具创新的生命力。首先，创新带来了规模效益。基金集中了许多投资者的资金，大大降低了分散管理和经营的成本；同时，由具备专业知识和丰富经验的人员来操作，无疑能获得更高更可靠的投资收益。其次，创新增强了投资的流动性和安全性。投资者可以在任何一个交易所内买卖基金，其收益不会因短期市场利率变化遭受很大损失。另外，在满足了最初的投资限额之后，增购和提现都可以较小的金额进行；投资者还可以开出支票，这都大大增加了创新工具的吸引力。

（2）运用高新技术的创新

20世纪70年代以来，以电子计算机为核心的信息技术的高度发展和广泛运用，给银行业务开辟了一片广阔的天地；资金转移的电子化和信息交换的自动化使得金融服务在深度和广度上都更进了一步，人们因此享受到了更多的便捷和实惠。

银行卡就是一种新型的创新金融工具。它是由银行发行的、供客户办理存取款和转账支付的服务工具的总称，包括借记卡、支票卡、记账卡和智能卡等。它的出现，使银行业务有了一个崭新的面貌。

除了银行卡之外，旅行支票服务、大额可转让存单服务、支付利息服务、索取账单和支票簿服务、外币兑换服务等都广泛借助电脑来进行。而随着电子技术的日益完善，金融服务的触角正伸向社会的每一个角落。例如，自动提款机（ATM）的出现，使资金的流动更为便利——它可接受现金和支票存款，还可将资金从一个账户转移到另一个账户上。一台小小的机器就可提供一家银行的大部分日常服务，使客户的需求随时随地都能得到满足。以ATM为基础，加上先进的影像技术，人们就能进入一个“可视信息与现金流”的家庭金融服务时代。电子和声像系统将许多家庭直接与银行连接起来，并且还可与旅行社、航空公司及百货商店联网，允许资金在网络上转移。

（3）规避金融管制的创新

为了减少金融管制给储户带来的收益损失，从20世纪70年代起，西方银行纷纷利用法规的漏洞，推出一些灵活的储蓄工具来吸引客户。以美国为例，针对联邦法律“不允许对活期存款付息”的规定，银行发明了“自动转账制度”，允许客户设两个账户：一个储蓄账户，一个活期存款账户。当客户开出支票后，银行即自动地将必要的资金从储蓄账户转到活期存款账户上进行支付。而在平时，活期存款账户上的余额只保持1美元，这就保证了客户的存款既能生息，又能用于支付。针对“不准储蓄账户使用支票”的规定，银行又推出了“可转让支付命令账户”。这是一种储蓄账户，可以付息，同时又可开出有支票作用却无支票名称的“可转让支付命令”，这也使储蓄存款具备了较高的流动性。为了避开美联储对银行法定存款准备金的要求，增加资金的使用效益，许多银行力图通过“吸存”以外的途径来扩大负债规模。例如，进行“回购协议”交易，即卖出联邦政府或其他政府机构的债券，换取现金，等到债券到期时再购回债券。因为回购协议是市场交易而非存款，所以银行不需要缴纳准备金。这样一来，银行就可将过多的、不生息的现金准备转化成回购协议，在一买一卖中，利用债券的差价获利。

3. 金融业务的创新

金融业务的创新包括几个方面：一是直接金融的创新，二是间接金融的创新。

传统的直接金融包括短期银行信贷、中长期银行信贷和抵押贷款等。从20世纪50年代开始，出现了分期付款和租赁融资方式；20世纪60年代，出现了同出口货物紧密联系的出口信贷融资方式；70年代，随着欧洲货币市场的兴起，又出现了“循环信贷”和银行辛迪加贷款；80年代，又出现了“票据发行融资”，即银行不直接向借款人提供贷款，而以承购或备用信贷的方式支持借款人发行3~6个月的短期商业票据，如票据不能全部销出，则由银行买下所剩票据或提供贷款。显然，这是一种兼顾银行贷款与证券筹资的融资方式。在传统的直接金融方式下，债券与股票、短期债务与长期债务、固定利率与浮动利率之间存在着明显区别。但新型的间接金融方式却突破了这些界限。

4. 金融机构的创新

表现之一是，金融机构正在从传统的单一结构向集团化方向发展。银行持股公司是银行集团化的重要形式之一。所谓银行持股公司，是指一家公司控制了一定比例的银行股票，从而有权决定该银行的重要人事、营业政策等事宜。目前，银行持股公司已成为西方现代银行的主要组织形式。

表现之二是“金融联合体”的出现，它是一种能向顾客提供几乎任何金融服务的“金融超级市场”。金融业正在从提供单一金融服务向综合性金融服务方向发展。例如，商业银行已涉足信托和抵押、保险以及公司股票债券的承销业务。

5. 金融学科创新

金融学科创新主要指金融工程化。金融工程是指创造性地运用各种金融工具和策略来解决人们所面临的各种金融问题和财务问题。金融工程化的核心是金融科学走向产品化和工程化，它致力于调整已有的金融工具和操作，并开发出新的产品，以便于金融市场的参与者能够有效地适应瞬息万变的世界。

本章知识点

1. 金融抑制是指发展中国家存在的金融资产单调、金融机构形式单一、市场机制未充分发挥作用、存在较多的金融管制（包括利率限制、信贷配额、汇率及资本流动管制等），致使金融效率低下的现象。金融抑制现象的出现并不是偶然的，它有复杂的经济、政治和社会根源。金融抑制的手段主要有利率管制、信贷配额、汇率管制、对金融机构的管制等。金融抑制会对经济发展产生一些负效应，主要包括负收入效应、负储蓄效应、负投资效应和负就业效应。

2. 金融深化是指政府放弃对金融体系与金融市场的过分干预，放松对利率与汇率的管制，使之能充分反映资金市场与外汇市场的供求状况，并实施有效的通货膨胀抑制政策，使金融体系能够以适当的利率吸引储蓄资金，也能以合适的贷款利率为各经济部门提供资金，并进一步引导资金流向高效益的部门和地区，促进经济的增长和金融体系的扩展。衡量一国金融深化程度常用的指标主要有金融相关率和货币化率等。

3. 中国经济曾经长期处于高度集中的计划体制之下，存在严重的金融抑制现象。经过 20 多年的改革，在金融机构体系和金融业管理体制建设方面都取得了很大成效。但金融改革是一个系统工程，不可能一步到位，还需在很多方面进一步改革和完善。

4. 在发展中国家致力于金融深化、促进经济增长的同时，西方发达国家的金融界也经历了一次创新浪潮，这就是所谓的“金融创新”。其内容包括：突破金融业多年来传统的经营局面，在金融工具、金融方式、金融技术、金融机构和金融市场等方面都进行了明显的变革。

复习思考题

1. 什么是金融抑制？金融抑制的表现及其对经济增长的负效应有哪些？
2. 发展中国家金融自由化改革的经验和教训有哪些？
3. 金融深化理论的政策主张是什么？
4. 根据爱德华·肖的观点，金融自由化可带来哪些正面效应？
5. 试用“金融抑制”和“金融深化”理论分析我国金融发展中所面临的问题及对策。
6. 金融创新的原因是什么？

主要参考文献

[1] 黄达：《货币银行学》，中国人民大学出版社 2013 年版。
[2] 刘静萍：《金融学》，湖南师范大学出版社 2014 年版。
[3] 牛建高、杨亮芬：《金融学》，东南大学出版社 2010 年版。
[4] 房德东、胡永政、曲岩：《货币银行学》，湖南师范大学出版社 2014 年版。
[5] 高鸿业：《西方经济学（宏观部分）》，中国人民大学出版社 2010 年版。
[6] 曾康霖：《金融经济学》，西南财经大学出版社 2002 年版。
[7] 曼昆：《宏观经济学》，卢远瞩译，中国人民大学出版社 2011 年版。
[8] 戴国强：《货币银行学》，上海财经大学出版社 2001 年版。
[9] 胡海欧、贾德奎：《货币理论与货币政策》，上海人民出版社 2007 年版。
[10] 李广学、严存宝：《国际金融学》，中国金融出版社 2013 年版。
[11] 林俊国：《金融学》，浙江大学出版社 2013 年版。
[12] 郭晓晶、丁辉关：《金融学》，清华大学出版社 2007 年版。
[13] 曹龙骐：《金融学》，高等教育出版社 2013 年版。
[14] 魏文静：《金融学》，上海财经大学出版社 2010 年版。
[15] 侯志红：《金融学》，经济管理出版社 2007 年版。
[16] 刘建国、钱丽霞：《金融学》，华东理工大学出版社 2013 年版。
[17] 刘革、李姝瑾：《金融学》，北京理工大学出版社 2015 年版。
[18] 李小丽、丛禹月：《金融学》，天津大学出版社 2007 年版。
[19] 宋玮：《金融学》，对外经济贸易大学出版社 2010 年版。